理學叢書

朱子語類

八

〔宋〕黎靖德 編
王星賢 點校

中華書局

朱子語類卷第一百二十一

朱子十八

訓門人九 總訓門人而無名氏者爲此卷。

朋友乍見先生者，先生每曰：「若要來此，先看熹所解書也。」過。

世昌問：「先生教人，有何宗旨？」曰：「某無宗旨，尋常只是教學者隨分讀書。」文蔚。

讀書須是成誦，方精熟。今所以記不得，說不去，心下若存若亡，皆是不精不熟之患。若曉得義理，又皆記得，固是好。若曉文義不得，只背得，少間不知不覺，自然相觸發，曉得這義理。蓋這一段文義橫在心下，自是放不得，必曉而後已。若曉不得，又記不得，更不消讀書矣！橫渠說：「讀書須是成誦。」今人所以不如古人處，只爭這些子。古人記得，故曉得；今人鹵莽，記不得，故曉不得。緊要處、慢處，皆須成誦，自然曉得也。今學者若已曉得大義，但有一兩處阻礙說不去，某這裏略些數句發動，自然曉得。今諸公盡不曾曉得，縱某多言何益！無他，只要熟看熟讀而已，別無方法也。卓。僩略。

一學者患記文字不起。先生曰：「只是不熟，不曾玩味入心，但守得冊子上言語，所以見冊子時記得，纔放下便忘了。若使自家實得他那意思，如何會忘！譬如人將一塊生薑來，須知道是辣。若將一塊砂糖來，便不信是辣。」端蒙。

謂一士友曰向嘗收書，云「讀書不用精熟」；又云「不要思惟」。「讀書正要精熟，而言不用精熟；學問正要思惟，而言不可思惟，只爲此兩句在胸中做病根。正如人食冷物留於脾胃之間，十數年爲害。所以與吾友相別十年只如此者，病根不除也。」蓋卿。

嘗見老蘇説他讀書：「孟子、論語、韓子及其他聖人之文，兀然端坐，終日以讀者（十）〔七〕〔一〕八年。方其始也，入其中而惶然，博觀於其外而駭然以驚。及其久也，讀之益精，而其胸中豁然以明，若人之言固當然者，猶未敢自出其言也。時既久，胸中之言日益多，不能自制；試出而書之，已而再三讀之，渾渾乎覺其來之易矣！」又韓退之答李翊、柳子厚答韋中立書，言讀書用功之法，亦可見。某嘗歎息，以爲此數人者，但求文字言語聲響之工，用了許多功夫，費了許多精力，甚可惜也！今欲理會這箇道理，是天下第一至大至

〔一〕據原文改。

難之事，乃不曾用得旬月功夫熟讀得一卷書，只是泛然發問，臨時凑合，元不曾記得本文，及至問著，元不曾記得一段首尾，其能言者，不過敷演己説，與聖人言語初不相干，是濟甚事！今請歸家正襟危坐，取大學、論語、中庸、孟子，逐句逐字分曉精切，求聖賢之意，切己體察，著己踐履，虚心體究。如是兩三年，然後方去尋師證其是非，方有可商量，有可議論，方是「就有道而正焉」者。入道之門，是將自家身己入那道理中去，漸漸相親，久之與己爲一。而今人道理在這裏，自家身在外面，全不曾相干涉！

因言及釋氏，而曰：「釋子之心却有用處。若是好叢林，得一好長老，他直是朝夕汲汲不捨，所以無有不得之理。今公等學道，此心安得似他！是此心元不曾有所用，逐日流蕩放逐，如無家之人。思量一件道理不透，便颺去聲。掉放一壁，不能管得，三日五日不知拈起，每日只是悠悠度日，説閑話逐物而已。敢説公等無一日心在此上！莫説一日，一時也無；莫説一時，頃刻也無。悠悠漾漾，似做不做，從生至死，忽然無得而已。今朋友有謹飭不妄作者，亦是他資禀自如此。然其心亦無所用，只是閑慢過日。」或云：「須是汲汲。」曰：「公只會説汲汲，元不曾汲汲。若是汲汲用功底人，自别。他那得工夫説閑話？精專懇切，無一時一息不在裏許。思量一件道理，直是思量得徹底透熟，無一毫不盡！今公等思量這一件道理，思量到半間不界，便掉了，少間又看那一件；那件看不得，又掉了，又看那一件。如此没世不濟事。若真箇看得這一件道理透，入得這箇門路，以之推他道理，也只一般。只是公等不曾通得這箇門路，每日只是在門外走，所以都無入頭處，都不濟事。」又曰：「若是大處入不得，便從小處入；東邊入不得，便從西邊入。及至入得了，觸處皆是此理。今公等千頭萬緒，不曾理會得一箇透徹，所以東解西模，便無一箇入頭處。」又曰：「學道做工夫，須是奮厲警發，悵然如有所失，不尋得則不休。如自家有一大光明寶藏，被人偷將去，此心還肯放捨否？定是去追捕尋捉得了，方休。做工夫亦須如此。」僩。

諸公來聽説話，某所説亦不出聖賢之言。然徒聽之，亦不濟事，須是便去下工夫，始得。近覺得學者所以不成頭項者，只緣聖賢説得多了，既欲爲此，又欲爲彼，如夜來説「敬以直內，義以方外」。若實下工夫，見得真箇是敬立則內直，義形而外方，這終身可以受用。今人却似見得這兩句好，又見説「克己復禮」也好，又見説「出門如見大賓」也好。空多了，少間却不把捉得一項周全。賀孫。

「今學者看文字，不必自立説，只記得前賢與諸家説，便得。而今看自家如何説，終是不如前賢。須盡記得諸家説，方有箇襯簟處，這義理根脚方牢，這心也有殺泊處。心路只在這上走，久久自然曉得透熟。今公輩看文字，大概都有箇生之病，所以説得來不透徹。只是去巴攬包籠他，元無實見處。某舊時看文字極難，諸家説盡用記。且如毛詩，那時未似如今説得如此條暢。古今諸家説，蓋用記取，閑時將起思量：這一家説得那字是，那字不是；那一家説得那字不是，那字是；那家説得全是，那家説得全非；所以是者是如何，所以非者是如何。只管思量，少間這正當道理，自然光明燦爛在心目間，如指諸掌。今公們只是扭捏巴攬來説，都記得不熟，所以這道理收拾他不住，自家也使他不動，他也不服自家使。相聚得一朝半日，又散去了，只是不熟。這箇道理，古時聖賢也如此説，今人也如此説，説得大概一般。然今人説終是不似，所争者只是熟與不熟耳。縱使説得十分全似，猶不似在，何況和那十分似底也不曾看得出。」敬子云：「而今每日只是優游和緩，分外看得幾遍，分外讀得幾遍，意思便覺得不同。」曰：「而今便未得優游和緩，須是苦心竭力下工夫方得。那箇優游和緩，須是做得八分九分成了，方使得優游和緩。而今便説優游和緩，只是泛泛而已矣。這箇做工夫，須是放大火中鍛煉，鍛教他通紅，溶成汁，瀉成鋌，方得。今只是略略火面上熁得透，全然生硬，不屬自家使在，濟得甚事！須是縱横舒卷皆由自家使得，方好摑成團，捺成匾，放得去，收得來，方可。某嘗思，今之學者所以多不得力，不濟事者，只是不熟。平生也費許多功夫看文字，下梢頭都不得力者，正緣不熟耳。只緣一箇不熟，少間無一件事理會得精。吕居仁記老蘇説平生因聞『升裏轉，斗裏量』之語，遂悟作文章妙處。這箇須是爛泥醬熟，縱横妙用皆由自家，方濟得事也。」僩。

某煞有話要與諸公説，只是覺次序未到。而今只是面前小小文義尚如此理會不透，如何説得到其他事！這箇事，須是四方上下、小大本末，一齊貫穿在這裏，一齊理會過。其操存踐履處，固是緊要，不可間斷。至於道理之大原，固要理會；纖悉委曲處，也要理會；制度文爲處，也要理會；古今治亂處，也要理會；精粗大小，無不當理會。四邊一齊合起，功夫無些罅漏。東邊見不得，西邊須見得；這下見不得，那下須見得；既見得一處，則其他處亦可類推。而今只從一處去攻擊他，又不曾著力，濟得甚事！如坐定一箇地頭，而他支脚，也須分布擺陣。如大軍廝殺相似，大軍在此坐以鎮之，游軍依舊去別處邀截，須如此作工夫方得。而今都只是悠悠，礙定這一路，略略拂過，今日走來挨一挨，又退去；明日亦是如此。都不曾抓著那痒處，何況更望掐著痛處！所以五年十年只是恁地，全不見長進。這箇須是勇猛奮厲，直前不顧去做，四方上下一齊著到，方有箇入頭。孔子曰：「仁遠乎哉？我欲仁，斯仁至矣。」這箇全要人自去做。孟子所謂奕秋，只是争這些子，一箇進前要做，一箇不把當事。某八九歲時讀孟子到此，未嘗不慨然奮發，以爲爲學須如此做工夫！當初便有這箇意思如此，只是未知得那碁是如何著，是如何做工夫。自後更不肯休，一向要去做工夫。今學者不見有奮發底意思，只是如此悠悠地過；今日見他是如此，明日見他亦是如此。

因建陽士人來請問，先生曰：「公們如此做工夫，大故費日子。覺得今年只似去年，前日只是今日，都無昌大發越底意思。這物事須教看得精透後，一日千里始得。而今都只泛泛在那皮毛上理會，都不曾抓著那痒處，濟得甚事！做工夫一似穿井相似：穿到水處，自然流出來不住；而今都乾燥，只是心不在，不曾著心。如何說道出去一日，便不曾做得工夫？某常說，正是出去路上好做工夫。且如出十里外，既無家事炒，又無應接人客，正好提撕思量道理。所以學貴『時習』，到『時習』，自然『說』也。如今不敢說『時習』，須看得見那物事方能『時習』。如今都看不見，只是不曾入心，所以在窗下看，才起去便都忘了。須是心心念念在上，便記不得細注字，也須時時提起經正文在心，也爭事。而今都只在那皮毛上理會，盡不曾抓著痒處。若看得那物事熟時，少間自轉動不得。自家脚才動，自然踏著那物事行。」又云：「須是得這道理入心不忘了，然後時時以義理澆灌之。而今這種子只在地面上，不曾入地裏去，都不曾與土氣相接著。」

學者悠悠是大病。今覺諸公都是進寸退尺，每日理會些小文義，都輕輕地拂過，不曾動得皮毛上。這箇道理規模大，體面闊，須是四面去包括，方無走處。今只從一面去，又不曾著力，如何可得！且如曾點、漆雕開兩處，漆雕開事言語少，難理會；曾點底，須子細看他是樂箇甚底，是如何地樂。不只是聖人說這箇事可樂，便信著。他原是自見得箇可樂底，依人口説不得。又曰：「而今持守，便打疊教浄潔；看文字，須著意思索；應接事物，都要是當。四面去討他，自有一面通處。」又曰：「如見陳廝殺，擂著鼓，只是向前去，有死無二，莫更回頭始得！」胡泳。

或言：「在家衮衮，但不敢忘書册，亦覺未免間斷。」曰：「只是無志。若説家事，又如何汩没得自家？如今有稍高底人，也須會擺脱得過，山間坐一年半歲，是做得多少工夫！只恁地，也立得箇根脚。若時往應事，亦無害，較之一向在事務裏衮，是争那裏去！公今三五年不相見，又只恁地悠悠，人生有幾箇三五年耶！」賀孫。

或有來省先生者。曰：「别後讀何書？」曰：「雖不敢廢學，然家間事亦多，難得全功。」曰：「覺得公今未有箇地頭在，光陰可惜！不知不覺，便是三五年。如今又去赴官，官所事尤多，益難得餘力。人生能得幾箇三五年？須是自强。若尋得箇僻静寺院，做一兩年工夫，須尋得箇地頭，可以自上做將去。若似此悠悠，如何得進！」廣。

某見今之學者皆似箇無所作爲，無圖底人相似。人之爲學，當如救火追亡，猶恐不及。如自家有箇光明寶藏被人奪去，尋求趕捉，必要取得始得。今學者只是悠悠地無所用心，所以兩年、三年、五年、七年相别，及再相見，只是如此。僩。

謂諸生曰：「公皆如此悠悠，終不濟事。今朋友著力理會文字，一日有一日工夫，然尚恐其理會得零碎，不見得周匝。若如諸公悠悠，是要如何？光陰易過，一日減一日，一歲無一歲，只見老大。忽然死著，思量來這是甚則劇，恁地悠悠過了！」賀孫。

某平日於諸友看文字，相待甚寬，且只令自看。前日因病，覺得無多時月，於是大懼！若諸友都只恁悠悠，終於無益。只要得大家盡心，看得這道理教分明透徹。所謂道理，也只是將聖賢言語體認本意。得其本意，則所言者便只此道理，一一理會令十分透徹，無些罅縫蔽塞，方始住。每思以前諸先生盡心盡力，理會許多道理，當時亦各各親近師承，今看來各人自是一說。本來諸先生之意，初不體認得，只各人挑載得些去，自做一家說話，本不曾得諸先生之心。某今惟要諸公看得道理分明透徹，無些小蔽塞。某之心即諸公之心，諸公之心即某之心，都只是這箇心。如何有人說到這地頭？又如何有人說不得這地頭？這是因甚恁地？這須是自家大段欠處。賀孫。

先生痛言諸生工夫悠悠，云：「今人做一件事，没緊要底事，也著心去做，方始會成，如何悠悠會做得事！且如好寫字底人，念念在此，則所見之物，無非是寫字底道理。又如賈島學作詩，只思『推敲』兩字，在驢上坐，把手作推敲勢。大尹出，有許多車馬人從，渠更不見，不覺犯了節。只此『推敲』二字，計甚利害？他直得恁地用力，所以後來做得詩來極是精高。今吾人學問，是大小大事！却全悠悠若存若亡，更不著緊用力，反不如他人做没要緊底事，可謂倒置，諸公切宜勉之！」時舉。

諸友只有箇學之意，都散漫，不恁地勇猛，恐度了日子。須著火急痛切意思，嚴了期限，趲了工夫，辦幾箇月日氣力去攻破一過，便就裏面旋旋涵養。如攻寨，須出萬死一生之計，攻破了關限，始得。而今都打寨未破，只循寨外走。道理都咬不斷，何時得透！淳。

謂諸生曰：「公説欲遷善改過而不能，只是公不自去做工夫。若恁地安安排排，只是做不成。如人要赴水火，這心才發，便入裏面去。若説道在這裏安排，便只不成。看公來此，逐日只是相對，默坐無言，恁地慢滕滕，如何做事？」數日後，復云：「坐中諸公有會做工夫底，有病痛底，某一一都看見，逐一救正他。惟公恁地循循默默，都理會公心下不得，這是幽冥暗弱，這是大病。若是剛勇底人，見得善別，還他做得透；做不是處，也顯然在人耳目，人皆見之。前日公説『風雷益』，看公也無些子風意思，也無些子雷意思。」賀孫。

「某於相法，却愛苦硬清癯底人，然須是做得那苦硬底事。若只要苦硬，亦不知爲學，何貴之有！而今朋友遠處來者，或有意於爲學。眼前朋友大率只是據見定了，更不求進步。而今莫説更做甚工夫，只真箇看得百十字精細底，也不見有。」或曰：「今之朋友，大率多爲作時文妨了工夫。」曰：「也不曾見做得好底時文，只是剽竊亂道之文而已。若要真箇做時文底，也須深資廣取以自輔益，以之爲時文，莫更好。只是讀得那亂道底時文，求合那亂道底試官，爲苟簡滅裂底工夫。他亦不曾子細讀那好底時文，和時文也有時不子細讀得。某記少年應舉時，嘗下視那試官，説：『他如何曉得我底意思！』今人盡要去求合試官，越做得那物事低了。嘗見已前相識間做賦者，甚麼樣讀書！無書不讀。而今只念那亂道底賦，有甚見識？若見識稍高，讀書稍多，議論高人，豈不更做得好文字出？他見得底只是如此，遂互相倣傚，專爲苟簡滅裂底工夫！」歎息者久之。僩。

看來如今學者之病，多是箇好名。且如讀書，却不去子細考究義理，教極分明。只是纔看過便了，只道自家已看得甚麼文字了，都不思量於身上濟得甚事。這箇只是做名聲，其實又做得甚麼名聲？下梢只得人説他已看得甚文字了。這箇非獨卓丈如此，看來都如此。若恁地，也是枉了一生！賀孫。

今學者大抵不曾子細玩味得聖賢言意，却要懸空妄立議論。一似喫物事相似，肚裏其實未曾飽，却以手鼓腹，向人説：「我已飽了。」只此乃是未飽，若真箇飽者，却未必説也。人人好做甚銘，做甚贊，於己分上其實何益？既不曾實講得書，玩味得聖賢言意，則今日所説者是這箇話，明日又只是這箇話，豈得有新見邪？切宜戒之！時舉。

今朋友之不進者，皆有「彼善於此爲足矣」之心，而無求爲聖賢之志，故皆有自恕之心，而不能痛去其病。故其病常隨在，依舊逐事物流轉，將求其彼善於此，亦不可得矣。

大雅。

昌父言：「學者工夫多間斷。」曰：「聖賢教人，只是要救一箇間斷。」文蔚。

因説學者工夫間斷，謂：「古山和尚自言：『喫古山飯，阿古山矢，只是看得一頭白水牯。』今之學者却不如他。」文蔚。

有一等朋友，始初甚鋭意，漸漸疏散，終至於忘了。如此，是當初不立界分做去。士毅。

今來朋友相聚，都未見得大底道理。還且謾恁地逐段看，還要直截盡理會許多道理，教身上没些子虧欠。若只恁地逐段看，不理會大底道理，依前不濟事。這大底道理，如曠闊底基址，須是開墾得這箇些，方始架造安排，有頓放處。見得大底道理，方有立脚安頓處。若不見得大底道理，如人無箇居著，趁得百十錢歸來，也無頓放處，況得明珠至寶，安頓在那裏？自家一身都是許多道理。人人有許多道理，蓋自天降衷，萬理皆具，仁義禮智，君臣父子兄弟朋友夫婦，自家一身都擔在這裏。須是理會了，體認教一一周足，略欠缺些子不得。須要緩心，直要理會教盡。須是大作規模，闊開其基，廣闢其地，少間到逐處，即看逐處都有頓放處。日用之間，只在這許多道理裏面轉，喫飯也在上面，上牀也在上面，下牀也在上面，脱衣服也在上面，更無些子空闕處。堯、舜、禹、湯也只是這道理。

如人刺繡花草，不要看他繡得好，須看他下針處；如人寫字好，不要看他寫得好，只看他把筆處。賀孫。

先生問：「諸公莫更有甚商量？」坐中有云：「此中諸公學問皆溺於高遠無根，近來方得先生發明，未遽有問。將來有所疑，却寫去問。」先生曰：「却是『以待來年然後已』説話，此只是不曾切己立志。若果切己立志，睡也不著，起來理會，所以『發憤忘食』，『終日不食，終夜不寢』去理會。今人有兩般見識：一般只是談虛説妙，全不切己，把做一場説話了；又有一般人説此事難理會，只恁地做人自得，讓與他們自理會。如人交易，情願批退帳，待別人典買。今人情願批退學問底多。」謙。

諸公數日看文字，但就文字上理會，不曾切己。凡看文字，非是要理會文字，正要理會自家性分上事。學者須要主一，主一當要心存在這裏，方可做工夫。如人須尋箇屋子住，至於爲農工商賈，方惟其所之。主者無箇屋子，如小人趁得百錢，亦無歸宿。孟子説「求其放心」，已是兩截。如常知得心在這裏，則心自不放。又云：「無事時須要知得此心；不知此心，却似睡困，都不濟事。今看文字，又理會理義不出，亦只緣主一工夫欠闕。」植。時舉同。

先生一日謂諸生曰：「某患學者讀書不求經旨，談説空妙，故欲令先通曉文義，就文求意；下梢頭往往又只守定册子上言語，却看得不切己。須是將切己看，玩味入心，力去行之，方有所益。」端蒙。

學者説文字或支離泛濫，先生曰：「看教切己。」文蔚。

學者講學，多是不疑其所當疑，而疑其所不當疑。不疑其所當疑，故眼前合理會處多蹉過；疑其所不當疑，故枉費了工夫。金溪之徒不事講學，只將箇心來作弄，胡撞亂撞。此間所以令學者入細觀書做工夫者，正欲其熟考聖賢言語，求箇的確所在。今却考索得如此支離，反不濟事。如某向來作或問，蓋欲學者識取正意。觀此書者，當於其中見得此是當辨，此不足辨，删其不足辨者，令正意愈明白可也。若更去外面生出許多議論，則正意反不明矣。今非特不見經文正意，只諸家之説，亦看他正意未著。又曰：「中庸言『慎思』，何故不言深思，又不言勤思？蓋不可枉費心去思之，須是思其所當思者，故曰『慎思』也。」必大。

或問：「向蒙見教，讀書須要涵泳，須要浹洽。因看孟子千言萬語，只是論心。七篇之書如此看，是涵泳工夫否？」曰：「某爲見此中人讀書大段鹵莽，所以説讀書須當涵泳，只要子細看玩尋繹，令胸中有所得爾。如吾友所説，又襯貼一件意思，硬要差排，看書豈是如此？」或曰：「先生涵泳之説，乃杜元凱『優而游之』之意。」曰：「固是如此，亦不用如此解説。所謂『涵泳』者，只是子細讀書之異名。與人説話便是難。某只是説一箇『涵泳』，一人硬來安排，一人硬來解説。此是隨語生解，支離延蔓，閑説閑講，少間展轉只是添得多，説得遠，却要做甚？若是如此讀書，如此聽人説話，全不是自做工夫，全無巴鼻。可知是使人説學是空談。此中人所問，大率如此，好理會處不理會，不當理會處却支離去説，説得全無意思。」蓋。

或問「居處恭，執事敬，與人忠」，云：「須是從裏面做出來，方得他外面如此。」曰：「公讀書便是多有此病。這裏面又那得箇裏面做出來底説話來？只是居處時便用恭，執事便用敬，與人時便用忠，『雖之夷狄，不可棄也』。不過只是如此説。大凡看書，須只就他本文看教直截，切忌如此支離蔓衍，拖脚拖尾，不濟得事。聖賢説話，那一句不直截？如利刃削成相似。雖以孔子之語，渾然温厚，然他那句語更是斬截。若如公説一句，更用數十字去包他，則聖賢何不逐句上更添幾字，教他分曉？只看濂溪、二程、横渠們説話，無不斬截有力，語句自是恁地重。無他，所以看得如此寬緩無力者，只是心念不整肅，所以如此。緣心念不整肅，所以意思寬緩，都湊泊他那意思不著，説從別處去。須是整肅心念，看教他意思嚴緊，説出來有力，四方八面截然有界限，始得。如今説得如此支蔓，都不成箇物事，其病只在心念不整肅上。」僩。

讀書之法，只要落窠槽。今公們讀書，盡不曾落得那窠槽，只是走向外去思量，所以都説差去。如初間大水瀰漫，少間水既退，盡落低窪處，方是入窠槽。今盡是泛泛説從別處去。某常以爲書不難讀，只要人緊貼就聖人言語上平心看他，文義自見。今都是硬差排，思其所不當思，疑其所不當疑，辨其所不當辨，盡是枉了，濟得甚事！僩。

某嘗説，文字不難看，只是讀者心自嶢崎了，看不出。若大著意思反復熟看，那正當道理自湧出來。不要將那小意智私見識去間亂他，如此無緣看得出。如千軍萬馬，從一條大路去，行伍紀律，自是不亂。若撥數千人從一小路去，空攪亂了正當底行陣，無益於事。又曰：「看書且要依文看得大概意思了，却去考究細碎處。如今未曾看得正當底道理出，便落草了，墮在一隅一角上，心都不活動。這箇是轉水車相似，只撥轉機關子，他自是轉，連那上面磨子篩籮一齊都轉，自不費力。而今一齊説得枯燥，無些子滋味，便更看二十年，也只不濟事。須教他心裏活動轉得，(若)〔莫〕〔一〕著在那角落頭處。而今諸公看文字，如一箇船閣在淺水上，轉動未得，無那活水泛將去，更將外面事物搭載放上面，越見動不得。都是枉用了心力，枉費日子。天下道理更有幾多，若只如此看，幾時了得！

〔一〕據陳本改。

某而今一自與諸公們説不辨，只覺得都無意思。所願諸公寬著意思，且看正當道理，教他活動有長進處，方有所益。如一條死蛇，弄教他活。而今只是弄得一條死蛇，不濟事。」僩。

學者須要無事時去做得工夫，然後可來此剖決是非。今才一不在此，便棄了這箇。至此，又却臨時逐旋尋得一兩句言語來問，則又何益！壽昌。

或曰：「某尋常所學，多於優游浹洽中得之。」曰：「若遽然便以爲有所見，亦未是。大抵於『博學、審問、愼思、明辨』，且未可説『篤行』，只這裏便是浹洽處。孔子所以『好古敏以求之』，其用力如此。」謨。

人合是疑了問，公今却是揀難處來問，教人如何描摸？若説得，公又如何便曉得？若升高必自下。今人要入室奧，須先入門入庭，見路頭熟，次第入中間來。如何自階裏一造要做後門出！伊川云：「學者須先就近處。」賀孫。

而今人聽人説話未盡，便要争説。亦須待他人説教盡了。他人有説不出處，更須反覆問，教説得盡了，這裏方有處置在。賀孫。

或人請諸經之疑，先生既答之，復曰：「今雖盡與公説，公盡曉得，不於自家心地上做工夫，亦不濟事。」道夫。

諸公所以讀書無長進，緣不會疑。某雖看至没緊要底物事，亦須致疑。纔疑，便須理會得徹頭。僩。

或謂：「問難，只是作話頭，不必如此。」曰：「不然。到無疑處不必問，疑則不可不問。今如此云云，不是惡他人問，便是自家讀書未嘗有疑。」可學。

讀語録玩了，却不如乍見者勇於得，此是病。方。

諸生請問不切。曰：「羣居最有益，而今朋友乃不能相與講貫，各有疑忌自私之意。不知道學問是要理會箇甚麽？若是切己做工夫底，或有所疑，便當質之朋友，同其商量。須有一人識得破者，已是講得七八分，却到某面前商量，便易爲力。今既各自東西，不相講貫，如何得會長進！欲爲學問，須要打透這些子，放令開闊，識得箇『以能問於不能，以多問於寡』底意思，方是切於爲己。」時舉。

或問太極。曰：「看如今人與太極多少遠近？」或人自説所讀書。曰：「徒然説得一片，恁地多不濟事。如今且要虚心，心若不虚，雖然恁地問，待別人恁地説自不入。他聽之如不聞，只是他自有箇物事横在心下。如顔子，人道他『得一善則拳拳服膺而不失』，他不曾自知道『得一善拳拳服膺而不失』；他『見不善未嘗不知，知之未嘗復行』，他不曾自知道『見不善未嘗不知，知之未嘗復行』；他『不遷怒，不貳過』，他不曾自知道『不遷怒，不貳過』。他只見箇道理當如此。易曰：『君子以虚受人。』書曰：『惟學遜志。』舊有某人來問事，略不虛心，一味氣盈色滿。當面與他說，他全不聽得。」賀孫。

「天下之理，有長有短，有大有小，當各隨其義理看。某看得學者有箇病：於他人如此說處，又討箇義理，責其不如彼說；於其如彼說處，又責其不如此說。」因舉所執扇反復爲喻，曰：「此扇兩邊各有道理。今學者待他人說此邊道理，便翻轉那一邊難之；及他說那一邊，却又翻轉這一邊難之。」必大。

問：「氣質之害，直是今人不覺。非特讀書就他氣質上說，只如每日聽先生說話，也各以其所偏爲主。如十句有一句合他意，便硬執定這一句。」曰：「是如此。且如仲山甫一詩，蘇子由專歎美『既明且哲，以保其身』二句，伯恭偏喜『柔嘉維則』一句。某問何不將那『柔亦不茹，剛亦不吐』以下四句做好？某意裏又愛這四句。」問：「這四句如何？」曰：「也自剛了。」問：「剛底終是占得分數多？」曰：「也不得，只是比柔又較争。」胡泳。

質敏不學，乃大不敏。有聖人之資必好學，必下問。若就自家杜撰，更不學，更不問，便已是凡下了。聖人之所以爲聖，也只是好學下問。舜自耕稼陶漁以至於帝，無非取諸人以爲善。孔子說，禮，「吾聞諸老聃」；這也是學於老聃，方知得這一事。賀孫。

先生因學者少寬舒意，曰：「公讀書恁地縝密，固是好。但恁地逼截成一團，此氣象最不好，這是偏處。如一項人恁地不子細，固是不成道理；若一向蹙密，下梢却展拓不去。明道一見謝顯道，曰：『此秀才展拓得開，下梢可望。』」又曰：「於詞氣間亦見得人氣象。如明道語言固無甚激昂，看來便見寬舒意思。龜山，人只道恁地寬，看來不是寬，只是不解理會得，不能理會得。范純夫語解比諸公説理最平淺，但自有寬舒氣象，儘好。」賀孫。

因人之昏弱而箴之曰：「人做事，全靠這些子精神。」節。

有言貧困不得專意問學者。曰：「不干事。世間豈有無事底人？但十二時看那箇時閑，一時閑便做一時工夫，一刻閑便做一刻工夫。積累久，自然别。」或又以離遠師席，不見解注爲説。曰：「且如某之讀書，那曾得師友專守在裏？初又曷嘗有許多文字？也只自著力耳。」或曰：「先生高明，某何敢望？」曰：「如此則全未知自責。『堯舜與人同耳』，曷嘗有異！某嘗謂，此皆是自恕之語，最爲病痛！」道夫。

或言氣禀昏弱，難於爲學。曰：「誰道是公昏弱？但反而思之，便强便明，這氣色打一轉。日日做工夫，日日有長進。」子蒙。

或問：「某欲克己而患未能。」曰：「此更無商量。人患不知耳，既已知之，便合下手做，更有甚商量？『爲仁由己，而由人乎哉』！」雉。

或言：「今且看先生動容周旋以自檢。先生所著文義，却自歸去理會。」曰：「文義只是目下所行底，如何將文義别做一邊看？若不去理會文義，終日只管相守閑坐，如何有這道理？文義乃是躬行之門路，躬行即是文義之事實。」賀孫。

或問：「人固欲事事物物理會，然精力有限，不解一一都理會得。」曰：「固有做不盡底。但立一箇綱程，不可先自放倒。也須静著心，實著意，沉潛反覆，終久自曉得去。」祖道。

或説「居敬、窮理」。曰：「都不須如此説。如何説又怕居敬不得？窮理有窮不去處？豈有此意！只是自家元不曾居敬，元不曾窮理，所以説得如此。若真箇去窮底，豈有窮不得之理？若心堅，便是石也穿，豈有道理了窮不得之理？而今説又怕有窮不得處，又怕如何，又計較如何，都是枉了。只恁勇猛堅決向前去做，無有不得之理，不當如此遲疑。如人欲出路：若有馬，便騎馬去；有車，便乘車去；無車，便徒步去。只是從頭行將去，豈有不到之理！」僩。燾録云：「問：『理有未窮，且只持敬否？』曰：『不消恁地説。持敬便只管持將去，窮理便只管窮將去。如説前面萬一持不得，窮不得處，又去别生計較，這箇都是枉了思量。然亦只是不曾真箇持敬、窮理，若是真箇曾持敬、窮理，豈有此説！譬如出路：要乘轎，便乘轎；要乘馬，便乘馬；要行，便行。都不消思量前面去不得時，又著如何，但當勇猛堅決向前。那裏要似公説居敬不得處又著如何，窮理不得處又著如何。古人所謂心堅石穿，蓋未嘗有做不得底事。如公幾年讀書不長進時，皆緣公恁地，所以搭滯了。』又曰：『聖人之言，本自直截。若裏面有屈曲處，聖人亦必説在上面。若上面無底，又何必思量從那屈曲處去？都是枉了工夫。」

或問：「格物一項稍支離。」曰：「公依舊是箇計較利害底心下在這裏。公且試將所説行將去，看何如。若只管在這裏擬議，如何見得？如做得箇船，且安排槳楫，解了繩，放了索，打將去看，却自見涯岸。若不放船去，只管在這裏思量，怕有風濤，又怕有甚險，如何得到岸？公今恰似箇船全未曾放離岸，只管計較利害，聖賢之説那尚恁地？『子路有聞，未之能行，唯恐有聞』。如今説了千千萬萬，却不曾去下得分寸工夫。」又曰：「聖人常説：『有殺身以成仁。』今看公那邊人，教他『殺身以成仁』，道他肯不肯？決定是不肯。才説著，他也道是怪在。」又曰：「『吾未見剛者。』聖人只是要討這般人，須是有這般資質，方可將來磨治。詩云：『追琢其章，金玉其相。』須是有金玉之質，方始琢磨得出。若是泥土之質，假饒你如何去裝飾，只是箇不好物事，自是你根脚本領不好了。」又曰：「如讀書，只是理會得，便做去。公却只管在這裏説道如何理會。伊川云：『人所最可畏者，便做。』」賀孫。

先生問學者曰：「公今在此坐，是主靜？是窮理？」久之未對。曰：「便是公不曾做工夫。若不是主靜，便是窮理，只有此二者。既不主靜，又不窮理，便是心無所用，閑坐而已。如此做工夫，豈有長進之理？佛者曰：『十二時中，除了著衣喫飯是別用心。』夫子亦云：『造次必於是，顛沛必於是。』須是如此做工夫，方得。公等每日只是閑用心，問閑事，説閑話底時節多；問緊要事，究竟自己底事時節少。若是真箇做工夫底人，他自是無閑工夫説閑話、問閑事。聖人言語有幾多緊要大節目，都不曾理會。小者固不可不理會，然大者尤緊要。」僩。

或問：「致知當主敬。」又問：「當如先生説次第觀書。」曰：「此只是説話，須要下工夫方得。」蓋卿。

諸公且自思量，自朝至暮，還曾有頃刻心從這軀殼裏思量過否？僩。

賢輩但知有營營逐物之心，不知有真心，故識慮皆昏。觀書察理，皆草草不精；眼前易曉者，亦看不見，皆由此心雜而不一故也。所以前輩語初學者必以敬，曰：「未有致知而不在敬者。」今未知反求諸心，而胸中方且叢雜錯亂，未知所守。持此雜亂之心以觀書察理，故凡工夫皆從一偏一角做去，何緣會見得全理！某以爲諸公莫若且收斂身心，盡掃雜慮，令其光明洞達，方能作得主宰，方能見理。不然，亦終歲而無成耳。」大雅。

「諸公皆有志於學，然持敬工夫大段欠在。若不知此，何以爲進學之本？程先生云：『涵養須用敬，進學則在致知。』此最切要。」游和之問：「不知敬如何持？」曰：「只是要收斂身心，莫令走失而已。今人精神自不曾定，讀書安得精專？凡看山看水，風吹草動，此心便自走失，何以爲學？諸公切宜勉此！」南升。

先生語諸生曰：「人之爲學，五常百行，豈能盡常常記得？人之性惟五常爲大，五常之中仁尤爲大，而人之所以爲是仁者，又但當守『敬』之一字。只是常求放心，晝夜相承，只管提撕，莫令廢惰；則雖不能常常盡記衆理，而義禮智信之用，自然隨其事之當然而發見矣。子細思之，學者最是此一事爲要，所以孔門只是教人求仁也。」閎祖。

或曰：「每常處事，或思慮之發，覺得發之正者心常安，其不正者心常不安。然義理不足以勝私欲之心，少間安者却容忍，不安者却依舊被私欲牽將去。及至事過，又却悔，悔時依舊是本心發處否？」曰：「然。只那安不安處，便是本心之德。孔子曰：『志士仁人無求生以害仁，有殺身以成仁。』求生如何便害仁？殺身如何便成仁？只是箇安與不安而已。」又曰：「不待接事時方流入於私欲，只那未接物時此心已自流了。須是未接物時也常剔抉此心教他分明，少間接事便不至於流。上蔡解『爲人謀而不忠』云：『爲人謀而忠，非特臨事而謀；至於平居靜慮，思所以處人者一有不盡，則非忠矣。』此雖於本文説得來大過，然却如此。今人未到爲人謀時方不忠，只平居靜慮閑思念時，便自懷一箇利便於己，將不好處推與人之心矣。須是於此處常常照管得分明，方得。」僩。

或問：「靜時見得此心，及接物時又不見。」曰：「心如何見得？接物時只要求箇是。

應得是，便是心得其正；應得不是，便是心失其正，所以要窮理。且如人唱喏，須至誠還他喏。人問何處來，須據實説某處來。即此便是應物之心，如何更要見此心？浙間有一般學問，又是得江西之緒餘，只管教人合眼端坐，要見一箇物事如日頭相似，便謂之悟，此大可笑！夫子所以不大段説心，只説實事，便自無病。至孟子始説『求放心』，然大概只要人不馳騖於外耳，其弊便有這般底出來，以此見聖人言語不可及。」學蒙。

或問：「覺得意思虛静時，應接事物少有不中節者。纔是意思不虛静，少間應接事物便都錯亂。」曰：「然。然公又只是守得那塊然底虛静，雖是虛静，裏面黑漫漫地；不曾守得那白底虛静，濟得甚事！所謂虛静者，須是將那黑底打開成箇白底，教他裏面東西南北玲瓏透徹，虛明顯敞，如此，方喚做虛静。若只確守得箇黑底虛静，何用也？」僩。

有問：「程門教人説敬，却遺了恭。中庸説『篤恭而天下平』，又不説敬。如何恭、敬不同？」曰：「昔有人曾以此問上蔡。上蔡云：『不同：恭是平聲，敬是側聲。』」舉坐大笑。先生曰：「不是如此理會，隨他所説處理會。如只比並作箇問頭，又何所益？」謙。

先生嘗語在坐者云：「學者常常令道理在胸中流轉。」過。

先生見學者解説之際，或似張大，即語之曰：「説道理，不要大驚小怪。」過。

今之學者只有兩般，不是玄空高妙，便是膚淺外馳。

張洽因先生言近來學者多務高遠，不自近處著工夫，因言：「近來學者誠有好高之弊。昔有問伊川：『如何是道？』伊川曰：『行處是。』又問明道：『如何是道？』明道令於君臣父子兄弟上求。諸先生之言，不曾有高遠之說。」先生曰：「明道之說固如此。然君臣父子兄弟之間，各有箇當然之理，此便是道。」

因說今人學問，云：「學問只是一箇道理。不知天下說出幾多言語來，若內無所主，一隨人脚跟轉，是壞了多少人！吾人日夜要講明此學，只謂要理明學至，不爲邪說所害，方是見得道理分明。聖賢真可到，言語真不誤人。今人被人引得七上八下，殊可笑。」謙。

或問左傳疑義。曰：「公不求之於六經、語、孟之中，而用功於左傳。且左傳有甚麽道理？縱有，能幾何？所謂『棄却甜桃樹，緣山摘醋梨』！天之所賦於我者，如光明寶藏，不會收得，却上他人門教化一兩錢，豈不哀哉！只看聖人所說，無不是這箇大本。如云：『天高地下，萬物散殊，而禮制行矣；流而不息，合同而化，而樂興焉。』不然，子思何故說箇『天命之謂性，率性之謂道，修道之謂教』？此三句是怎如此說？是乃天地萬物之大本大根，萬化皆從此出。人若能體察得，方見得聖賢所說道理，皆從自己胸襟流出，不假他求。某向嘗見呂伯恭愛與學者說左傳，某嘗戒之曰：『語、孟、六經許多道理不說，恰限說這箇。縱那上有些零碎道理，濟得甚事？』伯恭不信，後來又說到漢書。若使其在，不知今又説到甚處，想益卑矣，固宜爲陸子静所笑也。子静底是高，只是下面空疏，無物事承當。伯恭底甚低，如何得似他？」又曰：「人須是於大原本上看得透，自然心胸開闊，見世間事皆瑣瑣不足道矣。」又曰：「每日開眼，便見這四箇字在面前，仁義禮智只趯著脚指頭便是。這四箇字若看得熟，於世間道理，沛然若決江河而下，莫之能禦矣。若看得道理透，方見得每日所看經書，無一句一字一點一畫不是道理之流行；見天下事無大無小，無一名一件不是此理之發見。如此，方見得這箇道理渾淪周遍，不偏枯，方見得所謂『天命之謂性』底全體。今人只是隨所見而言，或見得一二分，或見得二三分，都不曾見那全體，不曾到那極處，所以不濟事。」僩。

「浙中朋友，一等底只理會上面道理，又只理會一箇空底物事，都無用，少間亦只是計較利害；一等又只就下面理會事，眼前雖粗有用，又都零零碎碎了，少間只見得利害。如横渠説釋氏有『兩末之學』，兩末，兩頭也，卻是那中間事物轉關處都不理會。」賀孫問：「如何是轉關處？」曰：「如致知、格物，便是就事上理會道理。理會上面底，却棄置事物爲陳迹，便只説箇無形影底道理；然若還被他放下來，更就事上理會，又却易。只是他已見得上面一段物事，不費氣力，省事了，又那肯下來理會！理會下面底，又都細碎了。這般道理，須是規模大，方理會得。」遂舉伊川説：「曾子易簀，便與有天下行一不義，殺一不幸不爲一同。」「後來說得來，便無他氣象。大底却可做小，小底要做大却難，小底就事物細碎上理會。」賀孫。

先生問浙間事。某曰：「浙間難得學問。會說者，不過孝悌忠信而已。」曰：「便是守此四字不得，須是從頭理會來，見天理從此流出便是。」炎。

謂邵武諸友：「公看文字，看得緊切好。只是邵武之俗，不怕不會看文字，不患看文字不切，只怕少寬舒意思。」賀孫。

方伯謨以先生教人讀集注爲不然。蔡季通丈亦有此語，且謂「四方從學之士稍自負者，皆不得其門而入，去者亦多」。某因從容侍坐，見先生舉以與學者云：「讀書須是自肯下工夫始得。某向得之甚難，故不敢輕說與人。至於不得已而爲注釋者，亦是博採諸先生及前輩之精微寫出與人看，極是簡要，省了多少工夫。學者又自輕看了，依舊不得力。」蓋是時先生方獨任斯道之責，如西銘、通書、易象諸書方出，四方辨詰紛然。而江西一種學問，又自善鼓扇學者，其於聖賢精義皆不暇深考；學者樂於簡易，甘於詭僻，和之者亦衆，然終不可與入堯舜之道。故先生教人，專以主敬、窮理爲主；欲使學者自去窮究，見得道理如此，便自能立，不待辨說而明。此引而不發之意，其爲學者之心蓋甚切，學者可不深味此意乎！炎。

或問：「所謂『窮理』，不知是反己求之於心，惟復是逐物而求於物？」曰：「不是如此。事事物物皆有箇道理，窮得十分盡，方是格物。不是此心，如何去窮理？不成物自有箇道理，心又有箇道理，枯槁其心，全與物不接，却使此理自見！萬無是事。不用自家心，如何別向物上求一般道理？不知物上道理却是誰去窮得？近世有人爲學，專要說空說妙，不肯就實，却說是悟。此是不知學，學問無此法。才說一『悟』字，便不可窮詰，不可研究，不可與論是非，一味說入虛談，最爲惑人。然亦但能謾得無學底人，若是有實學人，如何被他謾？才說『悟』，便不是學問。奉勸諸公，且子細讀書。書不曾讀，不見義理，乘虛接渺，指摘一二句來問人，又有漲開其說來問，又有牽甲證乙來問，皆是不曾有志朴實頭讀書。若是有志朴實頭讀書，真箇逐些理會將去，所疑直是疑，亦有可答。不然，彼已無益，只是一場閑說話爾，濟得甚事！且如讀此一般書，只就此一般書上窮究，册子外一箇字且莫兜攬來炒。將來理明，却將已曉得者去解得未曉者。如今學者將未能解說者却去參解說不得者，鶻突好笑。悠悠歲月，只若人耳！」謙。

或問：「所守所行，似覺簡易，然茫然未有所獲。」曰：「既覺得簡易，自合有所得，却曰茫然無所獲者，如何？」曰：「比之以前爲學多岐，今來似覺簡略耳。愚殊不敢望得道，只欲得一箇入頭處。」曰：「公之所以無所得者，正坐不合簡易。揚子雲曰：『以簡以易，焉支焉離？』蓋支離所以爲簡易也。人須是『博學之，審問之，慎思之，明辨之，篤行之』，然後可到簡易田地。若不如此用工夫，一蹴便到聖賢地位，却大段易了，古人何故如此『博學、審問、慎思、明辨、篤行』乎？夫是五者，無先後，有緩急。不可謂博學時未暇審問，審問時未暇慎思，慎思時未暇明辨，明辨時未暇篤行。五者從頭做將下去，只微有少差耳，初無先後也。如此用工，他日自然簡易去。謨録注云：「包顯道以書論此，先生面質如此。」孟子曰：『博學而詳説之，將以反説約也。』語云：『博我以文，約我以禮。』須是先博然後至約，如何便先要約得？人若先以簡易存心，不知『博學、審問、慎思、明辨、篤行』，將來便入異端去。」去僞。謨同。

先生言：「此兩日甚思諸生之留書院者，不知在彼如何。孔子在陳，思魯之狂士。孟子所記，本亦只是此説。『狂狷』即『狂簡』；『不忘其初』，即『不知所以裁之』。當時隨聖人在外底，却逐日可照管他。留魯者，却不見得其所至如何，然已説得『成章』了。成章是有首有尾，如異端亦然。釋氏亦自説得有首有尾，道家亦自説得有首有尾。大抵未成者尚可救，已成者爲足慮。」時先生在郡中。必大。

或云：「嘗見人説，凡是外面尋討入來底，都不是。」曰：「喫飯也是外面尋討入來，若不是時，須是肚裏做病，如何又喫得安穩？蓋飢而食者，即是從裏面出來。讀書亦然，書固在外，讀之而通其義者却自是裏面事，如何都喚做外面入來得！必欲盡捨詩書而別求道理，異端之説也。」琮。

天下道理自平易簡直。人於其間，只是爲剖析人欲以復天理，教明白洞達，如此而已。今不於明白處求，却求之於偏旁處，縱得些理，其能幾何！今日諸公之弊，却自要説一種話云：「我有此理，他人不知。」安有此事？只是一般理，只是要明得，安有人不能而我獨能之事？如此，則是錯了！可學。

「學者同在此，一般講學，及其後説出來，便各有差誤。要其所成，有上截底無下截，有下截底無上截；有皮殼底無肚腸，有肚腸底無皮殼。不知是如何？」必大曰：「工夫有間斷，亦是氣質之偏使然。」曰：「固是氣質，然大患是不子細。嘗謂今人讀書，得如漢儒亦好。漢儒各專一家，看得極子細。今人才看這一件，又要看那一件，下梢都不曾理會得。」必大。

看二十五條，曰：「此正與前段相反，却有上截無下截。天資高底，固有能不爲富貴所累，然下此者亦必思所以處之。『貧而樂』者固勝如『無諂』，『富而好禮』者固勝如『無驕』。若未能『無諂無驕』底，亦須且於此做工夫。頃見一文集云，有一人天資善弈，極高，遂入京見國手。國手與之下了，但云：『可隨我諸處，看我與人弈。』如此者半年，遂遣之。

其人曰：『某隨逐許時，未蒙教得有所長。』國手曰：『汝碁本高，但未曾識低著，却恐與人下時錯了。我帶你去半年，只是欲汝識低著耳。』」因論碁，又曰：「默堂集中亦載一說：有兩箇對弈，方争一段，甚危。其人忽舍所争，却别於閑處下一著，衆所不曉。既畢，或問之。曰：『所争處已自定，此一著亦有利害，不可不急去先下一著，然對者固未必曉。』問者曰：『既見得其人未必曉，又何用急去下？』曰：『在彼雖可忽，在我者不可不盡耳。』天下事皆當如此，不獨弈也。」㽦。

政和有客同侍坐。先生曰：「這下人全不讀書。莫説道教他讀别書，只是要緊如六經、漢書、唐書、諸子，也須著讀始得。又不是大段直錢了，不能得他讀。只問人借將來讀，也得。如何一向只去讀時文！如何擔當箇秀才名目在身己上！既做秀才，未説道要他理會甚麼高深道理，也須知得古聖賢所以垂世立教之意是如何，古今盛衰存亡治亂事體是如何，從古來人物議論是如何。這許多眼前底都全不識，如何做士人！須是識得許多，方始成得箇人。」又云：「向來人讀書爲科舉計，已自是末了。如今又全不讀而赴科舉，又末之末者。若以今世之所習，雖做得官，貴窮公相，也只是箇没見識底人。若依古聖賢所教做去，雖極貧賤，身自躬耕，而胸次亦自浩然，視被汚濁卑下之徒，曾犬彘之不若！」又曰：「如今人也須先立箇志趣，始得。還當自家要做甚麼人？是要做聖賢？是只要苟簡做箇人？天教自家做人，還只教恁地便是了？閑時也須思量著。聖賢還是元與自家一般，還是有兩般？天地交付許多與人，不獨厚於聖賢而薄於自家，是有這四端，是無這四端？只管在塵俗裏面衮，還曾見四端頭面，還不曾見四端頭面？且自去看。最難説是意趣卑下，都不見上面許多道理。公今如只管去喫魚鹹，不知有芻豢之美。若去喫芻豢，自然見魚鹹是不好喫物事。」又云：「如論語説『學而時習之』，公且自看平日是曾去學，不曾去學；曾去習，不曾去習；學是學箇甚麽；習是習箇甚麽；曾有説意思，無説意思。且去做好。讀聖賢之書，熟讀自見。如孟子説『亦有仁義而已』，這也不待注解。如何孟子須教人舍利而就義？如今人如何只去義而趨利？」賀孫。

問曾點。曰：「今學者全無曾點分毫氣象。今整日理會一箇半箇字有下落，猶未分曉，如何敢望他？他直是見得這道理活潑潑地快活。若似而今諸公樣做工夫，如何得似它？」問：「學者須是打疊得世間一副當富貴利禄底心，方可以言曾點氣象，方有可用功處。」曰：「這箇大故是外面粗處。某常説，這箇不難打疊，極未有要緊，不知別人如何。正當是裏面工夫極有細碎難理會處，要人打疊得。若只是外面富貴利禄，此何足道！若更這處打不箇透，説甚麽學！正當學者裏面工夫多有節病。人亦多般樣。而今自家只見得這箇重，便説難打疊，它人病痛又有不在是者。若人人將這箇去律它，教須打併這箇了，方可做那箇，則其無此病者，却覺得緩散無力。急這一邊，便緩却那一邊。所以這道理極難，要無所不用其力。莫問他急緩先後，只認是處便奉行，不是處便緊閉，教他莫出來。所以説『是故君子無所不用其極』；『是故君子戒慎乎其所不覩，恐懼乎其所不聞。莫見乎隱，莫顯乎微』。又曰：『仁以爲己任，不亦重乎！』四方八面，盡要照管得到。若一處疏闕，那病痛便從那疏處入來。如人廝殺，凡山川途徑，險阻要害，無處不要防守。如姜維守蜀，它只知重兵守著正路，以爲魏師莫能來，不知鄧艾却從陰平武都而入，反出其後。它當初也説那裏險阻，人必來不得，不知意之所不備處才有縫罅，便被賊人來了。做工夫都要如此，所以這事極難，只看『是故君子無所不用其極』一句便見。而今人有終身愛官職不知厭足者；又有做到中中官職便足者；又有全然不要，只恁地懶惰因循，我也不要官職，我也無力爲善，平平過者；又有始間是好人，末後不好者；又有始間不好，到末好者，如此者多矣。又有做到宰相了，猶未知厭足，更要經營久做者。極多般樣。」僩。

先生過信州，一士子請見，問爲學之道。曰：「『道二，仁與不仁而已矣。』聖人千言萬語，只是要教人做人。」文蔚。

先生曰：「相隨同歸者，前面未必程程可説話；相送至此者，一别又不知幾年。有話可早商量。」久而無人問。先生遂云：「學者須要勇決，須要思量，須要著緊。」又云：「此間學者只有過底，無有不及底。」在大桂鋪說。震。

與或人說：「公平日說甚剛氣，到這裏爲人所轉，都屈了。凡事若見得了，須使堅如金石。」

舊看不尚文華薄勢利之類說話，便信以爲然，將謂人人如在。後方知不然。此在資質。

學者輕俊者不美，朴厚者好。振。

先生因言：「學者平居議論多頹塌，臨事難望它做得事。」遂說：「一姓王學者，後來狼狽，是其平時議論，亦專是回互。有一處責曾子許多時用大夫之簀，臨時不是童子說，則幾失易簀。王便云：『這是曾子好處。既受其簀，若不用之，必至取怒季孫，故須且將來用。』大抵今之學者多此病，如學夫子，便學他『微服過宋』、『君命召，不俟駕』、『見南子』與『佛肸召』之類。有多少處不學，只學他這箇。」胡泳。

大率爲善須自有立。今欲爲善之人，不可謂少，然多顧浮議，浮議何足恤！蓋彼之是非，干我何事？亦是我此中不痛切耳。若自著緊，自痛切，亦何暇恤它人之議哉！大雅。

或言某人好善。曰：「只是徇人情與世浮沉，要教人道好。又一種人見如此，却欲矯之，一味只是説人短長，道人不是，全不反己。且道我是甚麼人？它是如何人？全不看他所爲是如何，我所爲是如何，一向只要胡亂説人。此二等人皆是不知本領，見歸一偏，坐落在窠臼中，不能得出，聖賢便不如此。」謙。

因説：「而今人須是它曉得，方可與它説話。有般人説與眼前事尚不曉，如何要他知得千百年英雄心事！」燾。

有一朋友輕慢，去後因事偶語及之。先生曰：「何不早説，得某與他道？」坐中應曰：「不欲説。」曰：「他在却不欲説，去後却後面説他，越不是。」端蒙。

因論諸人爲學，曰：「到學得争綱争紀，學却反成箇不好底物事。」揚曰：「大率是人小故然。又各人合下有箇肚私見識，世間書、人，無所不有，又一切去附會上，故皆偏側違道去。」先生甚然之。揚。

門人有與人交訟者，先生數責之云：「欲之甚，則昏蔽而忘義理；求之極，則争奪而至怨仇。」賀孫。

每夜諸生會集，有一長上，纔坐定便閑話。先生責曰：「公年已四十，書讀未通，纔坐便説別人事。夜來諸公閑話至二更，如何如此相聚，不回光反照，作自己工夫，却要閑説！」歎息久之。賀孫。

有侍坐而困睡者，先生責之。敬子曰：「僧家言，常常提起此志令堅强，則坐得自直，亦不昏困；纔一縱肆，則嗒然頹放矣。」曰：「固是。道家修養，也怕昏困，常要直身坐，謂之『生腰坐』；若昏困倒靠，則是死腰坐矣。」因舉小南和尚少年從師參禪，一日偶靠倚而坐，其師見之，叱曰：「『得恁地無脊梁骨！』小南悚然，自此終身不靠倚坐。」又舉徐處仁知北京日，早辰會僚屬治事訖，復穿衣會坐談廳上。徐多記覽，多説平生履歷州郡利害，政事得失，及前言往行。終日危坐，僚屬甚苦之。嘗暑月會坐，有秦兵曹者瞌睡，徐厲聲叱之起曰：「某在此説話，公却瞌睡，豈以某言爲不足聽耶！未論某是公長官。只論鄉曲，亦是公丈人行，安得如此！」叫客將掇取秦兵曹坐椅子去。問：「徐後來做宰相，却無聲譽。」曰：「他只有治郡之才。」僩。

有學者每相揖畢，輒縮左手袖中。先生曰：「公常常縮著一隻手是如何？也似不是舉止模樣。」義剛。

先生讀書屏山書堂。一日，與諸生同行登臺，見草盛，命數兵耘草，分作四段，令各耘一角。有一兵逐根拔去，耘得甚不多，其它所耘處，一齊了畢。先生見耘未了者，問諸生曰：「諸公看幾箇耘草，那箇快？」諸生言諸兵皆快，獨指此一人以爲鈍。曰：「不然。某看來，此卒獨快。」因細視諸兵所耘處，草皆去不盡，悉復呼來再耘。先生復曰：「那一兵雖不甚快，看他甚子細，逐根去令盡。雖一時之難，却只是一番工夫便了。這幾箇又著從頭再用工夫，只緣其初欲速苟簡，致得費力如此。看這處，便是學者讀書之法。」寓。

留丞相以書問詩集傳數處。先生以書示學者曰：「他官做到這地位，又年齒之高如此，雖在貶所，亦不曾閑度日。公等豈可不惜寸陰！」友仁。

先生氣疾作，諸生連日皆無問難。一夕，遣介召入卧内，諸生亦無所請。先生怒曰：「諸公恁地閑坐時，是怎生地？恁地便歸去强，不消得恁地遠來！」義剛。

大有事用理會在，某今只是覺得後面日子短促了，精力有所不逮；然力之所及，亦不敢不勉。思量著，有萬千事要理會在，自是不容已。只是覺得後面日子大故催促人，可爲慨歎耳！

先生言：「日來多病，更無理會處，恐必不久於世。諸公全靠某，不得；須是自去做工夫，始得。且如看文字，須要此心在上面。若心不在上面，便是不曾看相似，所謂『視之不見，聽之不聞』，只是『心不在焉』耳。」時舉。

先生不出，令入卧内相見，云：「某病此番甚重。向時見文字，也要議論，而今都怕了。諸友可各自努力，全靠某，不得。」時舉。

「講學須要著實。向來諸公都見得不明，却要做一罩説。」語次云：「目前諸友亦多有識門户者。某旦暮死耳，不敢望大行。且得接續三四十年，説與後進令知，亦好。」時舉。

先生一日腰疼甚，時作呻吟聲。忽曰：「人之爲學，如某腰疼，方是。」在坐者皆不能問。泳久而思之，恐是爲學工夫意思接續，自然無頃刻之忽忘，然後進進不已。痛楚在身，雖欲無之而不可得，故以開諭學者，其警人之意深矣！胡泳。

因說工夫不可間斷，曰：「某若臂痛，常以手擦之，其痛遂止。若或時擦，或時不擦，無緣見效，即此便是做工夫之法。」正叔退，謂文蔚曰：「擦臂之喻最有味。」文蔚。

朱子語類卷第一百二十二

吕伯恭

因説南軒、東萊，或云：「二先生若是班乎？」壽昌曰：「不然。」先生適聞之，遂問如何。曰：「南軒非壽昌所敢知，東萊亦不相識，但以文字觀之，東萊博學多識則有之矣，守約恐未也。」先生然之。壽昌。

某嘗謂，人之讀書，寧失之拙，不可失之巧；寧失之低，不可失之高。伯恭之弊，盡在於巧。伯羽。

伯恭説義理，太多傷巧，未免杜撰。子静使氣，好爲人師，要人悟。一云：「吕太巧，杜撰。陸喜同己，使氣。」閎祖。

或問東萊、象山之學。曰：「伯恭失之多，子静失之寡。」柄。

或問：「東萊謂變化氣質，方可言學。」曰：「此意甚善。但如鄙意，則以爲學乃能變化氣質耳。若不讀書窮理，主敬存心，而徒切切計較於昨非今是之間，恐亦勞而無補也。」

伯恭更不教人讀論語。方子。

伯恭教人看文字也粗。有以論語是非問者。伯恭曰：「公不會看文字，管他是與非做甚？但有益於我者，切於我者，看之足矣。」且天下須有一箇是與不是，是處便是理，不是處便是咈理，如何不理會得？賜。

「躬自厚而薄責於人，則遠怨矣。」呂丈舊時性極褊急，因病中讀論語，於此有省，後遂如此好。廣録云：「伯恭言，少時愛使性，才見使令者不如意，便躁怒。後讀論語云云。某嘗問路德章：『曾見東萊説及此否？』」

伯恭要無不包羅，只是撲過，都不精。詩小序是他看不破。薛常州周禮制度都不能言。邵數亦教季通説過一徧，又休了。揚。

東萊聰明，看文理却不子細。向嘗與較程易，到噬嗑卦「和而且治」，一本「治」作「洽」。據「洽」字於理爲是，他硬執要做「治」字。「和」已有洽意，更下「洽」字不得。緣他先讀史多，淳録作「讀史來多而」。所以看粗著眼。讀書須是以經爲本，而後讀史。義剛。淳同。

李德之問：「繫辭精義編得如何？」曰：「編得亦雜，只是前輩説話有一二句與繫辭相雜者皆載。只如『觸類而長之』，前輩曾説此便載入，更不暇問是與不是。」蓋卿。

或問繫辭精義。曰：「這文字雖然是裒集得做一處，其實於本文經旨多有難通者。

如伊川說話與橫渠說話，都有一時意見如此，故如此說。若用本經文一二句看得亦自通，只要成片看，便上不接得前，下不帶得後。如程先生說孟子『勿忘，勿助長』，只把幾句來說敬。後人便將來說此一章，都前後不相通，接前不得，接後不得。若知得這般處是假借來說敬，只恁地看，也自見得程先生所以說之意，自與孟子不相背馳。若此等處，最不可不知。」賀孫。

人言何休爲公羊忠臣，某嘗戲伯恭爲毛、鄭之佞臣。道夫。

問東萊之學。曰：「伯恭於史分外子細，於經却不甚理會。有人問他『忠恕』，楊氏、侯氏之說孰是，他却說：『公如何恁地不會看文字？這箇都好。』不知是如何看來。他要說爲人謀而不盡心爲忠，傷人害物爲恕，恁地時他方說不是。」義剛曰：「他也是相承那江浙間一種史學，故恁地。」曰：「史甚麼學？只是見得淺。」義剛。

先生問：「向見伯恭，有何說？」曰：「呂丈勸令看史。」曰：「他此意便是不可曉。某尋常非特不敢勸學者看史，亦不敢勸學者看經。只語、孟亦不敢便教他看，且令看大學。伯恭動勸人看左傳、遷史，令子約諸人擡得司馬遷不知大小，恰比孔子相似！」必大。

伯恭、子約宗太史公之學，以爲非漢儒所及，某嘗痛與之辨。子由古史言馬遷「淺陋而不學，疏略而輕信」。此二句最中馬遷之失，伯恭極惡之。古史序云：「古之帝王，其必爲善，如火之必熱，水之必寒；其不爲不善，如騶虞之不殺，竊脂之不穀。」此語最好。某嘗問伯恭：「此豈馬遷所能及？」然子由此語雖好，又自有病處，如云「帝王之道以無爲宗」之類。他只説得箇頭勢大，下面工夫又皆疏空。亦猶馬遷禮書云：「大哉禮樂之道！洋洋乎鼓舞萬物，役使羣動。」説得頭勢甚大，然下面亦空疏，却引荀子諸説以足之。又如諸侯年表，盛言形勢之利，有國者不可無，末却云：「形勢雖强，要以仁義爲本。」他上文本意主張形勢，而其末却如此説者，蓋他也知仁義是箇好底物事，不得不説，且説教好看。如禮書所云，亦此意也。伯恭極喜渠此等説，以爲遷知「行夏之時，乘殷之輅，服周之冕」，爲得聖人爲邦之法，非漢儒所及。此亦衆所共知，何必馬遷？然遷嘗從董仲舒遊，史記中有「余聞之董生云」，此等語言，亦有所自來也。遷之學，也説仁義，也説詐力，也用權謀，也用功利，然其本意却只在於權謀功利。孔子説伯夷「求仁得仁，又何怨」！他一傳中首尾皆是怨辭，盡説壞了伯夷！子由古史皆删去之，盡用孔子之語作傳，豈可以子由爲非，馬遷爲是？可惜子約死了，此論至死不曾明！聖賢以六經垂訓，炳若丹青，無非仁義道德之説。今求義理不於六經，而反取疏略淺陋之子長，亦惑之甚矣！僩。

問：「東萊大事記有續春秋之意，中間多主史記。」曰：「公鄉里主張史記甚盛，其間有不可説處，都與他出脱得好。如貨殖傳，便説他有諷諫意之類，不知何苦要如此？世間事是還是，非還非，黑還黑，白還白，通天通地，貫古貫今，決不可易。若使孔子之言有未是處，也只還他未是，如何硬穿鑿説！」木之又問：「左氏傳合如何看？」曰：「且看他記載事迹處。至如説道理，全不似公、穀。要知左氏是箇曉了識利害底人，趨炎附勢。如載劉子『天地之中』一段，此是極精粹底。至説『能者養之以福，不能者敗以取禍』，便只説向禍福去了。大率左傳只道得禍福利害底説話，於義理上全然理會不得。」又問：「所載之事實否？」曰：「也未必一一實。」子升問：「如載卜妻敬仲與季氏生之類，是如何？」曰：「看此等處，便見得是六卿分晉、田氏篡齊以後之書。」又問：「此還是當時特故撰出此等言語否？」曰：「有此理。其間做得成者，如斬蛇之事；做不成者，如丹書狐鳴之事。看此等書，機關熟了，少間都壞了心術。莊子云：『有機械者必有機事，有機事必有機心，則純白不備。純白不備者，道之所不載也。』今浙中於此二書極其推尊，是理會不得。」因言：「自孟子後，聖學不傳，所謂『軻之死不得其傳』。如荀卿説得頭緒多了，都不純一。至揚雄所説底話，又多是莊老之説。至韓退之喚做要説道理，又一向主於文詞。至柳子厚却反助釋氏之説。因言異端之教，漢魏以後，只是老莊之説。至晉時肇法師，釋氏之教始興。其初只是説，未曾身爲。至達磨面壁九年，其説遂熾。」木之。

看大事記，云：「其書甚妙，考訂得子細，大勝詩記。此書得自由，詩被古説壓了。」

「伯恭解說文字太尖巧。渠曾被人說不曉事，故作此等文字出來，極傷事。」敬之問：「大事記所論如何？」曰：「如論公孫弘等處，亦傷太巧。」德明。

伯恭大事記辨司馬遷、班固異同處最好。渠一日記一年。渠大抵謙退，不敢任作書之意，故通鑑、左傳已載者皆不載，其載者皆左傳、通鑑所無者耳。有太纖巧處，如指出公孫弘、張湯姦狡處，皆說得羞愧人。伯恭少時被人說他不曉事，故其論事多指出人之情僞，云：「我亦知得此。」有此意思不好。璘。

東萊自不合做這大事記。他那時自感疾了，一日要做一年。若不死，自漢武至五代，只千來年，他三年自可了此文字。人多云，其解題煞有工夫。其實他當初作題目，却煞有工夫，只一句要包括一段意。解題只見成，檢令諸生寫。伯恭病後，既免人事應接，免出做官，若不死，大段做得文字。賀孫。

因說伯恭少儀外傳多瑣碎處，曰：「人之所見不同。某只愛看人之大體大節，磊磊落落處，這般瑣碎便懶看。伯恭又愛理會這處，其間多引忍恥之說，最害義。緣他資質弱，與此意有合，遂就其中推廣得大。想其於忠臣義士死節底事，都不愛。他亦有詩，說張巡、許遠那時不應出來。」淳。

伯恭是箇寬厚底人，不知如何做得文字却似箇輕儇底人？如省試義大段鬧裝，說得堯舜大段脅肩諂笑，反不若黄德潤辭雖窘，却質實尊重。館職策亦説得慢，不分曉，後面又全無緊要。伯恭尋常議論，亦緣讀書多，肚裏有義理多。恰似念得條貫多底人，要主張一箇做好時，便自有許多道理，升之九天之上；要主張做不好時，亦然。㽦。

或言：「東萊館職策、君舉治道策，頗涉清談，不如便指其事説，自包治道大原意。」曰：「伯恭策止緣裏面説大原不分明，只自恁地依傍説，更不直截指出。」賀孫。

伯恭文鑑，有正編其文理之佳者；有其文且如此，而衆人以爲佳者；有其文雖不甚佳，而其人賢名微，恐其泯没，亦編其一二篇者；有文雖不佳，而理可取者，凡五例。先生云：「已亡一例，後來爲人所譖，令崔大雅敦詩删定，奏議多删改之。如蜀人吕陶有一文論制師服，此意甚佳，吕止收此一篇。崔云：『陶多少好文，何獨收此？』遂去之，更參入他文。」

先生方讀文鑑，而學者至。坐定，語學者曰：「伯恭文鑑去取之文，若某平時看不熟者，也不敢斷他。有數般皆某熟讀底，今揀得也無巴鼻。如詩，好底都不在上面，却載那衰颯底。把作好句法，又無好句法；把作好意思，又無好意思；把作勸戒，又無勸戒。」林擇之云：「他平生不會作詩。」曰：「此等有甚難見處？」義剛。淳録云：「伯恭文鑑去取，未足爲定論。」

東萊文鑑編得泛，然亦見得近代之文。如沈存中律曆一篇，說渾天亦好。義剛。

伯恭所編奏議，皆優柔和緩者，亦未爲全是。今丘宗卿作序者是舊所編。後修文鑑，不止乎此，更添入。

嘗語呂丈編奏議，爲臺諫懷挾。揚。

伯恭祭南軒文，都就小狹處說來，其文弱。

呂伯恭文集中如答項平父書，是傅夢泉子淵者；如駡曹立之書，是陸子靜者。其他僞者想又多在。璘。

伯恭亦嘗看藏經來。然甚深，不見於言語文字間。有些伯術，却忍不住放得出來，今害人之甚！揚。

「可憐子約一生辛苦讀書，只是竟與之說不合！今日方接得他三月間所寄書，猶是論『寂然不動』，依舊主他舊說。時子約已死。它硬說『寂然不動』是耳無聞，目無見，心無思慮，至此方是工夫極至處。伊川云：『要有此理，除是死也！』幾多分曉！某嘗答之云：『洪範五事：貌曰僵，言曰啞，視曰盲，聽曰聾，思曰塞，方得！還有此理否？』渠至死不曉，不知人如何如此不通？」用之云：「釋氏之坐禪入定，便是無聞無見，無思無慮。」曰：「然。它是務使神輕去其體，其理又不同。神仙則使形神相守，釋氏則使形神相離。佛家有『白骨觀』，初想其形，從一點精氣始，漸漸胞胎孕育，生産稚乳，長大壯實，衰老病死，以致屍骸胖脹枯僵，久之化爲白骨。既想爲白骨，則視其身常如白骨，所以厭棄脱離而無留戀之念也，此又釋氏之最下者。」僩。以下子約。

「今日得子約書，有『見未用之體』一句，此話却好。」問：「未用，是喜怒哀樂未發時，那時自覺有箇體段則是。如著意要見他，則是已發？」曰：「只是識認他。」士毅。廣録云：「近得子約書，有『未發之本體』一句，此語甚好。人須是看得這箇分曉，始得。」

答子約書云：「目下放過了合做底親切工夫，虚度了難得少壯底時日！」方子。

觀呂子約書，有論讀詩及劉壯輿字畫一段。曰：「某之語詩，與子約異。詩序多附會，須當觀詩經。渠平日寫書來，字畫難曉。昔日劉元城戒劉壯輿，謂此人字畫不正，必是心術不明，故寫此一段與之。」子約書又云：「昨讀左傳劉康公説『民受天地之中以生』，下云『君子勤禮，小人盡力』，見得古人説道理平實，不張皇，而著實下手，隨貴賤高卑皆有地位。非如後世此之爲可，而此之爲不可，人有所不可爲，道有所不可行也。」先生曰：「此一段議論却好。」可學。

呂子約死，先生曰：「子約竟齎著許多鶻突道理去矣！」賀孫。

先生問：「呂子約近況如何？」曰：「呂丈在鄉里，方取其家來，骨肉得團聚，不至落寞。」曰：「得渠書，多説仙郡士友日夕過從，以問學爲樂。罪大責輕，遷客得如此，過分矣。亦是仙郡士友好學樂善，豈非衡州流風餘韻所及乎！」嗟歎久之。又問曰：「識章茂獻否？」曰：「嘗見之，亦蒙教誨。」曰：「江西士大夫如茂獻亦難得。」又言：「吴伯豐有見識，力學不倦。」祖道因言伯豐自植立事。曰：「此某知之有未盡，不意伯豐能如此。」祖道。

伯恭門徒氣宇厭厭，四分五裂，各自爲説，久之必至銷歇。子静則不然，精神緊峭，其説分明，能變化人，使人旦異而晡不同，其流害未艾也。道夫。以下門人。

婺州士友只流從祖宗故事與史傳一邊去。其馳外之失，不知病在不曾於論語上加工。升卿。

浙間學者推尊史記，以爲先黄老，後六經，此自是太史談之學。若遷則皆宗孔氏，如於夏紀贊用行夏時事，於商紀贊用乘商輅事，高祖紀贊則曰「朝以十月，車服黄屋左纛」，蓋譏其不用夏時商輅也。遷之意脈恐誠如是，考得甚好。然但以此遂謂遷能學孔子，則亦徒能得其皮殼而已。假使漢高祖能行夏時，乘商輅，亦只是漢高祖，終不可謂之禹湯。此等議論，恰與欲削鄉黨者相反。必大。

先生出示答孫自修書，因言：「陸氏之學雖是偏，尚是要去做箇人。若永嘉、永康之説，大不成學問，不知何故如此？他日用動静間，全是這箇本子，卒乍改換不得。如吕氏言漢高祖當用夏之忠，却不合黄屋左纛。不知縱使高祖能用夏時，乘商輅，亦只是這漢高祖也，骨子不曾改變，蓋本原處不在此。」銖。

伊川發明道理之後，到得今日，浙中士君子有一般議論，又費力，只是云不要矯激，遂至於凡事回互，揀一般偎風躲箭處立地，却笑人慷慨奮發，以爲必陷矯激之禍，此風更不可長。如嚴子陵是矯激分明，吕伯恭作祠記，須要辨其非矯激。想見子陵聞之，亦自一笑。子陵之高節，自前漢之末，如龔勝諸公不屈於王莽者甚多，漢書末後有傳可見。光武是一箇讀書識道理底人，便去尊敬嚴子陵。子陵既高蹈遠舉，又誰恤是矯激不是矯激在！胡文定父子平生不服人，只服范文正公嚴子陵祠記云：「先生之心，出乎日月之上；光武之量，包乎天地之外。微先生不能成光武之大，微光武豈能遂先生之高？」直是説得好！其議論什麼正大！往時李太伯作袁州學記，説崇詩書，尚節義，文字雖粗，其説振厲，使人讀之森然，可以激懦夫之氣。近日浙中文字雖細膩，只是一般回互，無奮發底意思，此風漸不好。其意本是要懲艾昔人矯激之過，其弊至此。孔子在陳，思魯之狂士，蓋狂士雖不得中，猶以奮發，可與有爲。若一向委靡，濟甚事！又説：「固是矯激者非。只是不做矯激底心，亦是私意。大凡只看道理合做與不合耳，如合做，豈可避矯激之名而不爲！」璘。

鄭子上問：「昨日所説浙中士君子多要回互以避矯激之名，莫學顔子之渾厚否？」

曰：「渾厚自是渾厚。今浙中人只學一般回互底心意，不是渾厚。渾厚是可做便做，不計利害之謂。今浙中人却是計利害太甚，做成回互耳，其弊至於可以得利者無不爲。如陳仲弓送宦者葬，所謂有仲弓之志則可，無仲弓之志則不可。」因説，東漢事勢，士君子欲全身遠害，則有不仕而已。若出仕遇宦官縱横，如何畏禍不與他理會得！若未免仕，只得辭尊居卑，辭富居貧。若既要爲大官，又要避禍，無此理。璘。

問：「前蒙賜書中，有『近日浙中學者多靠一邊』，如何？」曰：「往往泥文義者只守文義，淪虛静者更不讀書。又有陳同父一輩説又必求異者。某近到浙中，學者却别，滯文義者亦少。只沈晦叔一等，皆問著不言不語，説著文義又却作怪。」𥬇。

近日浙中一項議論，盡是白空撰出，覺全捉摸不著。恰如自家不曾有基地，却要起甚樓臺，就上面添一層，又添一層，只是道新奇好看，其實全不濟事。又云：「空撰出許多説話，如捏眼生花。」賀孫。

叔度與伯恭爲同年進士，年又長，自視其學非伯恭比，即俯首執子弟禮而師事之，略無難色，亦今世之所無耳。道夫。叔度。

叔度應童子進士詞科，然竟以不能隨世俛仰，不肯一日置其身於仕路也。道夫。

自叔度以正率其家，而子弟無一人敢爲非義者。道夫。

朱子語類卷第一百二十三

陳君舉陳同父、葉正則附。

先生問德粹：「去年何處作考官？」對以永嘉。問：「曾見君舉否？」曰：「見之。」曰：「説甚話？」曰：「説洪範及左傳。」曰：「洪範如何説？」曰：「君舉以爲讀洪範，方知孟子之『道性善』。如前言五行、五事，則各言其德性，而未言其失。及過於皇極，則方辨其失。」曰：「不然。且各還他題目：一則五行，二則五事，三則八政，四則五紀，五則皇極；至其後庶徵、五福、六極，乃權衡聖道而著其驗耳。」又問：「春秋如何説？」滕云：「君舉云：『世人疑左丘明好惡不與聖人同，謂其所載事多與經異，此則有説。且如晉先蔑奔，人但謂先蔑奔秦耳，此乃先蔑立嗣不定，故書「奔」以示貶。』」曰：「是何言語！先蔑實是奔秦，如何不書『奔』？且書『奔秦』，謂之『示貶』，不書奔，則此事自不見，何以爲褒？昨説與吾友，所謂專於博上求之，不反於約，乃謂此耳。是乃於穿鑿上益加穿鑿，疑誤後學。」可學因問：「左氏識見如何？」曰：「左氏乃一箇趨利避害之人，要置身於穩地，而不識道理，於大倫處皆錯。觀其議論，往往皆如此。且大學論所止，便只説君臣父子五件，左氏豈知此？如云『周鄭交質』，而曰『信不由中，質無益也』。正如田客論主，而責其不請喫茶！使孔子論此，肯如此否？尚可謂其好惡同聖人哉！又如論宋宣公事，曰：『宋宣公可謂知人矣。立穆公，其子饗之，命以義夫！』是何等言談！」可學曰：「此一事，公羊議論却好。」曰：「公羊乃儒者之言。」可學又問：「林黄中亦主張左氏，如何？」曰：「林黄中却會占便宜。左氏疏脱多在『君子曰』，渠却把此殃苦劉歆。昔呂伯恭亦多勸學者讀左傳，嘗語之云：『論、孟聖賢之言不使學者讀，反使讀左傳！』伯恭曰：『讀論、孟，使學者易向外走。』因語之云：『論、孟却向外走，左氏却不向外走！讀論、孟，且先正人之見識，以參他書，無所不可。此書自傳惠公元妃孟子起，便没理會。』大抵春秋自是難看。今人説春秋，有九分九釐不是，何以知聖人之意是如此？平日學者問春秋，且以胡文定傳語之。」可學。

陳君舉得書云：「更望以雅頌之音消鑠羣慝，章句訓詁付之諸生。」問他如何是雅頌之音？今只有雅頌之辭在，更没理會，又去那裏討雅頌之音？便都只是瞞人！又謂某前番不合與林黄中、陸子静諸人辨，以爲「相與詰難，竟無深益。蓋刻畫太精，頗傷易簡；矜持已甚，反涉吝驕」。不知更何如方是深益？若孟子之闢楊墨，也只得恁地闢。他説

「刻畫太精」，便只是某不合説得太分曉，不似他只恁地含糊。他是理會不得，被衆人擁從，又不肯道我不識，又不得不説，説又不識，所以不肯索性開口道這箇是甚物事，又只恁鶻突了。子静雖占姦不説，然他見得成箇物事，説話間便自然有箇痕跡可見。只是人理會他底不得，故見不得，然亦易見。子静只是人未從，他便不説；及鈎致得來，便直是説，方始與你理會。至如君舉胸中有一部周禮，都撑腸拄肚，頓著不得。如遊古山詩又何消説著他？只是他稍理會得，便自要説，又説得不著。如東坡、子由見得箇道理，更不成道理，又却便開心見膽，説教人理會得。又曰：「他那得似子静！子静却是見得箇道理，却成一部禪，他和禪識不得。」賀孫。

金溪之學雖偏，然其初猶是自説其私路上事，不曾侵過官路來。後來於不知底亦要彊説，便説出無限亂道。前輩如歐公諸人爲文，皆善用其所長；凡所短處，更不拈出來説，所以不見疏脱。今永嘉又自説一種學問，更没頭没尾，又不及金溪。大抵只説一截話，終不説破是箇甚麽；然皆以道義先覺自處，以此傳授。君舉到湘中一收，收盡南軒門人，胡季隨亦從之問學。某向見季隨，固知其不能自立，其胸中自空空無主人，所以纔聞他人之説，便動。季隨在湖南頗自尊大，諸人亦多宗之。凡有議論，季隨便爲之判斷孰是孰非。此正猶張天師，不問長少賢否，只是世襲做大。正淳曰：「湖南之從南軒者甚衆且久，何故都無一箇得其學？」曰：「欽夫言自有弊。諸公只去學他説話，凡説道理，先大拍下。然欽夫後面却自有説，諸公却只學得那大拍頭。」必大。

因説鄉里諸賢文字，以爲：「皆不免有藏頭亢腦底意思。有學者來問，便當直説與之，在我不可不説。若其人半間不界，與其人本無求益之意，故意來磨難，則不宜説。外此，説儘無害。我畢竟説從古聖賢已行底道理，不是爲姦爲盜，怕説與人。不知我説出便有甚罪過？諸賢所見皆如此。祇緣怕人譏笑，遂以此爲戒，便藏頭不説。某與林黄中争辨一事，至今亦只是説，不以爲悔。『夫道若大路然』，何掩蔽之有？」打空説及某人，鄉里皆推其有所見。其與朋友書，言學不至於「不識不知，順帝之則」處，則學爲無用。先生曰：「近來人自要向高説一等話。要知初學及此，是爲躐等。詩人這句自是形容文王聖德不可及處。聖人教人，何嘗不由識入來！」寓。

或曰：「永嘉諸公多喜文中子。」曰：「然，只是小。它自知定學做孔子不得了，才見箇小家活子，便悦而趨之。譬如泰山之高，它不敢登；見箇小土堆子，便上去，只是小。」僩。

因説永嘉之學，曰：「張子韶學問雖不是，然他却做得來高，不似今人卑污。」又曰：「上蔡多説知覺，自上蔡一變而爲張子韶。」學蒙。

「古人紀綱天下，凡措置許多事，都是心法從這裏流出，是多少正大！今若去逐些子搜抉出來評議，恐不得。凡看文字，也須待自有忽然湊合見得異同處。若先去逐些安排比並，便不是。」因問：「君舉説漢唐好處與三代暗合，是如何？」曹曰：「亦只是事上看，如漢初待羣臣不專執其權，略堂陛之嚴，不恁地操切，如財散於天下之類。」曰：「這也自是事勢到這裏，見得秦時君臣之勢如此間隔，故漢初待宰相如此。然而蕭何是多少功勞！幾年宰相，一旦繫獄，這喚做操切不操切？又如周勃終身有功，後來也下獄對問。又如賈誼書中所説是如何？財用那時自寬饒，不得不散在郡縣。且如而今要散在郡縣，得也不得？上面又不儲蓄財賦閑在那裏，只是每年合天下之所入，不足以供一年之用；一月之入，不足以供一月之用，逐時挨展將去。將漢初來看，要散之郡縣得否？這只是閑説。第一項最是養許多坐食之兵，其費最廣。州郡自是州郡底，如許多大軍，見如何區處？無祖宗天下之半，而有祖宗所無之兵。如州郡兵還養在，何用！若留心太守，又會教他去攀些弓，射些弩，教他做許多模樣，也只是不忍將許多錢糧白與他。到有廝殺時，你道他與你去廝殺否？只是徒然！」問：「君舉曾要如何措置？」曰：「常常憂此，但措置亦未曾説出。」問：「看唐事如何？」曰：「聞之陳先生説，唐初好處，也是將三省推出在外。這却從魏晉時自有裏面一項，唐初却盡屬之外，要成一體。如唐經禍變後，便都有諸王出來克復，如肅宗事。及代宗後來，雖是郭子儀，也有箇主出來。」曰：「三省在外，怕自隋時已如此，只唐時併屬之宰相。諸王克復，代宗事，只是郭子儀，怕别無諸王。唐官看他六典，將前代許多官一齊盡置得偏官，如何不冗？今只看漢初時官如何，到得元成間如何，又看東漢初如何，到東漢末時如何，到三國魏晉以後如何：只管添，只管雜。」賀孫。

器遠言：「鄉間諸先生所以要教人就事上理會教著實，緣是向時諸公多是清談，終於敗事。」曰：「便是而今自恁地說，某尚及見前輩都不曾有這話。是三十年前如此，不曾將這箇分作兩事。如所謂『推倒牆，撞倒壁』，如此粗話，那時都恁地粗，却有好處。南渡時，有許多人出來做得事。經變故後，將許多人都推折了。到而今却是氣卑弱了，凡事都無些子正大，只是細巧。」曰：「陳先生要人就事上理會教實之意，蓋怕下梢用處不足。如司馬公居洛六任，只理會得箇通鑑；到元祐出來做事，却有未盡處，所以激後來之禍。如今須先要較量教盡。」曰：「便是如今都要恁地說話。如温公所做，今只論是與不是，合當做與不合當做，如何説他激得後禍！這是全把利害去說。温公固是有從初講究未盡處，也是些小事。如役法變得未盡，只是東南不便，他西北自便之。那時節已自極了，只得如此做。若不得温公如此做，更自有一場出醜。今只將紙上語去看，便道温公做得過當。子細看那時節，若非温公，如何做？温公是甚氣勢！天下人心甚麽樣感動！温公直有旋乾轉坤之功。温公此心可以質天地，通幽明，豈容易及！後來吕微仲、范堯夫用調停之說，兼用小人，更無分別，所以成後日之禍。今人却不歸咎於調停，反歸咎於元祐之政。若真是見得君子小人不可雜處，如何要委曲遮護得！蔡確也是卒急難去，也是猾。他置獄傾一從官，得從官；置獄傾一參政，得參政；置獄傾一宰相，得宰相。看溫公那時，已自失委曲了。如王安石罪既已明白，後既加罪於蔡確之徒，論來安石是罪之魁，却於其死，又加太傅及贈禮皆備，想當時也道要委曲周旋他。如今看來，這般却煞不好。要好，便合當顯白其罪，使人知得是非邪正，所謂『明其爲賊，敵乃可服』，須是明顯其不是之狀。若更加旌賞，却惹得後來許多羣小不服。今又都没理會，怕道要做朋黨，那邊用幾人，這邊用幾人，不問是非，不別邪正，下梢還要如何？某看來，天下事須先論其大處，如分別是非邪正，君子小人，端的是如何了，方好於中間酌量輕重淺深施用。」賀孫。

器遠言「陳丈大意說，格君，且令於事上轉移他心下歸於正。如蕭何事漢，令散財於外，可以去其侈心，成其愛民之心。說北齊宣帝」云云。曰：「欲事君者，豈可以此爲法？自元魏以下至北齊，最爲無綱紀法度，自家却以爲事君法！」賀孫。

永嘉看文字，文字平白處都不看，偏要去注疏小字中，尋節目以爲博。只如韋玄成傳廟議，渠自不理會得，却引周禮「守祧掌守先王先公之廟祧」注云：「先公之遷主藏於后稷之廟，先王之遷主藏於文武之廟。」遂謂周后稷別廟。殊不知太祖與三昭三穆皆各自爲廟，豈獨后稷别廟！又云：「后稷不爲太祖，甚可怪也！」閎祖。

季通及敬之皆云：「永嘉貌敬甚至。及與宮祠，乃繳之，云：『朱某素來迂闊，臣所不取。但陛下進退人才，不當如此。』」以問先生，先生云：「不曾見此文字。怎見得？」閎祖。

德粹問陳君舉福州事，曰：「如此，只是過當。作一添倅，而一州之事皆欲爲之。益之初九曰：『利用爲大作，元吉，无咎。』象曰：『下不厚事也。』初九欲爲九四作事，在下本不當處厚事。以爲上之所任，故爲之而致元吉，乃爲之。又不然，不惟己不安，而亦累於上。璘録云：「初九上爲四所任，而作大事，必盡善而後无咎。若所作不盡善，未免有咎也。故孔子釋之曰：『下不厚事也。』蓋在下之人不當重事。若在下之人爲在上之人作事，未能盡善，自應有咎。」向編近思録，説與伯恭：『此一段非常有，不必入。』伯恭云：『既云非常有，則有時而有，豈可不書以爲戒？』及後思之，果然。」可學。璘録少異。

陳同父縱横之才，伯恭不直治之，多爲諷説，反被他玩。揚。陳同父。

説同父，因謂：「吕伯恭烏得爲無罪？恁地横論，却不與他剖説打教破，却和他都自被包裹在裏。今來伯恭門人却亦有爲同父之説者，二家打成一片，可怪。君舉只道某不合與説，只是他見不破。天下事不是是，便是非，直截兩邊去，如何恁地含糊鶻突！某鄉來與説許多，豈是要眼前好看？青天白日在這裏，而今人雖不見信，後世也須有人看得此說，也須回轉得幾人。」又歎息久之，云：「今有一等自恁地高出聖人之上；一等自恁地陷身汙濁，要擔頭出不得！」賀孫。

同父才高氣粗，故文字不明瑩，要之，自是心地不清和也。道夫。

先生說：「看史只如看人相打，相打有甚好看處？陳同父一生被史壞了。」直卿言：「東萊教學者看史，亦被史壞。」泳。

陳同父祭東萊文云：「在天下無一事之可少，而人心有萬變之難明。」先生曰：「若如此，則鷄鳴狗盜皆不可無！」因舉易曰：「天下之動，貞夫一者也。天下何思何慮？同歸而殊塗，一致而百慮。天下何思何慮？」又云：「同父在利欲膠漆盆中。」閎祖。

鄭厚藝圃折衷，當時以爲邪說，然尚自占取地步，但不知權。其說之行，猶使人知君臣之義。如陳同父議論却乖，乃不知正。曹丕既篡，乃曰：「舜禹之事，吾知之矣！」此乃以己而窺聖人，謂舜禹亦只是篡，而文之以揖遜爾。同父亦是於漢唐事迹上尋討箇仁義出來，便以爲此即王者事，何異於此？必大。

因言：「陳同父讀書，譬如人看劫盜公案，看了，須要斷得他罪，及防備禁制他，教做不得。它却不要斷他罪，及防備禁制他；只要理會得許多做劫盜底道理，待學他做！」廣。

或問：「同父口說皇王帝霸之略，而一身不能自保。」先生曰：「這只是見不破。只說箇是與不是便了，若做不是，恁地依阿苟免以保其身，此何足道！若做得是，便是委命殺身，也是合當做底事。」賀孫。

陳同父學已行到江西，浙人信向已多。家家談王伯，不説蕭何、張良，只説王猛；不説孔、孟，只説文中子，可畏！可畏！可學。

陸子静分明是禪，但却成一箇行户，尚有箇據處。如葉正則説，則只是要教人都曉不得。嘗得一書來，言世間有一般魁偉底道理，自不亂於三綱五常。既説不亂三綱五常，又説别是箇魁偉底道理，却是箇甚麽物事？也是亂道！他不説破，只是籠統恁地説以謾人。及人理會得來都無效驗時，他又説你是未曉到這裏。他自也曉不得。他之説最誤人，世間獃人都被他瞞，不自知。義剛。葉正則。

葉正則説話，只是杜撰。看他進卷，可見大略。泳。

葉進卷待遇集毁板，亦毁得是。淳。

葉正則作文論事，全不知些著實利害，只虚論。因及許多云云。又見一文論社倉事。戴肖望尚有些實説，然不是如此。葉則都是閑説。振。

見或人所作講義，不知如何如此。聖人見成言語，明明白白，人尚曉不得，如何須要立一文字，令深於聖賢之言！如何教人曉得？戴肖望比見其湖南説話，却平正。只爲説得太容易了，兼未免有意於弄文。賀孫。

江西之學只是禪，浙學却專是功利。禪學後來學者摸索一上，無可摸索，自會轉去。若功利，則學者習之，便可見效，此意甚可憂！

朱子語類卷第一百二十四

陸氏

性質。陸子美。精神。子静。若海。

問陸棱山同異辨。曰：「若本有，却如何掃蕩得？若本無，却如何建立得？他以佛氏亦曉得理。如既曉得理後，却將一箇空底物事來口頭説時，佛不到今日了。他自見得一箇道理，只是空。」又曰：「佛也只是理會這箇性，吾儒也只理會這箇性，只是他不認許多帶來底。」節。

陸子壽自撫來信，訪先生於鉛山觀音寺。子壽每談事，必以論語爲證。如曰：「聖人教人『居處恭，執事敬』。又曰：『子所雅言，詩、書、執禮，皆雅言也。』『弟子入則孝，出則弟，謹而信，汎愛衆，而親仁。』此等皆教人就實處行，何嘗高也？」先生曰：「某舊間持論亦好高，近來漸漸移近下，漸漸覺實也。如孟子，却是將他到底已教人。如言『存心養性，知性知天』，有其説矣，是他自知得。餘人未到他田地，如何知得他滋味？卒欲行之，亦未有入頭處。若論語，却是聖人教人存心養性、知性知天實涵養處，便見得，便行得也。」大雅。

陸子壽看先生解中庸「莫顯乎微」云：「幾微細事也。」因歎美其説之善，曰：「前後説者，連『莫見乎隱』一衮説了，更不見切體處。今如此分別，却是使人有點檢處。九齡自覺力弱，尋常非禮念慮，固能常常警策，不使萌於心。然志力終不免有怠時，此殆所謂幾微處須點檢也。」先生曰：「固然。」大雅。

問：「曾見陸子壽志道據德説否？」曰：「未也。其説如何？」曰：「大概亦好。」必大。

因説陸子静，謂：「江南未有人如他八字著脚！」文蔚。

叔器問象山師承。曰：「它們天資也高，不知師誰。然也不問師傳。學者多是就氣稟上做，便解偏了。」義剛。

符舜功問陸子静君子喻於義口義。曰：「子静只是拗。伊川云：『惟其深喻，是以篤好。』子静必要云：『好後方喻。』看來人之於義利，喻而好也多。若全不曉，又安能好？然好之則喻矣。畢竟伊川説占得多。」璘。

因説：「陸先生每對人説，有子非後學急務，以其説不合有多節目，不直截。某因謂是比聖人言語較緊。且如孝弟之人，豈解犯上，又更作亂？」曰：「人之品不同，亦自有孝弟之人解犯上者，自古亦有作亂者。聖賢言語寬平，不消如此急迫看。」振。

問：「象山言：『「本立而道生」，多却「而」字。』」曰：「聖賢言語一步是一步。近來一種議論，只是跳躑。初則兩三步做一步，甚則十數步作一步，又甚則千百步作一步，所以學之者皆顛狂。」方子。

先生問賀孫：「再看論語前面，見得意思如何？」曰：「初看有未通處，今看得通。如『孝弟爲仁之本』一章，初看未甚透，今却看得分曉。」先生曰：「如此等説話，陸象山都不看。凡是諸弟子之言，便以爲不是而不足看，其無細心看聖賢文字如此。凡説未得處，便將箇硬説鬭倒了，不消看。後生纔入其門，便學得許多不好處，便悖慢無禮，便説亂道，更無禮律，只學得那許多凶暴，可畏！可畏！不知如何學他許多不好，恁地快？」賀孫又問：「『孝弟爲仁之本』，集注云：『學者務此，則仁道自此而生。』『此』字亦只指孝悌？」先生曰：「覺此句亦欠『本立』字。」賀孫云：「上文已説孝弟乃是行仁之本。」先生曰：「此段若無程先生説，終無人理會得透。看楊、謝諸説，如何是理會得？謝説更乖：『孝弟非仁，乃近仁也。』不知孝弟非仁，孝弟是甚麽物事？孝弟便是仁，非孝弟外別有仁，非仁外別有孝弟。如諸公説，將體用一齊都没理會了！」賀孫。

有自象山來者。先生問：「子静多説甚話？」曰：「却如時文相似，只連片滚將去。」

曰：「所説者何？」曰：「他只説『天地之性人爲貴』，人爲萬物之靈。人所以貴與靈者，只是這心。其説雖詳多，只恁滚去。」先生曰：「信如斯言，雖聖賢復生與人説，也只得恁地。自是諸公以時文之心觀之，故見得它箇是時文也。便若時文中説得恁地，便是聖賢之言也。公也須自反，豈可放過！」道夫。

陸子静説「良知良能」、「四端」等處，且成片舉似經語，不可謂不是。但説人便能如此，不假修爲存養，此却不得。譬如旅寓之人，自家不能送他回鄉，但與説云：「你自有田有屋，大段快樂，何不便回去？」那人既無資送，如何便回去得？又如脾胃傷弱，不能飲食之人，却硬要將飯將肉塞入他口，不問他喫得與喫不得。若是一頓便理會得，亦豈不好？然非生知安行者，豈有此理？便是生知安行，也須用學。大抵子思説「率性」，孟子説「存心養性」，大段説破。夫子更不曾説，只説「孝弟」、「忠信篤敬」。蓋能如此，則道理便在其中矣。人傑。

至之問告子「不得於言，勿求於心」。先生云：「陸子静不著言語，其學正似告子，故常諱這些子。」至之云：「陸常云，人不惟不知孟子高處，也不知告子高處。先生語陸云，試説看。陸只鶻突説過。」先生因語諸生云：「陸子静説告子也高，也是他尚不及告子。告子將心硬制得不動，陸遇事未必皆能不動。」植。

子静常言顔子悟道後於仲弓。又曰：「易繫決非夫子作。」又曰：「孟子無柰告子何。」陳正己録以示人。先生申言曰：「正己也乖。」道夫。

江西士風好爲奇論，恥與人同，每立異以求勝。如陸子静説告子論性强孟子，又説荀子「性惡」之論甚好，使人警發，有縝密之功。昔荆公參政日，作兵論藁，壓之硯下。劉貢父謁見，值客，徑坐於書院，竊取視之。可學録云：「皆記得，又頓放元處。」既而以未相見而坐書院爲非，遂出就客次。及相見，荆公問近作，貢父遂以作兵論對，乃竊荆公之意，而易其文以誦之。可學録云：「荆公出論兵。貢父依荆公兵論説曰：『某策如此』。」荆公退，碎其硯下之藁，以爲所論同於人也。可學録作：「焚之。好異惡同如此。」皆是江西之風如此。淳。可學録略。

金溪説「充塞仁義」，其意之所指，似别有一般仁義，非若尋常他人所言者也。必大。

陸子静學者欲執喜怒哀樂未發之中，不知如何執得？那事來面前，只得應他，當喜便喜，當怒便怒，如何執得！文蔚。

陸子静説，只是一心，一邊屬人心，一邊屬道心，那時尚説得好在。節。

先生謂祖道曰：「陸子静答賢書，説箇『簡易』字，却説錯了。『乾以易知，坤以簡能』，是甚意思？如何只容易説過了！乾之體健而不息，行而不難，故易；坤則順其理而不爲，故簡。不是容易苟簡也。」祖道。

某向與子静説話，子静以爲意見。某曰：「邪意見不可有，正意見不可無。」子静説：「此是閑議論。」某曰：「閑議論不可議論，合議論則不可不議論。」先生又曰：「大學不曾説『無意』，而説『誠意』。若無意見，將何物去擇乎中庸？將何物去察邇言？論語『無意』，只是要無私意。若是正意，則不可無。」先生又曰：「他之無意見，則是不理會理，只是胡撞將去。若無意見，成甚麽人在這裏！」節。

或問：「陸子静每見學者才有説話，不曰『此只是議論』，即曰『此只是意見』。果如是，則議論意見皆可廢乎？」曰：「既不尚議論，則是默然無言而已；既不貴意見，則是寂然無思而已。聖門問學，不應如此。若曰偏議論、私意見，則可去，不當概以議論意見爲可去也。」柄。

有一學者云：「學者須是除意見。陸子静説顔子克己之學，非如常人克去一切忿欲利害之私，蓋欲於意念所起處，將來克去。」先生痛加誚責，以爲：「此三字誤天下學者！自堯舜相傳至歷代聖賢書册上並無此三字。某謂除去不好底意見則可，若好底意見，須是存留。如飢之思食，渴之思飲，合做底事思量去做，皆意見也。聖賢之學，如一條大路，甚次第分明。緣有『除意見』横在心裏，便更不在做。如日間所行之事，想見只是不得已去做；才做，便要忘了，生怕有意見。所以目視霄漢，悠悠過日，下梢只成得箇狂妄！今只理會除意見，安知除意見之心，又非所謂意見乎？」人傑。

陸子静説「克己復禮」，云不是克去己私利欲之類，别自有箇克處，又却不肯説破。某嘗代之下語云：「不過是要『言語道斷，心行路絶』耳！」因言：「此是陷溺人之深坑，學者切不可不戒！」廣。

因看金溪與胡季隨書中説顔子克己處，曰：「看此兩行議論，其宗旨是禪，尤分曉。此乃捉著真贓正賊，惜方見之，不及與之痛辯。其説以忿欲等皆未是己私，而思索講習却是大病，乃所當克治者。如禪家『乾屎橛』等語，其上更無意義，又不得别思義理。將此心都禁遏定，久久忽自有明快處，方謂之得。『此之謂失其本心』，故下梢忿欲紛起，恣意猖獗，如劉淳叟輩所爲，皆彼自謂不妨者也。杲老在徑山，僧徒苦其使性氣，没頭腦，甚惡之，又戀著他禪。嘗有一僧云：『好捉倒剥去衣服，尋看他禪是在左脅下，是在右脅下？待尋得見了，好與奪下，却趕將出門去！』杲老所喜，皆是粗疏底人，如張子韶、唐立夫諸公是也。汪聖錫、吕居仁輩稍謹愿，痛被他薄賤。汪丈爲人淳厚，趕張子韶輩不得，又有許多記問經史典故，又自有許多鶻突學問義理，又戀著鶻突底禪。羣疑塞胸，都没分曉，不自反躬窮究，只管上求下告，問他討禪，被他恣意相薄。汪丈嘗謂某云：『杲老禪學實自有好處。』某問之曰：『侍郎曾究見其好處否？』又却云『不曾』。今金溪學問真正是禪，欽夫、伯恭緣不曾看佛書，所以看他不破，只某便識得他。試將楞嚴、圓覺之類一觀，亦可粗見大意。釋氏之學，大抵謂若識得透，應千罪惡，即都無了。然則此一種學，在世上乃亂臣賊子之三窟耳！王履道做盡無限過惡，遷謫廣中，剗地在彼説禪非細。此正謂其所爲過惡，皆不礙其禪學爾。」必大。

舜功云：「陸子静不喜人説性。」曰：「怕只是自理會不曾分曉，怕人問難。又長大了，不肯與人商量做，一截截斷了。然學而不論性，不知所學何事？」璘。

聖賢教人有定本，如「博學、審問、慎思、明辨、篤行」是也。其人資質剛柔敏鈍，不可一概論，其教則不易。禪家教更無定，今日説有定，明日又説無定，陸子静似之。聖賢之教無内外本末上下，今子静却要理會内，不管外面，却無此理。硬要轉聖賢之説爲他説，寧若爾説，且作爾説，不可誣罔聖賢亦如此。泳。周公謹記。

陸子静云：「涵養是主人翁，省察是奴婢。」陳正己力排其説。曰：「子静之説無定常，要云今日之説自如此，明日之説自不如此。大抵他只要拗：才見人説省察，他便反而言之，謂須是涵養；若有人向他説涵養，他又言須是省察以勝之。自渠好爲訶佛駡祖之説，致令其門人『以夫子之道反害夫子』！」璘。

吾儒頭項多，思量著得人頭痺。似陸子静樣不立文字，也是省事。只是那書也不是分外底物事，都是説我這道理，從頭理會過，更好。僩。

汪長孺説：「江西所説『主静』，看其語是要不消主這静，只我這裏動也静，静也静。」先生曰：「若如其言，天自春了夏，夏了秋，秋了冬，自然如此，也不須要『輔相』、『裁成』始得。」賀孫。

江西之學，無了惻隱辭遜之心，但有羞惡之心；然不羞其所當羞，不惡其所當惡。有是非之心，然是其所非，非其所是。方子。

潘恭叔説：「象山説得如此，待應事，都應不是。」曰：「可知是他所學所説盡是杜撰，都不依見成格法。他應事也只是杜撰，如何得合道理！」賀孫。

陸氏會説，其精神亦能感發人，一時被它聳動底，亦便清明。只是虚，更無底簟。「思而不學則殆」，正謂無底簟便危殆也。「山上有木，漸，君子以居賢德善俗。」有階梯而進，不患不到。今其徒往往進時甚鋭，然其退亦速。纔到退時，便如墜千仞之淵！㽦。

頃有一朋友作書與陸子静，言立之學蕩而無所執。陸復書言，蕩本是好語。「君子坦蕩蕩」，堯「蕩蕩無能名」，詩云「蕩蕩上帝」，書云「王道蕩蕩」，皆以蕩爲善，豈可以爲不善邪？其怪如此！僩。

向見陸子静與王順伯論儒釋，某嘗竊笑之。儒釋之分，只爭虚、實而已。如老氏亦謂：「恍兮惚兮，其中有物；窈兮冥兮，其中有精。」所謂「物」、「精」，亦是虛。吾道雖有「寂然不動」，然其中粲然者存，事事有。節。

先生問人傑：「别後見陸象山如何？」曰：「在都下相處一月，議論間多不合。」因舉戊戌春所聞於象山者，多是分别「集義所生，非義襲而取之」兩句。曰：「彼之病處正在此，其説『集義』，却是『義襲』。彼之意，蓋謂學者須是自得於己，不爲文義牽制，方是集義。若以此爲義，從而行之，乃是求之於外，是義襲而取之也。故其弊自以爲是，自以爲高，而視先儒之説皆與己不合。至如與王順伯書論釋氏義利公私，皆説不著。蓋釋氏之言見性，只是虛見；儒者之言性，止是仁義禮智，皆是實事。今專以義利公私斷之，宜順伯不以爲然也。」人傑。㽦録詳。

問正淳：「陸氏之説如何？」曰：「癸卯相見，某於其言不無疑信相半。」曰：「信是信甚處？疑是疑甚處？」曰：「信其論學，疑其訶詆古人。」曰：「須是當面與它隨其説上討箇分曉。若一時不曾分疏得，乃欲續後於書問間議論，只是説得皮外；它亦只是皮外答來，越不分曉。若是它論學處是，則其它説話皆是，便攻訶古人今人，亦無有不是處；若是它訶詆得古人不是，便是它説得學亦不是。向來見子静與王順伯論佛，云釋氏與吾儒所見亦同，只是義利、公私之間不同。此説不然。如此，却是吾儒與釋氏同一箇道理。若是同時，何緣得有義利不同？只被源頭便不同：吾儒萬理皆實，釋氏萬理皆空。」又曰：「它尋常要説『集義所生者』，其徒包敏道至説成『襲義而取』，却不説『義襲而取之』。它説如何？」正淳曰：「它説須是實得。如義襲，只是强探力取。」曰：「謂如人心知此義理，行之得宜，固自内發。人性質有不同，或有魯鈍，一時見未到得；别人説出來，反之於心，見得爲是而行之，是亦内也。人心所見不同，聖人方見得盡。今陸氏只是要自渠心裏見得底，方謂之内；若别人説底，一句也不是。才自别人説出，便指爲義外。如此，乃是告子之説。如『生而知之』，與『學而知之，困而知之』；『安而行之』，與『利而行之，勉强而行之』；及其知之行之，則一也。豈可一一須待自我心而出，方謂之内，所以指文義而求之者，皆不爲内？故自家才見得如此，便一向執著，將聖賢言語便亦不信，更不去講貫，只是我底是，其病痛只在此。只是專主『生知』、『安行』，而『學知』以下，一切皆廢。又只管理會『一貫』，理會『一』。且如一貫，只是萬理一貫，無内外本末，隱顯精粗，皆一以貫之。此政『同歸殊塗，百慮一致』，無所不備。今却不教人恁地理會，却只尋箇『一』，不知去那裏討頭處？」僩。必大録云：「先生看正淳與金溪往復書云云，『釋氏皆空』之下有曰：『學所以貴於講書，是要入細理會。今陸氏只管説「一貫」。夫「一貫」云者，是舉萬殊而一貫之，小大、精粗、隱顯、本末，皆在其中。若都廢置不講，却一貫箇甚麽？學要大綱涵養，子細講論。嘗與金溪辨「義外」之説。某謂事之合如此者，雖是在外，然於吾心以爲合如此而行，便是内也。且如人有性質魯鈍，或一時見不到；因他人説出來，見得爲是，從而行之，亦内也。金溪以謂，此乃告子之見，直須自得於己者方是。若以他人之説爲義而行之，是求之於外也。遂於事當如此處，亦不如此。不知此乃告子之見耳。』必大因言：『金溪有云：「不是教人不要讀書，讀書自是講學中一事。纔説讀書，已是剩此一句。」』曰：『此語却是。』必大又言其學在踐履之説。曰：『此言雖是，然他意只是要踐履他之説耳。』」

禪學熾則佛氏之説大壞。緣他本來是大段著工夫收拾這心性，今禪説只恁地容易做去。佛法固是本不見大底道理，只就他本法中是大段細密，今禪説只一向粗暴。陸子靜之學，看他千般萬般病，只在不知有氣禀之雜，把許多粗惡底氣都把做心之妙理，合當恁地自然做將去。向在鉛山得他書云，看見佛之所以與儒異者，止是他底全是利，吾儒止是全在義。某答他云，公亦只見得第二著。看他意，只説儒者絶斷得許多利欲，便是千了百當，一向任意做出都不妨。不知初自受得這氣禀不好，今才任意發出，許多不好底，也只都做好商量了。只道這是胸中流出，自然天理；不知氣有不好底夾雜在裏，一齊衮將去，道害事不害事？看子靜書，只見他許多粗暴底意思可畏。其徒都是這樣，才説得幾句，便無大無小，無父無兄，只我胸中流出底是天理，全不著得些工夫。看來這錯處，只在不知有氣禀之性。又曰：『論性不論氣，不備。』孟子不説到氣一截，所以説萬千與告子幾箇，然終不得他分曉。告子以後，如荀、揚之徒，皆是把氣做性説了。」賀孫。

迎而距之。謂陸氏不窮理。方子。

子静「應無所住以生其心」。閎祖。

子静尋常與吾人説話，會避得箇「禪」字。及與其徒，却只説禪。自修。

吴仁父説及陸氏之學。曰：「只是禪。初間猶自以吾儒之説蓋覆，如今一向説得熾，不復遮護了。渠自説有見於理，到得做處，一向任私意做去，全不睹是。人同之則喜，異之則怒。至任喜怒，胡亂便打人駡人。後生纔登其門，便學得不遜無禮，出來極可畏。世道衰微，千變百怪如此，可畏！可畏！」木之。

陸子静之學，自是胸中無柰許多禪何。看是甚文字，不過假借以説其胸中所見者耳。據其所見，本不須聖人文字得。他却須要以聖人文字説者，此正如販鹽者，上面須得數片鮝魚遮蓋，方過得關津，不被人捉了耳。廣。

先生嘗説：「陸子静、楊敬仲自是十分好人，只似患净潔病底。又論説道理，恰似閩中販私鹽底，下面是私鹽，上面以鮝魚蓋之，使人不覺。」蓋謂其本是禪學，却以吾儒説話遮掩。過。

爲學若不靠實，便如釋老談空，又却不如他説得索性。又曰：「近來諸處學者談空浩瀚，可畏！可畏！引得一輩江西士人都顛了。」浩。

陸子静好令人讀介甫萬言書，以爲渠此時未有異説，不曉子静之意。璘。

因言讀書之法，曰：「一句有一句道理，窮得一句，便得這一句道理。讀書須是曉得文義了，便思量聖賢意指是如何，要將作何用。」因坐中有江西士人問爲學，曰：「公們都被陸子静誤，教莫要讀書，誤公一生！使公到今已老，此心倀倀然，如村愚目盲無知之人，撞牆撞壁，無所知識。使得這心飛揚跳躑，渺渺茫茫，都無所主，若涉大水，浩無津涯，少間便會失心去。何故？下此一等，只會失心，别無合殺也。傅子淵便是如此。子淵後以喪心死。豈有學聖人之道，臨了却反有失心者！是甚道理？吁，誤人誤人！可悲可痛！分明是被他塗其耳目，至今猶不覺悟。今教公之法：只討聖賢之書，逐日逐段，分明理會。且降伏其心，遜志以求之，理會得一句，便一句理明；理會得一段，便一段義明，積累久之，漸漸曉得。近地有朋友，便與近地朋友商量；近地無朋友，便遠求師友商量。莫要閑過日子，在此住得旬日，便做旬日工夫。公看此間諸公每日做工夫，都是逐段逐句理會。如此久之，須漸見些道理。公今只是道聽塗説，只要説得。待若聖賢之道，只是説得贏，何消做工夫？只半日便説盡了。『博學、審問、慎思、明辨』，是理會甚事？公今莫問陸删定如何，只認問取自己便了。陸删定還替得公麽？陸删定他也須讀書來。只是公那時見他不讀書，便説他不讀書。他若不讀書，如何做得許多人先生？吁，誤人！誤人！」又曰：「從陸子靜者，不問如何，箇箇學得不遜。只纔從他門前過，便學得悖慢無禮，無長少之節，可畏！可畏！」僩。

象山死，先生率門人往寺中哭之。既罷，良久，曰：「可惜死了告子！」此說得之文卿。泳。

因論南軒欲曾節夫往見陸先生，作書令去看陸如何，有何説備寄來。先生曰：「只須直說。如此，則便謂教我去看如何，便不能有益了。」揚。

因問陸子靜，云：「這箇只爭些子，才差了便如此。他只是差過去了，更有一項，却是不及。若使過底，拗轉來却好；不及底，趲向上去却好。只緣他纔高了，便不肯下；纔不及了，便不肯向上。過底，便道只是就過裏面求箇中；不及底，也道只就不及裏面求箇中。初間只差了些子，所謂『差之毫釐，繆以千里』！」又曰：「如伯夷之清，柳下惠之和，孟子便説道『隘與不恭，君子不由』。如孔子説『逸民：伯夷、叔齊』，這已是甚好了；孔子自便道：『我則異於是，無可無不可。』」又曰：「某看近日學問，高者便説做天地之外去，卑者便只管陷溺；高者必入於佛老，卑者必入於管商。定是如此！定是如此！」賀孫。

曹叔遠問：「陸子靜教人，合下便是，如何？」曰：「如何便是？公看經書中還有此樣語否？若云便是，夫子當初引帶三千弟子，日日說來說去則甚？何不云你都是了，各自去休？也須是做工夫，始得。」又問：「或有性識明底，合下便是，後如何？」曰：「須是有那地位，方得。如『舜與木石居，與鹿豕游；及聞一善言，見一善行，沛然若決江河，莫之能禦』！須是有此地位，方得。如『堯舜之道孝悌』，不成説才孝悌，便是堯舜！須是誦堯言，行堯行，真箇能『徐行後長』，方是。」下二條詳。

問：「陸象山道，當下便是。」曰：「看聖賢教人，曾有此等語無？聖人教人，皆從平實地上做去。所謂『克己復禮，天下歸仁』，須是先克去己私方得。孟子雖云『人皆可以爲堯舜』，也須是『服堯之服，誦堯之言，行堯之行』方得。聖人告顔子以『克己復禮』，告仲弓以『出門如見大賓，使民如承大祭』，告樊遲以『居處恭，執事敬，與人忠』，告子張以『言忠信，行篤敬』，這箇是説甚底話？又平時告弟子，也須道是『學而時習』，『行有餘力，則以學文』，又豈曾説箇當下便是底語？大抵今之爲學者有二病，一種只當下便是底，一種便是如公平日所習底。却是這中間一條路，不曾有人行得。而今人既不能知，但有聖賢之言可以引路。聖賢之言，分分曉曉，八字打開，無些子回互隱伏説話。」卓。

或問：「陸象山大要説當下便是，與聖人不同處是那裏？」曰：「聖人有這般説話否？聖人不曾恁地説。聖人只説『克己復禮』。一日克己復禮，天下歸仁』。而今截斷『克己復禮』一段，便道只恁地便了。不知聖人當年領三千來人，積年累歲，是理會甚麽？何故不説道，才見得，便教他歸去自理會便了？子静如今也有許多人來從學，亦自長久相聚，還理會箇甚麽？何故不教他自歸去理會？只消恁地便了？且如説『堯舜之道，孝悌而已矣』，似易。須是做得堯許多工夫，方到得堯；須是做得舜許多工夫，方到得舜。」又曰：「某看來，如今説話只有兩樣。自淮以北，不可得而知。自淮以南，不出此兩者，如説高底，便如『當下便是』之説，世間事事都不管。這箇本是專要成己，而不要去成物；少間只見得上面許多道理切身要緊去處不曾理會，而終亦不足以成己。如那一項，却去許多零零碎碎上理會，事事要曉得。這箇本是要成物，而不及於成己；少間只見得下面許多羅羅嘈嘈，自家自無箇本領，自無箇頭腦了，後去更不知得那箇直是是，那箇直是非，都恁地鶻鶻突突，終於亦不足以成物。這是兩項如此，真正一條大路，却都無人識，這箇只逐一次第行將去。那一箇只是過，那一箇只是不及。到得聖人大道，只是箇中。然如今人説那中，也都説錯了；只説道恁地含含胡胡，同流合汙，便喚做中。這箇中本無他，只是平日應事接物之間，每事理會教盡，教恰好，無一毫過不及之意。」賀孫。

陸子静之學，只管説一箇心本來是好底物事，上面著不得一箇字，只是人被私欲遮了。若識得一箇心了，萬法流出，更都無許多事。他却是實見得箇道理恁地，所以不怕天，不怕地，一向胡叫胡喊。又曰：「如東萊便是如何云云，不似他見得恁地直拔俊偉。下梢東萊學者一人自執一説，更無一人守其師説，亦不知其師緊要處是在那裏，都只恁地衰塌不起了，其害小。他學者是見得箇物事，便都恁底胡叫胡説，實是卒動他不得，一齊恁地無大無小，便是『天上天下，惟我獨尊』。若我見得，我父不見得，便是父不似我；兄不見得，便是兄不似我。更無大小，其害甚大！不待至後世，即今便是。」又曰：「南軒初年説，却有些似他。如嶽麓書院記，却只恁地説。如愛牛，如赤子入井，這箇便是真心。若理會得這箇心了，都無事。後來説却不如此。子静却雜些禪，又有術數，或説或不説。南軒却平直恁地説，却逢人便説。」又曰：「浙中之學，一種只説道理底，又不似他實見得。若不識，又不肯道我不識，便含胡鶻突遮蓋在這裏。」又因説：「人之喜怒憂懼，皆是人所不能無者，只是差些便不正。所以學者便要於此處理會，去其惡而全其善。今他只説一箇心，便都道是了，如何得！雖曾子、顔子是著多少氣力，方始庶幾其萬一！」又曰：「孟子更説甚『性善』與『浩然之氣』，孔子便全不説，便是怕人有走作，只教人『克己復禮』。到克盡己私，復還天理處，自是實見得這箇道理，便是貼實底聖賢。他只是恁地了，便是聖賢，然無這般顛狂底聖賢！聖人説『克己復禮』，便是真實下工夫。『一日克己復禮』，施之於一家，則一家歸其仁；施之一鄉，則一鄉歸其仁；施之天下，則天下歸其仁。是真實從手頭過，如飲酒必醉，食飯必飽。他們便説一日悟得『克己復禮』，想見天下歸其仁；便是想像飲酒便能醉人，恰似説『如飲醇酎』意思。」又曰：「他是會説得動人，使人都恁地快活，便會使得人都恁地發顛發狂。某也會恁地說，使人便快活，只是不敢，怕壞了人。他之說，却是使人先見得這一箇物事了，方下來做工夫，却是上達而下學，與聖人『下學上達』都不相似。然他才見了，便發顛狂，豈肯下來做？若有這箇直截道理，聖人那裏教人恁地步步做上去？」賀孫。

許行父謂：「陸子静只要頓悟，更無工夫。」曰：「如此説不得。不曾見他病處，説他不倒。大抵今人多是望風便駡將去，都不曾根究到底。見他不是，須子細推原怎生不是，始得，此便是窮理。既知他不是處，須知是處在那裏；他既錯了，自家合當如何，方始有進。子静固有病，而今人却不曾似他用功，如何便説得他！所謂『五穀不熟，不如稊稗』，恐反爲子静之笑也。且如看史傳，其間有多少不是處。見得他不是，便有箇是底在這裏，所以無往非學。」閎祖。

先生問：「曾見陸子静否？」可學對以向在臨安欲往見。或云：「吾友方學，不可見，見歸必學參禪。」先生曰：「此人言極有理。吾友不去見，亦是。然更有一説：須修身立命，自有道理，則自不走往他。若自家無所守，安知一旦立脚得牢！正如人有屋可居，見他人有屋宇，必不起健羨。若是自家自無住處，忽見人有屋欲借自家，自家雖欲不入，安得不入？切宜自作工夫！」可學。

守約問：「吾徒有往從陸子靜者，多是舉得這下些小細碎文義，致得子靜謂先生教人只是章句之學，都無箇脱洒道理。其實先生教人，豈曾如此？又有行不掩其言者，愈招他言語。」先生曰：「不消得如此説。是他行不掩言，自家又柰何得他？只是自點檢教行掩其言，便得。看自家平日是合當恁地，不當恁地。不是因他説自家行不掩言，方始去行掩其言。而今不欲窮理則已，若欲窮理，如何不在讀書講論？今學者有幾箇理會得章句？也只是渾淪吞棗，終不成又學他，於章句外别撰一箇物事，與他鬭。」又曰：「某也難説他，有多多少少，某都不敢説他。只是因諸公問，不得不説。他是向一邊去拗不轉了，又不信人言語，又怎柰何他？自家只是理會自家是合當做。聖人説『言忠信，行篤敬』，『居處恭，執事敬，與人忠』等語，都是實説鐵定是恁地，無一句虚説。只是教人就這上做工夫，做得到，便是道理。」賀孫。

學者須是培養。今不做培養工夫，如何窮得理？程子言：「動容貌，整思慮，則自生敬。敬只是主一也。存此，則自然天理明。」又曰：「整齊嚴肅，則心便一；一，則自是無非僻之干。此意但涵養久之，則天理自然明。」今不曾做得此工夫，胸中膠擾駁雜，如何窮得理？如它人不讀書，是不肯去窮理。今要窮理，又無持敬工夫。從陸子靜學，如楊敬仲輩，持守得亦好，若肯去窮理，須窮得分明。然它不肯讀書，只任一己私見，有似箇稊稗。

今若不做培養工夫，便是五穀不熟，又不如稊稗也。次日又言：「陸子靜、楊敬仲有爲己工夫，若肯窮理，當甚有可觀，惜其不改也！」德明。

論子由古史，言帝王以無爲宗。因言：「佛氏學，只是恁它意所爲，於事無有是處。」德明云：「楊敬仲之學是如此。」先生曰：「佛者言：『但願空諸所有，謹勿實諸所無。』事必欲忘却，故曰『但願空諸所有』；心必欲其空，故曰『謹勿實諸所無』。楊敬仲學於陸氏，更不讀書，是要不『實諸所無』；已讀之書，皆欲忘却，是要『空諸所有』。」德明。

至之舉似楊敬仲詩云：「『有時父召急趨前，不覺不知造淵奥。』此意如何？」曰：「如此却二了：有箇父召急趨底心，又有箇造淵奥底心。纔二，便生出無限病痛。蓋這箇物事，知得是恁地便行將去，豈可更帖著一箇意思在那上！某舊見張子韶有箇文字論仁義之實云：『當其事親之時，有以見其溫然如春之意，便是仁；當其從兄之際，有以見其肅然如秋之意，便是義。』某嘗對其説，古人固有習而不察，如今却是略略地習，却加意去察；古人固有由之而不知，如今却是略略地由，却加意去知。」因笑云：「李先生見某説，忽然曰：『公適間説得好，可更説一徧看。』」道夫。

楊敬仲己易説雷霆事，身上又安得有！且要著實。可學。

「楊敬仲説，陽爻一畫者在己，陰爻一畫者應物底是。」先生云：「正是倒説了！應物者却是陽。」泳。

「楊敬仲言，天下無掣肘底事。沈叔晦言，天下無不可教底人。」先生云：「此皆好立偏論者。」振。

楊敬仲有易論。林黄中有易解，春秋解專主左氏。或曰：「林黄中文字可毁。」先生曰：「却是楊敬仲文字可毁。」泳。

撫學有首無尾，婺學有尾無首，禪學首尾皆無，只是與人説。泳。

有説悟者，有説端倪者。若説可欲是善，不可欲是惡，而必自尋一箇道理以爲善，根脚虚矣，非鄉人皆可爲堯舜之意。説悟者指金溪，説端倪者指湖南。人傑。

因論今之言學問者，人自爲説，説出無限差異。胡文定曰首有一二句記不詳。「諸子百家人肆其説，誑惑衆生」者，是也。謝上蔡曰：「諸子百家，人人自生出一般見解，欺誑衆生。」必大。

彭世昌守象山書院，盛言山上有田可耕，有圃可蔬，池塘碓磑，色色皆備。先生曰：「既是如此，下山來則甚？」世昌曰：「陸先生既有書院，却不曾藏得書，某此來爲欲求書。」曰：「緊要書能消得幾卷？某向來亦愛如此。後來思之，這般物事聚者必散，何必役於物？」世昌臨别，贈之詩曰：「象山聞説是君開，雲木參天爆響雷。好去山頭且堅坐，等閑莫要下山來！」文蔚。

朱子語類卷第一百二十五

老氏莊列附。

老子

康節嘗言「老氏得易之體，孟子得易之用」，非也。老子自有老子之體用，孟子自有孟子之體用。「將欲取之，必固與之」，此老子之體用也；存心養性，充廣其四端，此孟子之體用也。廣。

老子之術，謙冲儉嗇，全不肯役精神。閎祖。

老子之術，須自家占得十分穩便，方肯做；才有一毫於己不便，便不肯做。閎祖。

老子之學，大抵以虛靜無爲、冲退自守爲事。故其爲説，常以懦弱謙下爲表，以空虛不毁萬物爲實。其爲治，雖曰「我無爲而民自化」，然不化者則亦不之問也。其爲道每每如此，非特「載營魄」一章之指爲然也。若曰「旁月日，扶宇宙，揮斥八極，神氣不變」者，是乃莊生之荒唐；其曰「光明寂照，無所不通，不動道場，徧周沙界」者，則又瞿曇之幻語，老子則初曷嘗有是哉！今世人論老子者，必欲合二家之似而一之，以爲神常載魄而無所不之，則是莊釋之所談，而非老子之意矣。僩。

伯豐問：「程子曰『老子之言竊弄闔闢』者，何也？」曰：「如『將欲取之，必固與之』之類，是它亦窺得些道理，將來竊弄。如所謂『代大匠斲則傷手』者，謂如人之惡者，不必自去治它，自有別人與它理會。只是占便宜，不肯自犯手做。」㽦曰：「此正推惡離己。」曰：「固是。如子房爲韓報秦，攛掇高祖入關，及項羽殺韓王成，又使高祖平項羽，兩次報仇皆不自做。後來定太子事，它亦自處閑地，又只教四老人出來定之。」㽦。

老子不犯手，張子房其學也。陶淵明亦只是老莊。

問：「楊氏愛身，其學亦淺近，而舉世宗尚之，何也？」曰：「其學也不淺近，自有好處，便是老子之學。今觀老子書，自有許多說話，人如何不愛！其學也要出來治天下，清虛無爲，所謂『因者君之綱』，事事只是因而爲之。如漢文帝、曹參，便是用老氏之效，然又只用得老子皮膚，凡事只是包容因循將去。老氏之學最忍，它閑時似箇虛無卑弱底人，莫教緊要處發出來，更教你枝梧不住，如張子房是也。子房皆老氏之學。如嶢關之戰，與秦將連和了，忽乘其懈擊之；鴻溝之約，與項羽講和了，忽回軍殺之，這箇便是他柔弱之發處。

可畏！可畏！它計策不須多，只消兩三次如此，高祖之業成矣。」僩。

問：「楊朱似老子，頃見先生如此説。看來楊朱較放退，老子反要以此治國，以此取天下。」曰：「大概氣象相似。如云『致虛極，守靜篤』之類，老子初間亦只是要放退，未要放出那無狀來。及至反一反，方説『以無事取天下』，如云『反者道之動，弱者道之用』之類。」僩。

楊朱之學出於老子，蓋是楊朱曾就老子學來，故莊列之書皆説楊朱。孟子闢楊朱，便是闢莊老了。釋氏有一種低底，如梁武帝是得其低底。彼初入中國，也未在。後來到中國，却竊取老莊之徒許多説話，見得儘高。新唐書李蔚贊説得好。南升。

人皆言孟子不排老子，老子便是楊氏。

問：「老子與鄉原如何？」曰：「老子是出人理之外，不好聲，不好色，又不做官，然害倫理。鄉原猶在人倫中，只是箇無見識底好人。」淳。義剛一條見論語類。

老子中有仙意。

列子

列子平淡疏曠。方子。

莊子

「莊周曾做秀才，書都讀來，所以他説話都説得也是。但不合没拘檢，便凡百了。」或問：「康節近似莊周？」曰：「康節較穩。」燾。

莊子比邵子見較高，氣較豪。他是事事識得，又却蹴踏了，以爲不足爲。邵子却有規矩。方子。

李夢先問：「莊子、孟子同時，何不一相遇？又不聞相道及，林作：「其書亦不相及。」如何？」曰：「莊子當時也無人宗之，他只在僻處自説，然亦止是楊朱之學。但楊氏説得大了，故孟子力排之。」義剛。夔孫同。

問：「孟子與莊子同時否？」曰：「莊子後得幾年，然亦不争多。」或云：「莊子都不説著孟子一句。」曰：「孟子平生足跡只齊、魯、滕、宋、大梁之間，不曾過大梁之南。莊子自是楚人，想見聲聞不相接。大抵楚地便多有此樣差異底人物學問，所以孟子説陳良云云。」曰：「如今看許行之説如此鄙陋，當時亦有數十百人從他，是如何？」曰：「不特此也，如莊子書中説惠施、鄧析之徒，與夫『堅白異同』之論，歷舉其説。是甚麽學問？然亦自名家。」或云：「他恐是借此以顯理？」曰：「便是禪家要如此。凡事須要倒説，如所謂『不管夜行，投明要到』；如『人上樹，口銜樹枝，手足懸空，却要答話』，皆是此意。」廣云：「通鑑中載孔子順與公孫龍辯說數話，似好。」曰：「此出在孔叢子，其他說話又不如此。此書必是後漢時人撰者。若是古書，前漢時又都不見說是如何。其中所載孔安國書之類，其氣象萎薾〔一〕，都不似西京時文章。」廣。

老莊

老子猶要做事在。莊子都不要做了，又却說道他會做，只是不肯做。廣。

「莊周是箇大秀才，他都理會得，只是不把做事。觀其第四篇人間世及漁父篇以後，多是說孔子與諸人語，只是不肯學孔子，所謂『知者過之』者也。如說『易以道陰陽，春秋以道名分』等語，後來人如何下得！它直是似快刀利斧劈截將去，字字有著落。」公晦曰：「莊子較之老子，較平帖些。」曰：「老子極勞攘，莊子得些，只也乖。莊子跌蕩。老子收斂，齊脚斂手；莊子却將許多道理掀翻說，不拘繩墨。」方子録云：「莊子是一箇大秀才，他事事識得。如天下篇後面乃是說孔子，似用快刀利斧斲將去，更無些礙，且無一句不著落。如說『易以道陰陽』等語，大段說得

〔一〕「薾」，似當作「苶」。陳本作「尒」。

好，然却不肯如此做去。老子猶是欲斂手齊脚去做，他却將他窠窟一齊踢翻了！」莊子去孟子不遠，其說不及孟子者，亦是不相聞。今亳州明道宫乃老子所生之地。莊子生於蒙，在淮西間。孟子只往來齊、宋、鄒、魯，以至於梁而止，不至於南。然當時南方多是異端，如孟子所謂「陳良，楚産也，悦周公、仲尼之道，北學於中國」；又如説「南蠻鴂舌之人，非先王之道」，是當時南方多異端。」或問：「許行恁地低，也有人從之。」曰：「非獨是許行，如公孫龍「堅白同異」之説，是甚模樣？也使得人終日只弄這箇。」漢卿問：「孔子順許多話却好。」曰：「出於孔叢子，不知是否？只孔叢子説話，多類東漢人文，其氣軟弱，又全不似西漢人文。兼西漢初若有此等話，何故不略見於賈誼、董仲舒所述，恰限到東漢方突出來？皆不可曉。」賀孫。前廣録一條，疑聞同。

問：「老子與莊子似是兩般説話。」曰：「莊子於篇末自説破矣。」問：「先儒論老子，多爲之出脱，云老子乃矯時之説。以某觀之，不是矯時，只是不見實理，故不知禮樂刑政之所出，而欲去之。」曰：「渠若識得『寂然不動，感而遂通天下之故』，自不應如此。它本不知下一節，欲占一箇徑言之；然上節無實見，故亦不脱洒。今讀老子者亦多錯。如道德經云『名非常名』，則下文有名、無名，皆是一義，今讀者皆將『有』、『無』作句。又如『常無欲，以觀其妙；常有欲，以觀其竅』，只是説『無欲』、『有欲』，今讀者乃以『無』、『有』爲句，皆非老子之意。」可學。

莊子、老子不是矯時。夷、惠矯時，亦未是。可學。

莊列

孟子、莊子文章皆好。列子在前，便有迂僻處。左氏亦然，皆好高而少事實。人傑。

因言，列子語，佛氏多用之。莊子全寫列子，又變得峻奇。列子語温純，柳子厚嘗稱之。佛家於心地上煞下工夫。賀孫。

列、莊本楊朱之學，故其書多引其語。莊子說：「子之於親也，命也，不可解於心。」至臣之於君，則曰：「義也，無所逃於天地之間。」是他看得那君臣之義，却似是逃不得，不奈何，須著臣服他。更無一箇自然相胥爲一體處，可怪！故孟子以爲無君，此類是也。大雅。

老莊列子

莊子是箇轉調底。老子、列子又細似莊子。

「雷擊所在，只一氣滚來，間有見而不爲害，只緣氣未掤裂，有所擊者皆是已發。」蔡季通云：「人於雷所擊處，收得雷斧之屬，是一氣擊後方始結成，不是將這箇來打物。見人拾得石斧如今斧之狀，似細黄石。」因説道士行五雷法。先生曰：「今極卑陋是道士，許多説話全亂道。」蔡云：「禪家又勝似他。」曰：「禪家已是九分亂道了，他又把佛家言語參雜在裏面。如佛經本自遠方外國來，故語音差異，有許多差異字，人都理會不得；他便撰許多符呪，千般萬樣，教人理會不得，極是陋。」蔡云：「道士有箇莊老在上，却不去理會。」曰：「如今秀才讀多少書，理會自家道理不出，他又那得心情去理會莊老！」蔡云：「無人理會得老子通透，大段鼓動得人，恐非佛教之比。」曰：「公道如何？」蔡云：「緣他帶治國、平天下道理在。」曰：「做得出，也只是箇曹參。」蔡云：「曹參未能盡其術。」曰：「也只是恁地，只是藏縮無形影。」因問蔡曰：「公看『道可道，非常道；名可名，非常名；無名天地之始，有名萬物之母』，是如何説？」蔡云：「只是無名是天地之始，有名便是有形氣了。向見先生説庚桑子一篇都是禪，今看來果是。」曰：「若其它篇，亦自有禪話，但此篇首尾都是這話。」又問蔡曰：「莊子『虛無因應』，如何點？」曰：「只是恁地點。」「多有人將『虛無』自做一句，非是。他後面又自解如何是無，如何是因。」又云：「莊子文章只信口流出，煞高。」蔡云：「列子亦好。」曰：「列子固好，但説得困弱，不如莊子。」問：「老子如何？」曰：「老子又較深厚。」蔡云：「看莊周傳説，似乎莊子師於列子。云先有作者如此，恐是指列子。」曰：「這自説道理，未必是師列子。」蔡問：「『皆原於道德之意』，是誰道德？」曰：「這道德只自是他道德。」蔡云：「人多作吾聖人道德。太史公智識卑下，便把這處作非細看，便把作大學、中庸看了。」曰：「大學、中庸且過一邊，公恁地説了，主張史記人道如何？大凡看文字只看自家心下，先自偏曲了，看人説甚麽事，都只入這意來。如大路看不見，只行下偏蹊曲徑去。如分明大字不看，却只看從罅縫四旁處去。如字寫在上面不看，却就字背後面看。如人眼自花了，看見眼前物事都差了，便説道只恁地。」蔡云：「不平心看文字，將使天地都易位了。」曰：「道理只是這一箇道理，但看之者情僞變態，言語文章自有千般萬樣。合説東，却説西；合説這裏，自説那裏，都是將自家偏曲底心求古人意。」又云：「如太史公説話，也怕古人有這般人，只自家心下不當如此。將臨川、何言、江默之事觀之，説道公羊、穀梁是姓姜人一手做，也有這般事。尚書序不似孔安國作，其文軟弱，不似西漢人文，西漢文粗豪；也不似東漢人文，東漢人文有骨肋；也不似東晉人文，東晉如孔坦疏也自得。他文是大段弱，讀來却宛順，是做孔叢子底人一手做。看孔叢子撰許多説話，極是陋。只看他撰造説陳涉，那得許多説話正史都無之？他却説道自好，陳涉不能從之。看他文卑弱，説到後面，都無合殺。」蔡云：「恐是孔家子孫。」曰：「也不見得。」蔡説：「春秋呂氏解煞好。」曰：「那箇説不好？如一句經在這裏，説做褒也得，也有許多説話；做貶也得，也有許多説話，都自説得似。」又云：「如史記秦紀分明是國史，中間儘謹嚴。若如今人把來生意説，也都由他説，春秋只是舊史録在這裏。」蔡云：「如先生做通鑑綱目，是有意？是無意？須是有去取。如春秋，聖人豈無意？」曰：「聖人雖有意，今亦不可知，却妄爲之説不得。」蔡云：「左氏怕是左史倚相之後，蓋左傳中楚事甚詳。」曰：「以三傳較之，在左氏得七八分。」蔡云：「道理則穀梁及七八分。或云，三傳中間有許多騃處，都是其學者後來添入。」賀孫。

儒教自開闢以來，二帝、三王述天理，順人心，治世教民，厚典庸禮之道；後世聖賢遂著書立言，以示後世。及世之衰亂，方外之士厭一世之紛拏，畏一身之禍害，躭空寂以求全身於亂世而已。及老子倡其端，而列禦寇、莊周、楊朱之徒和之。孟子嘗闢之以爲無父無君，比之禽獸。然其言易入，其教易行。當漢之初，時君世主皆信其説，而民亦化之。雖以蕭何、曹參、汲黯、太史談輩亦皆主之，以爲真足以先於六經，治世者不可以莫之尚也。及後漢以來，米賊張陵、海島寇謙之之徒，遂爲盜賊。曹操以兵取陽平，陵之孫魯即納降款，可見其虛繆不足稽矣。僩。

老子書

道可道章第一

問：「老子『道可道』章，或欲以『常無』、『常有』爲句讀，而『欲』字屬下句者，如何？」

曰：「先儒亦有如此做句者，不妥帖。」問：「『三十輻共一轂，當其無，有車之用。』無，是車之坐處否？」曰：「恐不然。若以坐處爲無，則上文自是就輻轂而言，與下文户牖埏埴是一例語。某嘗思之，無是轂中空處。惟其中空，故能受軸而運轉不窮。猶傘柄上木管子，衆骨所會者，不知名何。緣管子中空，又可受傘柄，而闢闔下上。車之轂亦猶是也。莊子所謂『樞始得其環中，以應無窮』，亦此意。」僩。

谷神不死章第六

正淳問「谷神不死，是爲玄牝」。曰：「谷虚。谷中有神，受聲所以能響，受物所以生物。」㽦。

問「谷神」。曰：「谷只是虚而能受，神謂無所不應。它又云：『虚而不屈，動而愈出。』有一物之不受，則虚而屈矣；有一物之不應，是動而不能出矣。」問：「『玄牝』，或云，玄是衆妙之門，牝是萬物之祖。」曰：「不是恁地説。牝只是木孔承笋，能受底物事。如今門櫝謂之牡，鐶則謂牝；鏁管便是牝，鏁鬚便是牡。雌雄謂之牝牡，可見。玄者，謂是至妙底牝，不是那一樣底牝。」問：「老子之言，似有可取處？」曰：「它做許多言語，如何無可取？如佛氏亦儘有可取，但歸宿門户都錯了。」夔孫。

問「谷神不死」。曰：「谷之虛也，聲達焉，則響應之，乃神化之自然也。『是謂玄牝』，玄，妙也；牝，是有所受而能生物者也。至妙之理，有生生之意焉，程子所取老氏之説也。」人傑。

玄牝蓋言萬物之感而應之不窮，又言受而不先。如言「聖人執左契而不責於人」，契有左右，左所以銜右。言左契，受之義也。方子。

沈莊仲問：「『谷神不死，是謂玄牝』，如何？」曰：「谷神是那箇虛而應物底物事。」又問：「『常有欲以觀其徼』，徼之義如何？」曰：「徼是那邊徼，如邊界相似，説那應接處。向來人皆作『常無』、『常有』點，不若只作『常有欲』、『無欲』點。」義剛問：「原壤看來也是學老子。」曰：「他也不似老子，老子却不恁地。」莊仲曰：「却似莊子。」曰：「是。便是夫子時已有這樣人了。」莊仲曰：「莊子雖以老子爲宗，然老子之學尚要出來應世，莊子却不如此。」曰：「莊子説得較開闊，較高遠，然却較虛，走了老子意思。若在老子當時看來，也不甚喜他如此説。」莊仲問：「『道可道』如何解？」曰：「道而可道，則非常道；名而可名，則非常名。」又問「玄」之義。曰：「玄，只是深遠而至於黑窣窣地處，那便是衆妙所在。」又問「寵辱若驚，貴大患若身」。曰：「從前理會此章不得。」義剛。

張以道問「載營魄」與「抱一能無離乎」之義。曰：「魄是一，魂是二；一是水，二是火。

二抱一，火守水；魂載魄，動守静也。」義剛。

「專氣致柔」，只看他這箇甚麽樣工夫。專，非守之謂也，只是專一無間斷。致柔，是到那柔之極處。纔有一毫發露，便是剛，這氣便粗了。僩。

「老子之學只要退步柔伏，不與你争。才有一毫主張計較思慮之心，這氣便粗了。故曰：『致虚極，守静篤。』又曰：『專氣致柔，能如嬰兒乎？』又曰：『知其雄，守其雌，爲天下谿；知其白，守其黑，爲天下谷。』所謂谿，所謂谷，只是低下處。讓你在高處，他只要在卑下處，全不與你争。他這工夫極難。常見畫本老子便是這般氣象，笑嘻嘻地，便是箇退步占便宜底人。雖未必肖他，然亦是它氣象也。只是他放出無狀來，便不可當。如曰『以正治國，以奇用兵，以無事取天下』，他取天下便是用此道。如子房之術，全是如此。嶢關之戰，啗秦將以利，與之連和了，即回兵殺之；項羽約和，已講解了，即勸高祖追之。漢家始終治天下全是得此術，至武帝盡發出來。便即當子房閑時不做聲氣，莫教他説一語，更不可當。少年也任俠殺人，後來因黄石公教得來較細，只是都使人不疑他，此其所以乖也。莊子比老子便不同。莊子又轉調了精神，發出來粗。列子比莊子又較細膩。」問：「御風之説，亦寓言否？」曰：「然。」僩。

古之爲善士章第十五

甘叔懷説：「先生舊常謂老子也見得此箇道理，只是怕與事物交涉，故其言有曰：『豫兮若冬涉川，猶兮若畏四隣，儼若容。』」廣因以質於先生。曰：「老子説話大抵如此。只是欲得退步占姦，不要與事物接。如『治人事天莫若嗇』，迫之而後動，不得已而後起，皆是這樣意思。故爲其學者多流於術數，如申韓之徒皆是也。其後兵家亦祖其説，如陰符經之類是也。他説『以正治國，以奇用兵，以無事取天下』。據他所謂無事者，乃是大奇耳。故後來如宋齊丘，遂欲以無事竊人之國。如今道家者流，又却都不理會得他意思。」廣。

將欲噏之章第三十六

問老氏柔能勝剛、弱能勝强之説。曰：「它便揀便宜底先占了。若這下，則剛柔寬猛各有用時。」德明。

上德不德章第三十八

郭德元問：「老子云：『夫禮，忠信之薄而亂之首。』孔子又却問禮於他，不知何故？」

曰：「他曉得禮之曲折，只是他說這是箇無緊要底物事，不將爲事。某初間疑有兩箇老聃，橫渠亦意其如此。今看來不是如此。他曾爲柱下史，故禮自是理會得，所以與孔子說得如此好。只是他又說這箇物事不用得亦可，一似聖人用禮時反若多事，所以如此說。禮運中『謀用是作，而兵由此起』等語，便自有這箇意思。」文蔚。

反者道之動章第四十一

問「反者，道之動；弱者，道之用」。曰：「老子說話都是這樣意思。緣他看得天下事變熟了，都於反處做起。且如人剛强咆哮跳躑之不已，其勢必有時而屈，故他只務爲弱。人纔弱時，却蓄得那精剛完全；及其發也，自然不可當。故張文潛說老子惟静故能知變，然其勢必至於忍心無情，視天下之人皆如土偶爾。其心都冷冰冰地了，便是殺人也不恤，故其流多入於變詐刑名。太史公將他與申韓同傳，非是强安排，其源流實是如此。」廣。

易不言有無。老子言「有生於無」，便不是。閎祖。

道生一章第四十二

一便生二，二便生四。老子却說「二生三」，便是不理會得。

「道生一，一生二，二生三。」不合説一箇生一箇。方。

名與身章第四十四

多藏必厚亡，老子也是説得好。義剛。

天下有道章第四十六

「天下有道，却走馬以糞車」是一句，謂以走馬載糞車也。頃在江西見有所謂「糞車」者，方曉此語。今本無「車」字，不知先生所見何本。僩。

治人事天章第五十九

老子言：「治人事天，莫若嗇。夫惟嗇，是謂早服；早服，謂之重積德。重積德，則無不克。」他底意思，只要收斂，不要放出。友仁。

儉德極好。凡事儉則鮮失。老子言：「治人事天，莫若嗇。夫惟嗇，是謂早服；早服，是謂重積德。」被它説得曲盡。早服者，言能嗇則不遠而復，便在此也。重積德者，言先已有所積，復養以嗇，是又加積之也。如修養者，此身未有所損失，而又加以嗇養，是謂早服而重積。若待其已損而後養，則養之方足以補其所損，不得謂之重積矣。所以貴早服。早服者，早覺未損而嗇之也。如某此身已衰耗，如破屋相似，東扶西倒，雖欲修養，亦何能有益耶！今年得季通書，説近來深曉養生之理，盡得其法。只是城郭不完，無所施其功也。看來是如此。僩。

老子：「治人事天莫如嗇。」嗇，養也。先生曰：「嗇，只是吝嗇之『嗇』。它説話只要少用些子。」舉此一段，至「莫知其極」。河〔一〕。

莊子書

内篇養生第三

「『因者，君之綱。』道家之説最要這因。萬件事，且因來做。」因舉史記老子傳贊云云：「『虚無因應，變化於無窮。』曰：『虚無是體，與『因應』字當爲一句。蓋因應是用因而應之之義云爾。」植。

〔一〕「河」，似誤。或是「僩」字。

因論「庖丁解牛」一段，至「恢恢乎其有餘刃」，曰：「理之得名以此。目中所見無全牛，熟。」僩。

外篇天地第十二

「莊子云：『各有儀則之謂性。』此謂『各有儀則』，如『有物有則』，比之諸家差善。董仲舒云：『質樸之謂性，性非教化不成。』性本自成，於教化下一『成』字，極害理。」可學。

問：「『野馬也，塵埃也，生物之以息相吹也』，是如何？」曰：「他是言九萬里底風，也是這箇推去。息，是鼻息出入之氣。」節。

問：「莊子『實而不知以爲忠，當而不知以爲信』，此語似好。」曰：「以實當言忠信，也好。只是它意思不如此。雖實，而我不知以爲忠；雖當，而我不知以爲信。」問：「莊生他都曉得，只是却轉了説。」曰：「其不知處便在此。」僩。

外篇天運第十四

先生曰：「『天其運乎，地其處乎，日月其争於所乎。孰主張是？孰綱維是？孰居無事而推行是？意者，其有機緘而不得已邪？意者，其運轉不能自止邪？雲者爲雨乎？雨者爲雲乎？孰能施是？孰居無事淫樂而勸是？』莊子這數語甚好，是他見得，方説到此。其才高。如莊子天下篇言『詩以道志，書以道事，禮以道行，樂以道和，易以道陰陽，春秋以道名分』，若見不分曉，焉敢如此道！要之，他病，我雖理會得，只是不做。」又曰：「莊、老二書解注者甚多，竟無一人説得他本義出，只據他臆説。某若拈出，便别，只是不欲得。」友仁。

「烈風」，莊子音作「厲風」。如此之類甚多。節。

參同契

先生以參同契示張以道云：「近兩日方令書坊開得，然裏面亦難曉。」義剛問：「曾景建謂參同本是龍虎上經，果否？」曰：「不然。蓋是後人見魏伯陽傳有『龍虎上經』一句，遂僞作此經，大概皆是體參同而爲，故其間有説錯了處。如參同中云『二用無爻位，周流行六虛』。二用者，即易中用九、用六也。乾坤六爻，上下皆有定位，唯用九、用六無位，故周流行於六虛。今龍虎經却錯説作虛危去。蓋討頭不見，胡亂牽合一字來説。」義剛。

「參同契所言坎、離、水、火、龍、虎、鉛、汞之屬，只是互换其名，其實只是精氣二者而已。精，水也，坎也，龍也，汞也；氣，火也，離也，虎也，鉛也。其法：以神運精氣結而爲丹，陽氣在下，初成水，以火煉之則凝成丹。其説甚異。内外異色如鴨子卵，真箇成此物。

參同契文章極好，蓋後漢之能文者爲之，讀得亦不枉。其用字皆根據古書，非今人所能解，以故皆爲人枉解。世間本子極多。其中有云：『千周粲彬彬兮，萬偏將可覩；神明或告人兮，魂靈忽自悟。』言誦之久，則文義要訣自見。」又曰：「『二用無爻位，周流行六虚』，二用者，用九、用六，九、六亦坎、離也。六虚者，即乾坤之初、二、三、四、五、上六爻位也。言二用雖無爻位，而常周流乎乾、坤六爻之間，猶人之精氣上下周流乎一身而無定所也。世有龍虎經，云在參同契之先，季通亦以爲好。及得觀之，不然，乃隱括參同契之語而爲之也。」僩。卓録云：「『鉛、汞、龍、虎、水、火、坎、離皆一樣是精氣。參同契盡被後人胡解。凡説鉛汞之屬，只是互換其名，其實只一物也。精與氣二者，而以神運之耳』云云。『「千周兮粲彬彬，用之萬遍斯可覩；鬼神將告予，神靈忽自悟。」言誦之久，則文義要訣自見。』又云：『「二用無爻位，周流遍六虚」，言二用雖無爻位，常周流乎乾、坤六爻之間，猶人身之精氣常周流乎人之一身而無定所也。』又云：『「往來無定所，上下無常居」，亦此意也。世有龍虎經，或以爲在參同契之先。嘗見季通説好。及觀之，不然，盡是隱括參同契爲之。如説「二用六虚」處，彼不知爲周易之「二用六虚」，盡錯解了，遂分説云，有六樣虚，盡是亂説！參同契文章極好，念得亦不枉。其中心云，汝若不告人，絶聖道罪誅，言之著竹帛，又恐漏泄天機之意。故但爲重覆反復之語，令人子細讀之自曉。其法皆在其中，多不曉。』」

參同契爲艱深之詞，使人難曉。其中有「千周萬遍」之説，欲人之熟讀以得之也。大概其説以爲欲明言之，恐泄天機，欲不説來，又却可惜！人傑。

論修養

人言仙人不死。不是不死，但只是漸漸銷融了，不覺耳。蓋他能煉其形氣，使渣滓都銷融了，唯有那些清虛之氣，故能升騰變化。漢書有云：「學神仙尸解銷化之術。」看得來也是好則劇，然久後亦須散了。且如秦漢間所説仙人，後來都不見了。國初説鍾離權、吕洞賓之屬，後來亦不見了。近來人又説劉高尚，過幾時也則休也。廣。

長孺説修養、般運事。曰：「只是屏氣減息，思慮自少，此前輩之論也。今之人傳得法時，便授與人，更不問他人肥與瘠，怯與壯。但是一律教他，未有不敗、不成病痛者。」

因論道家修養，有默坐以心縮上氣而致閉死者。曰：「心縮氣亦未爲是。某嘗考究他妙訣，只要神形全不撓動。故老子曰：『心使氣則强。』纔使氣，便不是自然。只要養成嬰兒，如身在這裏坐，而外面行者是嬰兒。但無工夫做此。其導引法，只如消息，皆是下策。」淳。

「陰符經，恐皆唐李筌所爲，是他著意去做，學他古人。何故只因他説起，便行於世？某向以語伯恭，伯恭亦以爲然。一如麻衣易，只是戴氏自做自解，文字自可認。」道夫曰：「向見南軒跋云：『此真麻衣道者書也。』」曰：「敬夫看文字甚疏。」道夫。

閭丘主簿進黄帝陰符經傳。先生説：「握奇經等文字，恐非黄帝作，池本作「因閭丘問握奇經，引程子説，先生曰」云云。唐李筌爲之。聖賢言語自平正，都無許多嶢崎。」池本此下云：「又，詩序是衞宏作，好事者附會，以爲出聖人。其詩章多是牽合，須細考可也。」因舉遺書云：「『前輩説處或有未到，池本作「有到有不到處」。不可一槩定。』横渠尋常有太深言語，如言『鬼神二氣之良能』，説得好。伊川言『鬼神造化之迹』，却未甚明白。」問良能之義。曰：「只是二氣之自然者耳。」因舉「明則有禮樂，幽則有鬼神」。「鬼自是屬禮，從陰；神自是屬樂，從陽。池本云：「『鬼神即禮樂。』又云：『前輩之説如此。當知幽與明之實如何。鬼自從陰，屬禮；神自從陽，屬樂。』因舉『樂者敦和，率神而從天；禮者别宜，歸鬼而從地』云云。」易言『精氣爲物，游魂爲變』，此却是知鬼神之情狀。『魂氣升於天，體魄歸於地』，是神氣上升，鬼魄下降。不特人也，凡物之枯敗也，其香氣騰於上，其物腐於下，此可類推。」

閭丘次孟謂：「陰符經所謂『自然之道静，故天地萬物生；天地之道浸，故陰陽勝；陰陽相推，變化順矣』，此數語，雖六經之言無以加。」先生謂：「如他閭丘此等見處，儘得。」今按陰符經無其語。道夫。

陰符經云：「天地之道浸。」這句極好。陰陽之道，無日不相勝，只管逐些子挨出。這箇退一分，那箇便進一分。道夫。

問：「陰符經云：『絶利一源。』」曰：「絶利而止守一源。」節。

問：「陰符經『三反晝夜』是如何？」曰：「三反，如『學而時習之』，是貫上文言，言專而又審。反，是反反覆覆。」節。

「三反晝夜」之説，如修養家子午行持。今日如此，明日如此，做得愈熟，愈有效驗。人傑。

論道教

老氏初只是清浄無爲。清浄無爲，却帶得長生不死。後來却只説得長生不死一項。如今恰成箇巫祝，專只理會厭禳祈禱。這自經兩節變了。賀孫。

道家有老、莊書，却不知看，盡爲釋氏竊而用之，却去倣傚釋氏經教之屬。譬如巨室子弟，所有珍寶悉爲人所盗去，却去收拾人家破甕破釜！必大。

道教最衰，儒教雖不甚振，然猶有學者班班駮駮，説些義理。又曰：「佛書中多説『佛言』，道書中亦多云『道言』。佛是箇人，道却如何會説話？然自晉來已有此説。」必大。

道家之學，出於老子。其所謂「三清」，蓋倣釋氏「三身」而爲之爾。佛氏所謂「三身」：法身者，釋迦之本性也；報身者，釋迦之德業也；肉身者，釋迦之真身，而實有之人也。今之宗其教者，遂分爲三像而駢列之，則既失其指矣。而道家之徒欲倣其所爲，遂尊老子爲三清：元始天尊，太上道君，太上老君。而昊天上帝反坐其下。悖戾僭逆，莫此爲甚！且玉清元始天尊既非老子之法身，上清太上道君又非老子之報身，設有二像，又非與老子爲一，而老子又自爲上清太上老君，蓋倣釋氏之失而又失之者也。況莊子明言老聃之死，則聃亦人鬼爾，豈可僭居昊天上帝之上哉？釋老之學盡當毁廢。假使不能盡去，則老氏之學但當自祀其老子、關尹、列、莊子徒，以及安期生、魏伯陽輩，而天地百祠自當領於天子之祠官，而不當使道家預之，庶乎其可也。僩。

論道家三清，今皆無理會。如那兩尊，已是詭名俠户了。但老子既是人鬼，如何却居昊天上帝之上？朝廷更不正其位次？又如真武，本玄武，避聖祖諱，故曰「真武」。玄，龜也；武，蛇也；此本虚、危星形以之，故因而名。北方爲玄、武七星；至東方則角、亢、心、尾象龍，故曰蒼龍；西方奎、婁狀似虎，故曰白虎；南方張、翼狀似鳥，故曰朱鳥。今乃以玄武爲真聖，而作真龜蛇於下，已無義理。而又增天蓬、天猷及翊聖真君作四聖，殊無義理。所謂「翊聖」，乃今所謂「曉子」者。真宗時有此神降，故遂封爲「真君」。義剛。

「道家行法，只是精神想出，恐人不信，故以法愚之。太史遷。」吕與叔集記一事極怪。舊見臨漳有孫事道巡檢亦能此。」可學云：「天下有許多物事，想極，物自入來。」曰：「然。」

可學。

道家説仙人尸解，極怪異。將死時，用一劍，一圓藥，安於睡處。少間，劍化作自己，藥又化作甚麽物，自家却自去别處去。其劍亦有名，謂之「良非子」。良非之義，猶言本非我也。「良非子」好對「亡是公」！

朱子語類卷第一百二十六

釋氏

孟子不闢老莊而闢楊墨，楊墨即老莊也。今釋子亦有兩般：禪學，楊朱也；若行布施，墨翟也。道士則自是假，今無說可闢。然今禪家亦自有非其佛祖之意者，試看古經如四十二章等經可見。楊文公集傳燈録說西天二十八祖，知他是否？如何舊時佛祖是西域夷狄人，却會做中國樣押韻詩？今看圓覺云：「四大分散，今者妄身當在何處？」即是竊列子「骨骸反其根，精神入其門，我尚何存」語。宋景文說楞嚴前面呪是他經，後面說道理處是附會。圓覺前數疊稍可看，後面一段淡如一段去，末後二十五定（輸）〔輪〕與（大）〔夫〕[一]誓語，可笑。大雅。以下論釋氏亦出楊墨。

問：「佛老與楊墨之學如何？」曰：「楊墨之說猶未足以動人。墨氏謂『愛無差等』，欲

〔一〕據陳本改。

人人皆如至親，此自難從，故人亦未必信也。楊氏一向爲我，超然遠舉，視營營於利禄者皆不足道，此其爲説雖甚高，然人亦難學他，未必盡從。楊朱即老子弟子。人言孟子不闢老氏，不知但闢楊墨，則老莊在其中矣。佛氏之學亦出於楊氏。其初如不愛身以濟衆生之説，雖近於墨氏，然此説最淺近，未是他深處。後來是達磨過來，初見梁武，武帝不曉其説，只從事於因果，遂去面壁九年。只説人心至善，即此便是，不用辛苦修行；又有人取莊老之説從而附益之，所以其説愈精妙，然只是不是耳。又有所謂『頑空』、『真空』之説。頑空者如死灰槁木，真空則能攝衆有而應變，然亦只是空耳。今不消窮究他，伊川所謂『只消就跡上斷便了。他既逃其父母，雖説得如何道理，也使不得』。如此，却自足以斷之矣。」時舉。

宋景文唐書贊，説佛多是華人之譎誕者，攘莊周、列禦寇之説佐其高。此説甚好。如歐陽公只説箇禮法，程子又只説自家義理，皆不見他正贓，却是宋景文捉得他正贓。佛家先偷列子。列子説耳目口鼻心體處有六件，佛家便有六根，又三之爲十八戒。此處更舉佛經語與列子語相類處，當考。初間只有四十二章經，無恁地多。到東晉便有談議，小説及史多説此。如今之講師做一篇議總説之。到後來談議厭了，達磨便入來只静坐，於中有稍受用處，人又都向此。今則文字極多，大概都是後來中國人以莊列説自文，夾插其間，都没理會了。

攻之者所執又出禪學之下。淳。以下論釋氏出於莊老。

「老子説他一箇道理甚縝密。老子之後有列子，亦未甚至大段不好。説列子是鄭穆公時人。然穆公在孔子前，而列子中説孔子，則不是鄭穆公時人，乃鄭頃公時人也。列子後有莊子，莊子模倣列子，殊無道理。爲他是戰國時人，便有縱横氣象，其文大段豪偉。列子序中説老子。列子言語多與佛經相類，覺得是如此。疑得佛家初來中國，多是偷老子意去做經，如説空處是也。後來道家做清静經，又却偷佛家言語，全做得不好。佛經所謂『色即是空』處，他把色、受、想、行、識五箇對一箇『空』字説，故曰『空即是色。受、想、行、識，亦復如是』，謂是空也。而清净經中偷此句意思，却説『無無亦無』，只偷得他『色即是空』，却不曾理會得他『受、想、行、識，亦復如是』之意，全無道理。佛家偷得老子好處，後來道家却只偷得佛家不好處。譬如道家有箇寶藏，被佛家偷去；後來道家却只取得佛家瓦礫，殊可笑也。人説孟子只闢楊墨，不闢老氏，却不知道家修養之説只是爲己，獨自一身便了，更不管别人，便是楊氏爲我之學。」又曰：「孔子問老聃之禮，而老聃所言禮殊無謂。恐老聃與老子非一人，但不可考耳。」因説「子張學干禄」。先生曰：「如今科舉取者不問其能，應者亦不必其能，只是寫得盈紙，便可得而推行之，如除擢皆然。禮官不識禮，樂官不識樂，皆是吏人做上去。學官只是備員考試而已，初不是有德行道藝可爲表率，仁義禮智從頭不識到尾。國家元初取人如此，爲之柰何！」明作。

佛氏乘虚入中國。廣大自勝之説，幻妄寂滅之論，自齋戒變爲義學。如遠法師、支道林皆義學，然又只是盜襲莊子之説。今世所傳肇論，云出於肇法師，有「四不遷」之説：「日月歷天而不周，江河競注而不流，野馬飄鼓而不動，山嶽偃仆而常静。」此四句只是一義，只是動中有静之意，如適間所説東坡「逝者如斯而未嘗往也」之意爾。此是齋戒之學一變，遂又説出這一般道理來。及達磨入來，又翻了許多窠臼，説出禪來，又高妙於義學，以爲可以直超徑悟。而其始者禍福報應之説，又足以鉗制愚俗，以爲資足衣食之計。遂使有國家者割田以贍之，擇地以居之，以相從陷於無父無君之域而不自覺。蓋道釋之教皆一再傳而浸失其本真。有國家者雖隆重儒學，而選舉之制，學校之法，施設注措之方，既不出於文字言語之工，而又以道之要妙無越於釋老之中，而崇重隆奉，反在於彼。至於二帝、三王述天理、順人心、治世教民、厚典庸禮之大法，一切不復有行之者。唐之韓文公，本朝之歐陽公，以及閩洛諸公，既皆闡明正道以排釋氏，而其言之要切，如傅奕本傳，宋景文李蔚贊，東坡儲祥觀碑，陳後山白鶴宫記，皆足以盡見其失。此數人皆未深知道，而其言或出於强爲，是以終有不滿人意處。至二蘇兄弟晚年諸詩，自言不墮落，則又躬陷其中而不自覺矣。僴。

釋氏書其初只有四十二章經，所言甚鄙俚。後來日添月益，皆是中華文士相助撰集。如晉宋間自立講師，孰爲釋迦，孰爲阿難，孰爲迦葉，各相問難，筆之於書，轉相欺誑。大抵多是剽竊老子、列子意思，變換推衍以文其説。大般若經卷帙甚多，自覺支離，故節縮爲心經一卷。楞嚴經只是强立一兩箇意義，只管疊將去，數節之後，全無意味。若圓覺經本初亦能幾何？只鄙俚甚處便是，其餘增益附會者爾。佛學其初只説空，後來説動静，支蔓既甚，達磨遂脱然不立文字，只是默然端坐，便心静見理。此説一行，前面許多皆不足道，老氏亦難爲抗衡了。今日釋氏，其盛極矣。但程先生所謂「攻之者執理反出其下」。吾儒執理既自卑汙，宜乎攻之而不勝也。說佛書皆能舉其支離篇章成誦，此不能盡記。謨。

因説程子「耳無聞，目無見」之答，曰：「決無此理。」遂舉釋教中有「塵既不緣，根無所著，反流全一，六用不行」之説，蘇子由以爲此理至深至妙。蓋他意謂六根既不與六塵相緣，則收拾六根之用，反復歸於本體，而使之不行。顧烏有此理！廣因舉程子之説：「譬如静坐時，忽有人喚自家，只得應他，不成不應。」曰：「彼説出楞嚴經。此經是唐房融訓釋，故説得如此巧。佛書中唯此經最巧。然佛當初也不如是説。如四十二章經，最先傳來中國底文字，然其説却自平實。道書中有真誥，末後有道授篇，却是竊四十二章經之意爲之。非特此也，至如地獄託生妄誕之説，皆是竊他佛教中至鄙至陋者爲之。某嘗謂其徒曰：『自家有箇大寶珠，被他竊去了，却不照管，亦都不知，却去他牆根壁角，竊得箇破瓶破罐用，此甚好笑！』西漢時儒者説道理，亦只是黄老意思。如揚雄太玄經皆是，故其自言有曰：『老子之言道德，吾有取焉耳。』後漢明帝時，佛始入中國。當時楚王英最好之，然都不曉其説。直至晉宋間，其教漸盛。然當時文字亦只是將莊老之説來鋪張，如遠師諸論，皆成片盡是老莊意思。直至梁會通間，達磨入來，然後一切被他埽蕩，不立文字，直指人心。蓋當時儒者之學，既廢絶不講，老佛之説，又如此淺陋，被他窺見這箇罅隙了，故横説豎説，如是張皇，没柰他何。人才聰明，便被他誘引將去。嘗見畫底諸祖師，其人物皆雄偉，故杲老謂臨濟若不爲僧，必作一渠魁也。又嘗在廬山見歸宗像，尤爲可畏；若不爲僧，必作大賊矣。」廣。

道之在天下，一人説取一般。禪家最説得高妙去，蓋自莊老來，説得道自是一般物事，闃闃在天地間。後來佛氏又放開説，大决藩籬，更無下落，愈高愈妙，吾儒多有折而入之。把聖賢言語來看，全不如此。世間惑人之物不特於物爲然。一語一言可取，亦是惑人，况佛氏之説足以動人如此乎！有學問底人便不被它惑。謙。

因論佛，曰：「老子先唱説，後來佛氏又做得脱洒廣闊，然考其語多本莊列。」公晦云：「曾聞先生説，莊子説得更廣闊似佛，後若有人推演出來，其爲害更大在！」拱壽。

謙之問：「佛氏之空，與老子之無一般否？」曰：「不同，佛氏只是空豁豁然，和有〔一〕都無了，所謂『終日喫飯，不曾咬破一粒米；終日著衣，不曾掛著一條絲』。若老氏猶骨〔二〕是有，只是清净無爲，一向恁地深藏固守，自爲玄妙，教人摸索不得，便是把有無做兩截看了。」恪以下雜論釋老同異。

謙之問：「今皆以佛之説爲（無）〔空〕〔一〕，老之説爲（空）〔無〕〔二〕，空與無不同如何？」曰：「空是兼有無之名。道家説半截有，半截無，已前都是無，如今眼下却是有，故謂之（空）〔無〕〔三〕。若佛家之説都是無，已前也是無，如今眼下也是無，『色即是空，空即是色』。大而萬事萬物，細而百骸九竅，一齊都歸於無。終日喫飯，却道不曾咬著一粒米；滿身著衣，却道不曾掛著一條絲。」賀孫。

問：「釋氏之無，與老氏之無何以異？」曰：「老氏依舊有，如所謂『無欲觀其妙，有欲

〔一〕「有」，賀疑作「無」。
〔二〕「骨」，賀疑作「有」。
〔一〕據賀本記疑及上條改。
〔二〕同上。
〔三〕同上。

觀其徼」是也。若釋氏則以天地爲幻妄，以四大爲假合，則是全無也。」柄。

老氏欲保全其身底意思多；釋氏又全不以其身爲事，自謂別有一物不生不滅。歐公嘗言，老氏貪生，釋氏畏死，其說亦好。氣聚則生，氣散則死，順之而已，釋老則皆悖之者也。廣。

釋老，其氣象規模大概相似。然而老氏之學，尚自理會自家一箇渾身，釋氏則自家一箇渾身都不管了。燾。

佛氏之失，出於自私之厭；老氏之失，出於自私之巧。厭薄世故，而盡欲空了一切者，佛氏之失也；關機巧便，盡天下之術數者，老氏之失也。故世之用兵算數刑名，多本於老氏之意。端蒙。

老氏只是要長生，節病易見。釋氏於天理大本處見得些分數，然却認爲己有，而以生爲寄。故要見得父母未生時面目，既見，便不認作衆人公共底，須要見得爲己有，死後亦不失，而以父母所生之身爲寄寓。譬以舊屋破倒，即自挑入新屋。故黃蘗一僧有偈與其母云：「先曾寄宿此婆家。」止以父母之身爲寄宿處，其無情義絶滅天理可知！當時有司見渠此說，便當明正典刑。若聖人之道則不然，於天理大本處見得是衆人公共底，便只隨他天理去，更無分毫私見。如此，便倫理自明，不是自家作爲出來，皆是自然如此。往來屈伸，我安得而私之哉！大雅。

「釋氏見得高底儘高。」或問：「他何故只説空？」曰：「説『玄空』，又説『真空』。玄空便是空無物，真空却是有物，與吾儒説略同。但是它都不管天地四方，只是理會一箇心。如老氏亦只是要存得一箇神氣。伊川云：『只就迹上斷便了。』不知它如此要何用？」南升。

問：「釋氏以天地萬物爲幻，老氏又却説及下截。」曰：「老氏勝。」可學。

釋氏之説易窮。大抵不過如道家陰符經所謂「絶利一源，便到至道」。大雅。

「奪胎出世」之説有之。釋道專專此心，故神。道出神，故能奪胎；釋定，故死而能出世。釋定，故能入定；道定，故能成丹。揚。

釋氏只四十二章經是古書，餘皆中國文士潤色成之。維摩經亦南北時作。道家之書只老子、莊、列及丹經而已。丹經如參同契之類，然已非老氏之學。清浄、消災二經，皆模學釋書而誤者。度人經生神章皆杜光庭撰。最鄙俚是北斗經。蘇子瞻作儲祥宫記，説後世道者只是方士之流，其説得之。僴。

有言莊老禪佛之害者。曰：「禪學最害道。莊老於義理絶滅猶未盡。佛則人倫已壞。至禪，則又從頭將許多義理埽滅無餘。以此言之，禪最爲害之深者。」頃之，復曰：「要其實則一耳。害未有不由淺而深者。」以下論釋老滅綱常。

或問佛與莊老不同處。曰：「莊老絶滅義理，未盡至。佛則人倫滅盡，至禪則義理滅盡。方子録云：「正卿問莊子與佛所以不同。曰：『莊子絶滅不盡，佛絶滅盡。佛是人倫滅盡，到禪家義理都滅盡。』」佛初入中國，止説修行，未有許多禪底説話。」學蒙。

佛老之學，不待深辨而明。只是廢三綱五常，這一事已是極大罪名！其他更不消説。賀孫。

天下只是這道理，終是走不得。如佛老雖是滅人倫，然自是逃不得。如無父子，却拜其師，以其弟子爲子；長者爲師兄，少者爲師弟。但是只護得箇假底，聖賢便是存得箇真底。夔孫。

釋老稱其有見，只是見得箇空虚寂滅。真是虚，真是寂無處，不知他所謂見者見箇甚底？莫親於父子，却棄了父子；莫重於君臣，却絶了君臣；以至民生彝倫之間不可闕者，它一皆去之。所謂見者見箇甚物？且如聖人「親親而仁民，仁民而愛物」；他却不親親，而劃地要仁民愛物。愛物時，也則是食之有時，用之有節；見生不忍見死，聞聲不忍食肉；如仲春之月，犧牲無用牝，不麛，不卵，不殺胎，不覆巢之類，如此而已。他則不食肉，不茹葷，以至投身施虎！此是何理！卓。

某人言：「天下無二道，聖人無兩心。儒釋雖不同，畢竟只是一理。」某説道：「惟其天下無二道，聖人無兩心，所以有我底著他底不得，有他底著我底不得。若使天下有二道，聖人有兩心，則我行得我底，他行得他底。」節。以下儒釋之辨。

儒釋言性異處，只是釋言空，儒言實；釋言無，儒言有。德明。

吾儒心雖虚而理則實。若釋氏則一向歸空寂去了。柄。

釋氏虚，吾儒實；釋氏二，吾儒一。釋氏以事理爲不緊要而不理會。節。

釋氏只要空，聖人只要實。釋氏所謂「敬以直内」，只是空豁豁地，更無一物，却不會「方外」。聖人所謂「敬以直内」，則湛然虚明，萬理具足，方能「義以方外」。

問：「儒釋之辨，莫只是虚、實兩字上分别？」曰：「未須理會。自家己分若知得真，則其僞自别，甚分明，有不待辨。」可學。

問：「釋氏以空寂爲本？」曰：「釋氏説空，不是便不是，但空裏面須有道理始得。若只説道我見箇空，而不知有箇實底道理，却做甚用得？譬如一淵清水，清泠徹底，看來一如無水相似，它便道此淵只是空底，不曾將手去探是冷是温，不知道有水在裏面。佛氏之見正如此。今學者貴於格物、致知，便要見得到底。今人只是一班[一]兩點見得些子，所以

[一]「班」，似當作「斑」。

不到極處也。」南升。

吾以心與理爲一，彼以心與理爲二。亦非固欲如此，乃是見處不同，彼見得心空而無理，此見得心雖空而萬理咸備也。雖説心與理一，不察乎氣禀物欲之私，是見得不真，故有此病。大學所(謂)〔以〕[一]貴格物也。植。或録云：「近世一種學問，雖説心與理一，而不察乎氣禀物欲之私，故其發亦不合理，却與釋氏同病，不可不察。」

儒者以理爲不生不滅，釋氏以神識爲不生不滅。龜山云：「儒釋之辨，其差眇忽。」以某觀之，真似冰炭！方子。

儒者見道，品節燦然。佛氏亦見天機，有不器於物者，然只是綽過去。方。

問：「先生以釋氏之説爲空，爲無理。以空言，似不若『無理』二字切中其病。」曰：「惟其無理，是以爲空。它之所謂心、所謂性者，只是箇空底物事，無理。」節。

先生問衆人曰：「釋氏言『牧牛』，老氏言『抱一』，孟子言『求放心』，皆一般，何緣不同？」節就問曰：「莫是無這理？」曰：「無理煞害事。」節。

釋氏合下見得一箇道理空虚不實，故要得超脱，盡去物累，方是無漏爲佛地位。其他

〔一〕據陳本改。

有惡趣者，皆是衆生餓鬼。只隨順有所修爲者，猶是菩薩地位，未能作佛也。若吾儒，合下見得箇道理便實了，故首尾與之不合。大雅。

舉佛氏語曰：「千種言，萬般解，只要教君長不昧。」此説極好。問：「程子曰：『佛氏之言近理，所以爲害尤甚。』所謂近理者，指此等處否？」曰：「然。它只是守得這些子光明，全不識道理，所以用處七顛八倒。吾儒之學，則居敬爲本，而窮理以充之。其本原不同處在此。」

曹問何以分別儒釋差處。曰：「只如説『天命之謂性』，釋氏便不識了，便遽説是空覺。吾儒説底是實理，看他便錯了。他云：『不染一塵，不捨一法。』既『不染一塵』，却如何『不捨一法』？到了是説那空處，又無歸著。且如人心，須是其中自有父子君臣兄弟夫婦朋友。他做得徹到底，便與父子君臣兄弟夫婦朋友都不相親。吾儒做得到底，便『父子有親，君臣有義，兄弟有序，夫婦有別，朋友有信』。吾儒只認得一箇誠實底道理，誠便是萬善骨子。」

問佛氏所以差。曰：「從劈初頭便錯了，如『天命之謂性』，他把做空虛説了。吾儒見得都是實。若見得到自家底從頭到尾小事大事都是實，他底從頭到尾都是空，恁地見得破，如何解説不通？又如『實際理地不受一塵，萬行叢中不捨一法』等語，這是他後來桀黠底又撰出這一話來倚傍吾儒道理，正所謂『遁辭知其所窮』。且如人生一世間，須且理會切實處。論至切至實處，不過是一箇心，不過一箇身；若不自會做主，更理會甚麼？然求所以識那切實處，則莫切於聖人之書。聖人之書，便是箇引導人底物事。若舍此而它求，則亦别無門路矣。『舜人也，我亦人也。舜爲法於天下，可傳於後世，我猶未免爲鄉人也，是則可憂也！憂之如何？如舜而已矣。』『高山仰止，景行行止。』只怕不見得，若果是有志之士，只見一條大路直上行將去，更不問著有甚艱難險阻。孔子曰：『向道而行，忘身之老也，不知年數之不足也，俛焉日有孜孜，斃而後已！』自家立著志向前做將去，鬼神也避道，豈可先自計較！先自怕却！如此終於無成。」賀孫。

因舉佛氏之學與吾儒有甚相似處，如云：「有物先天地，無形本寂寥，能爲萬象主，不逐四時凋。」又曰：「樸落非它物，縱横不是塵。山河及大地，全露法王身。」又曰：「若人識得心，大地無寸土。」看他是甚麼樣見識！今區區小儒，怎生出得他手？宜其爲他揮下也。此是法眼禪師下一派宗旨如此。今之禪家皆破其説，以爲有理路，落窠臼，有礙正當知見。今之禪家多是「麻三斤」、「乾屎橛」之説，謂之「不落窠臼」，「不墮理路」。妙喜之説，便是如此。然又有翻轉不如此説時。僩。

佛者云：「置之一處，無事不辦。」也只是教人如此做工夫；若是專一用心於此，則自會通達矣。故學禪者只是把一箇話頭去看，「如何是佛」、「麻三斤」之類，又都無義理得穿鑿。看來看去，工夫到時，恰似打一箇失落一般，便是參學事畢。莊子亦云：「用志不分，乃凝於神。」也只是如此教人。但他都無義理，只是箇空寂。儒者之學則有許多義理，若看得透徹，則可以貫事物，可以洞古今。廣。士毅録云：「釋氏云：『置之一處，無事不辦。』此外別有何法？只是釋氏没道理，自呀將去。」

釋老之書極有高妙者，句句與自家箇同。但不可將來比方，煞誤人事！季文。道夫。

先生游鍾山書院，見書籍中有釋氏書，因而揭看。先君問：「其中有所得否？」曰：「幸然無所得。吾儒廣大精微，本末備具，不必它求。」季札。

言釋氏之徒爲學精專，曰：「便是某常説，吾儒這邊難得如此。看他下工夫，直是自日至夜，無一念走作別處去。學者一時一日之間是多少閑雜念慮，如何得似他！只惜他所學非所學，枉了工夫！若吾儒邊人下得這工夫，是甚次第！如今學者有二病：好高，欲速。這都是志向好底如此。一則是所以學者失其旨，二則是所學者多端，所以紛紛擾擾，終於無所歸止。」賀孫。以下論釋氏工夫。

問釋氏入定，道家數息。曰：「他只要静，則應接事物不差。孟子便也要存夜氣，然而須是理會『旦晝之所爲』。」曰：「吾儒何不倣他恁地？」曰：「他開眼便依舊失了，只是硬把捉；不如吾儒非禮勿視聽言動，戒慎恐懼乎不睹不聞，『敬以直内，義以方外』，都一切就外面攔截。」曰：「釋氏只是『勿視』、『勿聽』，無那『非禮』工夫。」曰：「然。」季通因曰：「世上事便要人做，只管似它坐定做甚？日月便要行，天地便要運。」曰：「他不行不運，固不是。吾輩是在這裏行，是在這裏運，只是運行又有差處。如今胡喜胡怒，豈不是差！他是過之，今人又不及。」榦。

問：「昔有一禪僧，每自唤曰：『主人翁惺惺著！』大學或問亦取謝氏『常惺惺法』之語，不知是同是異？」曰：「謝氏之説地步闊，於身心事物上皆有工夫。若如禪者所見，只看得箇主人翁便了，其動而不中理者，都不管矣。且如父子天性也，父被他人無禮，子須當去救，他却不然。子若有救之之心，便是被愛牽動了心，便是昏了主人翁處。若如此惺惺，成甚道理！向曾覽四家録，有些説話極好笑，亦可駭！説若父母爲人所殺，無一舉心動念，方始名爲『初發心菩薩』。他所以叫『主人翁惺惺著』，正要如此。『惺惺』字則同，所作工夫則異，豈可同日而語！」友仁。

佛家有「流注想」。水本流將去，有些滲漏處，便留滯。蓋卿。

僧家尊宿得道，便入深山中，草衣木食，養數十年。及其出來，是甚次第！自然光明俊偉。世上人所以只得叉手看他自動。方。

徐子融有「枯槁有性無性」之論。先生曰：「性只是理，有是物斯有是理。子融錯處是認心爲性，正與佛氏相似。只是佛氏磨擦得這心極精細，如一塊物事，剥了一重皮，又剥一重皮，至剥到極盡無可剥處，所以磨弄得這心精光，它便認做性，殊不知此正聖人之所謂心。故上蔡云：『佛氏所謂性，正聖人所謂心；佛氏所謂心，正聖人所謂意。』心只是該得這理。佛氏元不曾識得這理一節，便認知覺運動做性。如視聽言貌，聖人則視有視之理，聽有聽之理，言有言之理，動有動之理，思有思之理，如箕子所謂『明、聰、從、恭、睿』是也。佛氏則只認那能視、能聽、能言、能思、能動底，便是性。視明也得，不明也得；聽聰也得，不聰也得；言從也得，不從也得；思睿也得，不睿也得，它都不管，横來豎來，它都認做性。它最怕人説這『理』字，都要除掉了，此正告子『生之謂性』之説也。」僩問：「禪家又有以揚眉瞬目知覺運動爲弄精魂而訶斥之者，何也？」曰：「便只是弄精魂。只是他磨擦得來精細，有光彩，不如此粗糙爾。」僩問：「彼言一切萬物皆有破壞，惟有法身常住不滅。所謂『法身』，便只是這箇？」曰：「然。不知你如何占得這物事住？天地破壞，又如何被你占得這物事常不滅？」問：「彼大概欲以空爲體，言天地萬物皆歸於空，這空便是他體。」曰：「他也不是欲以空爲體。它只是説這物事裏面本空，著一物不得。」僩。以下論釋氏誤認心、性。

問：「聖門説『知性』，佛氏亦言『知性』，有以異乎？」先生笑曰：「也問得好。據公所見如何？試説看。」曰：「據友仁所見及佛氏之説者，此一性，在心所發爲意，在目爲見，在耳爲聞，在口爲議論，在手能持，在足運奔，所謂『知性』者，知此而已。」曰：「且據公所見而言。若如此見得，只是箇無星之稱，無寸之尺。若在聖門，則在心所發爲意，須是誠始得；在目雖見，須是明始得；在耳雖聞，須是聰始得；在口談論及在手在足之類，須是動之以禮始得。『天生烝民，有物有則。』如公所見及佛氏之説，只有物無則了，所以與聖門有差。況孟子所説『知性』者，乃是『物格』之謂。」友仁。

若是如釋氏道，只是那坐底視底是，則夫子之教人，也只説視聽言動底是便了，何故却説「非禮勿視，非禮勿聽，非禮勿言，非禮勿動」？如居處、執事、與人交，止説居處、執事、與人交便了，何故於下面著箇恭、敬、忠？如出門、使民，也只説箇出門、使民便了，何故却説如見大賓、如承大祭？孔子言：「克己復禮爲仁！」厲聲言「復禮」、「仁」字。節。

釋氏只知坐底是，行底是。如坐，交脛坐也得，疊足坐也得，邪坐也得，正坐也得。將見喜所不當喜，怒所不當怒，爲所不當爲。他只是直衝去，更不理會理。吾儒必要理會坐之理當如尸，立之理當如齋，如頭容便要直。所以釋氏無理。節。

知覺之理，是性所以當如此者，釋氏不知。他但知知覺，没這理，故孝也得，不孝也得。所以動而陽、静而陰者，蓋是合動不得不動，合静不得不静。節。

釋氏棄了道心，却取人心之危者而作用之；遺其精者，取其粗者以爲道。如以仁義禮智爲非性，而以眼前作用爲性是也。此只是源頭處錯了。人傑。

釋氏專以作用爲性。如某國王問某尊者曰：「如何是佛？」曰：「見性爲佛。」曰：「如何是性？」曰：「作用爲性。」曰：「如何是作用？」曰云云。禪家又有偈者云：「當來尊者答國王時，國王何不問尊者云：『未作用時，性在甚處？』」僴。

「作用是性：在目曰見，在耳曰聞，在鼻齅香，在口談論，在手執捉，在足運奔」，即告子「生之謂性」之説也。且如手執捉，若執刀胡亂殺人，亦可爲性乎！龜山舉龐居士云「神通妙用，運水搬柴」，以比「徐行後長」，亦坐此病，不知「徐行後長」乃謂之弟，「疾行先長」則爲不弟。如曰運水搬柴即是妙用，則徐行疾行皆可謂之弟耶！人傑。

問釋氏「作用是性」。曰：「便只是這性，他説得也是。孟子曰：『形色，天性也。惟聖人然後可以踐形。』便是此性。如口會説話，説話底是誰？目能視，視底是誰？耳能聽，聽底是誰？便是這箇。其言曰：『在眼曰見，在耳曰聞，在鼻齅香，在口談論，在手執捉，在足運奔。徧現俱該法界，收攝在一微塵。識者知是佛性，不識喚作精魂。』他説得也好。」又舉楞嚴經波師國王見恒河水一段云云。「所以禪家説『直指人心，見性成佛』。他只要你見得，言下便悟，做處便徹，見得無不是此性。也說『存養心性』，養得來光明寂照，無所不徧，無所不通。唐張拙詩云：『光明寂照徧河沙，凡聖含靈共我家』云云。」又曰：「『實際理地不受一塵，佛事門中不舍一法。』他箇本自說得是，所養者也是，只是差處便在這裏，吾儒所養者是仁義禮智，他所養者只是視聽言動。儒者則全體中自有許多道理，各自有分別，有是非，降衷秉彝，無不各具此理。他只見得箇渾淪底物事，無分別，無是非，横底也是，竪底也是，直底也是，曲底也是，非理而視也是此性，以理而視也是此性。少間用處都差，所以七顛八倒，無有是處。吾儒則只是一箇真底道理，他也說我這箇是真實底道理，如云：『惟此一事實，餘二則非真。』只是他說得一邊，只認得那人心，無所謂道心，無所謂仁義禮智，惻隱、羞惡、辭遜、是非，所争處只在此。吾儒則自『天命之謂性，率性之謂道』，以至至誠盡人物之性，贊天地之化育，識得這道理無所不周，無所不徧。他也說：『我這箇無所不周，無所不徧。』然眼前君臣父子兄弟夫婦上，便不能周徧了，更說甚周徧！他說『治生産業，皆與實相不相違背』云云，如善財童子五十三參，以至神鬼神仙士農工商技藝，都在他性中。他說得來極闊，只是其實行不得。只是諱其所短，强如此籠罩去。他舊時瞿曇說得本不如此廣闊，後來禪家自覺其陋，又翻轉窠臼，只說『直指人心，見性成佛』。」僩。

「昨夜説『作用是性』，因思此語亦自好。雖云釋氏之學是如此，他却是真箇見得，真箇養得。如云説話底是誰？説話底是這性。目視底是誰？視底也是這性。聽底是誰？聽底也是這性。鼻之聞香，口之知味，無非是這箇性。他凡一語默，一動息，無不見得此性，養得此性。」或問：「他雖見得，如何能養？」曰：「見得後，常常得在這裏，不走作，便是養。今儒者口中雖常説性是理，不止於作用，然却不曾做他樣存得養得；只是説得如此，元不曾用功，心與身元不相管攝，只是心粗。若自早至暮，此心常常照管，甚麽次第！這箇道理，在在處處發見，無所不有，只是你不曾存得養得。佛氏所以行六七百年，其教愈盛者，緣他也依傍這道理，所以做得盛。他却常在這身上，他得這些子，即來欺負你秀才，你秀才無一人做得似他。今要做，無他，只説四端擴充得便是。孟子説『存心養性』，其要只在此。『凡有四端於我者，知皆擴而充之矣，若火之始然，泉之始達。』學者只要守得這箇，如惻隱、羞惡、辭遜、是非。若常存得這惻隱之心，便養得這惻隱之性；若合當愛處，自家却不起愛人之心，便是害了那惻隱之性。如事當羞惡，自家不羞惡，便是傷害了那羞惡之性。辭遜、是非，皆然。『人能充無欲害人之心，而仁不可勝用矣；人能充無受爾汝之實，無所往而不爲義也。』只要就這裏存得，養得。所以説『利與善之間』，只争這些子，只是絲髮之間。如人静坐，忽然一念之發，只這箇便是道理，便有箇是與非，邪與正。其發之正者，理也；雜而不正者，邪也。在在處處無非發見處，只要常存得，常養得耳。」僩。

佛家作用，引厲賓王問。某問：「他初説空，今却如此。」曰：「既無理，亦只是無。聽亦此，不聽亦此。然只是認得第二箇，然他後來又不如此説。傅大士云云。」曰：「他雖不如此，然卒走此不得？」曰：「然。」可學。

問儒釋。曰：「據他説道明得心，又不曾得心爲之用；他説道明得性，又不曾得性爲之用。不知是如何？」又問：「不知先從他徑處入，然後却歸此？」曰：「若要從徑入，是猶從近習求言職。須是見他都無所用。」泳。

佛家説：「會萬物於一己。」若曉得這道理，自是萬物一體，更何須會？若是曉不得，雖欲會，如何會得？恪。

佛氏見影，朝説這箇，暮説這箇。至於萬理錯綜如此，却都不知！方。

釋氏先知死，只是學一箇不動心。告子之學則是如此。端蒙。

「凡遇事先須識得箇邪正是非，盡埽私見，則至公之理自存。」大雅云：「釋氏欲驅除物累，至不分善惡，皆欲埽盡。云凡聖情盡，即如知佛，然後來往自由。吾道却只要埽去邪見。邪見既去，無非是處，故生不爲物累，而死亦然。」曰：「聖人不説死。已死了，更説甚事？聖人只説既生之後，未死之前，須是與他精細理會道理教是。胡明仲侍郎自説得好：『人，生物也，佛不言生而言死；人事可見，佛不言顯而言幽。』釋氏更不分善惡，只尊向他底便是好人，背他底便入地獄。若是箇殺人賊，一尊了他，便可生天。」大雅云：「于頔在傳燈録爲法嗣，可見。」曰：「然。」大雅。

佛書多有後人添入。初入中國，只有四十二章經。但此經都有添入者。且如西天二十八祖所作偈，皆有韻，分明是後人增加。如楊文公、蘇子由皆不悟此，可怪！又其文字中至有甚拙者云云。如楞嚴經前後，只是説咒，中間皆是增入。蓋中國好佛者覺其陋而加之耳。可學。以下論佛經。

佛初止有四十二章經，其説甚平。如言彈琴，弦急則絶，慢則不響，不急不慢乃是。大抵是偷得老莊之意。後來達磨出來，一齊埽盡。至楞嚴經，做得極好。柳宗元六祖塔銘有「中外融粹孔習」。方子。

達磨未來中國時，如遠、肇法師之徒，只是談莊老，後來人亦多以莊老助禪。古亦無許多經。西域豈有韻！諸祖相傳偈，平仄押韻語，皆是後來人假合。

問：「心經如何？」曰：「本大般若經六百卷，心經乃是節本。」曰：「他既説空，又説色，如何？」曰：「他蓋欲於色見空耳。大抵只是要鶻突人。如云『實際中不立一法』，又云『不捨一法』此佛經語，記不全。之類，皆然。」問：「劫數如何？」曰：「他之説，亦説天地開闢，但理會不得。某經云，到末劫人皆小，先爲火所燒成劫灰，又爲風所吹，又爲水所淹。水又成沫，地自生五穀，天上人自飛下來喫，復成世界。他不識陰陽，便恁地亂道。」問：「佛默然處如何？」曰：「是他到處。」曰：「如何『與灑埽應對合』？」曰：「蓋言精粗無二。」曰：「『活潑潑地』是禪語否？」曰：「不是禪語，是俗語。今有儒家字爲佛家所竊用，而後人反以爲出於佛者，如『寺』、『精舍』之類，不一。」可學。

佛書中説「六根」、「六塵」、「六識」、「四大」、「十二緣生」之類，皆極精巧。故前輩學佛者，謂此孔子所不及。今學者且須截斷。必欲窮究其説，恐不能得身己出來。方子録止此。他底四大，即吾儒所謂魂魄聚散。十二緣生在華嚴合論第十三御卷。佛説本言盡去世間萬事。其後黠者出，却言「實證理地，不染一塵；萬事門中，不舍一法」。可學。

華嚴合論精密。閎祖。

華嚴合論，其言極鄙陋無稽。不知陳了翁一生理會這箇，是有甚麼好處，也不會厭。可惜極好底秀才，只恁地被它引去了！又曰：「其言旁引廣諭，説神説鬼，只是一箇天地萬物皆具此理而已。經中本説得簡徑白直，却被注解得越没收煞。」或問金剛經大意。曰：「他大意只在須菩提問『云何住，云何降伏其心』兩句上。故説不應住法生心，不應色色生心，『應無所住而生其心』，此是答『云何住』。又説『若胎生，若卵生，若濕生，若化生，我皆令入無餘涅槃而滅度之』，此是答『云何降伏其心』。彼所謂『降伏』者，非謂欲遏伏此心，謂盡降收世間衆生之心入它無餘涅槃中滅度，都教你無心了方是，只是一箇『無』字。自此以後，只管纏去，只是這兩句。如這桌子，則云若此桌子，非名桌子，是名桌子。『若見諸相非相，則見如來』，離一切相，即名佛，皆是此意。要之，只是説箇『無』。」僩。

問：「龜山集中所答了翁書，論華嚴大旨。不知了翁諸人何爲好之之篤？」曰：「只是見不透，故覺得那箇好。以今觀之，也是好，也是動得人。」道夫曰：「只爲他大本不立，故偏了。」先生默然良久，曰：「真所謂『詖、淫、邪、遁』。蓋詖者，是它合下見得偏。儒者之道大中至正，四面均平。釋氏只見一邊，於那處都蔽塞了，這是『詖辭知其所蔽』。淫者，是只見得一邊，又却説得周遮浩瀚；所以其書動數百卷，是皆陷於偏而不能返，這是『淫辭知其所陷』。邪者，是它見得偏了，於道都不相貫屬，這是『邪辭知其所離』。遁者，是它已離於道而不通，於君臣父子都已棄絶，見去不得，却道道之精妙不在乎此，這是『遁辭知其所窮』。初只是詖，詖而後淫，淫而後邪，邪而後離，離而後遁。要之，佛氏偏處只是虛其理。理是實理，他却虛了，故於大本不立也。」因問：「温公解禪偈，却恐後人作儒佛一貫會了。」先生因誦之曰：「此皆佛之至陋者也，妙處不在此。」又問：「遺書云：『釋氏於

「敬以直内」則有之，「義以方外」則未也。』道夫於此未安。」先生笑曰：「前日童蜚卿正論此，以爲釋氏大本與吾儒同，只是其末異。某與言：『正是大本不同。』」因檢近思録有云：「佛有一箇覺之理，可言『敬以直内』矣，然無『義以方外』。其『直内』者，要之其本亦不是。」「這是當時記得全處，前者記得不完也。」又曰：「只無『義以方外』，則連『敬以直内』也不是了。」又曰：「程子謂：『釋氏唯務上達而無下學，然則其上達處豈有是邪！』亦此意。學佛者嘗云：『儒佛一同。』某言：『你只認自家説不同。若果是，又何必言同？只這靠傍底意思，便是不同，便是你底不是，我底是了。』」道夫。

圓覺經只有前兩三卷好，後面便只是無説後强添。如楞嚴經，當初只有那阿難一事，及那燒牛糞時一呪，其餘底皆是文章之士添。那燒牛糞，便如爇蕭樣。後來也有人祈雨後燒，亦出此意也。義剛。

楞嚴經本只是呪語。後來房融添入許多道理説話。呪語想亦淺近，但其徒恐譯出，則人易之，故不譯。所以有呪者，蓋浮屠居深山中，有鬼神蛇獸爲害，故作呪以禁之。緣他心靈，故能知其性情，制馭得他。呪全是想法。西域人誦呪如叱喝，又爲雄毅之狀，故能禁伏鬼神，亦如巫者作法相似。又云：「汀州人多爲巫。若巫爲祟，則治之者全使不行。沈存中記水中金剛經不濕，蓋人心歸向深固，所感如此。」因言：「後世被他佛法横入來，鬼神也没理會了。」又曰：「世人所謂鬼神，亦多是喫酒喫肉漢，見他戒行精潔，方寸無累底人，如何不生欽敬！」閎祖。

維摩詰經，舊聞李伯紀之子説，是南北時一貴人如蕭子良之徒撰。渠云載在正史，然檢不見。伯紀子名綸，讀書甚博。必大。

傳燈録極陋，蓋真宗時一僧做上之。真宗令楊大年删過，故出楊大年名，便是楊大年也曉不得。義剛。

因語禪家，云：「當初入中國，只有四十二章經。後來既久，無可得説，晉宋而下，始相與演義。其後義又窮。至達磨以來，始一切埽除。然其初答問，亦只分明説。到其後又窮，故一向説無頭話，如『乾矢橛』、『柏樹子』之類，只是胡鶻突人。既曰不得無語，又曰不得有語，道也不是，不道也不是，如此，則使之東亦不可，西亦不可。置此心於危急之地，悟者爲禪，不悟者爲顛。雖爲禪，亦是蹉了蹊徑，置此心於别處，和一身皆不管，故喜怒任意。然細觀之，只是於精神上發用。」問：「渠既一向説空，及其作用又只是氣。」曰：「作用是心，亦是氣，渠自錯認了。渠雖説空，又要和空皆無，如曰『空生大覺中』之類。昔日了老專教人坐禪，杲老以爲不然，著正邪論排之。其後杲在天童，了老乃一向師尊禮拜，杲遂與之同。及死，爲之作銘。」問：「渠既要清净寂滅，如何不坐禪？」曰：「渠又要得有悟。杲舊甚喜子韶，及南歸，貽書責之，以爲與前日不同。今其小師録杲文字，去正邪論，與子韶書亦節却。」問：「病翁墓志中説官莆田事，如何？」曰：「佛家自説有體無用，是渠言如此，依實載之。」問：「禪僧有鳴鼓升坐死者，如何？」曰：「世念既去，自知得。只是能偃不卧牀席耳，別無它説。」可學。以下禪學。

禪只是一箇呆守法，如「麻三斤」、「乾屎橛」。他道理初不在這上，只是教他麻了心，只思量這一路，專一積久，忽有見處，便是悟。大要只是把定一心，不令散亂，久後光明自發。所以不識字底人，才悟後便作得偈頌。悟後所見雖同，然亦有深淺。某舊來愛問參禪底，其説只是如此。其間有會説者，却吹噓得大。如杲佛日之徒，自是氣魄大，所以能鼓動一世，如張子韶、汪聖錫輩皆北面之。閎祖。

或問：「禪家説無頭當底説話，是如何？」曰：「他説得分明處，却不是。只内中一句黑如漆者，便是他要緊處。於此曉得時，便盡曉得。他又愛説一般最險絶底話，如引取人到千仞之崖邊，猛推一推下去。人於此猛省得，便了。」或曰：「不理會得，也是一事不了。」曰：「只此亦是格物。」祖道。

郭德元問：「禪者云：『「知」之一字，衆妙之門。』它也知得這『知』字之妙。」曰：「所以伊川説佛氏之言近理，謂此類也。它也微見得這意思，要籠絡這箇道理。只是它用處全差，所以都間斷，相接不著。」僩問：「其所謂知，正指此心之神明作用者否？」曰：「然。」郭又問：「圭峰云：『作有義事，是省悟心；作無義事，是狂亂心。狂亂由情念，臨終被業牽；省悟不由情，臨終能轉業。』又自注云：『此「義」非「仁義」之「義」，乃「理義」之「義」。』甚好笑。」曰：「它指仁義爲恩愛之義，故如此說。他雖說理義，何嘗夢見？其後杲老亦非之云：『「理義」之「義」，便是「仁義」之「義」，如何把虛空打做兩截！』」僩。

僧家所謂禪者，於其所行全不相應。向來見幾箇好僧說得禪，又行得好，自是其資質爲人好耳，非禪之力也。所謂禪，是僧家自舉一般見解，如秀才家舉業相似，與行己全不相干。學得底人，有許多機鋒，將出來弄一上了，便收拾了；到其爲人，與俗人無異。只緣禪自是禪，與行不相應耳。僧家有云「行」、「解」者，行是行己，解是禪也。璘。

禪僧自云有所得，而作事不相應，觀他又安有晬面盎背氣象！只是將此一禪橫置胸中，遇事將出，事了又收。大抵只論說，不論行。昔日病翁見妙喜於其面前要逞自家話。渠於開喜升座，却云：「彥冲修行却不會禪，寶學會禪却不修行；所謂張三有錢不會使，李四會使又無錢。」皆是亂說。大抵此風亦有盛衰，紹興間最盛，閩中自有數人，可歎！可歎！先王之道不明，却令異端橫出豎立！可學。

釋氏，須灼然看得他底之非，一出一入不濟事，禪將作何用？振。

禪學一喝一棒，都掀翻了，也是快活。却看二程説話，可知道不索性。豈特二程，便夫子之言亦如此。「學而時習之，不亦説乎！」看得好支離。

學道又雜佛學者，但歇一月工夫，看誰邊有味。佛氏只歇一月，味便消了。彼漸消則此漸進，此是鈍工夫，然却是法門也。方。

問德粹：「在四明，曾到天章育王否？」曰：「到。」曰：「亦曾參禪否？」曰：「有時夜静無事，見長老入室，亦覺心静。」先生笑，因問：「德光如何？」滕曰：「不問渠法門事，自是大管人事。」先生曰：「皆如此。今年往莆中弔陳魏公，迴途過雪峰，長老升堂説法，且胡鶻過。及至接人，却甚俗，只是一路愛便宜，纔説到六七句，便道仰山大王會打供，想見宗杲也是如此。」又問人傑：「如何？」曰：「臨死只是漸消削。」先生曰：「它平日只理會臨行一節，又却如此！」可學。雜論。

釋氏「地」、「水」、「火」、「風」之説，彼所謂地水，如云魄氣；火風，如云魂氣。又説，火風先散，地水後散，則其疾不暴；地水先散，火風後散，則其疾暴。德明

釋氏地、水、火、風，粗而言之：地便是體，水便是魄，火、風便是魂。他便也是見得這魂魄。

釋氏説，法身便是本性，報身是其德業，化身是其肉身。問：「報身是如何？」曰：「是

他成就驗驗底説話。看他畫毗盧遮那坐千葉蓮珠常富貴，便如吾儒説聖人備道全美相似。」

魯可幾問釋氏「因緣」之説。曰：「若看書『作善降之百祥，作不善降之百殃』，則報應之説誠有之。但他説得來只是不是。」又問：「陰德之説如何？」曰：「也只是不在其身，則在其子孫耳。」道夫。

佛家不合將才作緣習。緣習是説宿緣。可學。

禪家以父子兄弟相親愛處爲有緣之慈。如虎狼與我非類，我却有愛及他，如以身飼虎。便是無緣之慈，以此爲真慈。淳。義剛同。

甘吉父問「仁者愛之理，心之德」。時舉因問：「釋氏説慈，即是愛也。然施之不自親始，故愛無差等。」先生曰：「釋氏説『無緣慈』。記得甚處説：『融性起無緣之大慈。』蓋佛氏之所謂慈，並無緣由，只是無所不愛。若如愛親之愛，渠便以爲有緣，故父母棄而不養，而遇虎之飢餓，則捨身以食之，此何義理耶！」時舉。

問：「佛法如何是以利心求？」曰：「要求清淨寂滅超脱世界，是求一身利便。」可學。

釋氏之學，務使神輕去其幹，以爲坐亡立脱之備；其魄之未盡化者，則流爲膏液，散爲珠琲，以驚動世俗之耳目，非老子「專氣致柔」之謂也。僩。

因論釋氏多有神異，疑其有之。曰：「此未必有。便有，亦只是妖怪。」方子。

佛家多有「奪胎」之說，也如何見得？只是在理無此。淳。

問說禪家言性，太陽之下置器處。曰：「此便是說輪迴。」可學。

問禪家言性「傾此於彼」之說。曰：「此只是『偷生奪陰』之說耳。禪家言偷生奪陰，謂人懷胎，自有箇神識在裏了，我却撞入裏面，去逐了他，我却受他血陰。他說傾此於彼，蓋如一破弊物在日下，其下日影自有方圓大小，却欲傾此日影爲彼日影。它說是人生有一塊物事包裹在裏，及其既死，此箇物事又會去做張三，做了張三，又會做王二。便如人做官，做了這官任滿，又去做別官，只是無這道理。」或舉世間有如此類底爲問。先生曰：「而今只是理會箇正理。若以聞見所接論之，則無了期。」又曰：「横渠說『形潰反原』，以爲人生得此箇物事，既死，此箇物事却復歸大原去，又別從裏面抽出來生人。如一塊黄泥，既把來做箇彈子了，却依前歸一塊裏面去，又做箇彈子出來。伊川便說是『不必以既屈之氣爲方伸之氣』。若以聖人『精氣爲物，游魂爲變』之語觀之，則伊川之說爲是。蓋人死則氣散；其生也，又是從大原裏面發出來。」夔孫。

問：「輪迴之說當時如何起？」曰：「自漢以來已有此說話。說得成了，因就此結果。」曰：「不知佛祖已有此說否？」曰：「今佛經存者亦不知孰爲佛祖之書。」厚之云：「或傳范淳夫是鄧禹後身。」曰：「鄧禹亦一好人，死許多時，如何魄識乃至今爲他人！」某云：「呂居仁詩亦有『狗脚朕』之語。」曰：「它又有『偷胎奪陰』之説，皆脱空。」可學。

鄭問：「輪迴之説，是佛家自創否？」曰：「自漢書載鬼處，已有此話模樣了。」元城語録載，温公謂『吾欲扶教耳』。温公也看不破，只是硬恁地説。」淳。

或有言修後世者。先生曰：「今世不修，却修後世，何也？」道夫。

德粹問：「人生即是氣，死則氣散。浮屠氏不足信。然世間人爲惡死，若無地獄治之，彼何所懲？」曰：「吾友且説堯舜三代之世無浮屠氏，乃比屋可封，天下太平。及其後有浮屠，而爲惡者滿天下。若爲惡者必待死然後治之，則生人立君又焉用？」滕云：「嘗記前輩説，除却浮屠祠廟，天下便知向善，莫是此意？」曰：「自浮屠氏入中國，善之名便錯了。渠把奉佛爲善。如修橋道造路，猶有益於人。以齋僧立寺爲善，善安在？所謂除浮屠祠廟便向善者，天下之人既不溺於彼，自然孝父母，悌長上，做一好人，便是善。大抵今之佛書，多是後世做文字者所爲。向見伯恭説，曾看藏經，其中有至不成説話者。今世傳一二本經，乃是其祖師所傳，故士大夫好佛者，多爲簧鼓。」某問：「道家之説，云出於老子。今世道士又却不然。今之傳，莫是張角術？」曰：「是張陵，見三國志。他今用印，乃『陽平治都功印』。張魯起兵之所，又有祭酒，有都講祭酒。魯以女妻馬超，使爲之。其設醮用五斗米，所謂『米賊』是也。向在浙東祈雨設醮，拜得脚痛。自念此何以得雨？自先不信。」某問：「漢時如鄭康成注二禮，但云鬼神是氣。至佛入中國，人鬼始亂。」曰：「然。」可學。

初，西域僧來東漢時，令鴻臚寺寄居；後以爲僧居，因名曰「寺」。寺是官寺，非釋者取之。寺之起自此時。雉。

俗言佛燈，此是氣盛而有光，又恐是寶氣，又恐是腐葉飛蟲之光。蔡季通去廬山問得，云是腐葉之光。云，昔人有以合子合得一團光，來日看之，乃一腐葉。妙喜在某處見光，令人撲之，得一小蟲，如蛇樣，而甚細，僅如布綫大。此中有人隨汪聖錫到峨眉山云，五更初去看，初布白氣，已而有圓光如鏡，其中有佛。然其人以手裹頭巾，則光中之佛亦裹頭巾，則知乃人影耳。今所在有石，號「菩薩石」者，如水精狀，於日中照之，便有圓光。想是彼處山中有一物，日初出，照見其影圓，而映人影如佛影耳。峨眉山看佛，以五更初看。璘。

道謙言：「大藏經中言，禪子病脾時，只坐禪六七日，減食便安。」謙言：「渠曾病，坐得三四日便無事。」

雪峰開山和尚住山數年，都無一僧到，遂下山。至半嶺，忽有一僧來，遂與之俱還。

先生曰：「若是某，雖無人來，亦不下山！」文蔚。

王質不敬其父母，曰：「自有物無始以來，自家是換了幾箇父母了。」其不孝莫大於是！以此知佛法之無父，其禍乃至於此。使更有幾箇如王質，則雖殺其父母，亦以爲常。佛法說君臣父子兄弟，只說是偶然相遇。趙子直戒殺（身又）〔子文〕〔一〕，末爲因報之說云：「汝今殺他，他再出世必殺汝。」此等言語，乃所以啓其殺（身）〔子〕，蓋彼安知不說道：「我今可以殺汝，必汝前身曾殺我。」賀孫。以下論釋氏滅人倫之害。

佛家說要廢君臣父子，他依舊廢不得。且如今一寺，依舊有長老之類，其名分亦甚嚴，如何廢得！但皆是僞。義剛。

問：「釋氏之失，一是自利，厭死生而學，大本已非；二是滅絶人倫；三是逕求上達，不務下學，偏而不該。」曰：「未須如此立論。」人傑。

次日因余國秀解「物則」，語及釋氏，先生曰：「他佛家都從頭不識，只是認知覺運動做性，所以鼓動得許多聰明豪傑之士。緣他是高於世俗，世俗一副當汙濁底事，他是無了，所以人競趨他之學。元初也不如此。佛教初入中國，只是修行說話，如四十二章經是

〔一〕據陳本改。下同。

也。初間只有這一卷經。其中有云，佛問一僧：『汝處家爲何業？』對曰：『愛彈琴。』佛問：『絃緩如何？』曰：『不鳴矣。』『弦急如何？』曰：『聲絶矣。』『急緩得中如何？』曰：『諸音普矣。』佛曰：『學道亦然。心須調適，道可得矣。』初間只如此説。後來達磨入中國，見這般説話，中國人都會説了，遂換了話頭，專去面壁静坐默照，那時亦只是如此。到得後來，又翻得許多禪底説話來，盡掉了舊時許多話柄。不必看經，不必静坐，越弄得來闊，其實只是作弄這些精神。」或曰：「彼亦以知覺運動爲形而下者，以空寂爲形而上者，如何？」曰：「便只是形而下者。他只是將知覺運動做玄妙説。」或曰：「如此，則安能動人？必更有玄妙處。」曰：「便只是這箇。他那妙處，離這知覺運動不得；無這箇，便説不行。只是被他作弄得來精，所以横渠有『釋氏兩末』之論。只説得兩邊末梢頭，中間真實道理却不曾識。如知覺運動，是其上一梢也；因果報應，是其下一梢也。」或曰：「因果報應，他那邊有見識底，亦自不信。」曰：「雖有不信底，依舊離這箇不得。如他幾箇高禪，縱説高殺，也依舊掉舍這箇不下，將去愚人。他那箇物事没理會，捉撮他不得。你道他如此，他又説不如此。你道他是知覺運動，他又有時掉翻了。都不説時，雖是掉翻，依舊離這箇不得。」或問：「今世士大夫所以晚年都被禪家引去者，何故？」曰：「是他底高似你。你平生所讀許多書，許多記誦文章，所藉以爲取利禄聲名之計者，到這裏都靠不得了，所以被他降下。他底是高似你，且是省力，誰不悦而趨之？王介甫平生讀許多書，説許多道理，臨了捨宅爲寺，却請兩箇僧來住持，也是被他笑。你這箇物事，如何出得他！」或問：「今也不消學他那一層，只認依著自家底做便了。」曰：「固是。豈可學他？只是依自家的做，少間自見得他底低。」僩。以下論士大夫好佛。

問：「士大夫末年多溺於釋氏之説者，如何？」曰：「緣不曾理會得自家底原頭，但看得些小文字，不過要做些文章，務行些故事，爲取爵禄之具而已。却見得他底高，直是玄妙，又且省得氣力，自家反不及他，反爲他所鄙陋，所以便溺於他之説，被他引入去。」燾。

今之學者往往多歸異教者，何故？蓋爲自家這裏工夫有欠缺處，奈何這心不下，没理會處。又見自家這裏説得來疏略，無箇好藥方治得他没奈何底心；而禪者之説，則以爲有箇悟門，一朝入得，則前後際斷，説得恁地見成捷快，如何不隨他去！此却是他實要心性上理會了如此。不知道自家這裏有箇道理，不必外求，而此心自然各止其所。非獨如今學者，便是程門高弟，看他説那做工夫處，往往不精切。廣。

老氏見得煞高，佛氏安敢望他！唐人方説佛。本朝士大夫好佛者，始初楊大年，後來張無盡。又説：「張無垢參杲老，汪玉山被他引去，後來亦好佛。但汪丈爲人無果決，好佛又見不透，又不能果決而退。嘗見汪丈論楊大年好佛，後來守不定，汪丈甚不信。云是蘇子由記此，恐未必是。」南升。

「老氏煞清高，佛氏乃爲逋逃淵藪。今看何等人，不問大人小兒，官員村人商賈，男子婦人，皆得入其門。最無狀，是見婦人便與之對談。如杲老與中貴權要及士夫皆好。湯思退與張魏公如水火，杲老與湯、張皆好。」又云：「杲老乃是禪家之俠。」又云：「陳了翁好佛，說得來七郎八當！」南升。

韓退之詩：「陽明人所居，幽暗鬼所寰。嗟龍獨何智！出入人鬼間。」今僧家上可以交賢士大夫，下又交中貴小人，出入其間不以爲恥，所謂「出入人鬼間」也。如妙喜與張魏公好，又與一種小人小官好。璘。

信州人新鄂州教官龔安國，聞李德遠過郡，見之。李云：「若論學，唯佛氏直截。如學周公、孔子，乃是抱橋柱澡洗。」方。

問：「近世王日休立化，如何？」曰：「此人極不好，貪汙異常。」曰：「既如此，何故立脫？」曰：「他平日坐必向西，心在於此，遂想而得。此乃佛氏最以爲下者。」程氏說「野狐精」，正是以如此爲不足貴。可學。

因說某人棄家爲僧，以其合奏官與弟，弟又不肖；母在堂，無人奉養。先生顰蹙曰：「柰何棄人倫滅天理至此！」某曰：「此僧乃其家之長子。」方伯謨曰：「佛法亦自不許長子出家。」先生曰：「縱佛許亦不可。」可學。

陳福公臨終，親筆戒其子勿用浮屠。林子方力責之。人之卑陋乃如此！淳。

先生説及俗人之奉佛者，每晨拜跪備至；及其老也，體多康健，以爲獲福於佛。不知其日勞筋骨，其他節省運用血氣，所以安也。過。

夷狄之教入於中國，非特人爲其所迷惑，鬼亦被他迷惑。大乾廟所以塑僧像，乃勸其不用牲祭者。其他廟宇中，亦必有所謂勸善大師。蓋緣人之信向者既衆，鬼神只是依人而行。必大。

「本朝歐陽公排佛，就禮法上論，二程就理上論，終不如宋景文公捉得正贓出。見李蔚傳贊論華人增加處。佛書分明是中國人附益。」問：「佛法所以傳至今，以有禍福之説助之？」曰：「亦不全如此，却是人佐佑之。初來只有四十二章經，至晉宋間乃談義，皆是剽竊老莊，取列子爲多。其後達磨來又説禪，又有三事：一空，二假，三中。空全論空，假者想出世界，中在空假之中。唐人多説假。」可學。以下闢佛。

問：「胡僧不能害傅奕，只是邪不能干正否？」曰：「是他心不動。」胡泳。

論釋氏之説，如明道數語，闢得極善。見行狀中者。它只要理會箇寂滅，不知須强要寂滅它做甚？既寂滅後，却作何用？何況號爲尊宿禪和者，亦何曾寂滅得！近世如宗呆，做事全不通點檢，喜怒更不中節。晉宋以前遠法師之類，所談只是莊列，今其集中可見。其後要自立門户，方脱去莊列之談，然實剽竊其説。傅奕亦嘗如此説，論佛只是説箇大話謾人，可憐人都被它謾，更不省悟。試將法華經看，便見其誕。開口便説恒河沙數幾萬幾千幾劫，更無近底年代。又如佛(受)〔授〕〔一〕記某甲幾劫後方成佛。佛有神通，何不便成就它做佛？何以待闕許久？又如住世羅漢猶未成佛，何故許多時修行都無長進？今被它撰成一藏説話，徧滿天下，惑了多少人。勢須用退之盡焚去乃可絶。今其徒若聞此説，必曰，此正是爲佛教者。然實繆爲此説，其心豈肯如此？此便是言行不相應處。今世俗有一等卑下底人，平日所爲不善，一旦因讀佛書，稍稍收斂，人便指爲學佛之效，不知此特粗勝於庸俗之人耳。士大夫學佛者，全不曾見得力，近世李德遠輩皆是也。今其徒見吾儒所以攻排之説，必曰，此吾之迹耳，皆我自不以爲然者。如果是不以爲然，當初如何却恁地撰下？又如僞作韓歐別傳之類，正如盜賊怨捉事人，故意攤贓耳。僴。

因論釋氏，先生曰：「自伊洛君子之後，諸公亦多聞闢佛氏矣。然終竟説他不下者，未知其失之要領耳。釋氏自謂識心見性，然其所以不可推行者何哉？爲其於性與用分

〔一〕據文義改。

爲兩截也。聖人之道，必明其性而率之，凡修道之教，無不本於此。故雖功用充塞天地，而未有出於性之外者。釋氏非不見性，及到作用處，則曰無所不可爲。故棄君背父，無所不至者，由其性與用不相管也。」時魏才仲侍側，問其故。先生曰：「如今未有此病，然亦不可不知。譬如人食物：欲知烏喙之不可食，須是認下這底是烏喙，知此物之爲毒，則他日不食之矣。若不便認下，他日卒然遇之，不知其毒，未有不食之也。異端之害道，如釋氏者極矣。以身任道者，安得不辨之乎！如孟子之辨楊墨，正道不明，而異端肆行，周孔之教將遂絶矣。譬如火之焚將及身，任道君子豈可不拯救也！」

因説「誠意」，曰：「前輩(何)〔有〕[一]謂闢釋氏爲扶教者，安在其不妄語也！」閎祖。

伊川謂「所執皆出禪學之下」，此説甚好。謂攻之者。淳。

今之闢佛者，皆以義利辨之，此是第二義。正如唐人檄高麗之不能守鴨緑之險，高麗遂守之。今之闢佛者類是。佛以空爲見，其見已錯，所以都錯，義、利又何足以爲辨！舊嘗參究後，頗疑其不是。及見李先生之言，初亦信未及，亦且背一壁放，且理會學問看如何。後年歲間漸見其非。揚

〔一〕據陳本改。

儒之不闢異端者，謂如有賊在何處，任之，不必治。揚。

近看石林過庭録，載上蔡説伊川參某僧，後有得，遂反之，蜀本作「去」。偷其説來做己使，是爲洛學。某也嘗疑如石林之説固不足信，却不知上蔡也恁地説，是怎生地？向見光老示及某僧與伊川居士帖，後見此帖乃載山谷集中，後又見蜀本有「文集别本」四字。有跋此帖者，蜀本作「語」。乃僧與潘子真潘淳，乃興嗣之子也。帖，蜀本云：「其所以載於山谷集者，以山谷載於山谷，而或與山谷帖也。」淳録云：「其非與伊川，明矣。」其差謬類如此。但當初佛學只是説無存養底工夫，至唐六祖始教人存養工夫。當初學者亦只是説不曾就身上做工夫，至伊川方教人就身上做工夫。所以謂伊川偷佛説爲己使。義剛。

問：「靈源與潘子真書，今人皆將做與伊川書，謂伊川之學出於靈源也。恐後人以入傳燈録中，如退之之比，不知可寓於何書（汪）〔注〕[一]破？」云：「某舊十年前聞此事，則半夜起來爲作文矣！其好辯甚也。」振。

釋氏之教，其盛如此，其勢如何拗得他轉？吾人家守得一世再世，不崇尚他者，已自難得。三世之後，亦必被他轉了。不知大聖人出，「所過者化，所存者神」時，又如何？必大。

〔一〕據陳本改。

朱子語類卷第一百二十七

本朝一

太祖朝

漢高祖、本朝太祖有聖人之材。必大。

或言：「太祖受命，盡除五代弊法，用能易亂爲治。」曰：「不然。只是去其甚者，其他法令條目多仍其舊。大凡做事底人，多是先其大綱，其他節目可因則因，此方是英雄手段。如王介甫大綱都不曾理會，却纖悉於細微之間，所以弊也。」儒用。

問：「藝祖平定天下如破竹，而河東獨難取，何耶？以爲兵強，則一時政事所爲，皆有敗亡之勢。不知何故如此？」曰：「這却本是他家底。郭威乘其主幼而奪之，劉氏遂據有并州。若使柴氏得天下，則劉氏必不服，所以太祖以書喻之，謂本與他無讎隙；渠答云：『不忍劉氏之不血食也。』此其意可見矣。被他辭直理順了，所以難取。」榦。

國初下江南，一年攻城不下，是時江州亦城守三年。蓋其國小，君臣相親，故能得人心如此。因說先世理平公仕江南死事，及此。德明。

因說今官府文移之煩，先生曰：「國初時事甚簡徑，無許多虛文。嘗見太祖時，樞密院一卷公案，行遣得簡徑。畢竟英雄底人做事自別，甚樣索性！聞番中却如此，文移極少。且如駕過景靈宮，差從官一人過盞子，有甚難事？只消宰相點下便了。須要三省下吏部，吏部下太常，太常擬差申部，部申省，動是月十日不能得了，所差又即是眼前人。趙丞相在位，甚有意要去此等弊，然十不能去一二，可見上下皆然。」太祖時公案，乃是蜀中一州軍變，復申來乞差管攝軍馬。樞密院具已經差使使臣，及未經差使姓名，內一人姓樊。注云：「樊愛能孫。只有一人。」注：「此人清廉可使。」太祖就此人姓上點一點，就下批四字云：「只教他去。」後面有券狀云：「雜隨四人，某甲某乙。」太祖又批其下云：「只帶兩人去。」「小底二人，某童某童，大紫騮馬一疋，并鞍轡；小紫騮馬一疋，并鞍轡。」太祖又批其下云：「不須帶紫騮馬，只騎騮馬去。」又乞下銓曹，作速差知州，後面有銓曹擬差狀。約只隔得一二日，又有到任申狀。其兵馬監押纔到時，其知州亦到了。其行遣得簡徑健速如此！雉。

秀才好立虛論事，朝廷纔做一事，鬨鬨地鬨過了，事又只休。且如黃河事，合即其處看其勢如何，朝夕只在朝廷上鬨，河東決西決。揚録云：「害幾多了，此中論要導向處亦未住。凡作一事皆然。漢時在上重，唐亦多爲虛論所沮。如憲宗討蔡，不是憲宗，如何做得！刺武元衡，傷裴度，憲宗決爲之，乃成。」凡作一事皆然。太祖當時亦無秀才，全無許多閑說，只是今日何處看修器械，明日何處看習水戰，又明日何處教閱。日日著實做，故事成。

問：「開寶九年，不待踰年而遂改元，何也？」曰：「這是開國之初，一時人材粗疏，理會不得。當時藝祖所以立得許多事，也未有許多秀才說話牽制他。到這般處，又忒欠得幾箇秀才說話。」榦。

太宗真宗朝

才卿問：「秦漢以下，無一人知講學明理，所以無善治。」曰：「然。」因泛論歷代以及本朝太宗、真宗之朝，可以有爲而不爲。「太宗每日看太平廣記數卷，若能推此心去講學，那裏得來！不過寫字作詩，君臣之間以此度日而已。真宗東封西祀，糜費巨萬計，不曾做得一事。仁宗有意於爲治，不肯安於小成，要做極治之事。只是資質慈仁，却不甚通曉用人，驟進驟退，終不曾做得一事，然百姓戴之如父母。契丹初陵中國，後來却服仁宗之德，也是慈仁之效。緣它至誠惻怛，故能動人如此。」卓。

氣有盛衰，盛時便做得未是，亦不大段覺。真宗時，遼人直至澶州，旋又無事，亦是氣正盛。靖康時，直弄得到這般田地！前漢如此之盛，至光武再興，亦只得三四分。後來一切扶不起，亦氣衰故。揚。

仁宗朝

問：「章獻不如宣仁。然章獻輔仁宗，後來却無事。」曰：「亦是仁宗資質好。後來亦是太平日久，宮中太寬。如雇乳母事，宣仁不知，此一事便反不及章獻。」可學。

英宗朝

亞夫問「濮議」。曰：「歐公説不是，韓公、曾公亮和之。温公、王珪議是。范鎮、吕晦、范純仁、吕大防皆彈歐公。但温公又於濮王一邊禮數太薄，須於中自有斟酌可也。歐公之説斷不可。且如今有爲人後者，一日所後之父與所生之父相對坐，其子來喚所後父爲父，終不成又喚所生父爲父！這自是道理不可。試坐仁宗於此，亦坐濮王於此，使英宗過焉，終不成都喚兩人爲父！只緣衆人道是死後爲鬼神不可考，胡亂呼都不妨，都不思道理不可如此。先時仁宗有詔云：『朕皇兄濮安懿王之子，猶朕之子也。』此甚分明，當時只以此爲據足矣。」亞夫問：「古禮自何壞起？」曰：「自定陶王時已壞了。蓋成帝不立弟中山王，以爲禮，兄弟不得相入廟，乃立定陶王，蓋子行也。孔光以尚書盤庚殷之(兄)

〔及〕〔一〕王争之，不獲。當時濮廟之争，都是不争好。好讀古禮，見得古人意思，爲人後爲之子，其義甚詳。」賀孫。

「濮議」之争，結殺在王陶擊韓公，蔣之奇論歐公。伊川代彭中丞奏議，似亦未爲允當。其後無收殺，只以濮國主其祀。可見天理自然，不由人安排。方子。

本朝許多大疑禮，都措置未得。如濮廟事，英宗以皇伯之子入繼大統，後只令嗣王奉祭祀，天子則無文告。賀孫。

神宗朝

神宗鋭意爲治，用人便一向傾信他。初用富鄭公，甚傾信。及論兵，鄭公曰：「願陛下二十年不可道著『用兵』二字。」神宗只要做，鄭公只要不做，説不合。後來傾信王介甫，終是坐此病。只管好用兵，用得又不著，費了無限財穀，殺了無限人，殘民蠹物之政，皆從此起。西番小小擾邊，只是打一陣退便了，却去深入侵他疆界，才奪得鄯州等空城，便奏捷。朝廷不審，便命官發兵去守，依舊只是空城。城外皆是番人，及不能得歸朝廷，又發

〔一〕據漢書改。

兵去迎歸，多少費力！熙河之敗，喪兵十萬，神宗臨朝大慟，自得疾而終。後來蔡京用事，又以爲不可棄，用兵復不利，又事幽燕，此亦自神宗啓之，遂至中朝傾復。反思鄭公之言，豈不爲天下至論！義剛。

神宗極聰明，於天下事無不通曉，真不世出之主，只是頭頭做得不中節拍。如王介甫爲相，亦是不世出之資，只緣學術不正當，遂悮天下。使神宗得一真儒而用之，那裏得來！此亦氣數使然。天地生此人，便有所偏了。可惜！可惜！卓。

神宗大概好用生事之人。如吴居(後)〔厚〕〔一〕在京西，括民買鑊，官司鑄許多鑊，令民四口買一，五口則買二。其後民怨，幾欲殺之，吴覺而免，然卒稱旨。其後如蔡京欲舉行神宗時政，而所舉行者皆熙寧之政，非元豐神祖自行之政也。故了翁摭摘其失，以爲京但行得王安石之政，而欺蔽不道，實不曾紹復元豐之政也。義剛。

神宗事事留心。熙寧初，闢闊京城至四十餘里，盡修許多兵備，每門作一庫，以備守城。如射法之屬，皆造過。但造得太文，軍人劃地不曉。義剛。

熙寧作陣法，令將士讀之。未廝殺時，已被將官打得不成模樣了。義剛。

〔一〕據宋史改。

論及木圖，云：「神宗大故留心邊事。自古人主何曾恁地留心！」義剛。

神宗理會得文字，極喜陳殿院師錫，建人。文。嘗於太學中取其程文閱之，每得，則貯之錦囊中。及殿試編排卷子奏御，神宗疑非師錫之文。從頭閱之，至中間，見一卷子，曰：「此必陳某之文也。」寘之第三。已而果然。儒用。

温公日録中載厚陵事甚詳。林子中雜記載裕陵事甚詳。方子。

哲宗朝

哲宗常使一舊桌子，不好。宣仁令換之，又只如此在。問之，云：「是爹爹用底。」宣仁大慟，知其有紹述意也。又劉摯嘗進君子小人之名，欲宣仁常常喻哲宗使知之。宣仁曰：「常與孫子說，然未曾了得。」宣仁亦是見其如此，故皆不肯放下，哲宗甚銜之。紹述雖是其本意，亦是激於此也。揚。

哲宗春秋尚富，平日寡言。一日講筵説書，至「乂用三德」，發問云：「只是此三者，還更有？」這也問得無情理。然若有人會答時，就這裏推原，却煞有好説話。當時被忽然問後，都答不得。義剛。

紹聖四年，長安民家得秦璽，改元元符。是時下公卿雜議，莫有知者。李伯時號多識，辨其果秦璽，遂降八寶赦。德明。

徽宗朝

欽聖當時諭宰執，有廢劉再立孟之意，曾子宣兩存之。後蔡京以曾欲廢劉，治之。蔡爲相，弟卞爲樞密，入文字，謂任伯雨曾謂臣欲謀廢宣仁，臣無此事。欲案治，遂治任伯雨。其他一二十人，當時言事官不及此事者，亦因以治之。揚。

徽廟初，上蔡初召，上殿問對語不少。然上蔡云多不誠。遂退，只求監局之類去。或謂建中年號與德宗同，不佳。上蔡云，恐亦不(兑)〔免〕〔一〕一播。後下獄，事不知。方。

徽宗因見星變，即令衛士仆黨碑，云：「莫待明日，引得蔡京又來炒。」明日，蔡以爲言，又下詔云：「今雖仆碑，而黨籍却仍舊。」義剛。

蔡京謀取鄯鄯，費四千萬緡！揚。

今看著徽宗朝事，更無一著下得是。古之大國之君猶有一二著下得是，而大勢不可支吾。那時更無一小著下得是，使無虜人之猖獗，亦不能安。以當時之勢，不知有伊呂之

〔一〕據陳本改。

才，能轉得否？恐也不可轉。嘗試思之，無著可下手。事弄得極了，反爲虜人所持。當初約女真同滅契丹。既女真先滅了契丹，王師到日，惟有空城，金帛子女，已爲女真席卷而去，遂竭府庫問女真换此空城。又以歲幣二百萬貫而爲每歲定額。是時帑藏空竭，遂斂敷民間，云免百姓往燕山打粮草，每人科錢三十貫，以充免役之費。民無從得錢，遂命監司、郡守親自徵督，必足而後已。亦煞得錢，共科得六百餘萬貫，然奉虜亦不多，恣爲用事者侵使，更無稽考。及結局日，任事者遂焚簿曆，朝廷亦不問。又，契丹相郭藥師以常勝軍來降，朝廷處之河北諸路近邊塞上。後又有契丹甚人來降，亦有一軍名義勝軍，亦處之河北諸路，皆厚廩給。是時中國已空竭，而邊上屯戍之兵，饝廩久絶，飢寒欲死，而常勝、義勝兩軍安坐而享厚禄。故中國屯戍之兵數罵詈之云：「我爲中國戰鬭守禦幾年矣，今反受飢寒。汝輩皆降番，有何功？而享厚俸！」久之，兩邊遂相殺。及後來虜入中國，常勝、義勝兩軍先往降之。二軍散處中國，盡知河北諸路險要虛實去處，遂爲虜鄉導，長驅入中原！又，徽宗先與阿骨打盟誓，兩邊不得受叛降。中國雖得契丹空城而無一人，又遠屯戍中原之兵以守之，飛芻轉餉，不勝其擾。又，契丹敗亡餘將，數數引兵來降，朝廷又皆受之，蓋不受又恐其爲盜。虜人已有怨言。又虜中有張轂者，知平州，欲降，徽宗親寫詔書以招之。中間路往，又爲虜所得，而張轂已來降矣。虜益怨。又，契丹亡國之主天祚者，在虜中。徽宗又親寫招之，若歸中國，當以皇兄之禮相待，賜甲第，極所以奉養者。天祚大喜，欲歸中國，又爲虜所得。天祚故爲虜人所殺。由是虜人大怒，云：「始與我盟誓如此，今乃寫詔書招納我叛亡！」遂移檄來責問，檄外又有甚檄文，極所以罵詈之語，今實録中皆不敢載。徽宗大恐，遂招引到張瑴來，不柰何，斬其首與虜人。又作道理，分雪天祚之事，遂啓其輕侮之心。然阿骨打却乖，他常以守信義爲說。其諸將欲請起兵問罪，阿骨打每不可，曰：「吾與大宋盟誓已定，豈可敗盟！」夷狄猶能守信義，而吾之所以敗盟失信，取怒於夷狄之類如此！每讀其書，看得人頭痛，更無一版有一件事做得應節拍。卓。

宣和內禪，惟有吴敏有中橋居士記録，說得最詳。銖。

老內侍黃節夫事徽宗，言道人林靈素有幻術，其實也無。如温革言見鬼神者，皆稗官，某不曾見。所作天人示現記，皆集衆人之妄。吏部親見節夫，聞其言如此。方子。

欽宗朝

淵聖即位時，日重暈相軋。太祖陳橋即位時亦然。淵聖即位三四日後，昏霧四塞，豈耿南仲邪說有以蒙蔽之乎？揚。

「欽宗勤儉慈仁，出於天資。當時親出詔答，所論事理皆是。但於臣下賢否邪正辨別不分明，又無剛健勇決之操，纔説著用兵便恐懼，遂致播遷之禍，言之使人痛心！如詔旨付主帥論用兵事，亦儘有商量處置。但其後須有『更當子細，不可悮事』之語。又嘗在李先生家藥方册子上見箇御筆，其册子是朝廷紙做，乃是當時議臣中有請授祖宗科舉之法，上既俞之矣。明日，耿南仲、馮澥輩又論神宗法制當紹述，不可改。故降御筆云：『昨來因議臣論奏，失於不審，遂行出。今得師傅大臣之言，深合朕心。所有前降旨揮，更不施行。』當時只緣紹述做得如此了，猶且不悟。故李伯紀煞與欽宗論説，但却不合。因綱罷，而太學生及軍民伏闕乞留之，自後君臣遂生間隙，疑其〔以〕〔一〕軍民脅己。方圍閉時，降空名告身千餘道，令其便宜補授，其官上至節度使。綱只書填了數名小使臣，餘者悉繳回；而欽宗已有『近日人臣擅作威福，漸不可長』之語。如此，教人如何做事？」廣曰：「自漢唐來，惟有本朝臣下最難做事，故議論勝而功名少。」曰：「議論勝，亦自仁廟後而蔓衍於熙豐。若是太祖時，雖有議論，亦不過説當時欲行之事耳，無許多閑言語也。」

靖康所用，依舊皆熙豐、紹聖之黨。欽宗欲褒贈温公范純仁，以畏徽廟，遂抹「純仁」字，改作「仲淹」，遂贈文正太師。揚。

〔一〕據陳本增。

言定靖康之禍，曰：「本朝全盛之時，如慶曆、元祐間，只是相共扶持這箇天下，不敢做事，不敢動。被夷狄侮，也只忍受，不敢與較，亦不敢施設一事，方得天下稍寧。積而至於靖康，一旦所爲如此，安得天下不亂！」卓。

高宗朝

二聖北狩時，遣曹真中道歸。於背心生領上寫云：「可便即真，來救父母！」義剛。

胡明仲初召至揚州，久之未得對。忽聞鄰居有一衛士語一衛士云：「今夜次第去了。」胡聞之，急去問之。云：「官家亦去。」胡只聞得一句，便歸叫僕羅數斗米，造飯裹囊，夜出候城門。暗中見數騎出，謂上也，遂出。逐後得舟渡江，乃見一人擁氊坐石上，乃上也。揚。

渡揚州時，煞殺了人。那不得過來底切骨怨。當時人骨肉相散失，沿路皆帖榜子，店中都滿，樹下都是。這邊却放得幾箇宦者恁地！一日，康履與諸宦者出觀潮，帳設塞街，軍人皆憤惋不平，後成苗劉之變。王淵也是善戰，然未爲有大功，不及當時諸老將，一旦簽書樞密，人皆不服。一日早，只見街上鬨鬨地，人不敢開門。從隙中窺，但見人馬皆滿路，見苗傅左手提得王淵頭，右手提一劍以徇衆。少頃，盡宦官者，逃在人家夾壁中底，也一齊捉出來殺。朱勝非却也未爲大乖，當時被苗劉做得來可畏了，不柰何，只得且隱忍去調護他。却未幾而義兵至，這事便都休了。是他無狀時，不合説他調護甚有功，被義兵來，剗地壞了他事。是他要自居其功，這箇却乖。當時若不殺了苗劉，也無了當。他若尚在那裏，終是休不得。義剛。

「苗傅乃一愚夫。劉正彦本文士，先欲投中官唐某。唐云：『子乃文臣，吾其如子何？子换武而來，乃可。』劉既换武，唐不顧之，專主王淵，正彦遂鼓扇傅。是時命淵簽書，武將皆憤怒，故起此禍。張魏公在平江，湯東野作守，有傳云書到。湯訪於魏公。公云，可遣一識文理人先去拆看，乃遣教受行，果明受赦。是時恐諸軍變，魏公乃與湯商量，先搬出犒賞錢，使人將舊赦書於樓上宣之。既而韓世忠軍至，遂同謀起兵。吕丞相在建康，推爲盟主。」問：「朱丞相之功如何？」曰：「在城中亦只得如此。但設有它變，渠亦不能死節。要之，亦有功。」其後苗劉出走，到臨平，爲魏公等所敗。朱乃全諱此一節，未是。今朝天門乃是其所造。隆祐自禁中乘轎以出。金人陷京師，亦取隆祐，適瑶華失火，步歸孟氏，得免。可學。

苗傅并一姓張人，不記其名，乃教苗起事人，走至武夷新村，張諭人捉之。苗銜之，遂言於捉者曰：「某却是苗太尉。然今捉某却是張，則汝功已被張分之矣。」捉者即殺張。

時韓世忠收范汝爲，尚在建州。韓欲得苗，而其人乃解送建守李。李送行在。韓勢盛，遂入文字，以苗爲某得，被其人奪了。其捉人遂編管，建守亦罷官，其功遂爲韓所攘。文字所載，皆言韓收苗，但此中人知之。以此知天下事多如此，文字上如何可全信！又云：「劉正彦結王淵，王淵結康。便更宦者，其事皆正彦教苗爲之。」揚。

高宗行達會稽，樓寅亮待次某縣丞，寓會稽村落中，出奏書乞建儲。高宗時年二十六七，大喜，即日除監察御史，遣黃院子懷敕牒物色授之。中使至其家，家人聞倉卒有聖恩，以爲得罪且死，相與環泣。寅亮出，使者自懷中出敕命，寅亮拜受，與使者俱詣行在所。此事國史不載。先生嘗欲聞於太史，俾之編入而不果，每以爲恨。方子。

樓寅亮明州人。太上朝入文字云：「自太宗傳子之後，至今太祖之後有類庶姓者。今虜未悔過，中原未復云云，乞立太祖後承大統。」太上喜，遂用樓爲察院。振。

曾光祖論及中興遺史載孟后過贛州時事，與鄉老所傳甚合。云，太后至城中，遭某賊放火，城中且救火，連日不止，城外又有一隊賊來圍了城。曰：「其時也是無策。虜人是破了潭州後，過來分隊至諸州，皆是緣港上來。太后先至洪州時，此間王修撰在彼作帥，覺得事勢不是，遂白扈駕執政，太后乃去。後三四日，虜果至，王乃走。城中百姓相率推一大寄居作首而降虜。進賢姓傅者言是李侍郎。」曰：「不必更説他名字。」又曰：「信州先降虜。撫州守姓王，聞信守降，亦降。」義剛。

先生脚疼卧息樓下，吟咏杜子美古柏行三數遍。賀孫侍立。先生云：「偶看中興小記，載勾龍如淵入争和議時言語。若果有此言，如何夾持前進，以取中原？最可恨者，初來魏公既勉車駕到建康，當紹興七年時，虜王已篡，高慶裔、粘罕相繼或誅或死。劉豫既見疑於虜，一子又大敗而歸，北方更無南向意。如何魏公纔因吕祉事見黜，趙丞相忽然一旦發回蹕臨安之議？一坐定著，竟不能動，不知其意是如何！」因歎息久之云：「爲大臣謀國一至於此，自今觀之，爲大可恨！若在建康，則與中原氣勢相接，北面顧瞻，則宗廟父兄生靈塗炭，莫不在目，雖欲自已，有不能自已者。惟是轉來臨安，南北聲迹寖遠，上下宴安，都不覺得外面事，事變之來，皆不及知，此最利害。方建康未回蹕時，胡文定公方被召，沿江而下。將去，聞車駕已還臨安，遂稱疾轉去。看來若不在建康，也是徒然出來，做得甚事！是時有陳無玷者，字筠叟，在荆鄂間爲守，聞車駕還臨安，即令人賫錢酒之屬，往接胡文定。吏人云：『胡給事赴召去多日。兼江面闊，船多，如何去尋得？』陳云：『江面雖闊，都是下去船。你但望見有逆水上來底船，便是給事船。』已而果然。當時講和本意，上不爲宗社，下不爲生靈，中不爲息兵待時，只是怯懼，爲苟歲月計！從頭到尾，大事小事，無一件措置得是當。然到今日所以長久安寧者，全是宗社之靈。看當時措置，可驚！可笑！」賀孫。

建康形勢勝於臨安。張魏公欲都建康，適值淮西兵變，魏公出而趙相入，遂定都臨安。饒。

東南論都，所以必要都建康者，以建康正諸方水道所湊，一望則諸要害地都在面前，有相應處。臨安如入屋角房中，坐視外面，殊不相應。武昌亦不及建康。然今之武昌，非昔之武昌。吳都武昌，乃今武昌縣，地勢迫窄，只恃前一水爲險耳。鄂州正昔之武昌，亦是好形勢，上可以通關陝，中可以向許洛，下可以通山東。若臨安，進只可通得山東及淮北而已。義剛。

前輩當南渡初，有言都建康者。人云，建康非昔之建康，亦不可都。雖勝似坐杭州，如在深窟裏，然要得出近外，不若都鄂渚，應接得蜀中上一邊事體。看來其說也是。如今杭州一向偏在東南，終不濟事。記得岳飛初勵兵於鄂渚，有旨令移鎮江陵。飛大會諸將與謀，徧問諸將，皆以爲可，獨任士安不應。飛頗怒之。任曰：「大將所以移鎮江陵，若是時，某安敢不說？某爲見移鎮不是，所以不敢言。據某看，這裏已自成規摹，已自好了。此地可以阻險而守。若往江陵，則失長江之利，非某之所敢知。」飛遂與申奏，乞止留軍鄂渚。建康舊都所以好，却以石頭城爲險。此城之下，上流之水湍急，必渡得此水上這岸，方得，所以建鄴可守。屯軍於此城之上，虜兵不可向矣。賀孫。

「建康形勢雄壯，然攻破著淮，則只隔一水。欲進取，則可都建康；欲自守，則莫若都臨安。」或問江陵。曰：「江陵低在水中心，全憑堤，被他殺守堤之吏，便乖。那堤一年一次築，只是土。」節。

張戒見高宗。高宗問：「幾時得見中原？」戒對曰：「古人居安思危，陛下居危思安。」陳同父極愛此對。方子。

太上曰：「朕恨不手斬耿南仲！」揚。

岳飛嘗面奏，虜人欲立欽宗子來南京，欲以變換南人耳目，乞皇子出閤以定民心。時孝宗方十餘歲。高宗云：「卿將兵在外，此事非卿所當預。」是時有參議姓王者，在候班，見飛呈劄子時手震。及飛退，上謂王曰：「岳飛將兵在外，却來干與此等事！卿緣路來，見他曾與甚麼人交？」王曰：「但見飛沿路學小書甚密，無人得知。但以此推脱了。但此等事甚緊切，不知上何故恁地説？如飛武人能慮及此，亦大故是有見識。某向來在朝，與君舉商量，欲拈出此等事，尋數件相類者，一併上之。將其後裔，乞加此官爵以顯之，未及而罷。」義剛。

范伯達如圭盡哀仁宗時論立英宗許多文字進呈。一日，太上謂陳康伯曰：「范某近進一文字，亦好。朕此意定已久。」遂命陳公論立太子事，一時盡定。振。

昭慈小不快，高廟問疾。因話間曰：「有一事，久欲説與官家。」高廟請其故。曰：「宣仁廢立之説，皆是章厚之徒撰造。中間雖嘗辨白，然載在國史者，尚未嘗改。可令史官重議删修，以昭明聖母之德於萬世。」時趙忠簡當國，遂薦元祐故家子弟，如范如圭數人，方始改得正。然亦頗有偏處：才是元祐事便都是，熙豐時事便都不是。後趙罷，張魏公繼之，又欲修改動，蓋魏公亦不甚主張元祐事。令史官某等簽出，未及改而又罷。趙復相，遂以爲言而辭。趙、張因是有不協處。是時又有人上書，乞禁錮章厚子孫親戚者，高廟欲從之。趙有文字説，但禁其子孫足矣，恐不可及其親戚。上批以爲省所奏，可見仁恕，更宜子細，無貽後悔。未幾，趙復罷。謝祖信爲諫官，遂排擊之不遺餘力。嶺表之貶，實祖信之力也。祖信、邵武人，乃章厚之壻。因言，當時若非高廟要辨别邪正如此，則一代史册被他糊塗，萬世何以取信！廣。

太上出使時至磁州，磁人不欲其往，諫不從。宗忠簡欲假神以拒之，曰：「此有崔府君廟甚靈，可以卜珓，仍其廟有馬能如何。」遂入燒香。其馬銜車輦等物塞了去路。宗曰：「此可以見神之意矣。」遂止不往。後太上感其事，以爲車輦是即位之兆；不曾關白中書，只令内官就玉津園路口造崔府君廟，令曹詠作記。一日，北使來，秦出接，過玉津園，見之。歸奏，所見太廟，不知是何神？太上因語之。秦曰：「虜以爲功，今却歸功於神，恐虜使見之不便。」即日拆之。秦全是倚虜脅太上，每取旨時，只是説過。一日，除周葵作何官。太上曰：「周葵爲彼官未久，且令在彼。」秦不應，下來即批敕除之。政府一人云：「適間上意未允。」秦曰：「此等事，只是奏過便了。」遂除之。取綦崇禮御批事，徐惇立作一宰相拜罷記，載其事。秦欲毁之，行文字，令天下盡投官焚其書。徐先不喜於秦矣，又以此書，懼不可言。一日，只見一使來下書，并封文字一束。徐視之，乃直省舊吏送其所作書藁也。小人中有好人如此。揚。璘録云：「檜末年作事，皆與光堯争勝。光堯作崔府君廟於玉津園路口，檜設計移之。曹筠言水漲，光堯逐之，檜遂除他從官。今上奏邊事，檜遂閣其俸。殿中侍御史周葵欲言户部尚書梁汝嘉。梁結中書舍人林待聘，林密禱於檜，檜遂除周葵起居郎。不待光堯應之，便改除。」可學録云：「周葵爲御史，欲按知臨安府某人。某人遂結一從官厚於檜者，曰：『端公將摇動公。』早朝，其人遂直入檜幕中，再三懇告。檜先奏事，遽擢葵爲起居郎。葵不得上，至省中與某從官相見，袖中出所欲上章奏，乃是臨安尹某。從官方悟其紿。」

靖康建炎，太上未立時，有一宗室名叔向，秦王位下人，自山中出來，招十數萬人，欲爲之。忽太上即位南京，欲歸朝廷，然不肯以其兵與朝廷，欲與宗澤。其謀主陳烈曰：「大王若歸朝廷，則當以其兵與朝廷。不然，即提兵過河，迎復二聖。」叔向卒歸朝廷，後亦加官之類，拘於一寺中。亦與陳烈官，烈棄之而去，竟不知所之。烈去，叔向陰被害。」揚。

張子韶人物甚偉，高廟時除講筵。嘗有所奏陳，上云：「朕只是一箇至誠。」張奏云：「陛下對羣臣時如此，退居禁中時不知如何？」云：「亦只是箇誠。」又問：「對宮嬪時如何？」上方經營答語間，張便奏云：「只此便是不誠！」先生云：「高宗容諫，故臣下得以盡言。張侍郎一生學佛，此是用老禪機鋒。」德明。

論及黄察院劾王醫師，先生曰：「今此東百官宅，乃王醫師花園，後來籍爲百官宅。」直卿曰：「中貴只合令入大内住，庶可免關節之類。」先生曰：「他若出來外面與人打關節，也得。更是今大内甚窄，無去處。便是而今都不是古。古人置宦者，正以他絶人道後，可入宫；今却皆有妻妾，居大第，都與常人無異，這都不是。出入又乘大轎。記得京師全盛時，百官皆只乘馬，雖侍從亦乘馬。惟是元老大臣老而有疾底，方賜他乘轎。然也尚辭遜，未敢便乘。今却百官不問大小，盡乘轎，而宦者將命之類皆乘轎。見説虜中却不如此。中貴出入宫禁，只獨自。若有命令，只是自勒馬，亦無人引。裹一幞頭，却取落兩隻脚在懷裏，自勒馬去，這却大故省徑。且如祖宗朝，百官都無屋住，雖宰執亦是賃屋。自神宗置東西府，宰相方有第，今却宦者亦作大屋。以祖宗全盛之天下而猶省費如此，今却不及祖宗天下之半而耗費却如此，安得不空乏！」義剛。

逆亮臨江，百官中不挈家走者，惟陳魯公與黃瑞明耳。是時廖剛請駕幸閩中，以爲閩中天險，人民忠義。是時閩中盜賊正充斥，乃降旨令開閩中路，闊丈五尺。又宿州之戰，高宗已遜位。日雇夫五百人立殿廷下，人日支一千足，各備擔索。高宗懲維揚之禍，故百官搬家者皆不問。揚録云：「逆亮犯順時，朝士皆辦去，惟陳魯公、黃通老不動。當時亦有言者令止之。太上曰：『任之。揚州時，悔不先令其去，多壞了人。』」

問：「庚辰親征詔，舊聞出於洪景盧之手。近施慶之云，劉共甫實爲之。乃翁嘗從共甫見其草本。未知孰是？」曰：「是時陳魯公當國，命二公人爲一詔，後遂合二公之文而一之，前段用景盧者，後段用共甫者。」問：「此詔如何？」曰：「亦做得欠商量，蓋名義未正故也。記得汪丈嘗以此相問，某答曰：『此只當以淵聖爲辭。蓋前時屈己講和也，猶以鑾輅在北之故，今其禍變若此，天下之所痛憤，復仇之義，自不容已，以此播告，則名正言順。如八陵廢祀等説，此事隔闊已久，許多時去那裏來！』」儒用。

孝宗朝

孝宗小年極鈍。高宗一日出對廷臣云：「夜來不得睡。」或問：「何故？」云：「看小兒子讀書，凡一二三百遍，更念不得，甚以爲憂。」某人進云：「帝王之學，只要知興亡治亂，初不在記誦。」上意方少解。後來却恁聰明，試文字有不如法者，舉官必被責。邵武某人作省元，「五母雞」用「畒」字，孝宗大怒，欲駁放了。後又不行。

問壽皇爲皇子本末。曰：「本一上殿官樓寅亮上言，舉英宗故事。且謂太祖受命，而子孫無爲帝王者，當於太祖之下選一人養宮中。他日皇子生，只添一節度使耳。繼除臺官，趙忠簡遂力贊於外。當時宮中亦有齟齬，故養兩人。後來皆是高宗自主張。未禪位前數日，忽批云：『宗室某可追贈「秀王」，謚「安喜」。』先已安排了。若不然，壽皇如何處置！」可學。

高宗將禪位，先追贈秀王，可謂能盡父子之道者矣。僩。

「高宗初，張魏公奏事，論恢復，中外皆言上神武不可及，後來講和了便休。壽皇初年要恢復，只要年歲做成。」問：「壽皇時人才已不及高宗時。」曰：「高宗也無人。當時有許多有名底人，而今看，也只如此。」問：「岳侯若做事，何如張、韓？」曰：「張、韓所不及，却是它識道理了。」又問：「岳侯以上者，當時有誰？」曰：「次第無人。」胡泳。

上初恢復之志甚銳，及符離之敗，上方大慟，曰：「將謂番人易殺。」遂用湯思退。再和之後，又敗盟。揚。

壽皇合下若有一人夾持定，十五六年做多少事！道夫。

壽皇直是有志於天下，要用人。嘗歎自家不如箇孫仲謀，能得許多人。賀孫。

某嘗謂士大夫不能盡言於壽皇，真爲自負。蓋壽皇儘受人言，未嘗有怒色。但不樂時，止與人分疏辨析爾。道夫。

壽皇晚來極爲和易。某嘗因奏對言檢旱，天語云：「檢放之弊，惟在於後時而失實。」只這四字，盡得其要領。又言經、總制錢，則曰：「聞巧爲名色以取之民。」其於天下事極爲諳悉。道夫。

問：「或言孝宗於内殿置御屏，書天下監司帥臣郡守姓名，作揭貼於其上，果否？」曰：「有之。孝宗是甚次第英武！劉共甫奏事便殿，嘗見一馬在殿廷間，不動，疑之。一日問王公明。公明曰：『此刻木爲之者。上萬幾之暇，即御之以習據鞍騎射故也。』」又曰：「某嘗以浙東常平事入見，奏及賑荒。上曰：『其弊只在後時失實。』此四字極切荒政之病。」僩用。

歲旱，壽皇禁中祈雨有應。一日，引宰執入見。恭父奏云：「此固陛下至誠感通。然天人之際，其近如此。若他事一有不至，則其應亦當如此。願陛下深加聖慮，則天下幸甚！」恭父斯語，頗得大臣體。因言梁丞相白蓮事。道夫。

因言孝宗末年之政，先生曰：「某嘗作孝宗挽辭，得一聯云：『乾坤歸獨御，日月要重光！』」雉。

因論壽皇最後所用宰執，多是庸人。如某人，不知於上前説何事。可學云：「某人却除大職名，與小郡。又有被批出與職名外，恁却是知他不足取。」曰：「壽皇本英鋭，於此等皆照見。只是向前爲人所誤，後來欲安静，厭人唤起事端，且如此打過。至於大甚，則又厭之。正如惡駿馬之奔踶，而求一善馬騎之；至其駑鈍不前，則又不免加以鞭策。薛補闕曾及某人。壽皇云：『亦屢以意導之而不去。』舉此亦可見。大抵作事不出於義理而出於血氣，久之未有不消鑠者。向來封事中亦嘗言此。」可學。

高宗大行，壽皇三年戴布幞頭，著衣衫，遵行古禮，可謂上正千年之失。當時宰相不學，三日後便服朝服。雖壽皇謙德，不欲以此喻羣臣，然臣子自不當如此。可謂有父子而無君臣。賜。

孝宗居高宗喪，常朝時裹白幞頭，著布袍。當時臣下却依舊著紫衫。周洪道要著凉衫，王季海不肯，止於紫衫上繫皂帶。今上登極，常時著白綾背子，臣下却著凉衫，頗不失禮，而君之服遂失其舊。人傑。廣録云：「今上居孝宗喪，臣下都著凉衫，方正得臣爲君服。人主之服却有未盡。頃在潭州，聞孝宗訃三日後易服，心下殊不穩。不免使人傳語官員，且著凉衫。後來朝廷行下文字來，方始敢出榜曉示。」

寧宗朝

上即位踰月，留揆以一二事忤旨，特批逐之，人方服其英斷。先生被召至上饒，聞之，有憂色。曰：「人心易驕如此，某今方知可懼。」黄問曰：「某人專恣當逐，何懼之有？」曰：「大臣進退，亦當存其體貌，豈宜如此？」又問：「恐是廟堂諸公難其去，故以此勸上逐之。」曰：「亦不可如此。何不使其徒諭之以物論，不惟恐丞相久勞機務，或欲均佚？俟其請去而後許之，則善矣。幼主新立，豈可導之以輕逐大臣耶！且如陳源之徒，論其罪惡，須是斬之乃善。然人主新立，復教以殺人，某亦不敢如此做也。」至。

向改慶元年號時，先擬「隆平」。某云：「向來改『隆興』時，有人議破，以爲『隆』字近『降』字。今既説破，則不可用。」又曰：「『淳熙』本作『純』字。時人有言此字必改，言未既，而改文字至，蓋『純』字有『屯』字在旁。」又曰：「真宗時，楊大年擬進『豐亨』字，上曰：『爲子不了。』不用。」義剛。

朱子語類卷第一百二十八

本朝二

法制

唐殿庭間種花柳，故杜詩云：「香飄合殿春風轉，花覆千官淑景移。」又云：「退朝花底散。」國朝惟植槐楸，鬱然有嚴毅氣象。又唐制，天子坐朝，有二宮嬪引至殿上，故前詩起句云：「户外昭容紫綬垂，雙瞻御座引朝儀。」至敬宗時方罷，止用小黄門引導。至今是如此。按：岑參詩「花迎劍佩星初落，柳拂旌旗露未乾」，亦殿庭種花柳之一證也。又杜贈田澄舍人有「舍人退食收封事，宮女開函進御筵」，亦可爲二宮嬪之證。僩用。

舊時主上每日不御正殿。然自升朝官以上，凡在京者皆著去立，候宰相奏事罷，却來押班，拜兩拜方了，日日如此。後來韓魏公不知如何偶然忘了，不及押班便歸第。御史中丞王陶即彈之，韓遂去國。温公代爲中丞，先奏云：「前王陶以彈宰相不押班而去國。今若宰相更不押班，則中丞無以爲職。須是令宰相押班，某方就職。」如此，便是不押班也不是。義剛。方子録云：「國初文德殿正衙常朝，升朝官以上皆排班，宰相押班，再拜而出。時歸班官甚苦之，其後遂廢，致王樂道以此攻魏公，蓋亦以人情趨於簡便故也。」

祖宗於古制雖不能守，然守得家法却極謹。舊時朝見，皆是先引見閤門，閤門方引從殿下舞蹈後，方得上殿，而今都省了。本來朝見底，皆是用一榜子上於閤門，閤門奏上，方始引見。而今却於引見時，閤門積得這榜子，俟放見時，却一併上。則都省了許多，只是殿下拜兩拜，便上殿。這非惟是在下之人懶，亦是人主不能恁地等得，看他在恁地舞手弄脚。更是閤門也懶能教得他；及它有失儀，又著彈奏。而今都是從簡易處去了。義剛。

引見、上殿是兩事。今閤門引見，便用舞蹈。近日多是放見，只是上殿拜於堦下，直前奏事而已。惟授告門謝有舞蹈。文蔚。

近日上殿禮簡，如所謂舞蹈等事，皆無之。只是直至殿下拜一雙，上殿奏事，退又拜，即退。這也是閤門要省事，故如此。壽皇初間得幾時見羣臣，皆許只用紫衫。後來有人説道太簡，後不如此。賀孫。

問朝見舞蹈之禮。曰：「不知起於何時。元魏末年，方見説那舞，然恐或是夷狄之風。」廣。

近日拜表之禮甚異。論禮，班首合跪進，上面却有人來跪受，但進表後，進者因跪而拜。今則進表者先拜，却跪進，其受者亦拜。此禮不可曉。文蔚。

皇太子參決時，見宰相侍從以賓主之禮。餘官不然。又曰：「獨宰相爲正拜者，蓋餘官謝恩在殿下拜，侍從以上雖拜殿上，亦只偏拜，獨宰相正拜，故云。」敬仲。

宫中有内尚書，主文字，文字皆過他處，天子亦頗禮之，或賜之坐，不係嬪御。亦掌印璽，多代御批。行出底文字，只到三省。文蔚。

問：「本朝十一室，則九廟、七廟之制如何？」曰：「孝宗未祔廟，僖祖、宣祖未祧遷時，爲十二室，是九世。今既祧宣祖，又祧僖祖，却祔孝宗，正是八世。進不及九，退不及七。當時且祧宣祖，存得九廟，却待後世商量猶得。直如此匆忙，何也？」人傑。

今景靈宫，乃叔孫通所謂「原廟」是也。叔孫通言「原廟」，則是衣冠月出遊之地，只一月一次到彼，初無神坐。今則一一有之，又只似太廟了，恐非叔孫通所謂「原廟」之意。今景靈宫謂之「朝獻」，太廟謂之「大享」。子蒙。

問：「景靈起於何代？」曰：「起於真廟。初只祀聖祖，諸帝后神御散於諸寺。其後神宗始祀聖祖於前殿，帝后於後殿。似此等禮數，唐人亦無。且如唐人配廟只一后，餘后立別廟。本朝諸后俱配。」問：「人家配如何？」先儒説只用元妃。伊川謂若所祭人是次妃生，即配以次妃。」曰：「此未安。古者諸侯一娶九女，元妃卒，次妃奉事。所謂次妃者，乃元妃之妾，固不可同坐。若如後世士大夫家或三娶，皆人家女，雖同祀何害？所謂『禮以義起』也，唐人已如此。」可學云：「唐人立廟院，重氏族，固能如此。」曰：「唐人極有可取處。」可學。

因言五禮，云：「今諸后位數多，至尊拜跪勞。古人一帝只以一后配，其餘自別立廟，庶幾不亂嫡妾之分。今皆配，不是。唐人有言，人家夫婦却不同。蓋古者天子諸侯不再娶，故次后與正后有名分。若人家，則再娶亦妻也，故可同祭。伊川祭儀祭繼室於別廟，恐未穩。」璘。

三后並配，自本朝真廟始。其初議者皆以歸咎於錢惟演，後既習見爲常，亦無復有議之者矣。古人雖以子貴，然庶母無係於先君之禮。如左傳書「僖公成風」，晉書「簡文太后」，皆以係於其子，而別制廟以祀之。必大。

「玄朗」諱起於真廟朝，王欽若之徒推得出，這也無攷竟處。義剛。

某常疑本朝諱得那舊諱無謂。且如宣帝舊名病已，何曾諱？平帝舊名亦不曾諱。近日虜中諱得又嶢崎，偏旁皆諱：謂諱「敬」字，「立人」傍底也諱，下面著「言」字底也諱。近日朝廷祧了幾箇祖諱却是，然「玄朗」却不祧。那聖祖莫較近似宣祖些麽？義剛。

張以道曰：「秦王陵在汝州，太祖以下八朝陵在永安軍。瞿興、瞿俊父子嘗提兵至此，乏水，興禱之。天無雨，小溪平白湧洪流，六軍遂得水用。」義剛。

古者車只六尺六寸，今五路甚大。嘗見人說秦太師制此，又高於京師舊日者。上面耀葉三層，皆高於舊日三寸，成尺二寸。周輅，孔子猶以爲侈，要乘殷輅。今輅只是極其侈靡。

因問陳庭秀臨安人。曰：「今大禮命從官一人立王輅側，以帛維之，名何官？」曰：「名『備顧問官』，又曰『執綏官』。」先生笑曰：「然徧檢古今郊禮，安有所謂『備顧問官』、『執綏官』者？蓋此本太僕卿，即執御之職。古者君將升車，則御者先升，執轡中立，以綏度左肩而雙垂之。綏如圓轡。君以兩手援綏而升，立車之左，以左爲尊。魏公子無忌（有）〔自〕〔一〕駕，虛左方以迎侯生是也。行大禮，不敢坐。車行數步止。中書令宣詔，命千牛將軍千牛，擇武力者爲之。執長刀，立車之右以防非常，所謂驂乘也。既升車，復行，望郊壇數步，復少駐，千牛將軍乃降立道左。車復行，則執長刀前導而行。此唐制也。及政和修禮，脫千牛升車一節，而但有『降車立道左』之文。初未嘗登，何降之有？所謂太僕卿執御之職，遂訛曰『執綏官』、

〔一〕據陳本改。

『備顧問官』。然又不執綏，却立於輅側，恐其傾跌，以物維之。雖今之典禮官，亦但曰『執綏官』、『備顧問官』也。今爲太常少卿者，便撥數日工夫，將禮書細閱一過，亦須略曉，而直爲此鹵莽也！周洪道嘗記渠作執綏官事，自云考訂精博。某問周：『何謂執綏官？』渠亦莫曉。又，綏，本人君升車之所執，御者但授與君，則御者亦不可謂之『執綏』。語曰『升車，必正立執綏』，謂乘車者爾。」又曰：「今玉輅太重，轉動極難，兼雕刻既多，反不堅牢，不知何用許多金玉裝飾爲也？所以聖人欲乘殷之輅，取其堅質而輕便耳。仁宗、神宗兩朝造玉輅，皆以重大致壓壞。本朝尚存唐一玉輅，聞小而輕，捷而穩，諸輅之行，此必居先。或置之後，則隱隱作聲。既有此輅，乘此足矣，何以更爲？聞後來此輅亦入虜中。」僩。

南渡以前，士大夫皆不甚用轎，如王荆公伊川皆云不以人代畜。朝士皆乘馬。或有老病，朝廷賜令乘轎，猶力辭後受。自南渡後至今，則無人不乘轎矣。

因言，物纔數年不用，便忘之。祖宗時，升朝官出入有柱斧，其制是水精小斧頭子，在轎前。至宣政間方罷之，今人遂不識此物，亦不聞其名矣。如祖宗時人畫像有執柱斧者。璘。

册命之禮，始於漢武封三王，後遂不廢。古自有此禮，至武帝始復之耳。郊祀宗廟，太子皆有玉册，皇后用金册，記不審。宰相貴妃皆用竹册。凡宰相宣麻，非是宣與宰相，乃是揚告王庭，令百官皆聽聞，以其人可用與否。首則稱道之文，後乃警戒之詞，如今云「於戲」以下數語是也。末乃云：「主者施行。」所謂「施行」者，行册拜之禮也。此禮，唐以來皆用之。至本朝宰相不敢當册拜之禮，遂具辭免。三辭，然後許，只命書麻詞於誥以賜之，便當册文，不復宣麻於庭，便是書以賜宰相。乃是獨宣誥命於宰相，而他人不得與聞，失古意矣。僩。

因論今宗室與漢差别。漢宗室只是天子之子封王，王子封侯，嫡子世襲，支庶以下皆同百姓，只是免其繇戍，如漢光武皆是起於民間也。燾。

今南班宗室，多帶「皇兄」、「皇叔」等冠於官職之上，非古者「不得以戚戚君」之意。王定國嘗言之神廟，欲令只帶某王孫，或曾孫，或幾世孫。且如越王下當云：「越王幾世孫。」廣録云：「此説却是。不惟可免『戚君』之非禮，又可因而見其世系，稍全得些宗法。」後來定國得罪，指以爲離間骨肉。今宗室散無統紀，若使當時從定國之説，却有次序可攷也。人傑。廣同。

古者三公坐而論道，方可子細説得。如今莫説教宰執坐，奏對之時，頃刻即退。文字懷於袖間，只説得幾句，便將文字對上宣讀過，那得子細指點！且説無坐位，也須有箇案子，令開展在上，指畫利害，上亦知得子細。今頃刻便退，君臣如何得同心理會事！六朝時，尚有「對案畫敕」之語。若有一案，猶使大臣略憑倚細説，如今公吏們呈文字相似，亦得子細。又云：「直要理會事，且如一事屬吏部，其官長奏對時，下面許多屬官一齊都著在殿下。逐事付與某人某人，便著有箇區處，當時便可參考是非利害，即時施行，此一事便了。其他諸部有事皆如此，豈不了事？如今只隨例送下某部看詳，遷延推托，無時得了；或一二月，或四五月，或一年，或兩三年，如何得了！某在漳州要理會某事，集諸同官商量，皆逡巡泛泛，無敢向前。如此，幾時得了！於是即取紙來，某自先寫起，教諸同官各隨所見寫出利害，只就這裏便見得分明，便了得此一事。少間若更有甚商量，亦只是就這上理會，寫得在這裏定了，便不到推延。若只將口説來説去，何時得了！朝廷萬事，只緣各家都不説要了，但隨時延歲月，作履歷遷轉耳，那得事了？古者人君『自朝至於日中昃，不遑暇食，用咸和萬民』，『一日二日萬幾』。如今羣臣進對，頃刻而退，人主可謂甚逸。古人豈是故爲多事？」又云：「漢唐時，御史彈劾人，多抗聲直數其罪於殿上。又如要劾某人，先榜於闕外，直指其名，不許入朝。這須是如此。如今要説一事，要去一人，千委百曲，多方爲計而後敢説，説且不盡，是甚模樣！六朝所載『對案畫敕』下，又云：『後來不如此，有同謵懘！』看如今言事者，雖所言皆是，亦只類謵懘。」賀孫。

「本朝祖宗積累之深，無意外倉卒之變。惟無意外之變，所以都不爲意外之防。今樞密院號爲典兵，倉卒之際，要得一馬使也没討處！今樞密要發兵，須用去御前畫旨下殿前司，然後可發。若有緊急事變，如何待得許多節次？漢三公都帶司馬及將軍，所以倉卒之際，便出得手，立得事，扶得傾危。今幸然無意外之變，若或有之，樞密且倉卒下手未得。苗劉之事，今人多責之朱吕，當時他也是自做未得。古人定大難者不知是如何？不知范文正、寇萊公人物生得如何？氣貌是如何？平日飲食言語是如何樣底人？今不復得親身看，且得箇依稀樣子，看是如何地。如今有志節擔當大事人，亦須有平闊廣大之意始得。」致道云：「若做不得，只得繼之以死而已。」曰：「固是事極也不愛一死。但拌却一死，於自身道理雖僅得之，然恐無益於事，其危亡傾頽自若，柰何！如靖康，李忠愍死於虜手，亦可謂得其死。但當時使虜人感慨，謂中國有忠臣義士如此，可以不必相擾，引兵而退。如此，却於宗社有益。若自身既死，事變只如此，濟得甚事！當死而死，自是無可疑者。」賀孫。

因説歷代承襲之弊，曰：「本朝鑒五代藩鎮之弊，遂盡奪藩鎮之權，兵也收了，財也收了，賞罰刑政一切收了，州郡遂日就困弱。靖康之禍，虜騎所過，莫不潰散。」因及熙寧變法，曰：「亦是當苟且廢弛之餘，欲振而起之，但變之不得其中爾。」賀孫。

本朝官制與唐大概相似，其曲折却也不同。義剛。

神宗用唐六典改官制，頒行之。介甫時居金陵，見之大驚。曰：「上平日許多事，無不商量來。只有此一大事，却不曾商量。」蓋神宗因見唐六典，遂斷自宸衷，鋭意改之，不日而定，却不曾與臣下商量也。僩。

唐初每事先經由中書省，中書做定將上，得旨再下中書，中書付門下。或有未當，則門下繳駁，又上中書，中書又將上，得旨再下中書，中書又下門下。若事可行，門下即下尚書省，尚書省但主書填「奉行」而已，故中書之權獨重。本朝亦最重中書，蓋以造命可否進退皆由之也。門下雖有繳駁，依舊經由中書，故中書權獨重。及神宗倣唐六典，三省皆依此制，而事多稽滯。故渡江以來，執政事皆歸一。獨諸司吏曹二十四曹。依舊分額各屬，三省吏人自分所屬，而其上之綱領則不分也。舊時三省事各自由，不相侵越，不相聞知。中書自理會中書事，尚書自理會尚書事，門下自理會門下事。如有除授，則宰執同共議定，當筆宰執判「過中」，中書吏人做上去，再下中書，中書下門下，門下下尚書。書行給舍繳駁，猶州郡行下事，須幕職官僉押，如有不是，得以論執。中書行下門下，皆用門下省官屬僉押。事有未當，則官屬得以執奏。僩。

「舊制：門下省有侍中，有門下侍郎；中書省有中書令，中書侍郎。改官制，神宗除去侍中、中書令，只置門下中書、侍郎。後併尚書左右丞、門下中書侍郎四員，爲參政官。」或云：「始者昭文館大學士兼同中書門下平章事，富鄭公等爲之。後改爲左右僕射，則蔡京、王黼首居是選。及改爲左右丞相，則某人等爲之。名愈正，而人愈不逮前，亦何預名事？」曰：「只是實不正，使名既正而實亦正，豈不尤佳？」又曰：「人言王安石以『正名』之説馴致禍亂。且『正名』是孔子之言，如何便道王安石説得不是！使其名果正，豈不更佳？」僩。

問：「何故起居郎却大，屬門下省，起居舍人却小，屬中書省？」曰：「不知當初何故，只是胡亂牽挐得來底便是。起居郎居左，起居舍人居右，故如此分大小。只緣改官制時，初無斬新排到理會底説。故如此牽拖舊職，不成倫序。」僩。

給事中初置時，蓋欲其在内給事。上差除有不當，用捨有不是，要在裏面整頓了，不欲其宣露於外。今則不然，或有除授小報纔出，遠近皆知了，給舍方繳駁，乃是給事外也。這般所在，都没理會。賀孫。

問：「或言六尚書得論臺諫之失，是否？」曰：「舊來左右丞得糾臺諫。嘗見長老言，神宗建尚書省，中爲令聽，兩旁則左右僕射、左右丞、左右司郎中。蔡京得政，奏言土地神在某方，是居人位，所以宰相累不利，建議將尚書省拆去。」因言：「蔡氏以『紹述』二字箝天下士大夫之口，其實神宗良法美意，變更殆盡。它人拆尚書省，便如何了得！」德明。

「初，蔡京更定幕職，推、判官謂之『分曹建院』。以爲節度使、觀察使在唐以治兵治財，今則皆是閑稱呼，初無職事，而推、判官猶襲節度、觀察之名，甚無謂。又古者以軍興，故置參軍。今參軍等職皆治民事，而猶循用參軍之號，亦無意謂。故分曹建院推、判等官，改爲司士曹事、司儀曹事。此類有六。參軍之屬改爲某院某院，而盡除去節度參軍之名，看來改得自是。又如婦人封號，有夫爲秦國公，而妻爲魏國夫人者，亦有封兩國者。秦檜妻封兩國，范伯達笑之曰：『一妻而爲兩國夫人，是甚義理！』故京皆改隨其夫號：如夫封建安郡，則妻封建安郡夫人；夫封秦國，則妻亦封秦國夫人；侯伯子男皆然。看來隨其夫稱極是。如淑人、碩人、宜人、孺人之類，亦京所定，各隨其夫官帶之。後人謂淑人、碩人非婦人所宜稱。看來稱碩人亦無妨，惟淑人則非所宜爾。但只有一節未善：有夫方封某郡伯，而妻已先封爲某國夫人者，此則與京所改者相值，齟齬不可行。蓋其封贈格法如此。當初合并格法也與整頓過，則無病矣。遂使人得以咎之，謂其法自相違戾；亦是京不仔細，乘勢粗改。後人以其出於京也，遂不問是非，一切反之。又如神宗所改官制。舊制：凡通判太守出去，皆帶吏部員外郎、吏部郎中；其見居職者，則加以判流内銓、流外銓。豈有吏部官而可帶出治州郡者！故神宗皆爲諸郎，如朝奉郎、朝散郎、朝奉大夫、朝散大夫之類。所以朝散以下謂之員郎，蓋本員外郎之資叙；朝奉大夫方謂之正郎，蓋吏部郎中資叙也。朝散郎、朝奉大夫之類有二十四階，分爲三等，每等八階，以別異雜流有出身無出身人，故有前行、中行、後行。」又問知縣、通判、知州資叙。曰：「在法，做兩任知縣，有關陞狀，方得做通判；兩任通判，有關陞狀，方得爲知州；兩任知州，有關陞狀，方得爲提刑。提刑又有一節，方得爲轉運。今巧宦者欲免州縣之勞，皆經營六院。蓋既爲六院，便可經營寺、監、簿、丞，爲寺、監、簿、丞出來，便可得小郡。又不肯作郡，便欲經營爲郎官。郎官非作郡不得除，故又經營權郎，却自權郎徑除卿、監、長、貳，則已在正郎官之右矣。又如法中非作縣不得作郡，故不作縣者，必經營爲臨安倅。蓋既爲臨安倅，則必得郡，更不復問先曾爲縣否也。人君深居九重，安知外間許多曲折？宰相雖知，又且苟簡，可以應副親舊。若是人君知得，都與除了這般體例。苟不作縣，雖爲臨安倅，亦不免便使權卿、監；苟不作郡，定不得除郎；爲卿、監者，亦須已作郡人方得做，不得以寺、監、丞、簿等官權之，則人無僥倖之心矣。只緣當初立法，不肯公心明白，留得這般掩頭藏倖底路徑，所以使人趨之。嘗記歐公説舊制，觀文殿大學士壓資政殿大學士，資政殿大學士壓觀文殿學士，觀文殿學士壓資政殿學士。後來改觀文兩學士都壓資政兩學士，議者以見任者難爲改動。歐公以爲此不難，已任者勿改，而自今除者始，可也。以今觀之，亦何須如此勞攘？將見任者皆與改定又何妨？不過寫換數字而已，又不會痛，當時疑慮顧忌已如此。只緣自來立法建事，不肯光明正大，只是如此委曲回護。其弊至於今日略欲觸動一事，則議者紛然以爲壞祖宗法。故神宗憤然欲一新之，要改者便改。孝宗亦然，但又傷於太鋭，少商量。」僩。

「唐制：某鎮節度使，某州刺史觀察使，此藩鎮所稱。使持節某州軍州事，此屬州軍所稱。其屬官則云某州軍事判官，某州軍事推官。今尚如此。若節鎮屬官，則云節度推、判官，以自異於屬州。使與州各分曹案。使院有觀察判官、觀察推官，州院有知録，糾六曹官，爲六曹之長。凡兵事則屬使院，民事則屬州院，刑獄則屬司理院。三者分屬，不相侵越。司法專檢法，司户專掌倉庫。然司理既結獄，須推、判官簽押，方爲圓備。不然，則不敢結斷。本朝併省州院、使院爲一。如署銜，但云知某州軍州事。軍州事，則使院之職也。自併省三院，而州郡六曹之職頗爲淆亂，司法、司理、司户三者尚仍舊。知録管州院事，專主教民，今乃管倉庫，獨爲不得其職。所以六曹官惟知録免二日衙，以其職尊，故優異之。此等事，史書並不載，惟雜説中班駁見一二。舊嘗疑州院即是司理院。後閲范文正公集，有云，如使院、州院宜併省歸一，方知不然。因曉州院、使院之别。使院，今之僉廳也。凡諸幕職官皆謂之當職官。如唐書所云，有事當罰，則詔云自當職官以下以次受罰；有事當賞，則云當職官以下以次受賞，謂自推、判官而下也。」又曰：「後來蔡京改六曹官名，頗得舊職，爲不淆亂。渡江以來，以其出於京也，皆罷之。」又問：「長史何官？」曰：「六朝時長史甚輕。次第只是奔走長官之前，有君臣之分，不得坐。至唐則甚重。蓋皇子既遥領正大帥，其羣臣出爲藩鎮者，則稱云副大帥某州長史。韓文董晉官位可見。至唐中葉，而長史、司馬、别駕皆爲貶官，不事事。蓋節度使既得自辟置官屬，如節度、觀察推、判官之屬。此既重，則彼皆輕矣。」僩。

蔡元道所爲祖宗官制舊典，他只知懲創後來之禍，遂皆歸咎神宗，不合輕改官制。事事以祖宗官制爲是，便説此是百王不可易之典。殊不知後來所以放行踰越，任用小人，自是執法者偏私，何關改官制事！如武臣諸節度、副總管諸使所以恩禮隆異，俸給優厚者，蓋太祖初奪諸鎮兵權，恐其謀叛，故置諸節度使，隆恩異數，極其優厚，以收其心而杜其異志。及太宗、真宗以後，則此輩或以老死，又無兵權。後來除授者，自可殺其禮數，減其俸給，降其事權，而猶襲一時權宜苟且之制，爲子孫不可易之常典，豈不過哉！然祖宗時放行，極艱其選，不過一二人、二三人。後來小人用事，凡宰相除罷，及武臣寵倖宦者之徒，無不得之，實法制不善有以啓之耳。及經變故，乃追咎輕越祖宗法度之過。不知此既開其可入之塗，彼孰不爲可入之塗以求合乎？僩。

唐沈既濟之説已如此。新添改官制，而舊職名不除，所以愈見重複。然唐時猶自歸一，如藩鎮節度使、觀察使，民事兵事一人皆了。今既有帥，又有家居節度使，使用費許多錢養他。見任事者請俸却寡，而家居守閑名者，請俸却大。節度使請俸月千餘緡。又節度印，古者所以置旌節以爲儀衞，而重其權。今却令帶之家居，請重俸，是甚意？今爲福州安撫使，而反不如威武軍節度使之請俸。僩。

祖宗置資格，自立僥倖之門。如武臣横行，最爲超捷。纔除横行，便可越過諸使，許多等級皆不須歷，一向上去。然今人又不用除横行，横行猶用守這數級，只落借官則無所不可。祖宗之法，本欲人遵守資格，謹重名器。而不知自置許多僥倖之路，令人脱過，是甚意思？除是執法者大段把得定，不輕放過一箇半箇，無一毫私，方執得住。不然，便不可禁遏矣。不知當初立法，何故如此？今獃底人，便只守此爲不可易之典，才觸動著，便説是變動祖宗法制。也須睹過是，始得。僩。

趙表之生做文官，纔到封王，封安定郡王。便用换武。豈文官不可封王，而須武官耶？又今宗正須以宗室武官爲之，文官也只做得。世間一樣愚人，便以此等制度爲百王不可易之法！僩。

只改儒林、文林之屬，其他皆可通行。文官猶有古名，如武官諸階稱呼，多有無意義者。又曰：「四廂都指揮使，又有甚諸色使，皆是虚名。只有三衙都指揮使真有職事。」又曰：「元豐以前武臣無宫觀，故武臣無閑者。見武臣乞解軍職，必出藩府。及元豐介甫相，置宮觀，方有閑者。」僩。

本朝先未有祠禄，但有主管某宮、某觀公事者，皆大官帶之，真箇是主管本宮、本觀御容之屬。其他多只是監當差遣。雖嘗爲諫議官，亦有爲監當者，如監船場、酒務之屬。自王介甫更新法，慮天下士大夫議論不合，欲一切彈擊罷黜，又恐駭物論，於是創爲宮觀祠禄，以待新法異議之人。然亦難得，惟監司郡守以上，眷禮優渥者方得之。自郡守以下，則盡送部中與監當差遣。後來漸輕，今則又輕，皆可以得之矣。僩。

華州雲臺觀、南京鴻慶宮有神宗神像在，使人主管，猶有説。若武夷山冲佑觀、臨安府洞霄宮，知他主管箇甚麼？

今太廟室深而堂淺，一代爲一室；堂則雖在室前，而實同爲一堂。古人大抵室事尚東向，堂事尚西向。賀孫。

「皇城使有親兵數千人，今八廂貌士之屬是也。以武臣二員并（物）〔内〕[一]侍都知二員掌之。本朝只此一項，令宦者掌兵，而以武臣參之。」因笑曰：「此項又似制殿前都指揮之兵也。」僩。

〔一〕據陳本改。

「今之二衙，即舊日之指揮使。朱温由宣武節度使篡唐，疑忌他人，自用其宣武指揮使爲殿前指揮使，管禁衛諸軍。以至今日，其權益重。嘗見歐陽公記其爲某官時，殿帥之權猶輕，見從官，不接坐；但傳語，不及獻茶。及再入爲執政，則禮數大異矣。」問：「何故如此？」曰：「也是積漸致然。是他權重後，自然如此。」僩。

問：「唐之人主喜用宦者監軍，何也？」曰：「是他信諸將不過，故用其素所親信之人。後來一向疏外諸將，盡用宦者。本朝太宗令王繼恩平李順有功，宰相擬以宣徽使賞之。太宗怒，切責宰相，以爲太重，蓋宣徽亞執政也，遂創『宣政使』處之。朝臣諸將中豈無可任者，須得用宦者！彼既有功，則爵賞不得吝矣。然猶守得這些意思，恐起宦者權重之患。及熙豐用兵，遂皆用宦者。李憲在西，權任如大將。馴至後來，遂有童貫、譚稹之禍。」宦者其初只是走馬承受之類，浸漸用事，遂至如此。僩。

今之總管，乃國初之部署。後避英廟諱，改焉。都監乃是唐之監軍，不知何時轉了。廣。

太祖收諸鎮節度兵權，置諸州指揮使，大州十數員，次州六七員，又次州三四員，每員管兵四五百人。本州自置營招兵，而軍員管之。每遇遷陞，則密院出宣付之。用紙一大幅，題其上曰「宣付指揮使某」，却不押號，而以御前大寶印之。軍員得此極重，有一人而得數宣者，蓋營中亦有數等品級遷轉也。指揮有廳，有射場，只在營中升降，不得出官。僩。

「總領一司，乃趙忠簡所置，當時之意甚重。蓋緣韓、岳統兵權重，方欲置副貳，又恐啓他之疑，故特置此一司，以總制財賦爲名，却專切報發御前兵馬文字，蓋欲陰察之也。」或謂：「總領之職，自可併歸漕司。」曰：「財賦散在諸路，漕司却都呼吸不來。亦如坑冶，須是創立都大提點，方始呼吸得聚。」道夫。

運使本是愛民之官，今以督辦財賦，反成殘民之職。提刑本是仁民之官，今以經、總制錢，反成不仁之具。淳。

祖宗，凡升朝官在京，未有職事者，每日赴班，纔有差遣則已。廣。

今羣臣以罪去者，不能全其退處之節。凡有辭避，必再三不允，直待章疏劾之，遂從罷黜。人傑。

舊制：遷謫人詞頭，當日命下，當日便要，不許隔宿，便與詞頭報行。而今緣有信劄，故詞頭有一兩月不下者，中書以此覺得事多。此皆軍興後事多，故如此。國朝舊制，煞有因軍興後廢格而未復者。廣。

舊法：貶責人若是庶官，亦須帶別駕或司馬，無有帶階官者。今呂子約却是帶階官安置。人傑。

今日作史，左右史有起居注，宰執有時政記，臺官有日曆，並送史館著作處參改，入實録作史。大抵史皆不實，緊切處不敢上史，亦不關報。椿。

史甚弊，因神宗實録皆不敢寫。傳聞只據人自録來者。才對者，便要所上文字，并奏對語上史館。揚。

今之修史者，只是依本子寫，不敢增減一字。蓋自紹聖初，章惇爲相，蔡汴修國史，將欲以史事中傷諸公。前史官范純夫、黄魯直已去職，各令於開封府界内居住，就近報國史院，取會文字。諸所不樂者，逐一條問黄、范，又須疏其所以然，至無可問，方令去。後來史官因此懲創，故不敢有所增損也。按實録，是時史官趙彦若亦同於府界居住。後趙安置豊州，范永州，黄黔州。僩用。

先生問畓：「有山谷陳留對問否？」曰：「無之。」曰：「聞當時秦少游最争得峻，惜乎亦不見之。陸農師却有當來對問，其間云，嘗與山谷争入王介甫『無使上知』之語。又云，當時史官因論温公改詩賦不是。某云：『司馬光那得一件是！皆是自叙與諸公争辨之語。』」畓。

「道君欽宗實録數百卷，吕丈月十日修了。」云，只是得大節目百十條。」問云：「何不入文字展日？」曰：「便不是呂丈規模。」振。

本朝國紀好看，雖略，然大綱却都見。長編太詳，難看。熊子復編九朝要略，不甚好。國紀，徐端立編。僩。

聖政編年一書，起太祖，止紹興九年，書坊人做。非好書。振。

今之學規，非胡安定所撰者。仁宗置州縣學，取湖學規矩頒行之。湖學之規，必有義理，不如是其陋也。如第一條「謗訕朝政」之類，其出於蔡京行舍法之時有所改易乎！當時如徐節孝爲楚州教官，乃罷之，而易以其黨。大抵本朝經王氏及蔡京用事後，舊章蕩然，可勝歎哉！人傑。

問學究一科沿革之故。曰：「此科即唐之明經是也。進士科則試文字，學究科但試墨義。有才思者多去習進士科，有記性者則應學究科。凡試一大經者，兼一小經。每段舉一句，令寫上下文，以通不通爲去取。應者多是齊魯河朔間人，只務熟讀，和注文也記得，故當時有『董五經』、『黄二傳』之稱。但未必曉文義，正如和尚轉經相似。又有司待之之禮，亦不與進士等。進士入試之日，主文則設案焚香，垂簾講拜。至學究，則徹幕以防傳義，其法極嚴，有渴至飲硯水而黔其口者！當時傳以爲笑。歐公亦有詩云：『焚香禮進士，徹幕待諸生。』或云，「徹幕」乃「瞑目」字，亦非歐詩。其取厭薄如此，荆公所以惡而罷之。但自此科一罷之後，人多不肯去讀書。」儒用。

熙寧三舍法，李定所定。崇觀三舍法，蔡京所定。胡德輝埕。嘗作記。學者，所以學爲忠與孝也。今欲訓天下士以忠孝，而學校之制乃出於不忠不孝之人，不亦難乎！儒用。

「大學舍法壞人多，龜山嘗立論。高抑崇曾見龜山。太學初興，召爲司業，善類頗屬望。到彼一切放倒，三舍法，却在渠手中成。莫負了龜山否？」王子合曰：「聞那時只是取法於一舊老吏。」浩曰：「秦會之是舊大學中人，想是據他向日所行了。」曰：「高公不合與承當。高公大率不立，五峰嘗有書責他。」浩。

先生因論本朝南渡以來，其初立法甚放寬，蓋欲聚人。不知後來放緊，便不得。燾。

今之法，大概用唐法。淳。

問：「今三代之法，或可見於律中否？」曰：「律自秦漢以來，歷代修改，皆不可得而見矣。如漢律文簡奥，後代修改，今亦不可見矣。」淳。

律是歷代相傳，勑是太祖時修，律輕而勑重。如勑中刺面編配，律中無之，只是流若干里，即今之白面編管是也。勑中上刑重而下刑輕，如律中杖一百，實有一百，勑中則折之爲二十。五折一。今世斷獄只是勑，勑中無，方用律。同。

因言：「律極好。律即刑統。後來勑令格式，罪皆太重，不如律。乾道淳熙新書更是雜亂。一時法官不識制法本意，不合於理者甚多。又或有是計囑妄立條例者。如母已出嫁，欲賣産業，必須出母著押之類。此皆非理，必是當時有計囑而創此條也。孝宗不喜此書，嘗令修之，不知修得如何。僩。

刑統大字是歷代相傳，注字是世宗時修。淳。

舊來勑令文辭典雅，近日殊淺俗。裏面是有幾多病痛。方子。

宋莒公曰：「『應從而違，堪供而闕』，此六經之亞文也。」謂子不從父不義之命，及力所不能養者，古人皆不以不孝坐之。義當從而不從，力可供而不供，然後坐以不孝之罪。淳。

或問：「勑、令、格、式，如何分別？」曰：「此四字乃神宗朝定法時綱領。本朝止有編勑，後來乃命羣臣修定。元豐中，執政安燾等上所定勑令。上喻燾曰：『設於此而逆彼之至謂之「格」，設於此而使彼效之謂之「式」，禁於未然謂之「令」，治其已然謂之「勑」。修書者要當如此。若其書完具，政府總之，有司守之，斯無事矣。』此事載之己仰録，時出示學者。因記其文如此，然恐有脱誤處。神廟天資絶人，觀此數語，直是分別得好。格，如五服制度，某親當某服，某服當某時，各有限極，所謂『設於此而逆彼之至』之謂也。式，如磨勘轉官，求恩澤封贈之類，只依箇樣子寫去，所謂『設於此而使彼效之』之謂也。令，則條令禁制其事不得爲、某事違者有罰之類，所謂『禁於未然』者。勑，則是已結此事，依條斷遣之類，所謂『治其已然』者。格、令、式在前，勑在後，則有『教之不改而後誅之』底意思。今但欲尊『勑』字，以勑居前，令、格、式在後，則與不教而殺者何異？殊非當時本指。」又問：「伊川云：『介甫言：「律是八分書。」是他見得如此。』何故？」曰：「律是刑統，此書甚好，疑是歷代所有傳襲下來。至周世宗，命竇儀注解過，名曰刑統，即律也。今世却不用律，只用勑令。大概勑令之法，皆重於刑統。刑統與古法相近，故曰『八分書』。」「介甫之見，畢竟高於世俗之儒。」此亦伊川語，因論祧廟及之。儒用。

某事合當如何，這謂之「令」。如某功得幾等賞，某罪得幾等罰，這謂之「格」。凡事有箇樣子，如今家保狀式之類，這謂之「式」。某事當如何斷，某事當如何行，這謂之「勑」。今人呼爲勑、令、格、式，據某看，合呼爲令、格、式、勑。勑是令、格、式所不行處，故斷之以勑。某在漳州，曾編得户、婚兩門法。賀孫。

本合是先令而後勑，先教後行之意。自荆公用事以來，方定爲勑、令、格、式之序。德明。

「唐藩鎮權重，爲朝廷之患。今日州郡權輕，却不能生事，又却無以制盜賊。」或曰：「此亦緣介甫刮刷州郡太甚。」曰：「也不專是介甫。且如仁宗時，淮南盜賊發，趙仲約知高郵軍，反以金帛牛酒使人買覓他去。富鄭公欲誅其人，范文正公謂他既無錢，又無兵，却教他將甚去殺賊？得他和解得去，不殘破州郡，亦自好。只是介甫後來又甚。州郡禁軍有闕額處，都不補。錢粮盡欲解發歸朝廷，謂之『封樁闕額禁軍錢』，係提刑司管。」文蔚。

經制錢，宣和間用兵，經制使所創。總制錢，紹興初用兵，總制使所創。二人不記姓名。應干税錢物，雜色場、務納錢，每貫刻五十文，作頭子錢。括之爲二色錢，以分毫積，計大計多，况其大者！

經制錢，陳亨伯所創。蓋因方臘反，童貫討之，亨伯爲隨軍轉運使。朝廷以其權輕，又重爲經制使。患軍用不足，創爲此名以收州縣之財，當時大獲其利。然立此制時，明言軍罷而止，其後遂因而不改。至紹興四年，韓球又創總制錢，大略倣經制爲之。十一年經界法行，民間印契多，倍有所得，朝廷遂以此年立額。至次年，則其數大虧，乃令州縣添補解發。自後州縣大困，朝廷亦知之。議者乃請就三年中取中制以立額。却不知中制者乃所添補之歲，其額猶爲重也，因仍至今。頃年得江西憲時，陛對日，亦嘗爲孝宗言之。蓋此政是憲司職事。又曰：「亨伯創經制錢時，其兄弟有名某者，勸止之。不從，乃率其子姪哭於家廟，以爲作俑之罪，祖先將不祀矣！」廣。

德粹語婺源納銀之弊，方伯謨因問和買。先生言其初曰：「今日惟紹興最重。舊拋和買數時，兩浙運使乃紹興人。朝廷抛降三十萬匹與浙東，紹興受十四萬。是時都吏乃會稽縣人，會稽又受多。惟餘姚令不肯受，爲其民以瓦礫擲之，不得已受歸，而其數少，恨不記其名。」滕云：「婺源乃汪内翰鄉邑。汪知鄉郡，朝廷初降月樁時，會諸縣令於廷。婺源令偶言丹陽鄉民頑，汪本此鄉人，以令爲譏之，先勒令受十分之四分三釐，至於今爲害。」先生曰：「疇昔創封樁時，本無實數，只是賴州縣。且如常平中一項錢，亦許樁數。提舉司錢今日又解，明日又解，解必有限，彼豈不來争？以此觀之，事皆係作始不是。」可學。

祖宗立法催科，只是九分，才破這一分，便不催。但破得一百貫，謂之「破分」，便住。自曾丞相仲欽爲户部時，便不用這法，須要催盡。至今所以如此。恪。

所在上供銀，皆分配諸縣。獨建寧因吴公路作憲，算就鹽綱上納。雖是算在綱上，中間作舊科數，諸縣甚者至科民間買納。後沈公雅來，却檢會前時行下指揮，遂罷買上供銀。道夫。

張定叟尚書云，青城每郊用木十五萬緡〔一〕縛幕屋，事已，撤去，皆諸璫得之。其費出於臨安。渠知府日，嘗奏乞從本府出錢蓋屋，庶免逐郊費用，不從。閎祖。

〔一〕賀疑此處有誤字。

朱子語類卷第一百二十九

本朝三

自國初至熙寧人物

因論唐初國初人才，云：「國初人材，是五代時已生得了。」德明。

太宗朝一時人多尚文中子，蓋見朝廷事不振，而文中子之書頗説治道故也，然不得其要。范文正公雖有欲爲之志，然也粗，不精密，失照管處多。卓。僩録畧。

國初人便已崇禮義，尊經術，欲復二帝、三代，已自勝如唐人，但説未透在。直至二程出，此理始説得透。因看种明逸集。方子。

問本朝宰相孰優。曰：「各有所長。」力行。

趙幾道云：「本朝宰相，但一味度量而已。」曰：「『寬裕温柔，足以有容』，固好；又須『發强剛毅，足以有執』，則得。」大雅。

「宰相薦張齊賢，曾受一曹司甚恩，忘了，齊賢後以兄事之。舉此一事，齊賢可知矣。」先生曰：「祖宗時人樸實如此。今好薦章如此，乃是一言章也。」揚。

李文靖只做得如此。若有學，便可做三代事；真宗晚年豈有如此等事！揚。

談苑說李文靖沒口匏事，極好，可謂鎮浮。然與不興利事，皆落一偏。胡不廣求有道賢德，興起至治也？方。

李文靖重厚沉默，嘗寓京師，亦少出入。一日，忽有一轎至。下轎，乃一蓋頭婦人，不見其面，然儀度甚美；入文靖房，久而出。衆訝之，以爲文靖如此，却引得這般人來，遂問之。文靖亦只依違應之曰：『亦言某前程之類，何足信！』深詰之，文靖曰：『諸公曾見其面乎？一面都是目！』」許文靖爲相。揚。

問：「本朝如王沂公，人品甚高，晚年乃求復相，何也？」曰：「便是前輩都不以此事爲非，所以至范文正方厲廉恥，振作士氣。」曰：「如寇萊公，也因天書欲復相。」曰：「固是。」植。

問：「王沂公云：『恩欲己出，怨使誰當？』似此不可爲通法否？」曰：「它只說不欲牢籠人才，說使必出自我門下。它亦未嘗不薦人才。」相。

問：「先生前日曾論本朝惟范文正公振作士大夫之功爲多。不知使范公處韓公受顧命之時，處事亦能如韓公否？」曰：「看范公才氣，亦須做得。」又曰：「祖宗以來，名相如李文靖、王文正諸公，只恁地善，亦不得。至范文正時便大厲名節，振作士氣，故振作士大夫之功爲多。」問：「范文正作百官圖以獻，其意如何？」曰：「它只説如此遷轉即是公，如此遷轉即是私。呂許公當國，有無故躐等用人處，故范公進此圖於仁宗。」因舉詩云：「『誨爾序爵。』人主此事亦不可不知。假如有人已做侍御史，宰相驟擢作侍從，雖官品高，然侍御史却緊要。爲人主者，便須知把他擢作侍從，如何不把做諫議大夫之類。」植。

「近得周益公書，論呂范解仇事。曰：『初，范公在朝，大臣多忌之。及爲開封府，又爲百官圖以獻。因指其遷進遲速次序曰，某爲超遷，某爲左遷，如是而爲公，如是而爲私，意頗在呂相。呂不樂，由是落職，出知饒州。未幾，呂亦罷相。後呂公再入，元昊方犯邊，乃以公經略西事，公亦樂爲之用。嘗奏記呂公云：「相公有汾陽之心之德，仲淹無臨淮之才之力。」後歐陽公爲范公神道碑，有「懽然相得，戮力平賊」之語，正謂是也。』公之子堯夫乃以爲不然，遂刊去此語。前書今集中亦不載，疑亦堯夫所删。他如叢談所記，説得更乖。某謂呂公方寸隱微，雖未可測，然其補過之功，使天下實被其賜，則有不可得而掩者。范公平日胸襟豁達，毅然以天下國家爲己任。既爲呂公而出，豈復更有匿怨之意？況公嘗自謂平生無怨惡於一人，此言尤可驗。忠宣固是賢者，然其規模廣狹，與乃翁不能無間。意謂前日既排申公，今日若與之解仇，前後似不相應，故諱言之。却不知乃翁心事，政不如此。歐陽公聞其刊去碑中數語，甚不樂也。」問：「後來正獻亦及識范公否？」曰：「正獻通判潁州時，歐陽公爲守。范公知青州，過潁，謁之。因語正獻曰：『太博近朱者赤。歐陽永叔在此，宜頻近筆硯。』異時同薦三人，則王荆公、司馬温公及正獻公也。其知人如此。」又曰：「呂公所引，如張方平、王拱辰、李淑之徒，多非端士，終是不樂范公。張安道過失更多，但以東坡父子懷其汲引之恩，文字中十分説他好，今人又好看蘇文，所以例皆稱之。介甫文字中有説他不好處，人既不看，看又不信。」儒用。

呂申公斥逐范文正諸人，至晚年復收用之，范公亦竭盡底藴而爲之用，這見文正高處。忠宣辨歐公銘志事，這便是不及文正。道夫。

范文正傑出之才。

某嘗謂，天生人才，自足得用。豈可厚誣天下以無人？自是用不到耳。且如一箇范文正公，自做秀才時便以天下爲己任，無一事不理會過。一旦仁宗大用之，便做出許多事業。今則所謂負剛大之氣者，且先一筆勾斷。稱停到第四五等人，氣宇厭厭，布列臺諫，如何得事成！故某向謂，姓名未出，而内外已知其非天下第一流矣！道夫。

范文正公嘗云：「浙人輕佻易動，切宜戒之！」子蒙。

某嘗説，呂夷簡最是箇無能底人。今人却説他有相業，會處置事，不知何者爲相業？何者善處置？爲相正要以進退人才爲先，使四夷聞知，知所聳畏。方其爲相，其才德之大者，如范文正諸公既不用，下而豪俊跅弛之士，如石曼卿諸人，亦不能用。其所引援，皆是半間不界無狀之人，弄得天下之事日入於昏亂。及一旦不柰元昊何，遂盡挨與范文正公。若非范文正公，則西方之事決定弄得郎當，無如之何矣。今人以他爲有相業，深所未曉。子蒙。

因言仁宗朝，講書楊安國之徒，一時聚得幾箇朴純無能之人，可笑。先生曰：「此事緣范文正招引一時才俊之士，聚在館閣。如蘇子美、梅聖俞之徒，此輩雖有才望，雖皆是君子黨，然輕儇戲謔，又多分流品。一時許公爲相，張安道爲御史中丞，王拱辰之徒，皆深惡之，求去之未有策。而蘇子美又杜祁公壻，杜是時爲相，蘇爲館職，兼進奏院。每歲院中賽神，例賣故紙錢爲飲燕之費。蘇承例賣故紙，因出己錢添助爲會，請館閣中諸名勝，而分别流品，非其侣者皆不得與。會李定願與，而蘇不肯。於是盡招兩軍女妓作樂爛飲，作爲傲歌。王勝之名直柔。句云：『欹倒太極遺帝扶，周公、孔子驅爲奴。』這一隊專探伺他敗闕，才聞此句，拱辰即以白上。仁宗大怒，即令中官捕捉，諸公皆已散走逃匿。而上怒甚，捕捉甚峻，城中喧然。於是韓魏公言於上曰：『陛下即位以來，未嘗爲此等事。一旦遽如此，驚駭物聽。』仁宗怒少解，而館閣之士罷逐一空，故時有『一網打盡』之語。杜公亦罷相，子美除名爲民，永不叙復。子美居湖州，有詩曰：『不及雞竿下坐人！』言不得比罪人引赦免放也。雖是拱辰、安道輩攻之甚急，然亦只這幾箇輕薄做得不是。縱有時名，然所爲如此，終亦何補於天下國家邪？仁宗於是懲才士輕薄之弊，這幾箇承意旨，盡援引純朴持重之人以愚仁宗。凡解經，不過釋訓詁而已，如楊安國、彭乘之徒是也。是時張安道爲御史中丞，助吕公以攻范。」卓。

陳執中俗吏，然執法，仁廟謂惟此人不瞞人。近世葉顒近似之。揚。

德粹以明州士人所寄書納先生，因請問其書中所言。先生曰：「渠言『漢之名節，魏晉之曠蕩，隋唐之辭章，皆懲其弊爲之』，不然，此只是正理不明，相衮將去，遂成風俗。後漢名節，至於末年，有貴己賤人之弊。如皇甫規，鄉人見之，却問：『卿在鴈門，食鴈美乎？』舉此可見。積此不已，其勢必至於虛浮入老莊。相衮到齊梁間，又不復如此，只是作一般艷辭，君臣賡歌褻瀆之語，不以爲怪。隋之辭章，乃起於煬帝。進士科至不成科目，故遂衮纏至唐，至本朝然後此理復明。正如人有病，今日一病，明日變一病，不成要將此病變作彼病。」某問：「已前皆衮纏成風俗。本朝道學之盛，豈是衮纏？」先生曰：「亦有其漸。自范文正以來已有好議論，如山東有孫明復，徂徠有石守道，湖州有胡安定，到後來遂有周子、程子、張子出。故程子平生不敢忘此數公，依舊尊他。若如楊、劉之徒，作四六駢儷之文，又非此比。然數人者皆天資高，知尊王黜霸，明義去利。但只是如此便了，於理未見，故不得中。」某問：「安定學甚盛，何故無傳？」曰：「當時所講止此，只些門人受去做官，死後便已。嘗言劉彝善治水，後來果然。彝有一部詩，遇水處便廣説。」璘録云：「劉彝治水，所至興水利。劉有一部詩解，處處作水利説，好笑。熟處難忘。」某又問：「以前説後漢之風，皆以爲起於嚴子陵，近來説又别。」曰：「前漢末，極有名節人。光武却極崇儒重道，尊經術，後世以爲法。如見樊英築壇場，猶待神明。嚴子陵直分明是隱士，渠高氣遠邁，直是不屈。又論其不矯激，吕伯恭作祠堂記，却云它中和。嘗問之：『嚴子陵何須如此説？使它有知，聞之豈不發一笑！』」因説：「前輩如李泰伯們議論，只説貴王賤伯，張大其説，欲以劫人之聽，却是矯激，然猶有以使人奮起。今日須要作中和，將來只便委靡了。如范文正公作子陵祠堂記云：『先生之心，出乎日月之上；光武之器，包乎天地之外。微先生，不能成光武之大；微光武，豈能遂先生之高！』胡文定父子極喜此語。大抵前輩議論粗而大，今日議論細而小，不可不理會。」某問：「此風俗如何可變？」曰：「如何可變？只且自立。」可學。

論安定規模雖少疏，然却廣大著實。如孫明復春秋雖過當，然占得氣象好。如陳古靈文字尤好。嘗過台州，見一豐碑，説孔子之道，甚佳。此亦是時世漸好，故此等人出，有「魯一變」氣象，其後遂有二先生。若當時稍加信重，把二先生義理繼之，則可以一變，而乃爲王氏所壞！問：「當時如此積漸將成，而壞於王氏，莫亦是有氣數？」曰：「然。」可學。

因言兼山、艾軒二氏中庸，曰：「程子未出時，如胡安定、石守道、孫明復諸人説，話雖粗疏，未盡精妙，却儘平正，更如古靈先生文字都好。」道夫云：「只如諭俗一文，極爲平正簡易。」曰：「許多事都説盡，也見他一箇胸襟盡包得許多。」又曰：「大抵事亦自有時。如程子未出，而諸公已自如此平正。」道夫。

本朝孫、石輩忽然出來，發明一箇平正底道理自好，前代亦無此等人。如韓退之已自五分來，只是説文章。若非後來關、洛諸公出來，孫、石便是第一等人。孫較弱；石健甚，硬做。

問：「孫明復如何恁地惡胡安定？」曰：「安定較和易，明復却剛勁。」或曰：「孫泰山也是大故剛介。」曰：「明復未得爲介，石守道却可謂剛介。」義剛。

石守道只是粗。若其名利嗜欲之類，直是打疊得伶俐，兹所以不動心也。揚。

嘉祐前輩如此厚重。胡安定於義理不分明，然是甚氣象！

問：「安定平日所講論，今有傳否？」曰：「並無。薛士龍在湖州，嘗以書問之。回書云，並無。如當初取湖州學法以爲太學法，今此法無。今日法，乃蔡京之法。」又云：「祖宗以來，學者但守注疏，其後便論道，如二蘇直是要論道。但注疏如何棄得！」可學。

安定、太山、徂徠、廬陵諸公以來，皆無今日之術數。老蘇有九分來許罪。揚。

安定胡先生只據他所知，説得義理平正明白，無一些玄妙。近有一輩人，别説一般惹邪底詳説話。禪亦不是如此。只是不曾見那禪師，便是被他笑。揚録云，徐子儀之徒。

因論李泰伯，曰：「當時國家治，時節好，所論皆勁正如此。曾南豐攜歐公書，往餘杭見范文正。文正云『歐九得書，令將錢與公。今已樁得甚處錢留公矣。亦欲少欵，適聞李先生來，欲出郊迓之』云云。」

閭辛方叔珪永嘉人。以書來，稱本朝人物甚盛，而功業不及於漢唐，只緣是要去小人。先生曰：「是何等議論！小人如何不去得？自是不可合之物。『一薰一蕕，十年尚猶有臭。』觀仁宗用韓、范、富諸公，是甚次第！只爲小人所害。及韓、富再當國，前日事都忘了。富公一向畏事，只是要看經念佛，緣是小人在傍故耳。若謂小人不可去，則舜當時去『四凶』是錯了！」可學問：「方君意謂不與小人競，則身安，可以做事。」曰：「不去小人，如何身得安！」劉晦伯云：「有人説泰卦『内君子，外小人』，爲君子在内，小人在外。小人道消，乃是變爲君子。」曰：「亦有此理。聖人亦有容小人處，又是一截事。且當看正當處。

使小人變爲君子固好，只是不能得如此。」可學云：「小人譖君子，須加以朋黨叛逆。」曰：「如此，則一網可打盡。雖是如此，然君子亦不可過當。如元祐諸公行蔡新州事，却不是。渠固有罪，然以作詩行重責，大不可。然當元祐時，只行遣渠一人，至紹聖則禍甚酷。以此觀君子之於小人，未能及其毫毛；而小人之於君子，其禍常大，安可不去！」可學。

韓、富初來時，要拆洗做過，做不得，出去。及再來，亦只隨時了。遇聖明如此，猶做不得！揚。

富鄭公與韓魏公議不合，富恨之，至不弔魏公喪。富公守某州，魯直爲尉，久不之任，在路遷延。富有所聞，大怒；及到，遂不與交割。後幕幹勸之，方肯。及魯直在史館修韓魏公傳，使人問富曾弔韓喪否。知其不曾，遂以此事送下案中，遂成案底。後人雖欲修去此事，而有案底，竟不可去，魯直也可謂乖。但魏公年年却使人去鄭公家上壽，恁地便是富不如韓較寬大。義剛。

韓魏公、富鄭公皆言新法不便。韓公更能論列，上面不從他，也委曲作箇道理著行他底。如富公更不行，自用他那法度，後來遂被人言。雖如此，畢竟喚做是，不得。今事有不便，但當如韓公論列。若不從，也須做道理減省了行他底。大不可行，則有去而已。如富公直截自用己意，則不可也。端蒙。

歐公章疏言地震，山石崩入於海。某謂正是「羸豕孚躅」之義。當極治時，已自栽培得這般物在這裏了，故直至如今。道夫。

先生因泛言交際之道，云：「先人曾有雜録册子，記李仲和之祖見居三衢。同包孝肅同讀書一僧舍，每出入，必經由一富人門，二公未嘗往見之。一日，富人俟其過門，邀之坐。二公託以他事，不入。他日復招飯，意廑甚。李欲往，包公正色與語曰：『彼富人也，吾徒異日或守鄉郡，今妄與之交，豈不爲他日累乎！』竟不往。後十年，二公果相繼典鄉郡。」先生因嗟歎前輩立己接人之嚴蓋如此。方二公爲布衣，所志已如此。此古人所謂言行必「稽其所終，慮其所敝」也。或言：「近有爲鄉邑者，泛接部内士民，如布衣交，甚至狎溺無所不至。後來遇事入手，處之頗有掣肘處。」曰：「爲邑之長，此等處當有限節。若脱略繩墨，其末流之弊，必至於此。包、李之事，可爲法也。」時舉。

張乖崖云：「陽是人有罪，而未書案，尚變得；陰是已書案，更變不得。」此人曾見希夷來，言亦似太極圖。節。

「趙叔平，樂易厚善人也。平生做工夫，欲驗心善惡之多少，以一器盛黑豆，一器盛白豆，中間置一虛器。才一善念動，則取白豆投其中；惡念動，則取黑豆投其中；至夜，則倒虛器中之豆，觀其黑白，以驗善惡之多少。初間黑多而白少；久之，漸一般；又久之，則白多而黑少；又久，則和豆也無了，便是心純一於善矣。」或曰：「恐無此理。」曰：「前輩有一種工夫如此。若能持敬，則不消如此心煩，自然當下便復於善矣。」

陳烈字季慈。行甚高，然古怪太甚。使其知義理之正，是如何樣有力量！惜其只一向從一邊去。辭官表甚古，橫渠嘗稱之。温公薨，陳上表慰國家，張文潛集中有代范忠宣答其表書。

陳烈辭官表，上謂似中書之文。陳好行古禮，其妻厭之而求去。人遂誣陳惡其妻醜而出之。揚。

陳烈初年讀書，不理會得，又不記。因讀孟子「求放心」一段，遂謝絕人事，静坐室中。數月後，看文字記性加數倍，又聰明。揚。

阮逸撰元經、關朗易、李靖問對，見後山談叢。𤊹。

「崔正言奏議亦好。」又問：「曾看劉質夫春秋、謝顯道、胡明仲集否？」𤊹。

朱子語類卷第一百三十

本朝四

熙寧至靖康用人

問荆公得君之故。曰："神宗聰明絶人，與羣臣説話，往往領略不去；才與介甫説，便有『於吾言無所不説』底意思，所以君臣相得甚懽。向見何萬一之少年時所著數論，其間有説云，本朝自李文靖公、王文正公當國以來，廟論主於安静，凡有建明，便以生事歸之，馴至後來天下弊事極多。此説甚好。且如仁宗朝是甚次第時節！國勢却如此緩弱，事多不理。英宗即位，已自有性氣要改作，但以聖躬多病，不久晏駕，所以當時謚之曰『英』。神宗繼之，性氣越緊，尤欲更新之。便是天下事難得恰好，却又撞著介甫出來承當，所以作壞得如此！"又曰："介甫變法，固有以召亂。後來又却不别去整理，一向放倒，亦無緣治安。"儒用。以下荆公。

論王荆公遇神宗，可謂千載一時，惜乎渠學術不是，後來直壞到恁地。問：「荆公初起，便挾術數？爲後來如此？」曰：「渠初來，只是要做事。到後面爲人所攻，便無去就。不觀荆公日録，無以知其本末。它直是强辯，邈視一世，如文潞公，更不敢出一語。」問：「温公所作如何？」曰：「渠亦只見荆公不是，便倒一邊。如東坡當初議論，亦要變法，後來皆改了。」又問：「神宗元豐之政，又却不要荆公。」曰：「神宗盡得荆公許多伎倆，更何用他？到元豐間，事皆自做，只是用一等庸人備左右趨承耳。」又問：「明道、横渠初見時，皆許以峻用。後來乃如此，莫是荆公説已行，故然？」曰：「正如吾友適説徐子宜上殿極蒙褒奬，然事却不行。」曰：「設使横渠、明道用於當時，神宗盡得其學，他日還自做否？」曰：「不然。使二先生得君，却自君心上爲之，正要大家商量，以此爲根本。君心既正，他日雖欲自爲，亦不可。」又云：「富韓公召來，只是要去，語人云：『入見上，坐亦不定，豈能做事？』」某云：「韓公當仁廟再用時，與韓魏公在政府十餘年，皆無所建明，不復如舊時。」曰：「此事看得極好，當記取。」又問：「使范文正公當此，定不肯回。」曰：「文正却不肯回，須更精密似前日。」可學。

「荆公初作江東提刑，回來奏事，上萬言書。其間一節云：『今之小官俸薄，不足以養廉，必當有以益之。然當今財用匱乏，而復爲此論，人必以爲不可行。然天下之財未嘗不足，特不知生財之道，無善理財之人，故常患其不足。』神宗甚善其言。後來纔作參政第二日，便專措置理財，偏置回易庫，以籠天下之利，謂周禮泉府之職正是如此。却不知周公之制，只爲天下之貨有不售，則商旅留滯而不能行，故以官錢買之，使後來有欲買者，官中却給與之，初未嘗以此求利息也。」時舉云：「『凡國之財用取具焉』，則是國家有大費用皆給於此，豈得謂之不取利耶？朝廷財用，但可支常費耳。設有變故之來，定無可以應之。」曰：「國家百年承平，其實規模未立，特幸其無事耳。若有大變，豈能支耶？神宗一日聞回易庫零細賣甚果子之類，因云：『此非朝廷之體。』荆公乃曰：『國家創置有司，正欲領其繁細。若回易庫中，雖一文之物，亦當不憚出納，乃有司之職，非人君所當問。若人君問及此，則乃爲繁碎而失體也。』其説甚高，故神宗信之。」時舉。

「新法之行，諸公實共謀之，雖明道先生不以爲不是，蓋那時也是合變時節。但後來人情洶洶，明道始勸之以不可做逆人情底事。及王氏排衆議行之甚力，而諸公始退散。」道夫問：「新法之行，雖塗人皆知其有害，何故明道不以爲非？」曰：「自是王氏行得來有害。若使明道爲之，必不至恁地狼狽。」問：「若專用韓富，則事體如何？」曰：「二公也只守舊。」「專用温公如何？」曰：「他又別是一格。」又問：「若是二程出來擔負，莫須別否？」曰：「若如明道，十事須還他全別，方得。只看他當時薦章，謂其『志節慷慨』云云，則明道豈是循常蹈故塊然自守底人！」道夫。

吕氏家傳載荆公當時與申公極相好，新法亦皆商量來，故行新法時，甚望申公相助。又用明道作條例司，皆是望諸賢之助，是時想見其意好。後來盡背了初意，所以諸賢盡不從。明道行狀不載條例司事，此却好分明載其始末。

神宗嘗問明道云：「王安石是聖人否？」明道曰：「『公孫碩膚，赤舃几几』，聖人氣象如此。王安石一身尚不能治，何聖人爲！」先生曰：「此言最説得荆公著。」

荆公德行，學則非。若海。

先生論荆公之學所以差者，以其見道理不透徹。因云：「洞視千古，無有見道理不透徹，而所説所行不差者。但無力量做得來，半上落下底，則其害淺。如庸醫不識病，只胡亂下那没緊要底藥，便不至於殺人。若荆公輩，他硬見從那一邊去，則如不識病證，而便下大黄、附子底藥，便至於殺人！」燾。

劉叔通言：「王介甫，其心本欲救民，後來弄壞者，乃過誤致然。」曰：「不然。正如醫者治病，其心豈不欲活人？却將砒礵與人喫。及病者死，却云我心本欲救其病，死非我之罪，可乎？介甫之心固欲救人，然其術足以殺人，豈可謂非其罪？」僩。

因語荆公，陸子静云：「他當時不合於法度上理會。」語之云：「法度如何不理會？只是他所理會非三代法度耳。」居甫問：「荆公節儉恬退，素行亦好。」曰：「他當時作此事，已不合中。如孔子於飲食衣服之間，亦豈務滅裂？它當初便只苟簡，要似一苦行然。」某問：「明道『共改』之説亦是權？」曰：「是權。若從所説，縱未十分好，亦不至如它日之甚。」問：「章子厚説，温公以母改子，不是。此説却好。」曰：「當時亦是温公見得事急，且把做題目。」問：「温公當路，却亦如荆公，不通商量。」曰：「温公亦只是見得前日不是，己又已病，急欲救世耳。哲宗於宣仁有憾，故子厚輩得入其説。如親政次日，即召中官。范淳夫疏，拳拳君臣之間，只説到此，向上去不得，其如之何？」問：「宣仁不還政，如何？」曰：「王彦霖繫年録一段可見。嘗對宣仁論君子小人，彦霖云：『太皇於宫中須説與皇帝。』曰：『亦屢説，孫兒都未理會得。』觀此一節，想是以未可分付，故不放下。宣仁性極剛烈。蔡新州之事，行遣極重。」曰：「當時若不得范忠宣救，殺了他，他日諸公禍又重。」曰：「賴有此耳。」又問：「韓師朴、曾子宣建中事如何？」曰：「渠二人却要和會。子宣日録極見渠心迹。當時商量云，左除却軾、轍，右除却京、卞，此意亦好。後來元祐人漸多，頗攻其短，子宣却反悔，師朴無如之何。」又問：「蔡京之來，乃師朴所引，欲以傾子宣。」曰：「京入朝，師朴遣子迎之十里，子宣却遣子迎之二十里。京既入，和二人皆打出。」可學。或録云「韓師朴是箇鶻突的人，薦蔡京，欲使之排曾子宣」云云。

汪聖錫嘗問某云：「了翁政日録，其説是否？」應之曰：「不是。」曰：「如何不是？」曰：「若言荆公學術之繆，見識之差，誤神廟委任，則可。壯祖録云：「若言荆公學術不正，負神廟委任之意，是非謬亂，爲神廟聖學之害，則可。」却云日録是蔡卞增加，又云荆公自增加。如此，則是彼所言皆是，但不合增加其辭以誣宗廟耳。又以其言『太祖用兵，何必有名？真宗矯誣上天』，爲謗祖宗。此只是把持他，元不曾就道理上理會，如何説得他倒！」方子。

伯豐問四明尊堯集。曰：「只似討鬧，却不於道理上理會。蓋它止是於利害上見得，於義理全疏。如介甫心術隱微處，都不曾攻得，却只是把持。如曰『謂太祖濫殺有罪，謂真宗矯誣上天』，皆把持語也。龜山集中有政日録數段，却好。蓋龜山長於攻王氏。然三經義辨中亦有不必辨者，却有當辨而不曾辨者。」𣃁。

「王氏新經儘有好處，蓋其極平生心力，豈無見得著處？」因舉書中改古注點句數處，云：「皆如此讀得好。此等文字，某嘗欲看一過，與摭撮其好者而未暇。」賀孫。

三舍士人守得荆公學甚固。銖。

陳後山説，人爲荆公學，唤作「轉般倉，模畫手。致無贏餘，但有虧欠」！東坡云：「荆公之學，未嘗不善，只是不合要人同己。」此皆説得未是。若荆公之學是，使人人同己，俱入於是，何不可之有？今却説「未嘗不善，而不合要人同」，成何説話！若使彌望者黍稷，都無稂莠，亦何不可？只爲荆公之學自有未是處耳。銖。

荆公作字説時，只在一禪寺中。禪床前置筆硯，掩一龕燈。人有書翰來者，拆封皮埋放一邊。就倒禪床睡少時，又忽然起來寫一兩字，看來都不曾眠。字本來無許多義理，他要箇箇如此做出來，又要照顧須前後，要相貫通。

介甫解佛經亦不是，解「揭帝揭帝」云：「揭其所以爲帝者而示之。」不知此是胡語！璘。

唐坰林夫力疏荆公，對神宗前叱荆公。每誦其疏一段竟，又問云：「王安石是如此也無？」荆公力辨之。坰云：「在陛下前尚如此不臣！」坰初附荆公，荆公不曾收用，故後詆之。坰初欲言時，就曾魯公借錢三百千，以言荆公了，必見逐。貧，用以作裹足。曾以其作言事官，借與之。後得罪逐，曾監取其錢，而後放行。揚。

蜚卿問荆公與坡公之學。曰：「二公之學皆不正。但東坡之德行那裏得似荆公！東坡初年若得用，未必其患不甚於荆公。但東坡後來見得荆公狼狽，所以都自改了。初年論甚生財，後來見青苗之法行得狼狽，便不言生財。初年論甚用兵，如曰『用臣之言，雖北取契丹可也』。後來見荆公用兵用得狼狽，更不復言兵。他分明有兩截底議論。」道夫。

荆公後來所以全不用許多儒臣，也是各家都説得没理會。如東坡以前進説許多，如均户口、較賦役、教戰守、定軍制、倡勇敢之類，是煞要出來整理弊壞處。後來荆公做出，東坡又却盡底翻轉，云也無一事可做。如揀汰軍兵，也説怕人怨；削進士恩例，也説士人失望，恁地都一齊没理會，始得。且如役法，當時只怕道衙前之役，易致破蕩。當時於此合理會，如何得會破蕩？晁以道文集有論役法處，煞好。賀孫。

熙寧更法，亦是勢當如此。凡荆公所變更者，初時東坡亦欲爲之。及見荆公做得紛擾狼狽，遂不復言，却去攻他。如荆公初上底書，所言皆是，至後來却做得不是。自荆公以改法致天下之亂，人遂以因循爲當然。天下之弊，所以未知所終也。必大。

介甫初與吕吉甫好時，常簡帖往來。其一云：「勿令上知。」後來不足，吕遂繳奏之，神宗亦胡亂藏掩了。介甫只好人奉己，故與吕合。若東坡們不順己，硬要治他，如何天生得恁地狠！義剛。

問：「萬世之下，王臨川當作如何評品？」曰：「陸象山嘗記之矣，何待它人問？」「莫只是學術錯否？」曰：「天資亦有拗强處。」曰：「若學術是底，此樣天資却更有力也。」曰：「然。」琮。

介甫每得新文字，窮日夜閲之。喜食羊頭鹸，家人供至，或值看文字，信手撮入口，不暇用筯；過食亦不覺，至於生患。且道將此心應事，安得會不錯！不讀書時，常入書院。有外甥懶學，怕他入書院，多方討新文字；得之，只顧看文字，不暇入書院矣。文蔚。

因論王氏之學，而曰：「元澤幼即穎悟。嘗有人籠獐、鹿各一，以遺介甫，元澤時俱未識也。或問之曰：『孰爲鹿？孰爲獐？』元澤曰：『獐邊者是鹿，鹿邊者是獐。』其後解經大抵類此。」必大。

世上有「依本分」三字，只是無人肯行。且如蘇氏之學，却成箇物事。若王氏之學，都不成物事，人却偏要去學，這便是不依本分。近看博古圖，更不成文理，更不可理會，也是怪。其中說一「旅」字，云：「王曰：『衆也。』」這是自古解作衆，他却要恁地說時，是說王氏較香得些子。這是要取奉那王氏，但恁地也取奉得來不好。義剛。

先生取荆公奏藁進鄴侯家傳者，令人傑讀之。廣録云：「取荆公議府兵奏藁，及鄴侯與德宗議復府兵之説，令諸生誦之。曰：『如今得箇宰相如此，甚好。』」又讀益公跋。先生曰：「如益公説，則其事都不成做。」人傑云：「鄴侯有智略，如勸肅宗先取范陽，亦好。」曰：「此策誠善。彼勸肅宗未可取兩京者，欲以兩京縶其四將，惜乎不用也！」人傑云：「荆公保甲行於畿甸，其始固咈人情，元祐諸公盡罷之，却是壞其已成之法。」曰：「固是。近張元德亦有此議論寄來。」因言：「元祐諸公大略有偏處，多如此。」人傑云：「如棄地與西夏，亦未安。」曰：「當時如呂微仲，自以爲不然。蓋呂西人，知其利害。其他諸公所見，恨不得納諸其懷；其意待西夏倔强時，只欲卑巽請和耳。」因言：「本朝養兵蠹國，更無人去源頭理會，只管從枝葉上去添兵添將。太祖初定天下，將諸軍分隸州郡，特寄養耳，故謂之『第幾指揮』，謂之『禁軍』，明其爲禁衛也。其將校乃衙前，今所謂『都知兵馬使』，謂之『教練』，乃其軍之將也。若都監，乃唐末監軍之遺制。鈐轄、都部署，皆國初制也。部署，即今之總管。今州鈐、路鈐、總管，皆無職事，但大閱時供職一兩日耳。潭州有八指揮，其制皆廢弛。而飛虎一軍獨盛，人皆謂辛幼安之力。以某觀之，當時何不整理親軍？自是可用。却別創一軍，又增其費。又今之江上屯駐，祖宗時亦無之。某之意，欲使更戍於州郡，可以漸汰將兵，然這話難説。又今之兩淮荆襄義勇皆可用，但人多不之思耳。」人傑。廣録云：「京畿保甲之法，荆公做十年方成。至元祐時，温公廢了，深可惜！蓋此是已成之事，初時人固有怨者，後來做得成，想人亦安之矣。却將來廢了，可惜！因言軍政後來因事而添者甚多，添得新者，却不理會舊時有者。祖宗只有許多禁軍散在諸州，謂之禁軍者，乃天子所用之軍，不許他役。而今添得許多御前諸軍分屯了，故諸州舊有禁軍皆不理會。又如潭州緣置飛虎一軍了，都不管那禁軍與親兵。」

温公可謂知、仁、勇。他那活國救世處，是甚次第！其規模稍大，又有學問，其人嚴而正。植。以下温公。

義剛曰：「温公力行處甚篤，只是見得淺。」曰：「是。」義剛。

子思所謂「誠」，包得温公所謂「不妄語」者。温公誠在子思誠裏。閎祖。

曹兄問：「諸先生皆以爲司馬公許多年居洛，只成就得一部通鑑；及到入朝，却做得許多不好事。」曰：「道司馬公做得未善，即是；道司馬公之失，却不是。當時哲廟若有漢昭之明，便無許多事。」又曰：「不知有聖人出來，天下事如何處置？」因舉易云：「井渫不食，行測也；求王明，受福也。」卓。

温公忠直，而於事不甚通曉。如争役法，七八年間直是争此一事。他只說不合令民出錢，其實不知民自便之。此是有甚大事？却如何捨命争！端蒙。

司馬温公爲諫官，與韓魏公不合。其後作祠堂記，極稱其爲人，豈非自見熙豐之事故也？韓公真難得，廣大沉深！可學。

「司馬公憂國之心，至垂絶猶未忘；道鄉亦然。竊謂到此無可奈何，亦只得休矣。」先生曰：「全不念著，却如釋氏之忘。若二公者，又似太過。」問：「夫子曳杖負手，逍遥而歌，却不然。」曰：「夫子猶言：『明王不興，天下孰能宗予！』依舊是要做他底。」德明。

「與其得小人，不若得愚人。」温公晚年更歷之多，爲此說。揚。

范蜀公作温公墓誌，乃是全用東坡行狀，而後面所作銘，多記當時姦黨事。東坡令改之，蜀公因令東坡自作，因皆出蜀公名，其後却無事。若范所作，恐不免被小人掘了。

義剛。

涑水記聞，吕家子弟力辨，以爲非温公書。蓋其中有記吕文靖公數事，如殺郭后等。某嘗見范太史之孫某説，親收得温公手寫藁本，安得爲非温公書！某編八朝言行録，吕伯恭兄弟亦來辨。爲子孫者只得分雪，然必欲天下之人從己，則不能也。僩。

温公省試，作民受天地之中以生論，以生爲活。其説以爲民能受天地之中，則能活也。温公集中自有一段如此説，也説得好；却説他人以生爲生育之生者不然，拗論如此。某舊時這般文字，及了齋集之類，盡用子細看過。其有論此等去處，盡拈出看。少年被病翁監（看）〔着〕〔一〕，他不許人看，要人讀。其有議論好處，被他監讀，煞喫工夫！又云：「了翁集後面説禪，更没討頭處。病翁笑曰：『這老子後來説話如此，想是病心風。』」僩。

正獻爲温公言，佛家心法，只取其簡要。此吕氏之學也。方。

問：「明道論元祐事，須並用熙豐之黨。」曰：「明道只是欲與此數人者共變其法，且誘他入脚來做。」問：「如此却似任術？」曰：「處事亦有不能免者，但明道是至誠爲之，此數人者亦不相疑忌。然須是明道方能了此。後來元祐諸公治得此黨太峻，亦不待其服罪。

〔一〕據院本改。

溫公論役法疏略，悉爲章子厚所駁，只一向罷逐，不問所論是非，却是太峻急。然當時如蔡確輩留得在朝廷，豈不害事！德明。

元祐諸公大綱正，只是多疏，所以後來熙豐諸人得以反倒。揚。

元祐諸賢議論，大率凡事有據見定底意思；蓋矯熙豐更張之失，而不知其墮於因循。既有箇天下，兵須用練，弊須用革，事須用整頓。如何一切不爲得！又曰：「元祐諸賢，多是閉著門説道理底。後來見諸行事，如趙元鎮意思，是其源流大略可睹矣。」僩用。

熙豐時，諸人生財治獄，紛起可畏。一人嘗以獄事累及呂申公。申公時爲樞密，其人帶吏直入樞府，令申公供文字之類，甚無禮。後元祐間例治此等人，申公遂以其嘗治己之故，恐人以爲私報之讐，遂特輕之，當時人以是美之。先生曰：「只是莫過行遣，至當得這般罪，合與他行遣。此處皆是病。」揚。

元祐特立一司，名「理訴所」，令熙豐間有所屈抑者，盡來雪理，此元祐人之過也。後徽宗即位求言，人盡言之。後爲蔡京將放，有説熙豐不好者，盡罪之，以鍾世美第一。蘇季明亦以此得罪。揚。

范淳夫純粹，精神短，雖知尊敬程子，而於講學處欠缺。如唐鑑極好，讀之亦不無憾。道夫。

范淳夫論治道處極善，到説義理處，却有未精。㽦。

范淳夫説論語較粗，要知却有分明好處。如唐鑑文章，議論最好。不知當時也是此道將明，如何便教諸公都恁地白直！某嘗看文字，見説得好處，便尋他來歷，便是出於好人之門。賀孫。

范淳夫講義，做得條暢。此等正是他所長，説得出，能如此分曉。必大。

范淳夫不可曉，招李方叔教其子温輩，温甚不佳。又嘗薦陳元輿自代。若道要純謹，李方叔初不純謹；若道要學術議論，元輿又不是這樣人。德明。

韓持國、趙清獻俱學佛。向在衢州，見清獻公家書，雖佛尋常言語奉持亦謹，居家清苦之甚。韓持國卧病，令家人奏樂於前，就床上輾轉稱快。以此而觀，則清獻所得多矣。德明。

正淳問：「韓持國言『道上無克』，此説猶可。至説『道無真假』，則誤甚矣！」曰：「正緣其謂『道無真假』，所以言『無克』。若知道有真假，則知假者在所當克也。」必大。

南豐與兄，看來是不足。觀其兄與歐公帖，可見。義剛。

曾南豐初亦耿耿，後連典數郡，欲入而不得，故在福建亦進荔子。後得滄州，過闕，上殿劄子力爲諛説，謂本朝之盛自三代以下所無，後面略略説要戒懼等語，所謂「勸百而諷一」也。然其文極妙。

曾子固初與介甫極厚善。入館後，出倅會稽令。集中有詩云：「知者尚復然，悠悠誰可語！」必是曾諫介甫來，介甫不樂，故其當國不曾引用。後介甫罷相，子固方召入，又却專一進諛辭，歸美神宗更新法度，得箇中書舍人。丁艱而歸，不久遂亡。不知更活幾年，只做如何合殺？子宣在後，一向做出疏脱。初，子宣有意調停，不主元祐，亦不主元豐，遂有建中靖國年號，如豐相之、陳瑩中、鄒志完輩，皆其所引。却又被諸公時攻其短，子宣不堪，有斥之使去國者。其弟子開有書與子宣云：「某人者皆時名流，今置閑處。」蓋爲是也。後韓忠彦欲擠子宣，遂引蔡京入來。子宣知之，反欲通慇懃於京。忠彦方遣其子迓京，則子宣之子已將父命迎之於二十里外矣。先時子宣攻京甚力，至是遂不復誰何。凡京有所論奏，不曰「京之言是」，則曰「京之言善」，又不自知其疏脱，載之日録。儒用。

問：「劉元城不知培植君子之黨。才一小事，便一向搏擊，以致君子盡去而小人用矣，此其過否？」曰：「過不在此，是他見識有病。『不知言，無以知人也。』是他不知言。且如説伊川，他只見得祖宗有典故，才有不合，便道不是。渠不知輔導少主之理當如此，故伊川一向被他論列，是他見識只如此。又如蔡新州事，被他當時自謂有定策功，宣仁亦甚惡之，謂須與他痛治，恐後來皇帝被人惑，治他不得。元城亦欲因其詩以治之。當時執政、侍從、臺諫有不欲治蔡者，一切逐去。蓋以詩治人自不正，因此以治彼罪，又不是。詩胡說，何足道？定策謀，他又不說了，又無緣治得他，都不消問了。其本原只在開導人主心術，使人主知不賞私恩、不罰私怨之理，則蔡何足慮！元城亦不是私意。只是言不當如此，却不知以詩治人不當，又欲絶其定策姦謀。如此治之，豈不使人主益疑？後蔡死，其家果訴冤，謂蔡有定策功。諸人忌之，遂起大禍。後治元祐諸公，皆爲蔡報怨也。温公治時，必不如此。」揚。

問：「黄履、邢恕少居太學，邢固俊拔，黄亦謹厚力學，後來二人却如此狼狽。」曰：「它固會讀書，只是自做人不好。然黄却是箇白直底人，只是昏愚無見識，又愛官職，故爲邢所誘壞。邢則有意於爲惡，又濟之以才，故罪過多。」僩。

邢恕本不定疊，知隨州時，温公猶未絶之，與通書。只是明道、康節看得好。康節詩云：「慎勿輕爲西晉風！」明道語見上蔡録中，「便不得不説」處。開封劊子事，只是後來撰出，當時無此事，辨誣中有「妄謂」二字。德明。

問：「邢恕少年見諸公時，亦似好。」先生曰：「自來便尖利出頭，不確實，到處裏去入作章惇用。林希作御史，希擊伊川，只俟邢救，便擊之。恕言於哲宗：『臣於程某嘗事之以師友，今便以程某斬作千段，臣亦不救！』當時治恕者，皆尋得明道行狀後所載説，即本此治之。恕過惡如此，皆不問。只在這一邊者，有毫髮必治之。」揚。

邢恕令王直方父爲高忘其名。做一脱宣仁欲廢哲宗事由文字，令高上之，人初不知之。直方臨死，以文字籠分人，籠中有其文字在，其説謂宣仁欲立其所生神宗弟。徐度侍郎云：「便是立神宗弟，亦無不是。」揚。

蘇子容薦李清臣。清臣一對，便説繼述事，蘇聞之駭然。出，蘇語李曰：「邦直將作好官！」振。

因論高甲人及葉祖洽，曰：「此人本無才能，但時方尊尚介甫之學，祖洽多用其説，且因而推尊之，故作第一人。按編年，上好讀孟子，人未知之。時廷試進士，始用策，葉祖洽鄉人黃履在禁從，因以告之。祖洽試策皆援引孟子，故稱旨，擢爲第一。然其人品凡下，又不敢望新進用事之人，提拔不起，當時不甚擢用。元祐固是無緣用他，及至紹聖間，復行『紹述』之説，依舊在閑處，無聊之甚，遂自詭以爲熙豐舊人，知熙豐事爲詳。又謂：『趙挺之亦熙豐舊人，嘗薦臣。今蒙擢在言路，乞召問之。』士大夫貪得患失，固無所不至，然未有若祖洽之甚者。」或謂：「此等人亦緣科第高，要做官職，牽引得如此。」曰：「只是自家無志。若是有志底，自然牽引它不得。蓋他氣力大，如大魚相似，看是甚網，都迸裂出去。才被這些子引動，便是元無氣力底人。如張子韶、汪聖錫、王龜齡一樣底人，如何牽得他！」儒用。

莊仲問：「本朝名公，有説得好者，於行上全不相應，是如何？」曰：「有一等人能談仁義之道，做事處却乖。此與鬼念大悲呪一般，更無奈何他處。」又曰：「只是知得不明之故。筆談言士人們做文字，問即不會，用則不錯者，皆是也。豈可便以言取人！然亦不可以人廢言，説得好處，須還他好始得。如孟子取陽虎之言，但其用意别耳。」友仁。

「學中策問，蘇程之學，二家常時自相排斥，蘇氏以程氏爲姦，程氏以蘇氏爲縱横。以某觀之，只有荆公修仁宗實録，言老蘇之書，大抵皆縱横者流，程子未嘗言也。如遺書『賢良』一段，繼之以『得志』、『不得志』之説，却恐是説他。坡公在黄州猖狂放恣，『不得志』之説，恐指此而言。」道夫問：「坡公苦與伊洛相排，不知何故？」曰：「他好放肆，見端人正士以禮自持，却恐他來檢點，故恁詆訾。」道夫曰：「坡公氣節有餘，然過處亦自此來。」曰：「固是。」又云：「老蘇辨姦，初間只是私意如此。後來荆公做不著，遂中他説。然荆公氣習，自是一箇要遺形骸、離世俗底模樣，喫物不知飢飽。嘗記一書，載公於飲食絶無所嗜，惟近者必盡。左右疑其爲好也，明日易以他物，而置此品於遠，則不食矣，往往於食未嘗知味也。至如食釣餌，當時以爲詐，其實自不知了。近世吕伯恭亦然，面垢身汙，似所不卹，飲食亦不知多寡。要之，即此便是放心。辨姦以此等爲姦，恐不然也。老蘇之出，當時甚敬崇之，惟荆公不以爲然，故其父子皆切齒之。然老蘇詩云：『老態盡從愁裏過，壯心偏傍醉中來。』如此無所守，豈不爲他荆公所笑！如上韓公書求官職，如此所爲，又豈不爲他荆公所薄！至如坡公著述，當時使得盡行所學，則事亦未可知。從其遊者，皆一時輕薄輩，無少行檢，就中如秦少游，則其最也。諸公見他說得去，更不契勘。當時若使盡聚朝廷之上，則天下何由得平！更是坡公首爲無稽，游從者從而和之，豈不害事！但其用之不久，故他許多敗壞之事未出。兼是後來羣小用事，又費力似他，故覺得他箇好。」道夫。以下三蘇及門人。

或問：「東坡若與明道同朝，能從順否？」曰：「這也未見得。明道終是和粹，不甚嚴厲。東坡稱濂溪，只是在他前，不與同時同事。」因說：「當時諸公之争，看當時如此，不當論相容與不相容。只看是因甚麽不同，各家所争是争箇甚麽。東坡與荆公固是争新法。東坡與伊川是争箇甚麽？只看這處，曲直自顯然可見，何用别商量？只看東坡所記云：『幾時得與他打破這「敬」字！』看這説話，只要奮手捋臂，放意肆志，無所不爲，便是。只看這處，是非曲直自易見。論來若説争，只争箇是非。若是，雖斬首穴胸，亦有所不顧；若不是，雖日食萬錢，日遷九官，亦只是不是。看來别無道理，只有箇是非。若不理會得是非分明，便不成人。若見得是非，方做得人。這箇是處，便是人立脚底地盤。向前去，雖然更有裏面子細處，要知大原頭只在這裏。且要理會這箇教明白，始得。這箇是處，便即是道，便是所謂『天命之謂性，率性之謂道』。萬物萬事之所以流行，只是這箇。做得是，便合道理；纔不是，便不合道理。所謂學問，也只在這裏。所以大學要先格物、致知。一件物事，固當十分好；若有七分好，二〔一〕分不好，也要分明。這箇道理，直是要分明，細入於毫髮，更無些子夾雜。」又云：「東坡如此做人，到少間便都排廢了許多端人正士，却一齊引許多不律底人來。如秦黄雖是向上，也只是不律。因舉魯直飲食帖。東坡雖然疏闊，却無毒。子由不做聲，却險。少游文字煞弱，都不及衆人，得與諸蘇並稱，是如何？子由初上書，煞有變法意。只當是時非獨荆公要如此，諸賢都有變更意。」賀孫。

問：「二蘇之學得於佛老，於這邊道理，元無見處，所以其說多走作。」曰：「看來只是不會子細讀書。它見佛家之説直截簡易，驚動人耳目，所以都被引去。聖賢之書，非細心研究不足以見之。某數日來，因問思聖人所以説箇『格物』字，工夫盡在這裏。今人都是無這工夫，所以見識皆低。然格物亦多般，有只格得一兩分而休者，有格得三四分而休者，有格得四五分、五六分者。格到五六分者已爲難得。今人原不曾格物，所以見識極卑，都被他引將去。二蘇所以主張箇『一』與『中』者，只是要恁含糊不分别，所以横説豎

〔一〕「二」，似當作「三」。

說，善作惡作，都不會〔一〕道理也。然當時人又未有能如它之說者，所以都被他說動了。故某嘗說，今人容易爲異説引去者，只是見識低，只要鶻突包藏，不敢說破。纔說破，便露脚手。所以都將『一』與『中』蓋了，則無面目，無方所，人不得而非之。」僩。

二蘇呼喚得名字都不是了。振。

兩蘇既自無致道之才，又不曾遇人指示，故皆鶻突無是處。人豈可以一己所見只管鑽去，謂此是我自得，不是聽得人底！

胡問：「東坡兄弟，若用時，皆無益於天下國家否？」曰：「就他分限而言，亦各有用處；論其極，則亦不濟得事。」淳。

東坡議論大率前後不同，如介甫未當國時是一樣議論，及後來又是一樣議論。公謹。

東坡只管罵王介甫。介甫固不是，但教東坡作宰相時，引得秦少游、黄魯直一隊進來，壞得更猛。淳。

或問：「張安道爲人何如？」曰：「不好。如攻范黨時，他大節自虧了。後來爲温公攻擊，章凡六七上，神宗不聽，遂除温公過翰林學士，而張居職如故。嘗見東坡爲温公神道

〔一〕「會」，賀疑作「合」，或上脱「理」字。

碑，叙温公自翰林學士爲御史中丞，自御史中丞再爲翰林學士，心嘗疑之，此一節必有所以。後觀温公集，乃知温公以攻安道之故，再自御史過翰林。而東坡兄弟懷其平日待遇之厚，不問是非，極力尊之。故東坡删去此一節，不言其事，遂令讀者有疑安道不好。又劉公湖州人，忘其名。亦數章攻之，而不見其首三章。集中止有第四章，大概言，臣攻方平之短，已具於前數奏中。記得是最言其不孝之罪，可惜不見。蓋東坡尊方平，而天下後世之人以東坡兄弟之故，遂爲東坡諱而隱其事，併毁其疏以滅蹤。某嘗問劉公之孫某求之，而其家亦已無本矣。方平嘗託某人買妾，其人爲出數百千買妾，方平受之而不償其直，其所爲皆此類也。安道是箇秦不收魏不管底人，他又爲正人所惡，那邊又爲王介甫所惡。蓋介甫是箇修飭廉隅孝謹之人，而安道之徒，平日苟簡放恣慣了，纔見禮法之士，必深惡。如老蘇作辨姦以譏介甫，東坡惡伊川，皆此類耳。論來介甫初間極好，他本是正人，（凡）〔見〕[一]天下之弊如此，鋭意欲更新之，可惜後來立脚不正，壞了。若論他甚樣資質孝行，這幾箇如何及得他！他們平日自恣慣了，只見修飭廉隅不與己合者，即深詆之，有何高見！」卓。

〔一〕據陳本改。

温公自翰林學士遷御史中丞，累章論張方平。所論不行，自中丞復爲翰林學士。東坡作温公神道碑，只説自中丞復爲翰林學士，却節去論方平事，爲方平諱也。某初時看，更曉不得。後來看得温公文集，方知是如此。文蔚。

老蘇説得眼前利害事却好。學蒙。

因説老蘇，曰：「不能言而蹺蹊者有之，未有言蹺蹊而其中不蹺蹊者。」揚。

三代節制之師，老蘇權論不是。謨。

東坡善議論，有氣節。若海。

東坡解經，一作解尚書。莫教説著處直是好！蓋是他筆力過人，發明得分外精神。

東坡天資高明，其議論文詞自有人不到處。如論語説亦煞有好處，但中間須有些漏綻出來。如作歐公文集序，先説得許多天來底大，恁地好了，到結末處却只如此，蓋不止龍頭蛇尾矣！當時若使他解虚心屈己，煅煉得成甚次第來！木之。

問：「東坡與韓公如何？」曰：「平正不及韓公。東坡説得高妙處，只是説佛，其他處又皆粗。」又問：「歐公如何？」曰：「淺。」久之，又曰：「大概皆以文人自立。平時讀書，只把做考究古今治亂興衰底事，要做文章，都不曾向身上做工夫，平日只是以吟詩飲酒戲謔度日。」義剛。

東坡平時爲文論利害，如主意在那一邊利處，只管説那利。其間有害處，亦都知，只藏匿不肯説，欲其説之必行。淳。

因論東坡刑賞論「悉舉而歸之仁義」，如是則仁義乃是不得已而行之物，只是作得一癡忠厚。此説最礙理，學者所當察。可學。

東坡刑賞論大意好，然意闊疏，説不甚透。只似刑賞全不柰人何相似，須是依本文將「罪疑惟輕，功疑惟重」作主意。

因論二蘇刑賞論極做得不是。先生曰：「用刑，聖人常有不得已之心；用賞，聖人常有不吝予之意，此自是忠厚了。若更於罪之疑者從輕，於功之疑者從重，這尤是忠厚。此是兩截之事。」卓。

温公墓碑云：「曰誠，曰一。」人多議之，然亦未有害。誠者，以其表裏言之；一者，以其始終言之。人傑。

「坡公作温公神道碑，叙事甚略。然其平生大致，不踰於是矣，這見得眼目高處。」道夫曰：「某〔一〕作富公碑甚詳。」曰：「温公是他已爲行狀，若富公，則異於是矣。」又曰：「富

〔一〕「某」，似當作「其」。

公在朝，不甚喜坡公。其子弟求此文，恐未必得，而坡公鋭然許之。自今觀之，蓋坡公欲得此爲一題目，以發明己意耳。其首論富公使虜事，豈苟然哉！」道夫曰：「向見文字中有云，富公在青州活飢民，自以爲勝作中書令二十四考，而使虜之功，蓋不道也。坡公之文，非公意矣。」曰：「須要知富公不喜，而坡公樂道而鋪張之意如何。」曰：「意者，富公嫌夫中國衰弱而夷狄盛强，其爲此舉，實爲下策。而坡公則欲救當時之弊，故首以爲言也。」先生良久乃曰：「富公之策，自知其下。但當時無人承當，故不得已而爲之爾，非其志也。使其道得行，如所謂選擇監司等事，一一舉行，則内治既强，夷狄自服，有不待於此矣。今乃增幣通和，非正甚矣。坡公因紹聖、元豐間用得兵來狼狽，故假此説以發明其議論爾。」道夫。

東坡南安學記説，古人井田封建不可行，今只有箇學校而已。其間説舜遠不可及，得如鄭子産爲鄉校足矣。如何便決定了千萬世無人可以爲舜，只得爲子産！又説古人於射時，因觀者羣聚，遂行選士之法，此似今之聚場相撲相戲一般，可謂無稽之論。自海外歸來，大率立論皆如此。淳。

或問：「東坡言：『逝者如斯，而未嘗往也；盈虛者如代，而(率)〔卒〕[一]莫消長也。』只

〔一〕據陳本改。

是老子『獨立而不改，周行而不殆』之意否？」曰：「然。」又問：「此語莫也無病？」曰：「便是不如此。既是『逝者如斯』，如何不往？『盈虛如代』，如何不消長？既不往來，不消長，却是箇甚底物事？這箇道理，其來無盡，其往無窮。聖人但云：『維天之命，於穆不已。』又曰：『逝者如斯夫！』只是說箇不已，何嘗說不消長，不往來？它本要說得來高遠，却不知說得不活了。既是『往者如斯，盈虛者如代』，便是這道理流行不已也。東坡之說，便是肇法師『四不遷』之說也。」又云：「『盈虛者如代』，『代』字今多誤作『彼』字。『而吾與子之所共食』，『食』字多誤作『樂』字。嘗見東坡手寫本，皆作『代』字、『食』字。頃年蘇季真刻東坡文集，嘗見問『食』字之義。答之云：『如「食邑」之「食」，猶言享也。』吏書言「食邑其中」，「食其邑」，是這樣「食」字。今浙間陂塘之民，謂之「食利民户」，亦此意也。」又云：「碑本後赤壁賦『夢二道士』，『二』字當作『一』字，疑筆誤也。」僩。

須見得道理都透了，而後能靜。東坡云：「定之生慧，不如慧之生定較速。」此說得也好。淳。

或言：「東坡雖說佛家語，亦說得好。」先生曰：「他甚次第見識！甚次第才智！它見得那一道明，早亦曾下工夫，是以說得那一邊透。今世說佛，也不曾做得他工夫；說道，也不曾做得此邊工夫；只是虛飄飄地，沙魘過世。」謙。

草堂劉先生曾見元城云：「舊嘗與子瞻同在貢院。早起洗面了，遶諸房去胡說亂說。被他撓得不成模樣，人皆不得看卷子。乃夜乃歸張燭，一看數百副。在贑上相會，坐時已自瞌睡，知其不永矣，不知當時許多精神那裏去？」二公皆歸自嶺海。東坡曾知貢舉。揚。

東坡記賀水部事，或云無此事，蓋喬同給東坡以求詩爾。僩。

東坡薦秦少游，後爲人所論，他書不載，只丁未録上有。嘗謂東坡見識如此，若作相，也弄得成蔡京了。李方叔如許，東坡也薦他。

東坡聰明，豈不曉覺得？他晚年自知所學底倚靠不得。及與李昭玘書，有云：「黄、秦輩挾有餘之資，而騖於無涯之智，必極其所如，將安所歸宿哉？念有以反之。」范淳夫持兩端，兩邊都不惡他，也只是不是。如今說是說非，都是閑說。若使將身已頓放在蘇、黄間，未必不出其下。須是自家强了他，方說得他，如孟子闢楊墨相似。這道理只是一箇道理，只理會自家身己是本，其他都是閑物事。緣自家這一身是天造地設底，已盡擔負許多道理，纔理會得自家道理，則事物之理莫不在這裏。一語一默，一動一静，一飲一食，皆有理。纔不是，便是違這理。若盡得這道理，方成箇人，方可以柱天踏地，方不負此生。若不盡得此理，只是空生空死，空具許多形骸，空受許多道理，空喫了世間人飯！見得道理若是，世上許多閑物事都没要緊，要做甚麽？又曰：「伊尹說：『天之生斯民也，使先知覺後知，使先覺覺後覺。予，天民之先覺者也，予將以斯道覺斯民也。非予覺之而誰也？』『思天下之民，匹夫匹婦有不與被堯舜之澤者，若己推而納之溝中。其自任以天下之重如此！』聖賢與衆人皆具此理，衆人自不覺察耳。」又曰：「聖人之心，如青天白日，更無些子蔽翳。」又曰：「如今學者且要收放心。」又曰：「萬理皆具於吾心，須就自家身己做工夫，方始應得萬理萬事，所以大學說：『在明明德，在新民。』」賀孫。

先生因論蘇子由云「學聖人不如學道」，他認道與聖人做兩箇物事，不知道便是無軀殼底聖人，聖人便是有軀殼底道。學道便是學聖人，學聖人便是學道，如何將做兩箇物事看！燾。

看子由古史序說聖人：「『其爲善也，如冰之必寒，火之必熱；其不爲不善也，如騶虞之不殺，竊脂之不穀。』此等議論極好。程張以後文人無有及之者。蓋聖人行事，皆是胸中天理，自然發出來不可已者，不可勉强有爲爲之。後世之論，皆以聖人之事有所爲而然。周禮纖悉委曲去處，却以聖人有邀譽於天下之意，大段鄙俚。此皆緣本領見處低了，所以發出議論如此。如陳君舉周禮說有『畏天命，即人心』之語，皆非是聖人意。」因說：「歐公文字大綱好處多，晚年筆力亦衰。曾南豐議論平正，耐點檢。李泰伯文亦明白好看。」木之問：「老蘇文議論不正當。」曰：「議論雖不是，然文字亦自明白洞達。」木之。

子由古史論，前後大概多相背馳，亦有引證不著。是他老來精神短，做這物事，都忘前失後了。淳。

近見蘇子由語録，大抵與古史相出入。它也説要「一以貫之」，但是他説得别。他只是守那一，説萬事都在一，淳録有「外」字。然而又不把一去貫。説一又别是一箇物事模樣。義剛。

因説欒城集，曰：「舊時看他議論亦好。近日看他文字，煞有害處。如劉原父高才傲物，子由與他書，勸之謙遜下人，此意甚好。其間却云：『天下以吾辯而以辯乘我，以吾巧而以巧困我，不如以拙養巧，以訥養辯。』如此，則是怕人來困我，故卑以下之，此大段害事。如東坡作刑賞忠厚之至論，却説『懼刑賞不足以勝天下之善惡，故舉而歸之仁』。如此，則仁只是箇鶻突無理會底物事，故又謂『仁可過，義不可過』。大抵今人讀書不子細，此兩句却緣『疑』字上面生許多道理。若是無疑，罪須是罰，功須是賞，何須更如此？」或曰：「此病原起於老蘇。」曰：「看老蘇六經論，則是聖人全是以術欺天下也。子由晚年作待月軒記，想他大段自説見得道理高，而今看得甚可笑！如説軒是人身，月是人性，則是先生下一箇人身，却外面尋箇性來合湊著，成甚義理！」雉。

子由深，有物。作潁濵遺老傳，自言件件做得是。如拔用楊畏、來之邵等事，皆不載了。當時有「楊三變」「兩來」之號。門下侍郎甚近宰相，范忠宣、蘇子容輩在其下。楊攻去一人，當子由做，不做，又自其下用一人；楊又攻去一人，子由當做，又不做，又自其下拔一人。凡數番如此，皆不做。楊曰：「蘇不足與矣。」遂攻之。來亦攻之。二人前攻人，皆受其風旨也。後來居潁昌，全不敢見一客。一鄉人自蜀特來謁之，不見。候數日，不見。一日，見在亭子上，直突入。子由無避處了，見之。云：「公何故如此？」云：「某特來見。」云：「可少候，待某好出來相見。」歸，不出矣。揚。

劉大諫與劉草堂言，子瞻却只是如此。子由可畏，謫居全不見人。一日，蔡京黨中有一人來見子由，遂先尋得京舊常賀生日一詩，與諸小孫先去見人處嬉看。及請其人相見，諸孫曳之滿地。子由急自取之，曰：「某罪廢，莫帶累他元長去！」京自此甚畏之。揚。

龍川志序所載，多得之劉貢父。

害蘇子美者是一李定，害東坡者又别是一李定。蘇東坡時守湖州，來攝，東坡驚甚。時陳伯修爲倅，多調護事。伯修名師錫，建陽人，常作察院，同了翁言蔡京，後貶死。東坡下御史獄，考掠之甚。蘇子容時尹開封，勘陳世儒事。有人言文潞公之徒，嘗請託之類亦置獄。子容與東坡連獄，聞其有考掠之聲，有詩云云。世儒，執中子也。世儒所生張氏酷甚。似是吕申公外甥。世儒妻一日諷羣婢云：「本官若丁憂，汝輩要嫁底爲好嫁，要錢底與之錢。」群婢以此遂藥殺之。後置獄，夫婦皆赴法。其婦慧甚，臨赴法時，遂掣窗紙一片，即搯成一「番」字，使人送與其夫云云。揚。

蘇東坡子過，范淳夫子温，皆出入梁師成之門，以父事之。然以其父名（其）〔在〕〔一〕籍中，亦不得官職。師成自謂東坡遺腹子，待叔黨如親兄弟，諭宅庫云：「蘇學士使一萬貫以下，不須覆。」叔黨緣是多散金，卒喪其身。又有某人亦以父事師成。師成妻死，温與過當以母禮喪之，方疑忌某人。不得已衰絰而往，則某人先衰絰在帷下矣！可學。

東坡謚「文忠」時，無「太師」，曾誤寫作「太師」。人與言之，曰：「何妨？」遂因而贈之。今行遺年月前後可考。揚。

論東坡之學，曰：「當時遊其門者，雖苦心極力，學得他文詞言語，濟得甚事！如見識議論，自是遠不及。今東坡經解雖不甚純，然好處亦自多，其議論亦有長處。但他只從尾梢處學，所以只能如此。」

富鄭公初甚欲見山谷，及一見，便不喜，語人曰：「將謂黄某如何，元來只是分武寧一茶客！」富厚重，故不喜黄。振。

〔一〕據陳本改。

黄山谷慈祥之意甚佳，然殊不嚴重。書簡皆及其婢妮，艷詞小詩，先已定以悦人，忠信孝弟之言不入矣。

山谷使事多錯本旨，如作人墓誌云：「敬授來使，病於夏畦！」本欲言皇恐之意，却不知與「夏畦」相去關甚事。

黄魯直以元祐黨貶，得放還，因爲荆南甚寺作塔記。人以此媒孽他，故再貶。所以蘇子由們皆閉門絶賓客。有人自蜀來，累日不得見。詢其鄰人，云：「他十數日必一出門外小亭上坐。」其人遂日候其出，才得一揖。子由讓其坐，且云：「待某入著衣服。」即入去，一向不出。

黄魯直書浯溪碑是他最好底議論。而沙隨却説他不是，蓋云肅宗收復兩京，再造王室，其功甚大，不可短他。這事不如此。功過當作兩項説，不以相揜可也。肅宗之收復京師，其功固可稱。至不待父命而即位，分明是簒。沙隨之論，大概要考細碎制度，不要人説義理，與致堂説皆相反。如云，韓趙魏爲諸侯，不爲不是。蓋爲周室微弱，不可不立他；待自家强盛，方可去治他。又云：「晉之所以爲三卿分者，是其初不合併得地太大，所以致得恁地。若如此，則周室爲諸侯所陵，亦謂之武王不合有此天下，可乎？漢匡衡當恭顯用事，不敢有言；至恭顯死後方論他，遂爲王尊所劾。沙隨以爲人主之意不可回，宰相不可以諫他，反遭禍害。又唐劉蕡云，天子不可漏言；他却誦言於庭，使宦官之勢愈張。沙隨却云，劉蕡以布衣應直言極諫科，合如此説，縱殺身猶可以得名。豈有宰相與天子一體，而不諫諍人主，布衣却可出來説！致堂説二疏是見元帝不足傅相，故持知止之義以求退，看來是如此。若蕭望之則不容於不死，是不若二疏之先見。沙隨乃云不然，且引鄭忽之事爲證，又不著題，皆不成議論。」

先生看東都事略。文蔚問曰：「此文字如何？」曰：「只是説得箇影子。適間偶看陳無己傳，他好處都不載。」問曰：「他好處是甚事？」曰：「他最好是不見章子厚，不著趙挺之綿襖。傅欽之聞其貧甚，懷銀子見他，欲以賙之；坐間聽他議論，遂不敢出銀子。如此等事，他都不載。如黄魯直傳，魯直亦自有好處，亦不曾載得。」文蔚問：「魯直好在甚處？」曰：「他亦孝友。」文蔚。

陳無己、趙挺之、邢和叔，皆郭大夫壻。陳在館職，當侍祠郊丘，非重裘不能禦寒氣。無己止有其一，其内子爲於挺之家假以衣之。無己詰所從來，内以實告。無己曰：「汝豈不知我不著渠家衣耶？」却之，既而遂以凍病而死。謝克家作其文集序，中有云：「箧無副裘。」又云：「此豈易衣食者？」蓋指此事。必大。揚録云：「謝任伯作墓誌，所載不明，此豈可不白於後世也？」

陳後山與趙挺之、邢和叔爲友壻，皆郭氏壻也。後山推尊蘇黄，不服王氏，故與和叔不協。後山在館中，差與南郊行禮。親戚謂其妻曰：「登郊臺，率以夜半時，寒不可禁，須多辦綿衣。」而後山家止有一裘，其妻遂於邢家借得一裘以衣。後山云：「我只有一裘，已著，此何處得來？」妻以實告。後山不肯服，亟令送還，竟以中寒感疾而卒。或曰：「非從邢借，乃從趙借也。」故或人祭文有云「囊無副衣」，即謂此也。趙挺之初亦是熙豐黨中人，附蔡元長以得進；後來見得蔡氏做得事勢不好了，却去攻他。趙有三子：曰□誠，曰思誠，曰明誠。明誠，李易安之夫也，文筆最高，金石録煞做得好！廣。

晁以道後來亦附梁師成，有人以詩嘲之曰：「早赴朱張飯，隨賡蔡子詩。此回休倔强，凡事且從宜！」人傑。

張文潛軟郎當，他所作詩，前四五句好，後數句胡亂填滿，只是平仄韻耳。想見作州郡時闒冗。平昔議論宗蘇子由，一切放倒，無所爲，故秦檜喜之。檜其他豈肯無所爲？陳無已亦是以策言不用兵，孝文和戎好，檜亦喜之。揚。

徐德占爲御史中丞，不敢見人，朝路見南豐，叙致甚恭。南豐待之甚踞，云「公是徐禧，久聞公名」云云。揚。

董敦逸在紹聖間爲御史，嘗命録問孟后事。奏章都上，次日忽入文字云：「臣昨日録問時，覺得宫中人口中有無舌者，臣恐有枉。」當時以御史録問爲重，未上文字時，能論列未必如是。後來朝廷以其反覆，罪之。後曾子宣薦士，皆一時名士，董亦在其中，名下注云：「臣履〔一〕常疑其人。履前時細行亦謹，與邢恕同學，未必不是爲邢所誘也。」揚。

汪表民進言，史臣不能發明神宗德業，其史不好，諸小人遂執此以生事。揚。

小人不可與君子同處於朝。昔曾布當建中靖國初，專欲涵養許多小人，漸漸被他得志，一時諸君子皆爲其所陷。要之，要出來做時，小人若未可卒去，亦須與分明開說是非善惡，使彼依自家話時，却以事付之。若分明與説是非，不依自家話時，自家只得去了。如何含含胡胡，我也做些，他也做些，都不與問那箇是是，那箇是非！久之，未有不爲其所勝。若與説得是非通透了，他也自要做好人。他若既知得是非，又自要做人，這須旋旋安頓，與在外好差使。吾人也無許多智巧對副他。兼是才做一事，自家便把許多精神智巧對副他，自家心術已自壞了。明道先生若大用，雖是可以變化得小人，然亦須與明辨是非。舜去「四凶」，孔子誅少正卯，當初也須與他説是非。到得他自恃其高，不依聖人説話，只得去了。賀孫。

〔一〕「臣履」，賀疑倒。

曾子宣初亦未嘗有甚惡元祐人之意。被陳瑩中書之後，遂乘勢作起徽宗攻治之，亦以其與熙豐本合也。子開嘗有書諫其兄莫如此，并莫用蔡京之類。子宣亦有答書，謂吾弟亦嘗不容於元祐，今何故議論如此？子開雖然所見，亦鶻突。揚。

曾子宣作相，薦蔡京。子開不樂之甚，力諫其兄，即乞出。本不喜蔡京。蔡京來去，途中遇之，避又不得，不見又不得，遂謁見之。京公服秉笏謝云：「今此得還闕皆相公之力，翰林之助。」子開聞其言，愈不樂，一切失措。京秉笏謝之，子開亦忘笏了，只叉手答子。子開因蔡確事，被劉器之所逐。後見其兄引薦繆，遂多主元祐之人。子宣書與之曰：「平日吾弟議論平正，無所偏黨。吾弟亦嘗不容於元祐，今何故如此？」子宣後見蔡京事，深自恨，而敬服了翁。揚。或録云：「京致恭，子開略答之。忽出笏稟事，因及子宣政事。子開正色曰：『賢道家兄做得是邪？』」

「曾子宣手記，被曾揀出好底印行。某於劉共父家借得全書看，其間邪惡之論甚多。」

或問：「若據布所記，則元符間何爲與章厚同在政府，而能兩立？」曰：「便是恐不可全信。然每奏事，布必留身對，必及厚。厚獨對，必及布。哲宗欲兩聞其過失，亦多詢及之。」至。

了翁以書達曾子宣，子宣怒，蹺足而讀。陳曰：「此國家大事，相公且平心，無失待士之禮。」曾下足，陳因此出。揚。

了翁平生於取舍處，看得極分明。從此有入，凡作文多好言此理。嘗作一文祭李家人云：「熊掌我取，天實予之。」所以平生所立如此。陳了翁在貶竄中，與蔡京輩争辨不已，亦是他有智數。蓋不如此，則必爲京輩所殺矣。人傑。或録云「了翁固是好人，亦有小小智數」云云。

陳了翁氣剛才大，惜其不及用也！若海。

問：「元城、了翁之剛，孰爲得中？」曰：「元城得中，了翁後來有太過處。元城只是居其位，便極言無隱，罪之即順受。了翁後來做得都不從容了。所以元城嘗論其尊堯集所言之過，而戒之曰：『告君行己，苟己無憾，而今而後，可以忘言矣。』」僩。

了翁有濟時之才。道鄉純粹，才不及也。使了翁得志，必有可觀。道夫。

先生問：「潮州前此有遷客否？」德明答以不知。先生因言：「子由謫循州。元城經行海州，當時有言劉器之好命，用事者擬竄某州，云：『且與他試命。』後放還居南都，尚康强。宣和末年方没，只隔一年，便有金虜之禍。使其不死，必召用。是時天下事被人作壞，已如魚爛了，如何整頓！一場狼狽不小。今日且是無人望。元城在南都，似箇銀山鐵壁，地又當往來之衝。過者必見，歷歷爲説平生出處，無小回護。羣小雖睥睨，不敢動著他。」德明。嚞録云：「此老若在，教他做時，不知能救得如何？」

鄒道卿奏議不見於世。德父嘗刊行家集，龜山以公所彈擊之人猶在要路，故今集中無奏議。後來汪聖錫在三山刊龜山集，求奏議於其家，安止移書令勿刊，可惜！不知龜山猶以出處一事爲疑，故奏議不可不行於世。安止判院聞之，刊於延平。德明。

問劉元承撻鄒志完舟人事。見晁氏客語，更當考。曰：「道卿赴貶到某州，元承爲守。舟人覆，若載鄒正言，不敢取一錢。元承撻之。」因云：「元承當蔡京用事時，煞做好官。」德明。揚録云：「舟子不用錢，願載。劉聞之，追舟子史一慎，不得去載。」

先生傷時世之不可爲，因歎曰：「忠臣殺身不足以存國，讒人搆禍，無罪就死。後人徒爲悲痛，柰何！劉莘老死亦不明。今其行狀似云，死後以木匣取其首。或云服藥，或云取首級，皆無可考。國史此事是先君修正，云：『劉摯、梁燾相繼死嶺表，天下至今哀之！』初，文潞公之子及甫，以劉莘老當言路，潞公欲除中書令。諸公議，恐事多易雜，若致繳駁，反傷老成道，只除平章軍國重事，乃是爲安潞公計耳。渠家不悉，反終以爲怨。及甫以書與邢恕，有『粉昆、司馬昭』等語。邢恕收藏此柬，待黨事發，即以此嫁禍於劉梁。本來『粉昆』之語，乃指韓忠彥。蓋忠彥之弟嘉彥爲駙馬都尉，人呼爲『粉侯』，昆即兄也。後事發，文及甫下獄，供稱『司馬昭』是說劉摯，『粉』是說王巖叟，以其面白如粉。昆者，兄也；兄，況也，是說梁況之。故王巖叟雖已死，而二人皆以此重行貶竄以死。」賀孫。

劉摯、梁燾諸公之死，人皆疑之，今其家子孫皆諱之。然當時多遣使恐嚇之，又州郡監司承風旨皆然，諸公多因此自盡。劉元城屢被人嚇令自裁，劉不畏，曰：「君命死即死，自死奚爲！」寫遺囑之類訖，曰：「今死無難矣！」卒無恙。劉只有過當處，然此須學得他始得。梁劉之死，先吏部作實録云：「梁燾、劉摯同時死嶺表，人皆冤之！」因論范淳夫及此。揚。廣録云：「范淳夫死亦可疑。雖其子孫備載其死時詳細，要之深可疑。惟劉器之死得明白。亦幾不免，只是他處得好。」

杲老爲張無盡所知。一日，語及元祐人才，問：「相公以爲如何？」張曰：「皆好。如温公，大賢也。」杲曰：「如此，則相公在言路時，論他則甚？」張笑曰：「公便理會不得，只是後生死急要官做後如此。」廣。

龜山作周憲之墓銘，再三稱其刻童貫之疏，但尚書當時亦少索性。若海。

章子厚與温公争役法，雖子厚悖慢無禮，諸公争排之，然據子厚説底却是。温公之説，前後自不相照應，被他一一捉住病痛，敲點出來。諸公意欲救之，所以排他出去。又他是箇不好底人，所以人皆樂其去耳。僩用。以下章蔡。

朝廷以議役法去章惇，故惇後得以爲言。揚。

問：「章蔡之姦何如？」曰：「京之姦惡又過於惇。方惇之再入相也，京謁之於道，袖出一軸以獻惇，如學校法、『安養院』之類，凡可以要結士譽買覓人情者，具在。惇辭曰：『元長可留他時自爲之。』後京爲相，率皆建明，時論往往歸之。至詣學自嘗饅頭，其中沒見識士人以手加額，曰：『太師留意學校如此！』京之當國，費侈無度。趙挺之繼京爲相，便做不行。挺之固庸人，後張天覺亦復無所措手足。京四次入相，後至盲廢，始終只用『不患無財，患不能理財』之説，其原自荆公。又以鹽鈔、茶引成櫃進入，上益喜，謂近侍曰：『此太師送到朕添支也。』由是内庭賜予，不用金錢，雖累巨萬，皆不費力。鈔法之行，有朝爲富商、暮爲乞丐者矣！」儒用。

蔡京誣王珪當時有不欲立哲宗之意。珪無大惡，然依違鶻突；章惇則以不欲立徽宗之故，故入姦黨，皆爲爲臣不忠。揚。

蔡京奏其家生芝，上攜鄆王等幸其第賜宴，云：「朕三父子勸卿一盃酒。」是時太子却不在，蓋已有廢立之意矣。義剛。

蔡京不見殺淵聖，以嘗保佑東宮之故。道君嘗喜嘉王，王黼輩嘗摇東宮。道君作事亦有大思慮者。欲再立后，前數人有寵者當次立。道君一日盡召語之曰：「汝輩當立，然皆有子，立之，恐東宮不安。」遂立鄭后。鄭無子。揚。

京當時不主廢立，故欽宗獨治童貫等，而京罪甚輕。義剛。

問：「蔡京何故得全首領，卒於潭州？」曰：「當時執政大臣皆他門下客，如吳元忠輩亦其薦引，不無牽制處。虜人物一番退時，是甚時節！臺諫却别不曾理會得事，三五箇月，只反倒得京，逐數百里，慢慢移去，結末方移儋州。及到潭州，遂死。」問：「李伯紀後來當國時，京想已死否？不然，則必如張邦昌，想已正典刑矣。」曰：「靖康名流，多是蔡京晚年牢籠出來底人才，伯紀亦所不免。如李泰發是甚次第硬底人，亦爲京所羅致，他可知矣。」今衡州所刊劉諫議文集中有一帖與泰發，蓋微諷之。按遺史，京之愛妾二：曰慕容夫人，曰小李夫人。又童貫之子童五十者，認以爲妹，生子脩，復尚主。小李出其下，怏怏求出，遂嫁宣贊舍人曹濟，後爲湖南兵馬都監。京死潭州，李氏殯之於一僧寺。儒用。

蔡京靖康方貶死於潭州。八十餘歲，自病死，初不曾有行遣。後張國安守潭，治疊此等，爲埋之。然有人見其無頭，後來朝廷取看也。揚。

蔡攸，字居安，京長子也。王師入燕，以功進少師，領樞密院事，封英國公、燕國公。後欲相之，既而悔之，但進太保。上將謀内禪，親書「傳立東宮」字，以授李邦彦。邦彦却立，不敢承白。時中輩皆在列，上躊躇四顧，以付攸。攸退，屬其客給事中吳敏，敏即約李綱共爲之，議遂定。淵聖既貶之，又欲誅之，乃命陳述持詔即所在斬之。述且行，上又取詔書從旁批三字曰：「脩亦然。」於是兄弟及誅。揚。

蔡絛又有鐵圍山語録。絛與攸雖不同，然其用志又自乖。攸只是褻狎，絛欲竊國柄。必大。

許右丞在宣政間，見奉上極於侈靡，亦如龜山意，歸咎於王氏鳧鷖之説，因別解此詩以進云：「涇水最濁，濁者所以厚民。」當時花石綱正盛，許乃要張此等文字去攔截，不知攔得住否？必大。

范致虚初間本因同縣道士徐知常皆建陽人。薦之於徽宗，遂擢爲右正言。徐本一庸凡人，不知因甚得幸。徽宗喜其會説話，遂親幸之。致虚未到，即首疏云：「陛下若欲紹述熙豐之政，非用蔡京爲政不可。」京一到，這許多事一變，更遏捺不下。雖爲曾子宣論列一番，然如何遏得蔡京之勢！呼嘯羣小之黨，以致亂天下。范一到，便爲驚世駭俗之論，取他人之不敢言者，無所忌憚而言之。燾。

范某，蜀公族人，入宜州，見魯直。又見張懷素，甚愛之。一夜與之觀星，曰：「熒惑如貫索，東南必有獄。」范以告，得官。湯東野資之入京，亦得官。可學。

宣政間，鄆州有數子弟，好議論士大夫長短，常聚州前邸店中。每士大夫過，但以嘴舒縮，便是長短他。時人目爲「猪嘴」，以其狀似猪以嘴掘土。此數子弟因戲以其號自標，爲甚「猪嘴大夫」、「猪嘴郎」之屬。少間爲人告以私置官屬，有謀反之意，興大獄鍛煉。舊見一策子載，今記不得。近看長編有一段：徽宗一日問執政：「東州逆黨何不爲處分了？」都無事之首尾。若是大反逆事，合有首尾。今看來，只是此事。想李燾也不曾見此事，只大略聞得此一項語言。

宣政末年，論元祐學術事，如徐秉哲、孫覿輩，說得更好。後來全是此等人作過，故曰：「天下有道，盜其先變乎！」德明。

因論賈生治安策中「深計者謂之妖言」，曰：「宣政間，凡『危』、『亡』、『亂』字，皆不得用，安得無後來之禍！」又云：「世間有一種却是妖言。如葉夢得、宇文虛中二人所爲，極是亂道，平日持論却甚正。每進言，必勸人主以正心修身爲先。其言之辨裁，雖前輩有說不及處。正如鬼出來念大悲咒相似，正所謂『妖言』也。」又曰：「此等人多是有才，會說底。若使有好人在上，收拾將去，豈不做好人？只緣時節不好，義理之心不足以勝其利欲之心，遂由徑捷出，無所不至。若逢治世，他擇利而行，知爲君子之爲美，亦必知所趨向。治世之才，亦那得箇箇是好人？但是好人多，自是相夾持在裏面，不敢爲非耳。」又問：「邢和叔、章子厚之才，使其遇治世，能爲好人否？」曰：「好人多，須不至如此狼狽。然邢亦難識，雖以富、韓、馬、呂、邵、程，亦看他不破。」曰：「康節亦識得他。」曰：「亦只是就他皮膚上略點他耳。」又曰：「他家自有一本言行録，記他平日做作好處。頃於滄峽見其家有子弟在彼作稅官，以一本見遺，看來當初亦有得他力處。蓋元豐末，邢恕嘗說蔡持正變熙豐法，召馬呂，故言行録多記此等事。嘗見徐端立侍郎説，邢和叔之於元祐，猶陳勝、吴廣之於漢，以其首事而先起也。」儒用。

因言：「宇文虚中嘗從童貫開燕山，隨童貫亦多年，未嘗有一言諫童貫之失。後來徽宗與其弟粹中説：『聞卿云，虚中也極善料事。朕方欲令在政府，而執政不可，不得已出之。』虚中後爲奉使，虜人留之，尊爲國師，凡事必咨問，甚敬信之。凡虜人制禮作樂，創法建置，皆虚中教之。後來取其家眷，秦檜盡發與之，以其子某爲河南安撫。或者謂虚中雖在虜中，乃爲朝廷嘗探伺虜動静來報這下，多結豪傑，欲爲内應，因其子爲帥。又，兀朮是時往蒙國，國中空虚，虚中遂欲叛，剋日欲發。兀朮聞之，遂亟走歸，殺虚中，而盡滅其族。或者以爲秦檜知虚中消息，密令人報虜中，云虚中欲叛，故虜人得先其未發誅之。」卓。

徽宗時郭藥師，其人甚狡獪。靖康之難，正原於此。如李宗嗣，此人只是會説，却不似那郭底有謀。那箇甚乖。義剛。

因論靖康執政，曰：「徐處仁曾忤蔡京來。舊做方面亦有聲，後却如此錯繆。孫傅略得，却又好六甲神兵。時節不好，人材往往如此。」又曰：「張孝純守太原，被圍甚急，朝廷遣其子灝揔師往救，却徘徊不進，坐視其父之危急而不卹，以至城陷。時節不好時，首先是無了那三綱。」按封氏編年載此甚詳。或曰：「京師再被圍時，張叔夜首領勤王之師以入。叔夜爲人亦好。」曰：「他當時亦不合領兵入城，只當駐在旁近以爲牽制，且伸縮自如。一入城後，便有許多掣肘處，所以迄無成功，至於扈從北狩。」儒用。

徐處仁，字擇之，南京人，靖康間執政。舊嘗作帥時，早間理會公事，飯後與屬官相見，皆要穿執如法。各人稟職事了，相與久坐説話議論，又各隨其人問難教戒，所以鞭策者甚至，故有人爲其屬者無不有所知曉事。呂居仁亦嘗事之。凡作事，無不有規模，雖小事亦然，無苟作者。只如支官吏酒，當其支日，以酒缸盛廳前，自往各嘗之。或差出外處，或辭去，或初來官，按曆令各人以瓶來取，如數給之。從小至大一樣，無分毫私偏。先生又云，小處好，作州郡極佳，不甚知大體。嘗作疏上道君，論太后不居禁中事，如罵然。道君曰：「徐許多問目，教朕如何答他！」李伯紀乞得去後，於今太上處納了。揚。

張孝純，靖康間守太原，虜人圍其城。凡抵當半年，守得極好，虜人攻之不能下。本自好了，後來却去降番人，做他官職。是時淵聖以其圍急，遣孝純之子張灝爲河北招討使之屬，令自招義兵往援之。以言君命，則甚急而不可違；以言北河之地，則國家所恃以爲根本；以言其父，則正在危難，有垂亡之厄，當晨夕倍道以救之。灝受命了，自走了。世界不好，都生得這般人出來，可歎！子蒙。

問：「圍城時，李伯紀如何？」曰：「當時不使他，更使誰？士氣至此，消索無餘，它人皆不肯向前。惟有渠尚不顧死，且得倚仗之。」問：「姚平仲劫寨事，是誰發？」曰：「人皆歸罪伯紀，此乃是平仲之謀。姚、种皆西方將家。師道已立功，平仲恥之，故欲以奇功取勝。及劫不勝，欽廟親批，令伯紀策應。或云，當時若再劫，可勝，但無人敢主張。」問：「种師中河東之死，或者亦歸罪伯紀。」曰：「不然。嘗親見一將官説師中之敗，乃是爲流矢所中，非戰敗，渠親見之，甚可怪。如种師道方爲樞密，朝廷倚重，遽死，亦是氣數。伯紀初管御營，欽廟受以空名告身，自觀察使以下使之自補。師退，只用一二小使臣告。御批云：『大臣作福作威，漸不可長！』及遣救河東，伯紀度事勢不可，辭不行，御批云：『身爲大臣，遷延避事！』是時許松老爲右丞，與伯紀善，書『杜郵』二字與之，伯紀悟，遂行。當危急時，反爲姦臣所使，豈能做事？」問：「种師道果可倚仗否？」曰：「師道爲人口訥，語言不能出。上問和親，曰：『臣執干戈以衛社稷，不知其它。』遂去，不能反覆力執。大抵是時在上者無定説，朝變夕改，縱有好人，亦做不得事。」可學。

論李仁甫通鑑長編，曰：「近得周益公書，亦疑其間考訂未甚精密，因寄得數條來某看。他書靖康間事最疏略，如姚平仲劫寨，則以爲出於李綱之謀；种師中赴敵而死，則以爲迫於許翰之令。不知二事俱有曲折，劫寨一事，決於姚平仲僥倖之舉，綱實不知。按，綱除知密院，辭免劄子云：「方修戰具，嚴守備，以俟援師，乘便迫虜，使進不得攻，退無所掠，勢窮而遁。候其渡河，半濟而擊，勝可萬全。而平仲引衆出城，幾敗乃事。然平仲受節制於宣撫，不關白於行營二月。八日夜半平仲之出，种師道亦不知之，在微臣實無所與。」時執政如耿南仲輩，方極力沮綱，幸其有以藉口，遂合爲一辭，謂平仲之出，綱爲其謀。師中之死，亦非翰之故。按，中興遺史云：「河北制置副使种師中軍真定，進兵解太原圍。去榆次三十里，金人乘間來突。師中欲取銀賞軍，而輜重未到，故士心離散。又嘗約姚古、張灝兩軍同進，二人不至，師中身被數創，裹創力戰又一時，死之。朝廷議失律兵將，中軍統制官王從道朝服而斬於馬行市。」脱如所書，則翰不度事宜，移文督戰，固爲有罪。師中身爲大將，握重兵，豈有見樞府一紙書，不量可否，遂忿然赴敵以死！此二事蓋出於孫覿所紀，故多失實。」問：「覿何如人？」曰：「覿初間亦説好話。夷考其行，不爲諸公所與，遂與王及之、王時雍、劉觀諸人附阿耿南仲，以主和議。後竄嶺表，尤啣諸公，見李伯紀輩，望風惡之。洪景盧在史館時，没意思，謂靖康諸臣，覿尚無恙，必知其事之詳，奏乞下覿具所見聞進呈。秉筆之際，遂因而誣其素所不樂之人，如此二事是也。仁甫不審，多采其説，遂作正文書之。其他紀載有可信者，反爲小字以疏其下，殊無統紀，遂令觀者信之不疑，極是害事。昔王允之殺蔡邕，也謂『不可使佞臣執筆在幼主旁，使吾黨蒙訕議』。允之用心，固自可誅，然佞臣不可執筆，則是不易之論。」儒用。

姚平仲劫寨事，李伯紀不知。當時廟堂問老种如何處置，种云：「合再劫。」諸公不從。种再云拜告。种老將不會説，蓋虜人不支吾再劫也。當時欲俟立春出戰者，待种師中來也。德明。

姚平仲出城劫寨，不勝。或問計於种師道，曰：「再劫。」時不能從。使再劫，未必不勝也。曾有人問尹和靖：「靖康中孰可以爲將？」曰：「种師道。」又問：「孰可以爲相？」良久，曰：「也只教他做。」閎祖。

因論姚平仲劫寨，种師道令更劫，曰：「虜人以其不再來了，再劫却是。」因説，虜怕人劫寨，他那大勢定相殺時，却不怕。此中人輕佻，劫寨時却會，相殺却易困。那人三四月只喫火燒之類。此人半日不食，便軟了。後魏帝常言「吴兒長於斫營，吾但三四十里下寨」云云。斫營便是劫寨，是他最怕此也。汪丈帥福時，某亦在。逆亮來時，一日送劉寶去用兵。汪丈問云：「今太尉去時如何？」曰：「與虜人戰時，第一陣決勝，第二陣未可知，第三陣殺他不去矣。蓋此中只有些精鋭在前，彼敵不得；他頑不動，第三四陣已困於彼矣。」汪丈云：「劉大將，如此説了，却如何！」揚。

种師道字彝叔，贈太傅世衡之孫也。少從横渠學，練古今事宜。上曰：「今日之事，卿意如何？」師道曰：「女真不知兵，豈有孤軍深入人境而能善其歸乎！」上曰：「業以講和矣。」對曰：「臣以軍旅之事事陛下，餘非所敢知也。」拜檢校少傅，同知樞密院事，爲京畿、河北、河東路宣撫使，以姚平仲爲都統制，諸道兵悉隸之。師道時被病，特命毋拜，許乘肩輿入朝，家人掖升殿。虜使王芮素頡頏，方入對，望見師道，拜跪稍如禮，上顧笑曰：「彼爲卿故也。」又請緩與金幣，禁游騎，使不得遠接，俟彼墮歸，扼而殲諸河。公薨於第，年七十六。閱月，京師復受圍。城陷，上慟哭曰：「朕不用种師道言，以至於此！」初，虜之去也，師道勸上乘其半渡擊之，不從。曰：「異日必爲國患！」故上嗟歎之。建炎加贈少保。揚。

昔人嘗問尹和靖：「世難如此，孰可以當之者？」尹曰：「种師道可。」曰：「將則可矣，孰可以相？」久之，曰：「亦只令師道做，也好。」一日，召師道來，全不能言，遂不用。許翰時爲諫議，爲徽宗言：「當今之世，豈可令閑而不用？」上曰：「种老，不堪用矣。卿可自見种問之，如何？」往見之，种亦不言。許曰「上令某問公，公無以某爲書生。某以爲今日之兵」云云，要從其去而擊之意。种方應，謂彼云云。「今不可擊，候其過河擊之。」許爲上備言其意，方用之。种，關西人，其性寡默，與中朝士大夫不合。一日因對，淵聖曰：「朕已與和矣。」种於此，全不能有所論，但曰：「臣以甲兵之事事陛下，其他非臣所與聞。」揚。

「靖康之禍，縱元城、了翁諸人在，亦了不得。」伯謨曰：「心腹潰了！」道夫。

問：「靖康之禍，若得前輩者一二人，莫可主張否？」曰：「也難主張。胡文定謂龜山云：『當時若早用其言，也須救得一半。』說得極公道。」道夫。

天下不可謂之無人才，如靖康、建炎間，未論士大夫，只如盜賊中，是有多少人！宗澤在東京收拾得諸路豪傑甚多，力請車駕至京圖恢復。只緣汪黄一力沮撓，後既無糧食供應，澤又死，遂散而爲盜，非其本心。自是當時不曾收拾得他，致爲飢寒所迫，以苟旦夕之命。後來諸將立功名者，往往皆是此時招降底人。所以成湯説：「萬方有罪，在予一人！」聖人見得意思直如此。儒用。卓録云：「因言靖康、紹興間事，曰：『天下不可謂之無人才。如高宗初興，天下多少人才！自是高宗不能盡舉而用之。未説士大夫，只盜賊中有幾箇人才，朝廷既不能用，皆散而爲盜賊，可惜！宗澤在東京，煞招收得諸路豪傑、盜賊，力請高宗還都，亦以圖恢復。被汪黄讒譖，一面放散了，皆去而爲盜賊。當初高宗能聽宗澤、李伯紀輩，猶有少進步處。所以古人云：『萬方有罪，在予一人！』怪他不得，你既不能用他，又無糧食與他喫，教他何如得？其勢只得散爲羣賊，以苟旦夕之命而已。其中有多少人才，可惜！可惜！』」

因論人物，云：「浙人極弱，却生得一宗汝霖，至剛果。」某云：「明州近印忠簡遺事，讀之使人感憤流涕！如請駕還都之事，皆備載，當時只是爲汪黄所沮。」曰：「宗公奏劄云：『陛下於近處，偶得二人爲相。』當時駕既南下，中原羣盜四起。宗公使人招之，聞其名，皆來隸麾下。欲請駕還都，自將往河北討伐金虜。廟堂却行下，問所招人是何等色，以沮其策，遂至發病而死。舊常見知宗子壽，云高宗在南京時，有宗室十五太尉者，名叔向，起兵於汝州，有數萬人，其謀主曰陳烈，叔向自稱『大王』。已而下詔召之，令以兵屬大將某人，身赴行在。叔向願以兵屬宗澤。陳烈曰：『朝廷不令屬宗澤，而自欲屬之，不可。』叔向曰：『然則何以爲策？』烈曰：『某有一策，提兵過河北，乃蕭王之舉。』是時詔下補烈通直郎。叔向既就召，烈不受官而去，終身不知所之。子壽云，向見叔向時，有一人常著道服隨之，疑即是陳烈。」可學。

問今日事，因及石子重，是以其官召者，時爲福州撫幹。因史直翁薦，被召。知廟堂不肯休，須著去。先生曰：「雖是如此，然亦濟得甚事！」因舉孟子言：「或遠或近，或去或不去，歸潔其身而已。」又舉了翁云：「在彼者是『舉爾所知』，在我者是『爲仁由己』。」遂言：「靖康初，張邦昌僭位，呂舜徒爲其門下侍郎。當時有言他人不足惜，只舜徒可惜者。胡文定記其事云：『舜徒雖爲邦昌官，却能勸邦昌收回僞赦，迎太后垂簾，皆其力也。其人云，終是難分雪。』文定記此，只到『終是難分雪』處便住，更無它語。」問：「只如狄梁公在武后時，當時若無梁公，更害事。」曰：「梁公只是薦得張柬之數人，它已先死。如梁公爲周朝相，舜徒爲邦昌官，皆不可以訓。伊川論平勃，謂當以王陵爲正，是也。如舜徒輩一生踐履，適遭變故，不幸有此事。今人合下便如此，却不得。」德明。

劉聘君言，在太學時，傳寫伊洛文字者，皆就帳中寫，以當時法禁重也。揚。

靖康間，士人陳規守德安府城，虜人羣盜皆攻不破。朝野僉載有規跋，甚好。僩。

陳規唐弼父也。守順昌，先教市人做泥團，如今涼棚樣，閣之於上。虜人來一齊放下，滿街泥團，馬陷，皆不能動矣。揚。

和州有官本忠義録，刻靖康以來忠義死節之人。從實録編出。子蒙。

張以道曰：「京西漕魏安行計口括牛，每四人共田百畝，只得一牛，由是大擾。時潁州倅李椿之攝郡，與議不合，遂和歸去來詞，休官，歸作『見一亭』，而魏竟追官勒停。李字彭年，岳州人。」義剛。

朱子語類卷第一百三十一

本朝五

中興至今日人物上李、趙、張、汪、黄、秦。

李伯紀，徽廟時，因論京城水災被出。後復召用，遂約吴敏勸行内禪事。李恐吴做不得，乃自作文，於袖中入，吴已爲之矣。後欽宗即位，用之。一日，聞金人來，殿上臣寮都失措，皆欲作竄計。李叩閤門入論，閤門止之。欽宗聞之，令引見。力陳禦戎之策，忠義慨然。上大喜，即擢知樞密院事。李英爽奮發，然性疏，用術。欽廟用督太原師，適种師中敗，遂得罪。太上登極，建炎初召。汪、黄輩云：「李好用兵，今召用，恐金人不樂。」上曰：「朕立於此，想彼亦不樂矣！」遂用爲相。後汪、黄竟使言官去之，在相位止百餘日。許右丞作陳少陽哀詞，亦各見其出處。揚。

李丞相不甚知人，所用多輕浮。相於南京時，建議三事，借民間錢。一云云。三云云。宋齊愈言之。其時正誅叛人，遂以宋嘗令立張邦昌，戮之。當時人多知是立張邦昌。間有未知者，宋書以示之。及刑，人多冤之。張魏公深言宋甚好人。宋，蜀人。當時模樣，亦是汪、黄所使人。魏公亦汪、黄薦。李罷相，乃魏公言罷也。揚。

黄仲本言於先生曰：「李伯紀一再召，乃黄潛善薦也。途中見顏岐言章，遂疑潛善爲之。李入國門，潛善率百官迓之，李默不一語，因此二公生隙。」又曰：「上云：『李綱孩視朕！』」先生曰：「李丞相有大名，當時誰不追咎其不用，以至於此？上意亦須向之。潛善因而推之，背後却令顏岐言之，情理必是如此。仲本是其族人，不欲辯之。」（楊）〔揚〕。

問：「魏公何故亦嘗論列李丞相？」曰：「魏公初赴南京，亦主汪、黄，後以其人之不足主也，意思都轉。後居福州李公家，於彼相得甚懽。是時李公亦嘗薦魏公，曾惹言語。」又問：「魏公論李丞相章疏中，有『修怨專殺』等語，似指誅宋齊愈而言，何故？」曰：「宋齊愈舊曾論李公來，但他那罪過亦非小小刑杖斷遣得了。」又曰：「當時議論，自是一般好笑。方召李丞相時，顏岐之徒論列，謂張邦昌虜人所厚，不宜疏遠；李綱虜人所惡，不宜再用。幸而高宗語極好，云：『如朕之立，恐亦非虜人所樂！』遂得命召不寢。」曰：「方南京建國時，全無紀綱。自李公入來整頓一番，方略成箇朝廷模樣。如僭竊及嘗受僞命之臣，方行誅竄；死節之臣，方行旌卹。然李公亦以此去位矣。」又曰：「便是天下事難得恰好。是時恰限撞著汪、黄用事，二人事事無能，却會專殺。如置馬伸於死地，陳東、歐陽徹之死，皆二人爲之。」傳中興詔令，御史臺勸劄〔一〕。宋齊愈外至會議處，於卓子上取筆寫「張邦昌」三字，坐皆失色！儒用。

陳少陽之死，黄潛善害之也，其詳見於許右丞哀詞中。同時死者歐陽徹。徹，楚州人。某族叔祖時居高郵，一日，使一人往楚州鹽城小村中買物事，久而不歸。後問之，乃云，彼村中三四日大雪。叔祖甚怪之，云：「八月二十間，安得有雪！」亦且據其僕云記之。後有人自彼中來，問之，果然，乃歐陽死時也。揚。

舜舉十六相，誅「四凶」，如此方恰好，兩邊方停勻。後世都不然，惟小人得志耳。方天下無事之時，則端人正士行義謹飭之士爲小人排擯，不能一日安於朝廷，遷竄貶謫。及擾攘多故之秋，所謂忠臣義士者，犯水火，蹈白刃，以捐其軀；而小人者，平世固是他享富貴，及亂世亦是他獨寬，縱横顛倒，無非是他得志之日。君子者常不幸，而小人者常幸也！如汪、黄在高宗初年爲宰相，後來竄廣中，正中原多故之日，却是好好送他去廣中避盜。及事稍定，依舊取他出來爲官。高宗初啓中興，而此等人爲宰相，如何有恢復之望！在維揚時，番人兵矢簇在胸前了，他猶自不管，世間有此愚人！子蒙。

〔一〕「勸劄」，吕本、院本同。陳本作「勘到」。

問中興諸相。曰：「張魏公才極短，雖大義極分明，而全不曉事。扶得東邊，倒了西邊；知得這裏，忘了那裏。趙忠簡却曉事，有才，好賢樂善，處置得好，而大義不甚分明。李丞相大義分明，極有才，做事有終始，本末昭然可曉。只是中間粗，不甚謹密，此是他病。然他綱領大，規模宏闊，照管得始終本末，才極大，諸公皆不及，只可惜太粗耳。朱丞相秀水閑居録自誇其功太過，以復辟之事皆由他做，不公道。」魏公有鎮江録。又問呂頤浩。曰：「這人粗，胡亂一時間得他用，不足道。」子蒙。

魏公才短。然中興以來，要爲者只李、張二公。揚。

李伯紀大節好，敗兵事，乃當時爲其所治者附會滋益之，不足盡信。揚。

李伯紀請誅張邦昌并畔者，後以結余覩事過海。振。

李伯紀丞相爲宣撫使時，幕下賓客盡一時之秀。胡德輝、何晉之、翁士特諸人，皆有文名，德輝尤蒙特顧。諸將每有稟議，正紛拏辨説之際，諸公必厲聲曰：「且聽大丞相處分！」諸將遂無語。看來文士也是誤人，蓋真箇能者未必能言。文士雖未必能，却又口中説得，筆下寫得，真足以動人聞聽，多至敗事者，此也。儒用。

因語李忠定，曰：「君子能勤小物，故無大患。」閎祖。

問：「中興賢相，皆推趙忠簡公，何如？」曰：「看他做來做去，亦只是王茂洪規摹。當時廟論大概亦主和議。按，王庶乞免簽書和議文字劄貼黃云：「契勘臣前項所上章奏，及與王論議，實有妨嫌。今若不自陳稟，則又如趙鼎、劉大中輩首鼠兩端，於陛下國事何益！」使當國久，未必不出於和。但就和上，却須有些計較。如歲幣、稱呼、疆土之類，不至一一聽命如秦會之樣，草草地和了。後來秦没意智，乃以『不合沮撓和議』爲詞，貶之，却十分送箇好題目與他。」問：「趙好處如何？」曰：「意思好，又孜孜汲引善類，但其行事亦有不强人意處。如自平江再都建康，張德遠極費調護，已自定疊了。只因酈瓊叛去，德遠罷相，趙公再入，憂虞過計，遂決還都臨安之策。一夜起發，自是不復都金陵矣。」問：「酈瓊之叛，或云因吕安老折辱之，不能安，遂生反心。如不親坐廳，但垂簾露履以受其參之類，恐無此等事。」曰：「此亦傳聞之過。」又問：「當時皆歸罪魏公，以爲不合罷劉光世，故有此變。」曰：「光世在當時貪財好色，無與爲比，軍政極是弛壞，罷之未爲不是，但分付得他兵馬無著落。」又云：「此事似不偶然。如虜人寇虐，劉豫不臣，但無人敢問著他。至此屯重兵淮上，方謀大舉，以伐劉豫，忽然有此一段疏脱，遂止。」又云：「如吕安老才氣儘自過人，觀其議論，亦甚精確。」問：「酈瓊叛去之後，聞亦不得志於虜。」曰：「虜後來亦用他爲將，但初叛歸於劉豫。虜人却疑豫擁兵太衆，或疑與我爲内應，遂有廢豫之謀。」酈瓊叛於淮西，實紹興七年秋戊辰也。瓊既降劉豫，金人憂其難制，遂廢僞齊，其詔有云：「勿謂奪蹊田之牛，其罰則甚；不能爲托子之友，非棄亦何？」此天滅齊豫也，豈偶然哉！」

儒用。

問：「趙忠簡、張魏公當國，魏公欲戰，忠簡欲不戰。忠簡以爲劉豫杌上肉耳。然豫挾虜人以爲重，今且得豫遮蔽虜人，我之被禍猶小；若取劉豫，則我獨當虜人，難矣。魏公不然之，必欲戰。二策孰是？」曰：「忠簡非是。殺得劉豫了，又却抵當虜人，有何不可？劉豫亦未便是杌上肉在。若以趙之才，恐也當未得那杌上肉，他亦未會被你殺得，只是胡説。若真箇殺得劉豫，則我之勢益强，虜人自畏矣，何難當之有！虜，豺狼犬羊也，見威則畏，見善則愈肆欺侮。若自家真箇曾勝劉豫，殺得一兩番贏，他便怕矣。靖康以後，自家只管怕他，與之和，所以他愈肆欺侮。若自家真箇能勝劉豫，他安得不懼？虜，禽獸耳，豈可以柔服也！嘗見征蒙記李成之子某從兀朮征蒙國，因記征蒙時事。云，兀朮在甚處，淮上二士人説之曰：『今韓世忠渡江，遺棄糧草甚多。若我急往收取，資之以取江南，必可得也。』兀朮然其言，遂急來淮上，則空無所有。蓋韓已先般輜重糧草歸，而後抽軍回也。彷徨淮上，正未有策，而糧草已竭，窘不可言。先已敗於劉錡，錡在順昌扼其前，進退不可，遂遣使請和。兀朮謂其下曰：『今南朝幸而欲和，即大幸；不然，即送死耳，無策可爲也。』這下又不知其狼狽如是。若知之，以偏師臨之，無遺類矣。是時雖稍勝，然高宗終畏之，欲和。因其使來，喜甚，遂遣使報之，欲和。兀朮大喜，遂得還。是兀朮不敢望和，自以爲必死。其遣使也，蓋亦謾試此間耳。可惜此機會，所以後來也怕，一向欲和。」又云：「劉信叔是時以孤軍在順昌，兀朮來伐，諸將皆欲走，信叔曰：『不可。我若走，則虜人必前拒我，襲在後，必無遺類。若幸而得至江，則諸將盡扼江上，責我以擅棄歸之罪，亦必盡殺我，決無可生之理。不若堅守此城，與虜人決勝負，庶幾死中可以求生也。』某嘗説，廝殺無巧妙，只是死中求生。兩軍相拄，一邊立得脚住不退，即贏矣。須是死中求生，方勝也。遂據城與虜人戰，大敗虜人，兀朮由是畏怯。若非錡順昌一勝，兀朮亦未必便致狼狽如此之甚。信叔本將家子，喜讀書，能詩，詩極佳，善寫字。後來當完顔亮時，已自老病。緣其侄劉玘先戰敗，遂至於敗。」卓。饒録云：「張魏公欲討劉豫，趙丞相云：『留他在上，可以扞蔽北虜。若除了，便與北虜爲隣，恐難抵當。』此是甚説話！豈有不能討叛臣而可以服夷狄乎？」

趙丞相亦自主和議，但争河北數州，及不肯屈膝數項禮數爾。至秦丞相，便都不與争。趙丞相是西人，人皆望其有所成就，不知他倒都不進前！方子録云：「趙元鎮亦只欲和。但秦檜既擔當了，元鎮却落得美名。」

張魏公本與趙忠簡同心輔政。陳公輔排程氏，乃因趙公。趙公去。已而吕安老敗，趙公復相。可學。

趙丞相，中興名臣一人而已，然當時不滿人意處亦多。且如好伊洛之學，又不大段理會得，故皆爲人以是欺之。一日，出見一屋稍好，栽些花木之類。問知是一内官家，及言於上，謂：「今暫駐蹕於此，當日圖恢復，而内臣乃居安如此！」遂編管之。揚。

趙丞相收拾得些人材然亦雜，如喻子才之徒亦預焉也。揚。

先生云：「沈公雅言：『趙丞相鎮静，德量之懿；而諳練事機，則恐於秦公不逮。』張子功以爲不然，且曰：『壽在都司日，忠簡爲相，有建議者，公必計也〔一〕，曰：「如是則利在上而害在民，如是則害在上，利在民。今須如此行，則利澤均而公私便。」至秦公，則僚屬凡有關白，默無一語，而屬諸吏。事出，則皆吏輩所爲，而非復前日之所擬。』」道夫。僩録云：「嘗見沈公雅云：『某嘗問張子功，趙忠簡與秦丞相二公孰能辦事？某以秦公爲能。』子功曰：『不然。某嘗爲都司，事二公。每百官有禀白事件，趙公必當面剖析商量此事合如何行，如此行則利國，如此行則利民，如此則利民而害國，如此則利國而害民，如此則國與民俱利。當面便商量判斷了，僚屬便奉承以行。及至秦公，則百官凡有所禀白，無酬酢，略不可否，但付與吏人，少間更没理會，此事便沉埋了。如此，謂之秦公勝趙公，可乎？』」

「魏公初以何右丞薦爲太常簿。趙忠簡爲開封推官，相得甚懽。在圍城中，朝夕論講濟時之策。魏公先達，力相汲引，遂除司勳員外郎，一向超擢，反在魏公上。嘗論天下人

〔一〕「也」，似當作「之」。

材，魏公劇談秦會之可用。趙云：『此人得志，吾輩安所措足邪！』魏公云：『且爲國事計，姑置吾人利害。』時趙公爲左，張公爲右，皆兼樞密院事。忽報兀朮大舉深入，朝廷震怖。時劉光世將重兵屯合肥，魏公親往視師，因奏記曰：『此決非兀朮，必劉豫遣其子姪麟、猊來寇耳。臣往在關西，數與兀朮戰，熟其用兵利害。今觀此舉，決非其人。』魏公遂下令督戰。光世恐懼，謀欲退師而南，以與趙公平時有鄉曲雅，故遂私有請於趙。折彥質時知樞密院事，復助之請，遂徑自樞府下文字，令光世退師。魏公聞之，大怒，下令曰：『敢有一人渡江，即斬以徇！』光世聞之，復駐軍如故。此事雖謂之曲在趙公，可也。已而拓皋大捷，虜騎遂退。魏公既還，絶不言前功，欲以安趙公，與共國事也。而二公門下士互相排抵，魏公之人至有作爲詩賦以嘲趙公者。趙公之迹不安，且有論之者，遂去。魏公獨相，乃力薦會之爲樞密使。及酈瓊叛於合肥，吕安老死之，魏公之迹亦不安，懇辭求去。高宗問：『誰可代卿者？』魏公復薦趙公，遂令魏公擬批召之。既出，會之謂必薦己，就閤子語良久。魏公言不及之，會之色漸變。未幾，中使傳宣促進所擬文字，魏公遂就坐作劄子，封付中使，會之色變愈甚。魏公遂上馬去。及趙公再相，會之反謂之曰：『張德遠直恁無廉恥，弄壞得淮上事如此，猶不知去！及主上傳宣來召相公，方皇恐上馬去。』趙公以爲然。後又數數讒間之，趙公不能不信也。又如光世之罷，實當於罪。酈瓊叛去，豈不可舉能者？乃復以淮西之軍付光世，弄得都成私意。初，趙公極惡秦之爲人，不與通情。及趙公爲相，秦爲樞密使，每事惟公之命是聽。久而趙公安之，復深信之，又薦之，至與之並相。並相之後，復不敢專，唯諾而已。忽一日高宗怒唐暉，趙公爲之分解。檜察上意惡暉，逡巡發一語云：『如唐暉樣人才，也不難得。』又一日，趙公奏，恩平郡王乃建王之弟，建王乃恩平之兄。建州不過一郡之地，吳乃一大都會，恐弟之封不宜壓兄。檜察見高宗以慈壽意主於恩平，遂奏曰：『也不較此。』因此二事，高宗深眷之。又因力主和議，趙公罷，遂拜左相。他言語不多，只用兩句，那事都了。趙公不知魏公之無他，爲檜所排，得泉州；是時魏公知福州。二公相見，因說及曩日之事，趙公方知爲檜所中，相與太息而已。」或曰：「以檜之才，若用之以正，豈不能任恢復之責？」曰：「他亦只是閉著門，在屋子裏做得，不知出門去又如何，這事難。」坐間多稱其能處置大事。曰：「他急時，也荒忙無計策。他初一番講和，虜人以河南之地歸，未幾敗盟，大舉入寇。邊報既至，大恐，不知所爲，顧盼朝士，問以計策。時張巨山微誦曰：『德無常師，主善爲師；善無常主，協於克一。』檜心異之。衆人既退，獨留巨山坐，問適間之語。巨山曰：『天下之事，各隨時節，不可拘泥。曩者相公與虜人講和者，時當講和也。今虜人既敗盟，則曲在彼，我不得不應，亦時當如此耳。』因爲之畫策，召諸將爲戰攻之計。他大喜，即命巨山爲奏稾，倉卒不子細，起頭兩句云：『伊尹告成湯曰：「德無常師，主善爲師。」孔子曰：「陳力就列，不能者止。」』遂急書進呈。會之復喜，遂播告天下，決策用兵。已而劉信叔順昌大捷，虜人遂退，檜復專其功，大喜，亟擢用巨山至中書舍人。有無名子作詩嘲之，一聯云：『成湯爲太甲，宣聖作周任！』」周莊仲云：「劉參政，大中之子，知某州，劉季章曾爲其館客，嘗與先生說，見其翁日録，覺得高宗之意，極不樂魏公。先生曰：『然。』劉曰：『有御史者，川人，名戒，字定夫。魏公在川陝時，上書言利害。魏公喜，檄用之，倔强不從。魏公遂疏遠之，戒由是不樂。後酈瓊之叛，魏公去位。張爲御史，首論魏公。高宗喜，謂輔臣曰：「張戒論浚曰：『不臣之迹已見，跋扈之迹未明。』此兩句極當其罪。」謂其已罷宣撫使除樞密，而猶用宣撫使印除吏不已也。是時趙公奏曰：「此恐是一時不審之過，亦未至於不臣也。」秦檜徐進曰：「既爲臣子，恐亦不宜如此。」檜之乘機伺人主喜怒擠陷人，皆此類也。』」僴用按：是時周秘、石公揆、李誼交章詆公，不特一張戒而已。僴用。德明録二條，今附正之：「問劉寶學當初從魏公始末。先生云：『當時趙公且要持重，魏公却要大舉。有劉麟者，舉兵掠邊。朝廷不探虛實，以爲虜復大入，趙公震恐。張公出，視師江上，趙公手書云：「今日之事，且須持重，未可輕戰。萬一失事，雖公不爲一身慮，如宗廟社稷何？」是時劉麟兵以爲折彦古敗於淮上，遁去。於是張公鼓舞，益爲大舉計，謂趙公怯敵。言者繼亦有論列，趙遂罷相。初，趙公遣熊叔雅相視川陝事宜，魏公亦遣寶學往。寶學見川中無兵無財，歸告魏公：「向者兵財如許，尚不能集事，今實未可動。」魏公疑寶學附會趙公，時又欲令寶學帥淮西，代領酈瓊兵。寶學以爲此軍不可代，遂改。吕安老願往，寶學爲陳利害，宜辭此行。安老以告，魏公怒，於此出寶學知泉州。既而淮西果失師，酈瓊全軍遁虜，於是魏公罷相，帥福州。先是，秦相與吕相同在政府。吕相視師淮上，秦相盡改其規模。一時爲吕相所引用人多逐去，盡起在外諸賢，如胡文定、張子公、程伯禹諸人，布在朝列，實欲傾吕相也。後吕相召還，過某州，席大光邀留，告所以傾秦之術，以爲莫若先去黨魁。黨魁，指文定也。秦竟爲吕相所傾，出知紹興府。是時富直柔者，富公之子，嘗於一寺中與秦相握臂疑語，且及富公爲相時事。忽若有所思，徑入，去踰時不出。富怪之，須臾出云：「元來宰相要如此做！」一時會稽政事，便放下不問，雖公筵亦只令去通判處理會。趙公素鄙秦之爲人，魏公却薦秦相，遂再召除樞密使。既視事，一切不問。魏公出知福州，朝辭。上問：「孰可以代卿者？」魏公薦趙相。上云：「可一面批旨奏來。」魏公還堂，秦相迎之，以爲必薦己也。坐久無語，秦色變。少頃，中使傳宣云：「有旨，令作召趙相公文字來。」於是魏公指揮堂吏作文字奏上，秦大不樂。魏公去國，趙相至，秦譖魏公於趙公曰：「德遠到堂中，尚未肯去。直到中使催促召相公文字，方上馬。」趙公於是益不樂魏公。及趙公爲秦所傾，出知泉州，過福州，與魏公相見，語及當時薦代之事，二公始豁然無疑。先生曰：『秦相自爲樞密使，不理會事。及與趙公並相，一切聽其所爲，皆富直柔教之也。直柔不才子，富公相業，安有此哉！其後上頗厭趙公，爲秦所窺，只兩言傾去。是時有唐暉者，作舍人，求去。上云：「唐暉只管求去。」趙公力薦，乞且留此人。秦奏云：「似這般人才，亦不難得。」上欲封普安郡王爲建王，恩平爲吴王。趙公以爲建一郡耳，吴古大國，事體不稱。秦奏云：「此亦只是虚名，有何不可？」趙公愕然，於是遂求去。』又一條云：「秦相初罷政，張當軸。是時虜入淮上，魏公出視師，遂起秦相知臨安。故事，前宰相召還，例賜茶藥繖蓋之屬。趙公並不檢舉。秦相使人禱魏公，公盡與合得禮數。魏公淮上方向進，趙公憂不便，奏乞退師保建康以南。既而虜兵却，言者攻趙相，謂進師非趙鼎意，坐是罷出。魏公獨相，遂挽秦爲樞密使。秦一切唯唯，從公所爲。久之，始與公争事。及吕安老廬州失師，魏公乞出，上不能留。因問：『卿去，孰可代者？』公遂薦趙相。上云：『卿可具文字來。』既退至都堂，秦迎之，有喜色，意其必薦己也。公坐久無語，秦色變。公乃指揮堂吏作召趙相文字。及趙公來，秦相譖魏公曰：『上意如此，德遠猶且徬徨。及中使宣索召相公文字，方上馬去。』及言魏公所以短趙公者，由是二公爲深仇。故趙相居位，不復牽挽魏公。其後因一僧與魏公生曰，秦相治之甚峻，幾逮及公。又治趙相之子，獄未成。夜忽有一燈墜獄中，其上書一『反』字，明日獄具，罪當斬。秦檜不悦，欲加『族誅』文字，未上，檜死。先生云：『若族趙相家，當時連逮數十人。做到這裏，自休不得，其勢須如曹操去。』」

僩因問：「當初高宗若必不肯和，乘國勢稍振，必成功。」曰：「也未知如何，蓋將驕惰不堪用。」僩問：「如張、韓、劉、岳之徒，富貴已極，如何責他死了，宜其不可用。若論數將之才，則岳飛爲勝。然飛亦横，只是他猶欲向前廝殺。」先生曰：「便是如此。有才者又有些毛病，然亦上面人不能駕馭他。若撞著周世宗、趙太祖，那裏怕！他駕馭起皆是名將。緣上之舉措無以服其心，所謂『得罪於巨室』者也。」是夜因論「爲政不得罪於巨室」，語及此。又問：「劉光世本無能，然却軍心向他，其裨將亦多可用者。」曰：「他本將家子云云。」「張魏公撫師淮上，督劉光世進軍。是時虜人正大舉入寇，光世恐懼，遂背後懇趙忠簡。是時趙爲相，折彦質爲樞密。折助之請樞密院，遂命劉光世退軍。魏公聞之，大怒，遂趕回劉光世。出榜約束云：『如一人一馬渡江者，皆斬！』光世遂不敢渡江，便回淮上。樞府一面令退軍，而宣府令進軍淮上，然終退怯。魏公既還朝，遂力言光世巽懦不堪用，罷之，而命吕安老董其軍。及安老爲瓊等所殺，降劉豫，魏公由是得罪，而趙忠簡復相。趙既相，遂復舉劉光世爲將，都弄成私意。魏公已自罷得劉光世好了，雖吕安老敗事，然復舉能者而任之，亦足矣，何必須光世哉？此皆趙之私意。以某觀，必竟魏公去得光世是，而趙所爲非。豈有虜人方入，你却欲掉了去？一邊令進軍，一邊令退軍，如何作事？」云云。又言：「諸將驕横，張與韓較與高宗密，故二人得全。岳飛較疏，高宗又忌之，遂爲秦所誅，而韓世忠破膽矣！只有韓世忠在大儀鎮算殺得虜人一陣好。高宗初遣魏良臣往虜中講和，令韓世忠退師渡江。韓聞魏將至，知其欲講和也，遂留之，云：『某方在此措處得略好，正抵當得虜人住。大功垂成，而主上乃令追還，何也？』魏云：『主上方與大金講和，以息兩國之民，恐邊將生事敗盟，故欲召公還，慎勿違上意！』韓再三歎息，以爲可惜。又云：『既上意如此，只得抽軍歸耳。』遂命士卒束裝，即日爲歸計。魏遂渡淮，兀朮問以韓世忠已還否。魏答以某來時，韓世忠正治疊行，即日起離矣。兀朮再三審之，知其然，遂稍弛備。世忠乘其懈，回軍奮擊之，兀朮大敗。魏良臣皇恐無地，再三哀求，云：『實見韓將回，不知其紿己。』乃得免。」

因言：「陳同父上書乞遷都建康，而曰：『黄帝披山通道，未嘗寧居。今宫室臺榭、妃嬪媵嬙之盛如此，如何動得？』高宗本遷都建康了，却是趙忠簡打疊歸來。蓋初間虜人入寇，羣臣勸高宗躬往撫師，行至平江而止。繼而淮上諸將相繼獻捷，趙公得人望，正在此時。已而欲返臨安，適張魏公來，遂堅勸高宗往建康。及淮師失律，趙公荒窘，遂急勸高宗移歸臨安，自此遂不復動矣。看趙公後來也無柰何，其勢只得與虜人講和。是時已遣王倫以二十事使虜，約不稱臣，以濁河爲界，此便是講和了。後來秦檜力排趙公，遂以不肯講和之罪歸之，使萬世之下趙公得全其名者，乃檜力也。」問張、趙二公優劣。曰：「若論理會朝政，進退人才，趙公又較縝密，無疏失。若論擔當大事，竭力向前，則趙公不如張公。張公雖是竭力擔當，只是他才短，慮事疏處多，盡其才力，方照管得；若才有些不到處，便弄出事來，便是難。趙公也是不諳軍旅之務，所以不敢擔當。萬一虜人來到面前，無以應之，不若退避耳。」僩。儒用録云：「或問：『趙忠簡公與魏公材品如何？』曰：『趙公於軍旅邊事上不甚諳練，於國事人才上却理會得精密，仍更持重，但其心未必如張公辨得爲國家擔當向前。自中興以來，廟堂之上主恢復者，前有李伯紀，後有張公而已。但張公才短，處事有疏略處。他前後許多事，皆是竭其心力而爲之。少有照管不到處，便有疏脱出來。』」

問：「趙忠簡行狀，他家子弟欲屬筆於先生。先生不許，莫不以爲疑，不知先生之意安在？」曰：「這般文字利害，若有不實，朝廷或來取索，則爲不便。如某向來張魏公行狀，亦只憑欽夫寫來事實做將去。後見光堯實録，其中煞有不相應處，故於這般文字不敢輕易下筆。趙忠簡行實，向亦嘗爲看一過，其中煞有與魏公同處。或有一事，張氏子弟載之，則以爲盡出張公；趙公子弟載之，則以爲盡出趙公。某既做了魏公底，以爲出於張公，今又如何説是趙公耶？故某答他家子弟，盡令他轉托陳君舉，見要他去子細推究，參考當時事實，庶得其實而無牴牾耳。」問：「張、趙都是好宰相，未知人品如何？」曰：「他兩箇當初都要協力出來主張國事，只緣後來有些不足，遂做不成。以某觀之，趙公未免有些不是處。」曰：「何以見之？」曰：「且如淮上既敗，張公既退，趙公復相，凡張公所爲，一切更改。張公已遷都建康，却將車駕復歸臨安；張公所用蜀中人才，一皆退之。觀此，似亦趙公未免有不是處也。」曰：「臨安駐蹕聞之立意不欲安於此耳。又嘗聞長老之言，有植竹於内庭者，趙公見而拔之，曰：『汝欲安於此乎？』然則再歸臨安，恐必有爲，非是與魏公相反也。又見趙公遺事有一條説張公罷相、趙公復相事甚詳。云：『德遠所用人才，如馮如熊等在朝諸人，趙公皆更用之，亦豈得謂之故與張公相反乎？』」先生曰：「拔竹之事，似是汪端明所記，但某未敢深信。嘗記張公欲行遣一内臣，趙公但欲薄責之，蓋恐其徒或來報復。如此，則拔竹事其能然乎！至於收用蜀中人才，恐未必然也。大抵張公才疏意廣，却敢擔當大事。至於趙公却深曉事，其於人才世務區處得頗精密；至於擔當天下事，恐不及張公也。」枅。

張魏公材力雖不逮，而忠義之心，雖婦人孺子亦皆知之，故當時天下之人惟恐其不得用。若海。

「杜子美詩云：『艱危須藉濟時才。』某思至此，不覺感歎！濟時才，分明是難得。」直卿問：「志與才互相發否？」曰：「有才者未必有志，有志則自然有才。人多言張魏公才短，然被他有志後，終竟做得來也正當。」道夫。

明受之禍，魏公在江中，忽有人登其舟，公問爲誰，云：「苗太尉使我來殺相公。」公云：「汝何不殺我？」云：「相公忠義，某們不肯做此事。後面更有人來，相公不可不防備！」公問姓名，不告而去。欽夫云。德明。

「孝宗初，起魏公用事。魏公議論與上意合，故獨付以恢復之任，公亦當之而不辭。然其居廢許時，不曾收拾人才，倉卒從事，少有當其意者。諸公多薦查元章、籥，江凌〔一〕人。馮圓仲，方，蜀人。魏公亦素相知，辟置幕府。朝廷恐其進太鋭，遂以陳福公、唐立夫參其軍，以二人厚重詳審故也。緣唐立夫亦只是箇清曠、會説話、好骨董、談禪底人，與魏公同鄉里，契分素厚，故令參其軍事。」因笑曰：「正如趙元鎮相似，那邊一面去督戰，這邊一面令回軍，成甚舉措！魏公既失利，遂用湯進之。未幾，虜人再來，湯往視師，辭不行。又命王瞻叔，瞻叔又辭不行。蓋魏公初罷淮上宣撫時，朝廷命王治其錢穀。瞻叔極力搜索，

〔一〕「凌」，似當作「陵」。

軍士皆忿怨。若往，必有一場大疏脱，蓋是時軍士已肆言欲殺之矣。」沈莊仲云：「嘗見先生説，魏公被李顯忠、邵宏淵二將説動，故決意進兵。既而唐、陳二公皆不從。魏公令問二將，二將曰：『聞虜人積糧運芻於虹縣靈壁矣。秋高馬肥，必大舉南寇。今若不先其未發而破之，及其來，莫説某輩不肯用心。』二公聞此言，故亦從之。魏公既入奏事，淹留一兩月。及還，則已六月矣。乘劇暑進兵，以至於敗。未幾，魏公薨，皆無人可用。幸而復與虜人講和，乃定。」儒用。

「張魏公初召來，縉紳甚喜。時湯進之在右揆，衆以爲魏公必居左。既而告庭雙麻，湯遷左，魏公居右，凡事皆爲湯所沮。魏公不得已，出視師，言官尹穡陰摇撼之。一日，陳良翰邦彦上殿，言及此。壽皇云：『安有此事！當今羣臣誰出魏公之右者？恐是臺諫中陰有所沮，卿可宣諭之。』陳退，自念臺諫中某人某人姓名失記。皆主魏公，只有尹一人意異。然上旨如此，不可不宣諭，遂以上意達諸人。尹云：『某明日亦上殿。』既不見報，次日又上殿。繼而有旨，陳知建寧，魏公遂罷。」問：「湯後來罪責如何？」曰：「渠建議和親，以四州還之，而虜復犯淮。壽皇怒，免官，削爵土。」可學。

張魏公被召入相，議北征。某時亦被召辭歸，嘗見欽夫與説，若相公誠欲出做，則當請旨盡以其事付己，拔擢英雄智謀之士，一任諸己，然後可爲。若欲與湯進之同做，決定做不成，後來果如此。然那時又除湯爲左相，却把魏公做右相。雖便得左相，湯做右相，也不得。何況却把許多老大去爲他所制！後來乖。此只要濟事，故不察，外人見利害甚分明。賀孫。

因論張魏公、湯思退主戰和，曰：「亦不可徒從上言戰，以拗太上。太上以故兩番不曾成了，所以怕主戰者。須是做得模樣在人眼前，教太上看得，自信其可以戰，則自無説也。」揚。

張魏公不與人共事，有自爲之意。也是當時可共事之人少，然亦不可如此，天下事未有不與人共而能濟者。汪明遠得旨出措置荆襄，奏乞迂路過建康，見張公。張公不與之言，問亦不答。揚。

張魏公可惜一片忠義之心而疏於事。亦是他年老，覺得精神衰，急欲成事，故至此。兼是朝廷諸公不能，得公用兵，幸其敗，以爲口實。初間是李顯忠、邵宏淵請於公，以爲虜人精兵在虹縣矣，俟秋來大舉南寇。今若不先破其巢穴，待他事成驟至，某等此時直當不得。公問其實否，李忠顯、邵宏淵便云：「某人之語甚詳。」即不僉聽，呼二人議，其説如前。公曰云云，於是即動，不知如何恁地輕率！德明。

魏公言：「元祐待熙豐人太甚，所以致禍。人無君子小人，孰不可爲善？」此是其父賢良之説。汪書答云：「又有如何大圭者。」何爲張所禮，後譖張于秦。公云，便是這般人云云。先生謂汪書云：「若某則曰：『公嘗深於易，易只言君子小人。今若言無小人，是無用易也！』」方。

秦會之入參時，胡文定有書與友人云：「吾聞之，喜而不寐！」前輩看他都不破如此。淳。秦檜。

翟公巽知密州，秦檜作教授。一日，有一隱者至，會相，曰：「此教授大貴。」翟問：「與某如何？」曰：「翰林如何及之！如何及之！」時游定夫在坐，退因勉秦云：「隱者甚驗，幸自重。」游因説與胡文定曰：「此中有箇秦會之好。」胡問如何，曰：「事事裹不會。」秦後於陳應之處問游。後云，曾爲游酢知云。上蔡言於陳應之，應之言於先生。下「事事裹不會」，籍溪言於先生。揚。

問胡文定公與秦丞相厚善之故。曰：「秦會之嘗爲密教，翟公巽時知密州，薦試宏詞。游定夫過密，與之同飯於翟，奇之。後康侯問人才於定夫，首以會之爲對，云：『其人類荀文若。』又云，無事不會。京城破，虜欲立張邦昌，執政而下，無敢有異議，惟會之抗疏以爲不可。康侯亦義其所爲，力言於張德遠諸公之前。後會之自海上歸，與聞國政，康侯屬望尤切，嘗有書疏往來，講論國政。康侯有詞掖講筵之召，則會之薦也。然其雅意堅不欲就，是必已窺見其微隱有難處者，故以老病辭。後來會之做出大疏脱，則康侯已謝世矣。

定夫之後，及康侯諸子，會之皆擢用之。」時在坐范兄云：「定夫之子不甚發揚。秦老數求乃翁論語解序，因循不果録呈。其侄有知之者，遂默記之。一日進見秦老及此，則舉其文以對，由是喜之。後故擢至侍從，是爲子（家）〔蒙〕〔一〕尊人。」又曰：「此老當國，却留意故家子弟，往往被他牢籠出去，多墜家聲。獨胡明仲兄弟却有樹立，終是不歸附他。嘗問和仲先世遺文，因曰：『先公議論好，但只是行不得。』和仲曰：『聞之先人，所以謂之好議論，政以其可以措諸行事。何故却行不得？』答曰：『公不知，便是六經，也有説得行不得處。』此是這老子由中之言。看來聖賢説話，他只將做一件好底物事安頓在那裏。」又曰：「此老千鬼百怪，如不樂這人，貶竄將去，却與他通慇懃不絶。一日，忽招和仲飯，意極拳拳。比其還家，則臺章已下，又送白金爲贐。按：程子山諸公在貶所，俱有啓事謝其存問者，皆此類也。如欲論去之人，章疏多是自爲，以授言者，做得甚好。傅安道諸公往往認得，如見彈洪慶善章，曰：『此秦老筆也。』」儒用。德明録云：「秦相曾語胡和仲云：『先丈議論固好，然行不得。』和仲問：『既是議論好，何故不可行？』秦云：『仲尼垂世立教，且説箇道理如此以示人，如何便一一行得？』一日，又語和仲云：『柳下惠降志辱身如何？』和仲對云：『降志辱身，是下惠之和。未若夷齊不降其志，不辱其身。』秦曰：『不然。也有合降志時，合辱身時。』先生曰：『秦老自再相後，每事便如此。』陳剛

〔一〕據陳本改。

云：『向見東萊説秦老語和仲云：「先丈説『敬以直内，義以方外』，一句是，一句不是。我只是『敬以直内』。」』賀孫録云：「胡寧爲太常丞，上令録遺文看。寧遂告兄寅。寅繕寫表進，更以副本獻秦檜。檜看畢，即謂和仲曰：『都使不得。』和仲曰：『某聞之先人，皆是可用之語。丞相如何説使不得？』曰：『論語、孟子許多説話，那曾是盡使得？只是也要後人知得有許多説話。』又一日，問和仲曰：『賢道「敬以直内，義以方外」，是兩事？是一事？』和仲曰：『聞之先人，這只是一事。』檜曰：『賢後生不識，某看來只是上一句用得。』和仲曰：『這是聖人兩句法語，丞相如何道只一句用得？』檜曰：『某平生所行，只上一句。賢説須著下一句，賢且試方看。』聖賢法言無一非實用，檜只作好説話看過。平生如此，宜其誤國也。」可學録云：「檜召五峰兄弟，五峰辭甚力。和仲言頗孫，遂再召赴闕。檜問：『來時仁仲何言？』曰：『家兄令稟丞相，善類久廢，民力久困。』檜不答。問和仲曰：『「敬以直内」，只行上一句，下一句只與賢行。』只曰：『文定文字甚好。』和仲進此文字，以副本納之。檜云：『只是行不得。』和仲再三問：『既好，何故行不得？』檜云：『孔孟言語，亦有行不得。寫在策上，只是且教人知得此。』」又，揚録云：「太上一日問胡和仲：『文定春秋外，更有甚文字？』胡曰：『只有幾卷家集。』上曰：『可進來。』遂進之。後秦檜問胡曰：『先丈文字進了？』連説『先丈好議論』，三四句後，曰：『只是一句也行不得。』胡曰：『議論好時，只是謂好行。相公既説好，如何行一句不得？』曰：『不特先丈文字如此，聖賢議論，亦豈盡可行！只是且教世間人知得有這一般道理。』」又，燾録云：「或問『信而好古』。曰：『而今人多不好古，皆是他不信。』因舉秦會之嘗與胡和仲説：『如先公解春秋，儘好議論，只是無一句行得。』對曰：『惟其可行，方是議論。若不可行，則成甚議論？』秦曰：『且如周公、孔子之言，那有一句行得？只是説得好，所以存留在，與後人看。』」又，璘録云：「檜召胡和仲來，問『敬以直内，義以方外』。和仲之父子兄弟尋常以爲此兩句只是一事。檜云：『不然。「敬以直内」可用，某逐日受用便是。「義以方外」不可行。』和仲疑之。檜云：『公試行看。』和仲上殿，光堯索文定公文集，因以副本呈。檜云：『先公議論甚好，但一句也行不得。且如孔孟許多説話，也只是存一箇好話，令人知有此好話耳，決不可行。』又問和仲：『「不降其志，不辱其身」，如何？』和仲既解以對。檜云：『合降志，須著降；合辱身，須著辱。』和仲以太常丞權郎，檜忽請喫酒五盃，歸而章疏下矣。檜之不情如此。」

秦檜聞富季申言，深有感。歸，出謂富曰：「元來作相當如此！」後來所爲，皆得之於此。不知其説，然大率保位之術耳。揚。

秦檜初罷相，出在某處，與客握手，夜語庭中。客偶説及富公事，秦忽掉手入内。客莫知其故。久之方出，再三謝客云：「荷見教。」客亦莫知所謂，扣問，乃答云：「處相位，元來是不當起去！」是渠悔出，偶投其機，故發露如此。趙丞相初亦不喜之。及其再入，全然若無能，趙便謂其收斂，不做一聲，遂一向不疑之，亦不知其如此。胡康侯初甚喜之，於家問中云：「秦會之歸自虜中，若得執政，必大可觀。」康侯全不見得後來事，亦是知人不明。又云：「秦會之是有骨力，惜其用之錯。」或問：「他何故不就攻戰上做？」曰：「他是見得這一邊難成功，兼察得高宗意向亦不決爲戰討計。」賀孫。

問：「富直柔握手之語，不審何説？」曰：「往往只是説富公後來去朝廷使河北，被人讒間等事。秦老聞之，忽入去，久之不出，富怪之。後出云：『元來做宰相是不可去！』」秦既再入，遂譖魏公於趙公。又因唐暉等二事傾去趙相，一向自做，更不肯去。胡和仲嘗勸秦云：『相公當國日久，中外小康，宜請老以順盈虚消息之理。』秦曰：『此事不然，我當時做這事，尚拖泥帶水，不曾了得。』問：『何事未了？』曰：『是未取得他中原。』曰：『若取中原，必須用兵，相公是主和議者。』曰：『我從來固不主用兵。然虜自衰亂，不待用兵，自可取。』後來楊安止亦有劄子勸秦相去位，秦相大率如對和仲者。於是不樂，安止遂坐此去國。不然，安止亦須做從官。」先生曰：「不曉他要取中原之意。後來見陳國壽𤫇説，秦老初欲以此事付國壽，擬除它廬帥。陳云：『荷朝廷任使，帥長沙、廣西皆内地。若邊帥，當擇才。某於軍旅事素不習，恐敗事。』其議遂已。竊意秦老只是要兵柄入手，此事做未成。若兵柄在手，後來必大段作怪。」德明。

秦太師與呂並相。呂出甚所在，秦一時換了臺諫人物。呂聞之，不平。有客告之云，其黨魁乃胡文定，可逐去，則秦不足慮。呂如其言，歸而諷臺諫論之。秦争於上，遂併論秦。高宗欲罷其相，令人行詞。當時秦所引皆是好人，而立朝無過，人皆不平。行詞者遂求御批，以疏其罪。高宗遂批與之，大略云：「其未相時，説作相數月可以致治；既相，皆無所建明。」後來秦再相，數年之後，却奏過，以爲當初無過，爲人所譏。遂行下詞臣家索御批。既得之，則以納於高宗，其無禮不臣如此！可學録云：「秦會之初罷相，高宗親批，付綦叔厚草麻，御書藏綦氏。及秦氣焰盛，自廣倅移某人知台州，於其家索出，而納於高宗。某人潮州人。」又，當時史館有宰臣拜罷録，已載此罷相時事，亦有士大夫録得此書。秦已改史館之書了，又行下收民間所藏者。德明。揚録云：「秦前罷相時，有御批其罪狀，與翰林學士綦密禮行詞。後再相，令人於綦家搜索之，自於上前納了。兄秦楚材作翰林之類官，上以檜故，亦眷其人，檜亦忌而出之。」

因話及秦丞相，問：「當時諸公皆入虜，渠何以全家得還？」曰：「此甚可疑。當和親時，王倫自虜至，欲高宗屈膝，中外憤怒。秦老出，有人牓云：『秦相公是細作。』揚録云：「都下甚憤，似有欲殺之之意。一日，在甚寺中聖節，一樹上貼一榜子云：『秦相公是細作。』」是時陳應之正同到廟堂，問和親之故。秦云：『某意無他，但人主有六十歲老親在遠，須要取來相聚。』因顧左右，令取國書與應之看，乃是詔書。秦捲其前後，只見中間云：『不求而得，可謂大恩。』蓋指河南也。先生言畢云：「此事當記取，恐久後無人知之者。」當時虜中諸將争權，廢劉豫，以河南歸我，乃是獺辣。獺辣既誅，兀朮用事，又欲背約。是時命樓炤簽書密院，爲宣撫，辟鄭亨仲又一人，記不全。爲屬，至蜀見吴玠。玠曰：『某有一策。昔失陜西五路，最爲要害。今虜人以河南歸我，而陜西在其中，可謂失策，徐必悔悟。今不若移近蜀之兵，進而據之，則猶庶幾。稍遲，則不及事矣。』樓云：『此策固善，但某不敢專，須奏朝廷。』亨仲因力奏之，即莫奏。未數日，虜兵已下陜西矣。當時下河南止用單使。有一相識，姓名失記。爲蔡州平輿尉。一日弓手報：『天使至，縣尉當出迎。』曰：『天使何人？』曰：『北使。』曰：『我南朝官，不可拜北使。』曰：『如此，則官人可歸矣。』乃爲辦兩車，并骨肉送之入南境。既而使到，縣官皆投拜，蓋本北人未換者。」可學。僩録云：「胡明仲與秦檜争和議於朝堂。秦無語，但取金人所答國書，以手急卷，箝其兩頭，止留中間一行示明仲云：『不求而得，可謂大恩。』字如掌大。時虜人初以河南之地歸我也。先生親見致堂説。」揚録云：「秦老講和後，曾取得河南地。關中五路，地連河南，盡得之。時令樓炤往守，鄭剛中在幕。吴玠云『今與之講和極是』云云。『今得五路，須急發兵守之。某守某處，令誰守某處，要急爲之。虜人只是不曾思量，恐覺便來取。』當時他人亦以爲常，惟鄭剛中擊節稱是。因言『鄭才識高』云云。樓曰：『某來時不曾得旨，須著人文字。』鄭曰：『可急入文字。』未幾，虜人取去矣。」

秦檜倡和議以誤國，挾虜勢以邀君，終使彝倫斁壞，遺禍後君，此其罪之大者。至於戮及元老，賊害忠良，攘人之功以爲己有，又不與也。若海。

李泰發參政，在上前與秦相争論甚力，每語侵秦相，皆不應。及李公奏事畢，秦徐曰：「李光無人臣之禮！」上始怒。德明。

秦檜初主和議時，舉朝無人從之。遂奏太上曰：「乞召李光來問如何。」遂召至。未對時，全不得見人，不知如何與秦檜相見。秦待之，酒行，如誤言云：「滿斟參政酒。」時光爲尚書之類。光聞「參政」之言，秦遂與論和議如何，光贊之。次日對陳和議之是，和議遂定，遂參政。光性剛，雖暫屈，終是不甘，遂與秦檜譎。秦所判文，光取塗改之。後爲秦治，過海歸死。揚。

章貢軍叛，上不知。一日，問如何，秦曰：「軍人們閑相争之類，已令人去撫定矣。」問是誰説。上初不言，詰之，乃曰：「兒子説。」遂尋别事罰俸，三月不支。揚。

施全刺秦檜，或謂岳侯舊卒，非是。蓋舉世無忠義，這些正義忽然自他身上發出來。秦檜引問之曰：「你莫是心風否？」曰：「我不是心風。舉天下都要去殺番人，你獨不肯殺番人，我便要殺你！」賀孫。

胡邦衡作書，記當時事。其序云：「有張扶者，請檜乘副車。呂愿中作秦城王氣圖。」漸他當初拜相罷去，極好。再來，却曰：「前日但知道行則留，不行則去，今乃知不可去。」漸漸便到此田地。及至極處，亦顧其家，曹操下令云云是也。問霍光。先生曰：「霍光無此心，只是弑許后一事不發覺，此大謬。」又問秦氏科第。先生曰：「曾與汪端明説，此是指鹿爲馬。汪丈云：『只是無見識。』」可學。璘録云：「『秦太師專政時，張扶，或云張柄，請乘副車。呂愿中作秦城王氣詩以獻，檜皆受不辭。呂知静江府，府有驛名秦城，忽傳言有王氣。呂作詩與僚屬和之，成册以獻。此見胡邦衡所作紹興間被貶逐人事實序。熊子復欲作一書記其事，從其子借之。或云，非邦衡所作。』又曰：『私科舉，或云恐是愚弄天下之人，指鹿爲馬之意。』汪聖錫云：『恐不如此，只愚騃耳。』『初時人以伊周譽檜，末後人以舜禹譽檜，檜亦受之。大抵久執權柄，與人結怨多。才欲放下，恐人害己。似執守不放，其初未必有邪心，到後來漸漸生出，皆是鄙夫患失之謀耳。』」

問：「張魏公行狀，秦相叛逆事如何？」曰：「當時煞有士大夫獻謀者，亦有九錫之議矣，吴曾輩是也。」振。

秦檜在相時，執政皆用昏庸無能者，如汪勃、章夏、董德元皆一類人。太上一日問處州兵反事，秦久未對。章夏在後，恐秦忘之，因對一句。後秦語之曰：「檜不能對時，參政却好對。檜未對，參政何故便如此？」即時逐去之。興化林大鼐爲士人，時對策，言自宣政以來，人無節義。後得秦檜於虜中，乞立趙氏，節義可取。時秦被黜閑居。後秦知之，大擢用。一日在經筵，因講得甚稱上意，上喜，賜一帶，秦逐出之。揚。

秦檜每有所欲爲事，諷令臺諫知後，只令林一飛輩往論之。要去一人時，只云劾某人去，臺諫便著尋事上之。臺諫亦嘗使人在左右探其意，纔得之，即上文字。太上只是慮虜人，故任之如此。及秦死，遂召陳誠之、沈該、万俟卨、金安節諸人，以誠之輩嘗爲奉使，沈嘗以贓罷官，後以上書言講和進用，皆秦黨也。秦死封王，禮數之類皆得。又一面行遣昔時諫臺，爲皆附會權臣。揚。

秦檜舊作好文時，亦多有好相識。晚年都不與他，一切壞了。一日，謂和仲曰：「舊時亦煞有好相識，後皆不濟事。近來却有幾人好。」如曹泳、湯思退輩，皆其晚年所信用者。曹凶險狡獪之甚，秦之妻兒親黨，皆爲其所離間。秦信愛之如子，然皆在其籠絡中矣。決定後來推秦作一大惡事，旋害了秦而自爲之。秦死，其妻兒啣之，泣訴於太上，謂秦時多事皆曹爲之，遂編直海外而死。曹妻亦自狡，要令一人軍將等去取曹喪，恐其不從，先教一婢子云：「你待我使其人不從，你便倒地作侍郎語云：『平日受我多少恩。你若不從，我即有禍及汝！』」及使其人，果有不肯從意。婢遂倒地如其言，其人拜告，即請行。蓋曹平日詭怪，家習之也。然曹有才可用，知紹興日，當聖節，吏人呈年例，店家借紫絹結甚物事。曹云：「不必借，看每年軍人緋紫衫要幾多絹。」遂檢籍所用，與此所用不争多。遂取出染結了，却將染緋紫，遂不擾。知臨安日，當拜郊，郊壇要若干土朱刷，年例先出錢買朱。吏人呈，曹曰：「不要。」近郊壇有赤黃土，先令人將炭若干斤放彼處，臨期不遠，令諸鐵匠於彼處放炭，如何燒土，以膠和塗其壇，遂省錢多少。天下事無不理會得，只是凶惡，可畏甚戚里。又，秦檜之子娶其兄女。揚。

秦檜己亥年冬死。未死前一二年間，作一二件無狀底事，起獄斷送士大夫之類。近死兩年，朝不保暮，日日起獄，凶焰張大可畏。黄豐知興化日，有人有一弟，因争兄財不與，遂以其兄嘗編録得胡銓上書，言秦檜緊要數語，告以爲兄罵秦太師。官司亦以尋常不曾爲理會。時有一囚，與争財弟同獄，問得其首尾。其囚配卒，不記何州。一日，福州帥張某過，其人直訴之於帥，爲有人罵太師，黄不爲理會。帥上其事於秦，即時攝取黄下大理，并其妻孥皆繫之。遂勘閩中何處州海島上有林二十三娘，適度甚物事，追之。尉即往海上收一二老婦女，林幾娘皆有之，俱無林二十三娘。鄉老云：「此中只有一廟，是林二十三娘廟。」遂令鄉老供文字去，且休了。黄不曾有一分事，亦追官勒停。揚。

殺岳飛，范同謀也。胡銓上書言秦檜，檜怒甚，問范：「如何行遣？」范曰：「只莫採，半年便冷了。若重行遣，適成孺子之名。」秦甚畏范，後出之。揚。

王次翁，河東人，曾做甚官，已致仕。秦檜召來作臺官，受檜風旨治善類，自此人始。揚。

王循友彦霖家子孫。知建康，辭秦而往。問有何委，秦曰：「亦無事。只有一親戚在彼，秦之甥。極不肖，恐到庭下，爲痛治。」及到任，其人果犯來，與痛治喫棒之類。其人母骨肉訴之秦，秦大怒，即尋一事加於王。王得罪，妻孥皆配了，婦女皆爲軍人所娶。揚。

建人黄公達作太守有贓，提領韓美成續家子弟。欲治之。黄已去，告之朝士。朝士曰：「公能作一件，不惟可以解此，又可以得美官，但恐公尚有所惜，不肯爲耳。」黄問如何。曰：「公上殿，能以劄子言曾天隱、李彌遜之徒不主和議，宜罪之。」黄即爲之，秦檜大喜，即擢爲察院。韓徑使人守察院門，云：「黄察院有公事未了，要去理會。」秦見不是道理，遂罷黄。揚。

興化一傅（文）〔丈〕[一]云：「秦今諸子孫，皆其夫人王家人。林一飛乃秦作教官時婢所生，夫人不容，與同官林家人養。秦後欲取歸，未遂而死。後其黨人欲爲料理，其夫人自陳云：『妾有幾子，林非是。』林遂貶何地。林死有子，今皆無禄，乃檜親孫也。」林居興化。揚。

秦太師死，高宗告楊郡王云：「朕今日始免得這膝褲中帶匕首！」乃知高宗平日常防秦之爲逆。但到這田地，匕首也如何使得！秦在虜中，知虜人已厭兵，歸又見高宗亦厭兵，心知和議必可成，所以力主和議。獺辣主事，始定和議。至次年，兀朮殺獺辣而畔盟，至順昌，爲劉信叔所敗；至楚州，又爲糧絶，兵師離散，方得成和。若不喫這兩著，亦恐未便成和。太后自虜歸，云，某年月日，虜人待之禮數有加；至某年月，又加禮；又某年月，又甚厚。今以年月考之，皆是我師克捷之時，故虜懼而加禮。禮極厚，乃是順昌之捷。高宗初見秦能擔當得和議，遂悉以國柄付之；被他入手了，高宗更收不上。高宗所惡之人，秦引而用之，高宗亦無如之何。高宗所欲用之人，秦皆擯去之。舉朝無非秦之人，高宗更

〔一〕據陳本改。

動不得。蔡京們著數高，治元祐黨，只一章疏便盡行遣了。秦檜死，有論其黨者，不能如此。只管今日説兩箇，明日又説兩箇，不能得了。有薦張魏公者，高宗云：「朕寧亡國，不用張浚！」

問：「秦相既死，如何又却不更張，復和親？」曰：「自是高宗不肯。當渠死後，乃用沈該、万俟卨、魏道弼，又有一人。此數人皆是當時説和親者。中外既知上意。未幾，又下詔云：『和議出於朕意，故相秦檜只是贊成。今檜既死，聞中外頗多異論，不可不戒約。』甚沮人心。當初有一二件事，皆不是。如檜家既保全，而專治其黨。士大夫遭檜貶竄者，叙復甚緩。渠死得甚好，若更在，甚可畏。當時已欲殺趙丞相之家，既加以反逆，則牽聯甚衆，見説有三十餘家皆當坐，中外寒心！高宗亦甚厭惡之，但無如之何。」問：「所以至於如此者，何故？」曰：「伊川云：『人主致危亡之道非一，而逸欲爲甚。』渠當初一面安排，作太平調度，以奉高宗，陰奪其權，又挾虜勢以爲重。」可學。

秦老既死，中外望治。在上人不主張，却用一等人物。當時理會秦氏諸公，又宣諭止了。當時如張子韶、范仲達之流，人已畏之。但前輩亦多已死。上借問魏可。却是後來因逆亮起，方少驚懼，用人才。籍溪輪對，乞用張魏公、劉信叔、王龜齡、查元章，又一人繼之。時有文集，謂之四賢集。可學。

好底氣數，常守那不好底氣數不過。且如秦檜在相位十一二年，被他手殺了幾箇人，又殺了許多人，皆是他那不好底氣數到長了。秦老是上大夫之小人，曹泳是市井之小人。揚。

朱子語類卷第一百三十二

本朝六

中興至今日人物下

宗澤守京城，治兵禦戎，以圖恢復之計，無所不至。上表乞回鑾，數十表乞不南幸，乞修二聖宮殿，論不割地。其所建論，所謀畫，是非利害，昭然可觀，觀其勢駸駸乎中興之基矣。耿南仲沮之於南京時，勢不歸京城。汪黃沮之淮甸時，動相掣肘，使不得一有所爲。如令椿管器甲之類，不得擅有支遣；問所召募係何色額人，召募得百十萬以上人。令京民出助軍錢；不得支錢修城池造器械數事，皆汪黃張慤爲之。初宗守京，太上即位南京時，河東北、京東西之民，日夜自守，望駕歸京。王師之來，全無盜賊。駕一居淮甸，賊起百十萬。丁進、李成、楊進之徒競起，宗盡召之爲用，事垂成而薨。朝廷不爲諸人作主，諸人四散爲賊矣，傷哉！宗薨時年七十，謚忠簡。揚。

宗忠簡公薨，其家人方入棺，未斂。軍兵輩出大廳，三日祭弔來哭不絕，祭物滿廳無數，其得軍情人心如此！揚。

王庶西人，趙元鎮引作樞密，甚有威望。又言他彊倔，死葬廬山。王之奇是庶之子，亦作樞密。庶以私怨殺曲端。端亦西人，庶嘗在其軍中，幾爲端所殺。振。

王子尚初在陝西，爲金人所圍，求救於曲端。端命一愛將救之，既至，欲求休息數日。王不許，戰敗，奔入城，王斬之。既而城陷，王奔端。端詰責，欲殺之，有幕僚力諫止，因之。一日，遣入蜀，遂譖端於魏公，魏公殺端。可學。

徐師川微時，嘗遊廬山，遇一宦者鄭諶，與之詩曰：「平生不善劉蕡策，色色門中看有人。」後入樞府，鄭時適用事，模樣似有力焉。徐在密院時，金人寇襄陽，中書集議。徐曰：「彼本盜賊所有，時國步未安，盜有竊發據城邑者，因以與之。好時爲官，跋扈則爲盜。得失不足爲國家輕重。」時趙元鎮爲參知政事，曰：「襄陽爲金人所據，則川廣路絕，國家危矣！」徐曰：「此是樞密院事，參政不須與。」趙曰：「小小兵事，樞密自主之可也。此國家大事，政府安得不與！」即上馬而去。太上聞之，罷徐樞密。徐歸鄉，以前輩自居，恃文使氣好罵，專以飲酒爲事，不擇貧賤，皆往啖之，詩亦無甚佳者。揚。可學録云：「徐師川在密院，荆襄有密報，五府會議。師川曰：『今日朝廷視荆襄乃無用地，何不棄之？』趙丞相爲參政，曰：『此乃上流，何可棄？』師川曰：『密院事，何預參政？』趙曰：『某參知政事，此乃係政事之大者，安得不預！』遂策馬徑出。入文字，朝廷爲之罷師川，趙遂知院，爲帥未行，虜退師。」

韓世忠作小官時，一城被圍，郡將無計。世忠令募敢死士，得二百人。世忠云：「不消多。」只擇得精者八十人，令人持一斧。世忠問云：「其間豈無能爲盜者？」遂令往偷了鼓搥，却略將石頭去驚他們。他必往報中軍，便隨入，見有紅帳者便斫。俟彼人集，便出來，恐有馬軍來趕，便與相殺。城上皆喊云：「馬軍進！」如是果退圍。揚。

岳太尉飛本是韓魏公家佃客，每見韓家子弟必拜。振。

岳飛恃才不自晦。郭子儀晚節保身甚闔冗，然當緊要處，又不然，單騎見虜云云。飛作副樞，便直是要去做。張韓知其謀，便只依違。然便不做亦不免，其用心如此，直是忠勇也！揚。

紹興間諸將横。劉光世使一將官來奏事，應對之類皆善。上喜之，轉官，頗賜予。劉疑其以軍中機密上聞，欲殺之。其人走投朝廷，朝廷不知如何區處之。劉又使人逐路殺之，追者已近，其人告州將藏之獄中，入文字朝廷，方免。揚。

吴玠到饒風關却走回，此事惟張巨山退虜記得實。德明。

後世用兵，只是胡廝殺，那曾有節制！如季通説八陣可用，怕也未必可用。當臨陣時，只看當時事體排扒得著所在。如吴璘敗虜於殺金平，前面對陳交兵正急，後面諸軍一齊擁前，爛殺虜人，這有甚陳法？且如用兵前陳交接，後陳即用木車隔了，不令突出。當吴璘那時，軍勢勇猛，將來隔了，一齊都斫開突前去，有甚陳法？看來兵之勝負，全在勇怯。又云：「用兵之要，敵勢急，則自家當委曲以纏繞之；敵勢緩，則自家當勁直以衝突之。」賀孫。

古之戰也，兩軍相對，甚有禮。有饋惠焉，有飲酌焉，不似後世便只是爛殺將去。劉錡順昌之捷，亦只是投之死地而後生。當時虜騎大擁而至，凡十餘萬。諸將會議，以爲固知力不能當，然急渡江，則朝廷兵守已自戒嚴，必不可渡。兼攜持老幼，虜騎已迫，必爲所追，其勢終歸於死。若兩下皆死，不若固守，庶幾可生，遂閉城門而守。虜人大至，劉錡先遣人約他某日戰。虜人謂其敢與我約戰，大怒。至日，虜騎壓於城外。時正暑月，劉錡分部下兵五千爲五隊，先備暑藥，飯食酒肉存在。先以一副兜牟與甲，置之日下曬，時令人以手摸，看熱得幾何。如此數次，其兜牟與甲尚可容手，則未發。直待熱如火，不可容手，乃唤一隊軍至，令喫酒飯。少定，與暑藥，遂各授兵出西門戰。少頃，又唤一隊上，授之，出南門。如此數隊，分諸門迭出迭入，虜遂大敗。緣虜人衆多，其立無縫，僅能操戈，更轉動不得。而我兵執斧直入人叢，掀其馬甲，以斷其足。一騎纔倒，即壓數騎，殺死甚衆。

況當衆正熱，甲盾如火，流汗喘息煩悶。而吾軍迭出，飽鋭清凉，而傷困者，即扶歸就藥調護。遂以至寡敵至衆，虜人大敗，方有怯中國之意，遂從和議，前此皆未肯真箇要和。此是庚申年六月，可惜此機不遂進！賀孫。

張棟字彦輔。謂劉信叔親與他言，順昌之戰，時金人十上萬人圍了城，城中兵甚不多。劉使人下書約戰日，虜人笑。是日早，虜騎迫城下而陣，連山鐵陣甚密不動。劉先以鐵甲一聯曬庭中，一邊以肉飯犒師。時使人摸鐵甲未大熱，又且候。候甲熱甚，遂開城門，以所犒一隊持斧出，令只掀起虜騎，斫斷馬脚。人馬都全裝，一騎倒，又粘倒數騎，虜人全無下手處。此隊歸，以五苓大順散與服之，令歇。又以所犒第二隊出如前，殺甚多，虜覺得勢敗，遂遁走。後人問曬甲之事如何，曰：「甲熱則虜人在日中皆熱悶矣，此則在凉處歇方出。」時當暑月也。揚。

籍溪嘗云，建炎間，勤王之師，所過州縣，如入無人之境，恣行擒掠，公私苦之。有陳無玷者，以才略稱。嘗作某縣，宿戒邑人，各備器械，候聞鍾聲，則人執以出，隨其所居，相比排列。未幾，勤王之師入縣，將肆縱横之狀，即命擊鍾。邑人聞之，如其宿戒以出，師徒見其戈矛森列，不虞其有備若此也，相顧失色，遂整師以過，秋毫無犯，邑人德之。又，胡文定公之趨召命也，汎舟而下，無玷走吏致書，戒其吏云：「計程到江黄間，有官舡自下而上者，可扣之，當是本官。」吏至彼，果有舟上者，一問得之，其善料事如此。蓋渠以事占之，知文定之不果造朝也。儒用。

某人作縣，臨行請教於某人。先生言，其姓名今忘記。某人曰：「張直柔在彼，每事可詢訪之。」某人到官，忽有旨，令諸縣造戰舡。召匠計之，所費甚鉅。因意臨行請教之語，亟訪策於張。張曰：「此事甚易，可作一小者，計其丈尺廣狹長短，即是推之，則大者可見矣。」遂如其語爲之，比成推算，比前所計之費減十之三四。其後諸縣皆重有科斂，獨是邑不擾而辦。後其人知紹興府，太后山陵，被旨令應副錢數萬給磚爲墻。其大小厚薄，呼磚匠於後圃依樣造之。會其直，比抛降之數減數倍。遂申朝廷，乞紹興自認磚墻。正中宦者欺弊，遂急沮其請，只令紹興府應副錢，不得干預磚墻事。儒用。成録云：「其人曰：『如何費許多錢！』遂呼磚匠於園後結墻一堵，驗之。先問其磚之大小厚薄，依樣燒磚而結之，費比朝廷所抛降之數減數倍云云。」

張翶字直柔。福建人，嘗知處州。有人欲造大舟，不能計其所費，問之。張云：「可造一小舟，以寸折尺，便可計算。」後又有人欲築紹興園神廟牆，召匠計之，云費八萬緡。其人用張法，自築一丈長，算其墻可直二萬，遂以四萬與匠者。董事内官無所得，遂與奏紹興貧，不如自出錢。太后遂自出錢，費三十二萬緡。揚。

高宗朝有朝士，後爲尚書，建炎嘗請駕幸福建，以爲福建有天險。又上言，邵武南劍人多鑿紙錢，費農業，乞降旨禁之。或人家忌日之類，不得燒紙錢，只燒經幡一二紙。好笑如此！粘罕長槍大劍如此，而使若輩人謀國云云。邵武有文集。又有趙霈者，清獻之孫，此時亦上言，聖節殺鷄鵝太多，只令殺猪羊大牲。適傳有一「龍虎大王」南侵，邊方以爲懼。胡侍郎云：「不足慮，此有『鷄鵝御史』，足以當之！」揚。

紹興間，曾天隱名恬。作中書舍人。曾亦賢者，然嘗爲蔡京引用。後修哲宗實録成，太上、趙丞相要就褒賞修實録官，制辭上説破前後是非。曾以蔡之故，常主那一邊。及行詞，只模糊作一修史轉官制。上與丞相不樂，命呂居仁行。呂權中書舍人，自丁巳三月二十五日上一狀論分别邪正。謂曾之徒，也自荆公諸人熙豐間用事，新經字説之類，已壞了人心術。元祐諸公所爲，那一邊人終不以爲是。紹聖以後，又復新政，敗壞一向，至於渡江。然舊人亦多在者，其所見舊染不省，雖賢者亦復如是，如曾之徒是也。因論人以先入爲主，一生做病。揚。

湯思退事秦檜最久，其無狀皆親學得，故所爲如此之乖。揚。

湯思退作樞密，董德元參政，商量薦小秦作相。董言之不答，湯即背其説，逐董出，召魏良臣來作參。魏治楊存中，上不答。湯又逐出魏，湯遂作相。揚。

湯思退、王之望、尹穡三人姦甚，又各有文。以計去了魏公，盡毀其邊備山寨、水櫃之類，凡險要處有備禦者，皆毀之。還了金人四州，以謂可以保其和好而無事矣。一日，只見虜騎十萬突至，驚擾一番而去。三人者乃罷，其謀蓋三人之所同也。尹乃疏平日邊事，尹能文其事，尚如此奸。宰相自爲一室藏文書，全不令臺諫至，其後及賈誼待大臣盤劍之類事。湯卒以驚死敗，小人情狀如此。初，去了魏公，毀邊備時，諸將皆欲得而殺之。王之望尚在其所，急上書論三事：一恢復，二守禦，三與之和時，亦要地界、歲幣之類分明。上大喜，即日召歸參大政。乃金人有所須，上商量之際，上意欲不與，欲之望有所説，之望全不言。上顧之云：「如何？」之望曰：「不如且與之。」上曰：「卿前書意如何？」及敗，二人皆懼邊將之怨己不敢出師，上前至以鄙語相罵。之望謂湯小數子，成把價撒出來，好士夫所爲如此之類，言語記不全。三人之意，惟恐奉虜不至，但看要如何。虜見其著數低，易之，遂無所不敢。使其和議如秦檜時，則亦一檜矣。好梟三人首於都市，俾虜人聞之，亦以少畏。此是甲申年。

虜騎來時，思退、之望既罷，穡不罷。上令胡銓、穡往經略邊備，二人皆搬家先去。上但知胡如此，怒去之。時召陳魯公，魯公至，留胡。上曰：「用其經略邊事，遂搬家先去，用是罷之。」陳曰：「如此，則穡亦搬家去。臣途中見之。」遂罷。穡多讀書，能文，然行不成人。上初極重之，每對羣臣言，無人及穡。龔茂良爲左司諫，與穡同對，欲促上早定和議。

穡曰：「内政只消三二箇月打疊，不日可以至太平。但外敵未去，下手未得，且與講和爲便〔一〕。」揚。

方伯謨問某人如何。忘其姓名。先生曰：「對移縣丞一節，全處不下。」又問：「是當初未見得？」曰：「他當初感發踊躍，只是後來不接續。」語朱希真曰：「天下有一等人，直是要文采，求進用。」因説及尹穡，「前日趙蕃稱他是好人」。伯謨問：「他當初如何會許多年不出？」曰：「只是且礙過，及至上手則亂。渠初擢用，力言但得虜和，三二月綱紀自定。龔實之云：『便是他人耳聾，敢如此説！』如減冗官事是，但非其人，行之失人心。渠初除浙西制置，胡邦衡除浙東。邦衡搬家從蘇秀，迤邐欲歸鄉，因此罷。陳魯公再用，因言於上曰：『胡銓搬家固可罪，尚向北；尹穡搬家乃向南。』上云：『無此事。』公云：『臣親見之。』自古人主無與天下立敵之理。天下皆道不好，陛下乃力主張。』張魏公在督府，渠欲摇撼。一日，陳彦廣對言：『張某似有罷意。』上曰：『安有此事！方今誰出魏公上？（上每呼張相，只曰『魏公』。）必是臺諫中爲此，卿可宣諭。』陳見尹，道上意，尹云：『某請對。』數日，駕在德壽，批出，陳知建寧府，魏公亦罷。」某問：「當時諸公薦之，何故？」曰：「亦能

〔一〕賀疑此條及注有不解。

文章，大抵以此取人，不考義理，無以知其人，多爲所誤。如蘇子由用楊畏，畏爲攻向上三人，蘇終不遷。畏曰：『蘇公不足與矣。』乃反攻之。」可學。

或問胡邦衡在新州十七八年不死。先生曰：「天生天殺，道之理也，人如何解死得人！」廣。

胡邦衡尚號爲有知識者，一日以書與范伯達云：「某解得易，魏公爲作序；解得春秋，鄭億年爲作序。」以爲美事。范答書云：「易得魏公序甚好。鄭序春秋者，不知是何人，得非劉豫左相乎？是此人時，且請去之。」胡舊嘗見李彌遜，字似之，亦一好前輩。謂胡曰：「人生亦不解事事可稱，只做得一兩節好便好。」胡後來喪名失節，亦未必非斯言有以入之也。揚。

呂居仁學術雖未純粹，然切切以禮義廉恥爲事，所以亦有助於風俗。今則全無此意。方子。

呂家之學，大率在於儒禪之間，習典故。居仁遂去學作詩，亦不說於趙丞相，後於秦檜所爲，亦有輔之者。籍溪云：「嘗代一表云『仰日月於九天之上』，下一句甚卑，可憐之詞，居仁爲之也。後虜中此文亦有人傳之。」揚。

呂居仁作舍人時，繳奏文字好處多。一章論袁煥章乞作教官。「教官人之師表，豈可乞？」此論不聞數十年矣。今皆是陳乞，然不陳乞，朝廷又不爲檢舉。朝廷爲檢舉方是，亦可以養士大夫廉恥。今皆不然，都要陳乞。舊除從官，便不磨勘，今亦不然。如磨勘，大約用三載考績之法，一年一切了。今年年日日理會官員磨勘。揚。

呂居仁不甚惡贓汙，深惡多才刻薄者。此自回避黨人，故有此論出來。然大害名教，豈不使得子孫取受！如論固窮守節處，甚佳。揚。

「呂舍人好言忍恥之類，此意不佳。」揚因及劉道原不受溫公惠。曰：「如此做得人，也靈利。」揚。

說呂居仁解大學，曰：「他諸公何故一做下便不改動一字？非聖人安能如此？這般非是大聖，便是大愚！」

因說呂居仁作汪民表墓誌不好，曰：「作龜山底尤不好，故文定全不用，盡做過了。」振。

「呂居仁家往往自擡舉，他人家便是聖賢。其家法固好，然專恃此，以爲道理只如此，却不是。如某人纔見長上，便須尊敬以求教；見年齒纔小，便要教他，多是如此。」人傑因曰：「此乃取其家法而欲施之於他人也。」人傑。

汪聖錫不直潘子賤直前事，云：「無緣聽得殿上語。」向宜卿云：「吾當時之言，尹和靖某事，又爲朱子發理會郵典。子賤（常）〔當〕〔一〕時爲呂居仁所賣。」德明。

張無垢説得一般道理，一切險而動。振。

張無垢氣魄，汪端明全無些子氣魄。無垢論語説得甚敷暢，横説豎説，居之不疑。

「永嘉前輩覺得却到好，到是近日諸人無意思。陳少南，某向雖不識之，看他舉動煞好，雖是有些疏，却無而今許多纖曲。」賀孫問：「少南雖是疏，到在講筵議論，實有正直氣象。」曰：「然。近日許多人，往往到自議論他。」賀孫。

問：「陳少南詩如何？」曰：「亦間有好處，然疏，又爲之甚輕易。秦檜居温州時，陳嘗爲館客。後入經筵，因講公羊『母以子貴』之説爲非是，因論嫡妾之分。是時太母還朝，陳遂忤太上意，安置惠州。張宋卿於彼從之。徽廟梓宮歸，鄭后梓宮亦歸，邢后太上初聘，亦隨歸。及邊，以訃聞。太母還，秦檜欲以吉服迎，吴才老時爲禮官，獨以爲不可，謂須先以凶服迎梓宮歸。太上幾年不見太母了，不爭些二三日。奉安梓宮了，却以吉服迎太母歸。衆禮官聚都堂，皆從秦意，吴獨争之。秦曰：『此不是公聚訟處。』即以吴出之。」先生又云：「公羊之説非是，只有一嫡。」揚。

〔一〕據陳本改。

因論李德遠、黄世永爲湯進之所買，云：「他亦是不曾見前輩，前輩皆不如此。湯見人時，一面顔色言語皆買人之物。史直翁亦然，然却較好。史雖主和，然亦有去交結得一人爲應者，然許他皆過分數了。誠使彼足以抗虜，此中亦何以處之？其策甚非也。」揚。

史丞相好薦人，極不易；然却有些籠絡人意思，不佳。陳丞相較渾厚，無這般意思，又若賢否不辨者。振。

陳福公自在，只如一無所能底村秀才。梁丞相亦然。振。

史老雖如此，然嘗愛論薦引拔士人，此一節可喜。如陳應求方寸平正，遠過龔實之。然龔又却好事，每到處便收拾得些人才。劉樞不好士人，先亦讀書，長編從頭批抹過。近得書云，尚要諸經史從頭爲看一遍，顧老病，恐不能。揚。

因論張戒定夫，其初名節好。後來亦以書與諸公論，當時某不是全不主和議，但謂和時要如何。後來多有如某之料，其意欲進甚鋭。太上終是嫌破和議底人。秦檜死，亟下詔守和議不變，用沈該、万俟卨、陳誠之輩。故張戒自秦檜死後，數年終不用。而張自躁如此，蓋是學無本原故耳。張學老子之類。揚。

張定夫居建昌，享高壽，有文集曰正平集。自言初學孔子之道而無所得，後讀老子而願學焉。又喜管子，其議多尚法制。立朝亦可觀，人傑録：「與先吏部厚善。當時朝士皆敬之，雖有素喜陵人者，亦不敢慢。」嘗對高宗云：「陛下有仁宗之儉慈，而乏藝祖之英略。」高宗以爲説得好。又嘗言：「過江以來，非李伯紀、趙元鎮、張魏公三人，也立不住。」

先生謂若海曰：「令祖全節翁孝義篤至，又能堅正自守。當時權貴欲一見之，竟不爲屈。至於通判公，又爲張、趙所知，持論凜然，不肯阿附秦老，可謂『無忝於所生』者。前輩高風，誠可敬仰。爲子孫者，其忍不思所以奉承而世守之乎！」或曰：「今人志在趨利，聞人道及此等事，則多非訐訕笑。」先生曰：「某嘗謂得他當面言之，猶似可。又有口以爲是，心實非之，存在胸中，不知不覺做出怪事者，玆尤可畏！」按：胡泳云，内翰，文公之後。若海。

「鄧名世吏，臨川人，學甚博，趙丞相以白衣起爲著作郎。與先吏部同局，吏部甚敬畏之。有攷證文字甚多，攷證姓氏一部甚詳，紹興府有印板。謂左丘姓，人有牌牓在賣卦，左氏只是姓左。」先生云：「楚左史倚相世爲史官，恐其後也。」鄧著作後爲秦檜以傳出秘書文字罪之，褫官勒停。揚。

熊叔雅名彦詩，王時雍婿也。金人入寇，京城不守，時雍盡搜取婦女於虜人，人號時雍爲「虜人外公」。當秦檜時，叔雅知永州，魏公時安置永州。秦檜之父曾爲玉山知縣，玉山人要爲老秦立祠堂，求叔雅作記。叔雅質之魏公，魏公令勿須作。叔雅自後只是言貧，這後恐不得差遣。十數日後，魏公知其意，與之曰：「前日所謂祠堂記，作也不妨。」叔雅作之，大意言：人問公有甚異政？曰無異政，只見民父子有親，君臣夫婦長幼朋友之倫皆如此好了。子太師得其道以治天下亦然，云云。立大碑於玉山。揚。

三山黄明陟登，是黄傳正之父。揚録云：「張登，福建人。」當録云：「張致中父登。」從周録云：「永福姓張人。」其人朴實公介，爲甚處宰。諸録云尤溪。初上任，凡邑人來見者，都請，諸録云：「士夫僧道百餘人。」但一揖。揚録云：「坐處亦不足，只立説話。」問：「諸公能打對否？」人皆不敢對。因云：「『天』對甚？」其中有人云：「對『地』。」又問：「『日』對甚？」云：「對『月』。」「『陽』對甚？」云：「對『陰』。」却又問：「『利』對甚？」云：「對『害』。」乃大聲云：「這便不是了！天下一切人，都被這些子壞了。才把『害』對『利』，便事事上只見得利害，更不問義理。當録云：「人只知以『利』對『害』，便只管尋利去。」須知道『利』乃對『義』，才明得義、利，便自無乖争之事。自後只要如此分别，不要更到訟庭。」後來在任果有政聲。此事須近於迂闊，然却甚好，今不可多見矣！時舉。當録云：「一揖而退，此亦可書。其桃符云：『奉勸邑人依本分，莫將閑事到公庭。』言雖質，意亦好。」揚録云：「其人爲政簡易，無係累。後坐化死。」

李椿年行經界，先從他家田上量起，今之輔弼能有此心否？人傑。

王龜齡學也粗疏。只是他天資高，意思誠慤，表裏如一，所至州郡上下皆風動。而今難得此等人！賀孫。

王詹事守泉。初到任，會七邑宰，勸酒，歷告之以愛民之意。出一絶云：「九重天子愛民深，令尹宜懷惻怛心。今日黄堂一盃酒，使君端爲庶民斟！」七邑宰皆爲之感動。其爲政甚嚴，而能以至誠感動人心，故吏民無不畏愛。去之日，父老兒童攀轅者不計其數，公亦爲之垂淚。至今泉人猶懷之如父母！時舉。

汪端明學亦平正，然疏。文亦平正，不好小蹊曲徑。福建政事鎮静，與福亦相宜。蜀政不及。見事亦快。揚。

汪端明少從學於焦先生。汪既達時，從杲老問禪。憐焦之老，欲進之以禪，因勸焦登徑山見杲。杲舉「寂然不動，感而遂通」。焦曰：「和尚不可破句讀書。」不契而歸，亦奇士也。焦名援，字公路，南京人，清修苦節之士。閎祖。

汪聖錫日以親師取友多識前言往行爲事，故其晚年德成行尊，爲世名卿。若海。

汪季路甚子細，但爲人性太寬，理會事不能得了。賀孫。

祝懷汝昭嘗論張説。一日，祝有一婢溺死。衢守施元之謂張曰：「祝婢乃其父婢，祝汙之，恐事泄，抑令其死。」張遂言之於上。上曰：「此事大，若有之，行遣不得草草；若無，不須以此陷人。」遂陰遣一兵士之類來衢探其事。往來月餘日，得其實矣。一日，乃投都監曰：「奉聖旨，來探祝編修家公事。」遂叫集鄰里作保明狀去，事方已。兵士小人，乃能如此。揚。

主上一日嘉鄭自明直言，遂問近臣曰：「昔時有一魏掞之好直言，今何在？」左右以死對。問：「有子弟否？」無人爲敷陳，遂贈直秘閣宣教郎。揚。

這道理易晦而難明。某少年過莆田，見林謙之、方次榮説一種道理，説得精神，極好聽，爲之踊躍鼓動！退而思之，忘寢與食者數時。好之，念念而不忘。及至後來再過，則二公已死，更無一人能繼其學者，也無一箇會説了！僩。

論林艾軒作文解經，曰：「林成季井伯爲艾軒作墓銘，諱艾軒著書。但云幸學，講中庸、九經及某篇，是艾軒所著。此是有形諱不得底。嘗見九經口義，先説一段冒子，全與所講不干涉。其説是言『魏巍乎，惟天爲大，唯堯則之』；『巍巍乎，舜禹之有天下而不與焉』！人看時，都理會不得。某却曾見他口説來，乃是説道，巍巍乎者，世上有恁地大底事，惟天有之，惟堯則之。下面又説箇『巍巍乎』者，言此大事，只是天與堯有之，舜禹都不與此。蓋是取奉光堯，不知却推倒舜禹。」又云：「在興化南寺，見艾軒言曾點言志一段，『歸』，自釋音作『饋』字，此是物各付物之意。某云：『如何見得？』艾軒云：『曾點不是要與冠者、童子真箇去浴沂風雩，只是見那人有冠者，有童子，也有在那裏澡浴底，也有在那裏乘涼底，也有在那裏饋餉饁南畝底。曾點見得這意思，此謂物各付物。』」艾軒甚秘其説，密言於先生也。德輔。

王説習之性直，好人，與林艾軒輩行。上即位即召見，論不可講和。上一日謂宰臣曰：「前日上殿，有箇生得貌寢，是言此。忘了甚底官人，議論亦好。」遂除官。龔實之笑王習之以不講和奉上意。先生謂習之直，不是奉上。龔實之多讀書，知前輩大體，頗識義理。又有才，做得去。亦有文。小官時甚好。爲正言時，攻曾龍。後來心術一偏至於如此，可惜！可惜！反不如陳應求，全不如他却較好。揚。

因給舍繳駁事，而大臣無所可否，云：「昔梁叔子將爲執政時，曾語劉樞云：『某若當地頭，有文字從中出，不當如何，如何也須説教住了，始得。』後梁已大用，而文字自中出者，初不聞有甚執奏。劉樞深怪其事。後見錢某因事説及，丞相煞有力。中出文字，日日有之，丞相每每袖回了而後已。自今觀之，又不見此。」賀孫。

「某人初登宰輔，奏逐姜特立。忽有旨召姜，乞出甚力，在六和塔待命。有旨免宣押。某人初過樞，天下屬望，首有召姜之命，經由樞密，曾無奏止，坐視丞相以近習故去國。其意只以入樞未久，恐説不行而去，爲人所笑，故放過此一著，是甚小事。」直卿云：「人日日常將理義夾持箇身心，庶幾遇事住不得。若是平常底人，也是難得不變。如其人，固謂世人屬望，但此事亦須不要官爵，方做得。」曰：「固是。若是不要官爵，這一項事如何放得過？每看史策到這般地頭，爲之汗栗！一箇身已便頓在兵刃之間。然漢唐時爭議而死，愈死愈爭，其爭愈力。本朝用刑至寬，而人多畏懦，到合説處，反畏似虎。」至道因問：「武后事，狄梁公雖復正中宗，然大義終不明，做得似鶻突。」曰：「當此時世，只做得到恁地。狄梁公終死於周，然薦得張柬之，迄能反正。」又問：「吕后事勢倒做得只如此，然武后却可畏。」曰：「吕后只是一箇村婦人，因戚姬，遂迤邐做到後來許多不好。武后乃是武功臣之女，合下便有無君之心。自爲昭儀，便鴆殺其子，以傾王后。中宗無罪而廢之，則武后之罪已定。只可便以此廢之，拘於子無廢母之義，不得。吕后與高祖同起行伍，識兵略，故布置諸吕與諸軍。平勃之成功也，適直吕后病困，故做得許多脚手，平勃亦幸而成功。胡文定謂武后之罪，當告於宗廟社稷而誅之。」又云：「中宗決不敢爲黜母之事。然而并中宗廢之，又不得。當時人心惟是見武后以非罪廢天子，故疾之深；惟是見中宗以無罪被廢，故願復之切。若并中宗廢之，又未知有何收拾人心，這般處極難。」賀孫。

耿京起義兵，爲天平軍節度使。有張安國者，亦起兵，與京爲兩軍。辛幼安時在京幕下爲記室，方銜命來此，致歸朝之義，則京已爲安國所殺。幼安後歸，挾安國馬上，還朝以正典刑。儒用。

辛幼安亦是箇人才，豈有使不得之理！但明賞罰，則彼自服矣。今日所以用之者，彼之所短，更不問之；視其過當爲害者，皆不之卹。及至廢置，又不敢收拾而用之。人傑。

問：「陳亮可用否？」曰：「朝廷賞罰明，此等人皆可用。如辛幼安亦是一帥材，但方其縱恣時，更無一人敢道它，略不警策之。及至如今一坐坐了，又更不問著，便如終廢。此人作帥，亦有勝它人處，但當明賞罰以用之耳。」㽦。

近世如汪端明，專理會民；如辛幼安，却是專理會兵，不管民。他這理會兵，時下便要驅以塞海，其勢可畏！植。

辛幼安爲閩憲，問政，答曰：「臨民以寬，待士以禮，馭士以嚴。」恭甫再爲潭帥，律己愈謹，御吏愈嚴。某謂如此方是。道夫。

劉樞帥建康，所得月千緡。劉欲止受正所當得者，以恐壞後來例，不敢。但受之，後却送其不當得者於公使庫。後韓元龍來作漕，盡不受其所不當得者，劉甚稱服之。平父云。振。

劉恭父創第，規模宏麗，先生勸止之曰：「匈奴未滅，何以家爲！」忠肅意不樂也。道夫。

劉寶學初娶熊氏，生樞密。生次子，方落地，問是男，即命與其弟直閣爲子。熊不樂，都不問，竟以是而没。後樞密娶吕氏入門，未幾，即命吕一切儀物盡與直閣女爲嫁具，吕即送與之。平父云。振。

某曾訪謝昌國，問：「艮齋安在？」謝指廳事云：「即此便是。」其廳亦敝陋。玄鄭。

金安節爲人好。振。

戴肖望云：「洪景盧、楊廷秀争配享，俱出，可謂無黨。」曰：「不然。要無黨，須是分別得君子小人分明。某嘗謂，凡事都分做兩邊，是底放一邊，非底放一邊；是底是天理，非底是人欲；是即守而勿失，非即去而勿留，此治一身之法也。治一家，則分別一家之是非；治一邑，則分別一邑之邪正；推而一州一路以至天下，莫不皆然，此直上直下之道。若其不分黑白，不辨是非，而猥曰『無黨』，是大亂之道。」戴曰：「信而後諫，意欲委曲以濟事。」曰：「是枉尺直尋而可爲也！」閎祖。

孫逢吉從之煞好。初除，便上一文字，盡將今所諱忌如「正心誠意」許多説話，一齊盡説出，看來這是合著説底話。只如今人那箇口道是是！那箇不多方去回避！賀孫。

天下事須論一箇是不是後，却又論其中節與不中節。余右失於許，然使其言見聽，不無所補。李琪則所謂「不在其位，不謀其政」，要知却亦有以救其失也。如二子，却所謂「是中之不中節」者。道夫。

「耿直之作浙漕時，有一榜在客位甚好，説用考課之法。應州縣官不許用援，有績可考，自發薦章。如考課在上而挾貴援者，即降次等。今在鎮江亦然否？」曰：「僻在山林，不知其詳，但聞私謁不行。」曰：「向來耿守有一書説『用之則行，舍之則藏』。」從周曰：「此義當如何説？」曰：「也只是前來説。若如耿説，却是聖人學得些骨董，要把來使，全不自心中流出。」從周曰：「『伊尹耕於有莘之野，而樂堯舜之道。』濂溪曰：『志伊尹之所志，學顔子之所學。』伊尹恥其君，至若撻於市。學者若横此心在胸中，却是志於行，莫不可？」曰：「非是私。修身養性與致君澤民只是一理。」從周。

吴公路作南劍天柱灘記曰：「事無大小，爲之必成；害無大小，除之必去。」此見其志。方。

王宣子説：「甘抃言，士大夫以面折廷争爲職，以此而出，人皆高之。宦官以承順爲事，忽犯顔而出，誰將你當事！而黄彦節是也。其見如此之乖！後漢吕强，後世無不賢之。」揚。

近年有洪邦直爲宰，以贓被訟，求救於伯圭。伯圭薦之甘抃，甘抃薦之。上召見，賜錢，以爲此人甚廉而賢，除監察御史。振。

先生聞黄文叔之死，頗傷之，云：「觀其文字議論，是一箇白直響快底人，想是懊悶死了。言不行，諫不聽，要去又不得去，也是悶人！」因言：「蜀中今年煞死了係名色人，如胡子遠、吴挺，都是有氣骨底。吴是得力邊將。」賀孫。

近世士大夫憂國忘家，每言及國家輒感憤慷慨者，惟於趙子直、黄文叔見之耳。僩。

趙子直奉命將入蜀，請於先生，曰：「某將入蜀，蜀中亦無事可理會。意欲請於朝，得沿淮差遣，庶可理會屯田。」曰：「出於朝廷之意，猶恐不得終其事。若自請以行，則下梢或有小事請乞不行，便難出手。如舉薦小吏而不從其薦，或按劾小吏而不從其劾，或求錢米以補闕之而不從其所求，這如何做？」賀孫。

趙子直政事都瑣碎，看見都悶人。曾向擇之云：「朱丈想得不喜某政事。」可知是不喜。賀孫。

或言趙子直多疑。先生曰：「諸公且言人因甚多疑？」魯可幾曰：「只是見不破爾。」道夫。

趙子直要分門編奏議，先生曰：「只是逐人編好。」因論舊編精義，逐人編，自始終有意。今一齊節去，更拆散了，不見其全意矣。

趙子直亦可謂忠臣，然以宗社之大計言之，亦有未是處，不知何以見先帝！人傑。

一日獨侍坐，先生忽顰蹙云：「趙丞相謫命似出胡紘。」問：「胡紘不知曾識他否？」曰：「舊亦識之。此人頗記得文字，莆陽之政亦好，但見朋友多説其很愎。」某曰：「丞相前日之事，做得都是否？」曰：「也有些不是處。」問所以不是處。曰：「公他日當自見之。」先生又曰：「一時正人皆已出去，今全無一好人在朝！」某曰：「鄭溥之當時草趙丞相罷相詞固好。以某觀之，當時不做便乞出，尤爲奇特。」曰：「也不必如此。但是後來既還之後，便出亦自好。它却不合不肯出，所以可疑。若説教他不做便出，亦無此典故。」某曰：「且如富鄭公繳遂國夫人之封，以前亦何曾有此？自富公既做，後遂爲例。」先生微笑而不答。某又問：「丞相秉軸，首召先生入經筵。命下，士子相慶，以爲太平可致。忽然一日報罷，莫不惶惑。竊議者云：『先生請早晚入講筵，人主將不能堪，便知先生不能久在君側。』」曰：「早晚入講筵，非某之請，是自來如此。然某當時便教久在講筵，恐亦無益。一日雖是兩番入講筵，文字分明，一一解注，亦只講過而已，看來亦只是文具。」枅。

或曰：「今世士大夫不詭隨者，亦有五六人。」曰：「此輩在向時，本是闒茸人，不比數底。但今則上面一項真箇好人盡屏除了，故這一輩稍稍能不變，便稱好人。其實班固九品之中，方是中下品人。若中中以上，不復有矣。」先生因問：「某人如何？」或曰：「也靠不得。」曰：「然。見他寫書來，皆不可曉。頃在某處得書來，説學問又如何，資質又如何，讀書不長進又如何。某答之云：『不須如何，説話不濟事。若資質弱，便放教剛；若過剛，便放教稍柔些；若懶，便放教勤。讀論語，便徹頭徹尾理會論語；讀孟子，便徹頭徹尾理會孟子，其他書皆然。此等事，本不用問人，問人只是杭唐日子，不濟事。只須低著頭去做。若做底，自是不消問人。』這番又得他書，亦不可曉。」或曰：「終是他於利欲之場打不透。欲過這邊，卻捨彼不得；欲倒向那邊，又畏朋友之議。又緣頃被某人擡獎得太過。正如箇舡閣在沙岸上，要上又不得，要下又推不動。」曰：「然。無一番大水來泛將去，這舡終不動。要之，只是心不勇之故。某嘗歎息天下有些英雄人，都被釋氏引將去，甚害事！且如昔日老南和尚，他後生行脚時，已有六七十人隨著他參請。於天下叢林尊宿，無不徧謁，無有可其意者。只聞石霜楚圓之名，不曾得去，遂特地去訪他。及到石霜，頗聞其有不可人意處。南大不樂，徘徊山下數日，不肯去見。後來又思量既到此，須一見而決。如是又數日，不得已，隨衆入室。揭簾欲入，又舍不得拜他。如是者三，遂奮然曰：『爲人有疑不決，終非丈夫！』遂揭簾徑入。才交談，便被石霜降下。他這般人立志勇決如此。觀其三四揭簾而不肯入，他定不肯詭隨人也。廣録云：「世上有一種人，心下自不分明，只是怕人道不會，不肯問人。昔老南去參慈明時，已有人隨他了。它欲入慈明室，數次欲揭簾入去，又休。末後乃云：『有疑不決，終非大丈夫！』遂入其室。」某嘗說，怪不得今日士大夫，是他心裏無可作做，無可思量，『飽食終日，無所用心』，自然是只隨利欲走。間有務記誦爲詞章者，又不足以救其本心之陷溺，所以箇箇如此。只緣無所用心，故如此。前輩多有得於佛學，當利害禍福之際而不變者。蓋佛氏勇猛精進、清净堅固之説，猶足以使人淡泊有守，不爲外物所移也。若記覽詞章之學，這般伎倆，如何救拔得他那利欲底窠窟動！」或曰：「某人讀書，只是摘奇巧爲文章以求富貴耳。」曰：「恁地工夫，也只做得那不好底文章，定無氣魄，所以他文字皆困苦。某小年見上一輩，未説如何，箇箇有氣魄，敢擔當做事。而今人箇箇都恁地衰，無氣魄，也是氣運使然。而今秀才便有些氣魄，少年被做那時文，都銷磨盡了。所以都無精采，做事不成。」僩。

彪居正德美記得無限史記，只是不肯説，只要説一般無巴鼻底道理。在南嶽説：「『温故而知新』，不是今人所説之故新。故者，性也；新者，心也。温性而知心，故可以爲人師。」其説道理如此，然口嘵嘵不肯已。璘。

朱子語類卷第一百三十三

本朝七

盗賊

蜀中有趙教授者，因二蘇斥逐，以此摇動人心，遂反。當時也自響應，但未幾而哲宗上仙，事體皆變了，所以做得來也没巴鼻。蜀人大故强悍，易反。成都嘗有一通判要反，已自與府中都吏客將皆有謀了。不知如何，一婢走出來告云，日逐有官員來議事。帥因下簾，令辨府中人，則皆每日所見合謀者，其事遂敗。義剛。

方臘起，向薌林時爲小官。言今無策，只有起劉元城、陳了翁作相，則心不戰而自平。揚。

伊川嘗説，今人都柔了。蓋自祖宗以來，多尚寬仁，不曾用大利〔一〕之屬，由此人皆柔

〔一〕賀疑「大利」有誤。

軟，四方無盜賊。後來靖康時多盜，蓋虜難方急，朝廷無暇治之耳。且如紹聖之後，山東、河北連年大饑而盜作，也皆隨即仆滅。但見長上云，若更遲四五年，虜人不來，盜亦難禁止，蓋是饑荒極了。義剛。

方臘之亂，愚民望風響應。其間聚黨劫掠者，皆假竊臘之名字，人人曰「方臘來矣」！所至瓦解。

臘之婦紅裝盛飾，如后妃之象。以鏡置胸懷間，就日中行，則光采爛然，競傳以爲祥瑞。儒用。

論及楊公，云：「當時也無甚大賊，不過只是盜賊而已。如李成之徒，也只是劫掠。若無討，則不過自食人，皆不是做事底。」義剛。

建賊范汝爲本無技能，爲盜亦非其本心。其叔積中，却素有包藏，陰結徒黨，置兵器滿倉箱中。其徒勸之舉事，每每猶豫，若有所待。有不快於中者，輒火十數家，且殺人，因劫之爲首，其人終不肯，但曰：「時未可，我決不能爲，汝輩可別推一人爲主。」衆遂擁戴汝爲，勢乃猖獗。建之士如歐陽穎士、施逵、吴琮者，善文章，多材藝，或已登科，皆望風往從之。置僞官，日以蕭、曹、房、杜自相標置，以漢祖、唐宗頌其功德。汝爲愚人，偃然當之。朝廷遣官軍來平賊。時秋稼已熟，賊聞官軍且至，放水灌田，又以禾穟相結連，已而決塍去水。官軍至，不諳其山川道路。賊縱之入山，山路險隘，騎卒不能前。賊覺官軍已疲困，乃出平原以誘官軍。官軍出山，争趨田中，既爲結縺牽絆，又陷泥淖。賊因四面鏖擊之，官軍大敗。乘勝據建州三年，累降累叛。竟遣韓世忠來，方能勦除之。汝爲自縊，尸爲衆所焚，弗獲。初，建人陸棠、謝尚有鄉曲之譽。陸乃龜山婿。爲士人時，極端重，頗似有德器者。賊聲言：「使二人來招我，吾降矣。」朝廷遣之。既而賊有二心，乃拘繫久之。歐陽輩又説之日益切，因循遂爲賊用。賊敗，歐陽潁士、吴琮先誅死，陸、謝、施逵以檻車送行在。至中途，逵謂二人曰：「吾輩至，必死。與其戮於市朝，且極痛楚，曷若早自裁？」二人曰：「何可得自死？」逵曰：「易爾。」乃密令人爲藥三元，小大形色俱相似，一乃無毒者。逵取無毒者服之，餘二人服即死。逵既至行在，歸罪於二人，理官無所考證，迄從末減，但編置湖南某州。中途又逃去，或爲道人，或爲行者，或爲人典庫藏，後迤邐望淮去。有喜其材者，以女妻之。住數月，復北走降虜，改名宜生，登僞科後，擢用甚峻。逆亮將犯淮時，猶爲之奉使。比來時，黄尚書通老爲館伴。黄幼與之同筆硯，雅相好，至是不欲見其人，以(遂)〔疾〕[一]辭。遂改(名)〔召〕[二]張子

〔一〕據院本改。

〔二〕據院本改。

公。宜生猶問子公：「通老安在！」子公以實對。欲扣虜中事，不可得。因登六和塔，子公領客，宜生先登，亟問之曰：「奉使得無首丘之念乎？」宜生曰：「必來。」言方終而介使至，宜生色爲之變。既歸，即爲虜所誅。龍泉尉施慶之乃其族也。嘗舉宜生十數詩。內入使時題都亭驛詩云：「江梅的皪未全開，老倦無心上將臺。人在江南望江北，斷鴻聲裏送潮來。」又按蕭閑集注，宜生字朋望，建安浦城人，宣政間爲潁川教授，與宗室趙德麟友善。後仕劉豫。豫廢，歸其國。歷南臺郎中，刺隰、深二州，召爲禮侍，累遷侍講，道號「三住道人」。儒用。

一士人見龜山，容貌甚端莊，坐不動，每來必如是，以此喜之。一日，引入書院，久坐。忽報有客，龜山出接，士人獨坐，凝然不動如故。宅眷壁外窺之，大段驚異。士人別去，家人以實告，皆稱其如此好人，愈爲所取。後以女妻之，乃陸棠也。及范汝爲作亂，棠入其黨，見矯情飾貌之難信也。過。

李椲寇廣西，出榜，約不收民稅十年，故從叛者如雲，稱之爲「李王」，反謂官兵爲賊。以此知今日取民太重，深是不便。廣。

瀘州之事，朝廷既是命委清强官體究，帥司若有謀，只那體究官便是捉賊官。且如揀差體究官，帥司祇密著一不下司文字與之，令到地頭體究，隨宜便與處分。若體究官到彼，他見朝廷之意未十分來煎迫，亦須開門放入。但只與之言：「今日之事既是如此，若大兵四合勦滅，亦不難。今亦未能如是，但你這頭首人，合當出來陳説始初是如何。」及其既至，則收而梟之，事即定矣。若遽然進兵掩捕，則事勢須激，城中之人不可保，而州郡必且殘破。道夫。

夷狄

西夏李繼遷本夷狄，姓托跋，後賜姓李。五代時有其地，國初世襲。太宗欲取之，遂召繼遷歸京師，以別人代之。一日，繼遷逃歸。朝廷費無限心力不能得，遂以其兄繼隆知夏州，令招之。其兄遂陰與之合，每奏朝廷，謂已無事。後朝廷又召其兄歸，繼遷遂復有其地。靈州屬朝廷，又在西夏之外，爲西夏截斷，又以兵圍之，使不得通朝廷。靈州絶遠，難救援。又其地渾沙無水，不可掘。每兵行，則用水以自隨，渴殺了多少。人行其沙，地上皆動，陷了數百人馬，只見不在。太宗心欲棄之而不言。時參政張洎南唐亡國之臣，專以諂敗其主。歸，又以諂遭遇。揣知上意，即進可棄之説。上問宰相呂端，又令各進説。端言，如此則各有説，非僉議合謀之意。洎即詆端避事。端言，洎不過揣合上意。後洎即進説，端不曾進。上謂洎揣合果如端言，封還其説。朝廷遂詔靈州守臣出兵與接，漸漸離去棄之。方議未張齊賢以爲不可，如此則被夏人掩殺，須是與之戰，勝則得之，不勝則漸漸引去。

定，忽報靈州已爲夏人所破矣，因而爲彼所有。後來朝廷費了幾多氣力去取。韓、范輩用兵後，徐禧永樂之敗是也。張魏公舊官於陝西，嘗登高望見西夏界外，則西夏土地亦不甚闊。如何强盛，被他守得如此好！祖宗時，兵每出輒敗。今依舊五州，全又更取過那邊去了，土地合闊矣。只見强盛，虜人亦不柰何，當時亦曾敗於彼。揚。

因論西夏事，曰：「當時事不可曉。看來韓、范亦無素定基本，只是逐旋做出。且如當時覆軍敗將，這下方且失利，他之勢甚張；忽然自來納欵求和，這全不可曉。後來不久，元昊遂死。不知他不死數年，又必有甚姦謀，大未可知。且如當時朝廷必欲他稱臣，遂使契丹號令之。契丹方自以爲功，朝廷正未有所處，又却二國自相侵凌。不爾，則當時又須費力。大抵西人勇健喜鬭，三五年必一次爲邊害。本朝韓、范、張魏公諸人，他只是一箇秀才，於這般事也不大段會。只是被他忠義正當，故做得恁地。」道夫。

或問：「范文正公經理西事，看得多是收拾人才。」曰：「然。如滕子京、孫元規之徒，素無行節，范公皆羅致之幕下。後犯法，又極力救解之。如劉滬、張亢亦然。蓋此等人是有才底，做事時，須要他用，但要會用得他。」又云：「范公嘗立一軍爲『龍猛軍』，皆是招收前後作過黥配底人，後來甚得其用。時人目范公爲『龍猛指揮使』。」又曰：「方范公起用事時，軍政全無統紀，從頭與他整頓一番。其後却只務經理内地，養威持重，專行淺攻之策，以爲得寸則吾之寸，得尺則吾之尺。卒以此牽制夏人，遣使請和。」儒用。

問：「本朝建國，何故不都關中？」曰：「前代所以都關中者，以黄河左右旋繞，所謂『臨不測之淵』是也。近東獨有函谷關一路通山東，故可據以爲險。又，關中之山，皆自蜀漢而來，至長安而盡。池録作「關中之山皆自西而東」。若横山之險，乃山之極高處。横山皆黄石山，不生草木。本朝則自横山以北，盡爲西夏所有，山河之固，與吾共之，反據高以臨我，是以不可都也。神宗鋭意欲取横山，蓋得横山，則可據高以臨彼。然取横山之要，又在永樂。故永樂之城，夏人以死争之，我師大敗。神宗聞喪師大慟，聖躬由是不豫。」按編年，重和元年，童貫命种師道、劉延慶等取夏國求和等寨，大敗夏人而還。六月，夏人納欵。初，夏人恃横山諸險以抗中國。慶曆中，王嗣宗、范仲淹建議取之，會元昊納欵而止。元豐中，李憲建議，又會王師失利，神宗厭兵，不克行。貫（常）〔嘗〕〔一〕從憲得其規摹。政和初，議進築。至是十餘年，遂得横山之地。夏人失援，故納欵。然國家是時已建下燕之策，益以多故。其後西夏與女真人。乙巳冬，女真圍太原，夏人犯河外，則是横山之取，有以結怨於彼也。又曰：「神宗初即位，富韓公爲相，問爲治之要，富公曰：『須是二十年不説著「用兵」二字。』此一句便與神宗意不合。已而擢用王介甫，首以用兵等説稱上旨，君臣相得甚懽。時建昌軍司户王韶上平戎

〔一〕據陳本改。

策，介甫力薦之。初爲秦鳳路經畧，司機宜，後知通遠軍，遂一戰而復熙河。捷書聞，上大喜，解白玉帶以賜介甫，賞其知人；又加韶爲龍圖閣侍〔待〕〔二〕制，以爲熙河帥。熙河本鎮洮軍，因復其地，改爲熙州。只是廣漠之鄉，有之不加益，無之不加損。狃於一勝之後，廟論一意主於用兵，三敗至於永樂，極矣。永樂之敗，徐禧死之。禧，師川之父，黄魯直之妹夫也。能文章，好談兵，也有進策行於世，文字甚好。二蘇之文未出，學者争傳誦之。」儒用。

神宗其初要結高麗去共攻契丹。高麗如何去得！契丹自是大國，高麗朝貢於彼，如何敢去犯他！義剛。

人主好勤遠略底，也是無意思。當初高麗遣使來，朝廷只就他使者以禮答遣之，神宗却要别差兩使去。緣他那裏知文，故兩使皆侍從，皆是文人。高麗自是臣屬之國，如何比得契丹！契丹自是敵國。義剛。

嘗見韓無咎説高麗入貢時，神宗喻其進先秦古書。及進來，内有六經不曾焚者。神宗喜，即欲頒行天下。王介甫恐壞他新經，遂奏云：「真僞未可知。萬一刊行後，爲他所

〔二〕據文義改。

歟，豈不傳笑夷夏！」神宗遂止，本亦不傳。以某觀之，未必有是事。蓋招徠高麗時，介甫已不在相位。且神宗是甚次第剛明！設使所進真有契於上心，亦豈介甫所能止之？又記文昌雜録中説，高麗所進孝經門上下二句記未真。緯經，只是讖緯之書，必無進先秦古書之事。但嘗聞尤延之云：「孟子『仁也者人也』章下，高麗本云：『義也者，宜也；禮也者，履也；智也者，知也；信也者，實也：合而言之，道也。』」此説近是。僩用。

或問高麗風俗好。曰：「終帶蠻夷之風。後來遣子弟入辟廱，及第而歸者甚多。嘗見先人同年小録中有『賓貢』者，即其所貢之士也。「賓貢」二字，更須訂證。當時宣賜幣帛之外，又賜介甫新經三十本，盛以黑函，黄帕其外，得者皆寶藏之。」僩用。

國家方與女真和時，高麗遣使來求近上醫師二人。上召老醫，擇二人遣往。至則日夕厚禮，皆不問醫，而多問禁中事。二醫怪而問之，高麗主曰：「我有緊密事，欲達宋皇。恐所遣使不能密，故欲得宋皇親近之人而分付之。所以問公禁中事者，欲以見公是所親信耳。」二人因問之，高麗主曰：「聞宋皇欲與女真和，夾攻契丹，此非良策。蓋我國與女真陸路相通，常使人察之。女真不是好人，勝契丹後，必及宋，而吾國亦不能自存，此合當思所以備之。」二人問所以備之之説，曰：「女真作一陣法甚好，我今思得一法勝之。」因令觀教其女真陣，蓋如拐子馬之類。二人歸奏，上怒，召老醫而責之。其一人出門吐血，後不死；其一人歸即死。義剛。儒用録云：「先生嘗見玉山汪丈云，得之御史臺一老吏。方徽宗通好女真，爲滅遼之約，高麗有所聞，欲納忠誠，不可得。遂托病遣使求醫於本朝，且願得供奉内庭、上所親信者。遂擇二國醫以往。至則館御供帳，其禮甚厚，但經月無引見之音。二醫怪之，私有請於館伴者。一日，得旨入見，引至内庭。盡屏左右，諭二醫曰：『寡人非病也。顧有誠欵，願效於上國，欲得附卿奏之，幸密以聞！』二醫許諾。則曰：『女真人面獸心，貪婪如豺狼，安可與之共事？今不早圖之，後悔無及！聞其訓練國人皆爲精兵，累歲有事於燕，每戰轉勝。小國得一二陣法，可與之角。如欲得之，敢不唯命！』諭畢，方厚爲之禮而遣之。二醫歸，具奏本末。徽宗聞之，滋不樂，且懼其語泄。丞相童、蔡輩乃爲食於家，召二醫以食之，食畢而斃。」

高麗與女真相接，不被女真所滅者，多是有術以制之。高麗要五十餘主，今此方爲權臣所篡而易姓。義剛。又一條云：「高麗得四十主。今已易姓，姓王。」

金虜舊巢在會寧府，四時遷徙無常。春則往鴨緑江獵；夏則往一山，忘其名。極冷，避暑；秋亦往一山如何；冬往一山射虎。今都燕山矣。揚。

燕山之北，古有大山嶺爲隔，但有一路傍險水。後來石晉以與耶律，則其險路在其度内矣。揚。

燕山是古幽州，石晉割賂契丹。契丹既爲金人所滅，其種之傑者遂來據燕。其主死，其妻蕭太后主之。童貫、蔡攸往取之番。番兵敗後，金人自取之。朝廷求之，遂盡載數州之物、婦女之類而去，更索厚資賣之。朝廷以其所索之物與之，遂得數州空地，朝廷空内資以守之。郭藥師者，燕將，初歸本朝。金人來取燕，遂歸金，郭只留守燕。及本朝得燕，郭又迎降。金人一日大節，冬至之類。官吏都集賀郭。郭留飲，盡取各人家屬之類盡來飲。少頃，金人兵至，無一人得脱者，自此遂入寇矣。朝廷與大遼結好百十年矣，一日忽與金人約共攻遼，而本朝無一人往。是時方十三起，童貫自這邊來了，遂不及往。既失約，後取燕又是金人。金人見本朝屢敗兵於燕，遂有入寇之心。是時相王黼主其事，童貫主兵，蔡攸副之。蔡京不主，作詩送其子云：「百年信約宜堅守，六月師徒早罷休。」京作事都作兩下：取燕有功，則其子在；無功，則渠不曾主。又有一子條上書言其父不是，聞亦是其父之謀也。金寇初圍城時，京云：「有一策可使虜人一兵不反。」朝廷使人問之，云：「見上方可言。」寇去，人問之，云：「決汴河可以灌之。」後寇再來，未至時(以)〔已〕〔一〕決之矣。東南數千里，渺然巨浸，西北遂爲寇所據。四方音問一信不通，以此故也。揚。

粘罕圍太原一年有餘，姚師古輩皆爲其戰退，遂破太原。張孝純守太原一年，多少辛苦。及城破，捹一死不得，遂降，後爲劉豫處官。太原既破，遂一直圍京城。揚。

李若水勸欽宗出。李謂虜人可信，醉後枕人睡熟，以此信之。揚。

〔一〕據陳本改。

金人初起時，初未立將。臨發兵，召集庭下問之，有能言其策之善者，即授以將，使往。及成功而歸，又集庭下問衆人而賞之金幾多。衆人言未得，又加之。賞罰如此分明，安得不成事！揚。

虜人有一謀時，聚諸尊長於一屋内，全不言，只用一物畫地，謀了便各去做。如其事難決，便出野外無人處去商量。揚。

兀朮征蒙，死於道，有三策獻於虜主：一則以汴京立淵聖，欲招致江南之人；二則以近上宗室守邊；三則講和。曰：「若行前二者，也被他攪。」又曰：「道君有子四十人，只放二十人歸來。這二十人親王，也要物事供他。」燾。

「虜至紹興，守臣李鄴降虜。及駕至明州，張俊大殺一番。駕泛海，虜人走。明州人今尚怨張俊不乘時殺去，可大勝，遂休了。辛巳，逆亮來時，一隊自海中來，李寶自膠西殺敗。李鄴既降，與虜酋並馬出。有一衞士赴駕不及，尚留紹興見之。以一大方磚逐打其酋，幾中，因被害，死之。今立一廟在其所，賜旌忠額。後人皆於其廟賣酒，某至，一切逐去之，説與王書，令崇奉之。」先生又云：「某在時，更爲大其廟。其衞士姓唐。」揚。

劉豫來寇，朝廷只管謀避計。李伯紀云：「自南京退維揚，遂失河東北；自維揚退金陵，遂失京東西。一番退，一番失。設若是金人來，柰熱不得，亦著去，不能久留。今又只是劉豫，只是這邊人。渠得一邑，守一邑；得一郡，守一郡。如何只管遠避！」揚。

逆亮入寇時，劉信叔在揚州。亮欲至，劉盡焚城外居屋，盡用石灰白了城，多寫「完顏亮死於此」字。亮多忌，見而惡之，遂居龜山。人多不可容，必致變，果死滅。揚。

王仲衡云：「虜中大臣有過時，用紫茸氈鋪地，令伏其上杖之，嘗有一宰相、一駙馬受杖。駙馬因此悒怏而死，非恨其杖也，恨不得紫茸氈也。」又曰：「嘗有一官人出，有一吏人來，至其花園中，背上黃袱，袱得一束文字。某問：『何文字？』曰：『史書也。』那官人伊是史官。某問：『可借否？』曰：『不妨。』遂開看。內有一段云：『詔曰：「宰相姓名某。謀南伐，若以爲是，合盡心以贊其謀；以爲不是，合盡忠極力以諫之。不可依違以敗成算。今某人略略諫之，可杖六十。」』」揚。

「楊割大師阿骨打、楊割之子。吳乞買。阿骨打之弟。完顏亶、乞買之子。完顏亮、完顏雍、葛王璟、斡離不、斡離嗢、兀朮，皆阿骨兄弟也。阿骨打既死，諸酋立其弟吳乞買。乞買死，國人欲立阿骨打之子暗版孛訖烈。此五字不知如何，記不得。暗版孛訖烈，名宗盤。虜中謂『大官人』也。暗版者，大也；孛訖者，官人也。『大官人』者，即所謂太子也。諸酋不肯，復立乞買之子完顏亶，而以暗版孛訖烈爲相。暗版孛訖烈實懷怨望，云已當爲主。亶覺之，遂殺宗盤。一日遂盡誅二十七王，悟室亦被誅，孛訖烈亦在其中，二十七王皆其黨與兄弟也。連蔓宗族親舊皆殺了。亶又爲亮所弑，自立。葛王先名褎，後以其字似『衰』字，遂改名雍。亶、亮皆兄弟也。亶之父行名皆從「宗」，兄弟名皆從「上」。粘罕亦阿骨打族人，嘗爲相。初入中國，破京師，斡離不、粘罕也。斡離不早死，斡離嗢後亦早死。粘罕後來勸立劉豫，内則蕭慶主其事，蕭慶用事久。及兀朮、撻懶廢劉豫而誅蕭慶，粘罕争之不能得，亶遂忌之，粘罕悒怏而死。後來獨兀朮得後死。初，虜入中國，問何姓最大，中原人答以王姓最大。虜人呼王爲『完顏』。自是王者之後，遂姓完顏。」又問：「虜人今漸衰替？」曰：「卒急倒他未得。被他立得箇頭勢大，若十分中做得一兩分事，便足以扶持振起。除是大無道殘暴酷虐，則不知如何。若是如此做將去，無大段殘暴之事，恐卒消磨他未得，蓋其勢易以振起也。」卓。

論及北虜事，當初起時，如山林虎豹縱於原野，豈是人！伯謨曰：「當時曲端獻策，不出十年，彼必以酒色死，方可取。」先生曰：「阿骨打纔得幽州，便死。曾見有人論虜人無事權在其主，用兵權在將，故虜主不用兵。此説是。大抵當初出時是夷狄，及志得意滿，與我何異？」因與某人欲請邊郡自效。先生曰：「易曰：『知進退存亡而不失其正者，其惟聖人乎！』上之人不欲用兵，而我自欲爲之，是不識時。」問：「恢復之事，多始勤終怠，如何？」曰：「只以私意爲之，不以復讐爲念。」可學。

葛王大故會。他所以要和親者，蓋恐用兵時諸將執兵權，或得要己。不如和親，可坐享萬乘之樂。其初雖是利於用兵，到後來惟恐我與他廝殺。義剛。

葛王便是會底。他立得年號也强，謂之「大定」。義剛。

葛王懲逆亮之敗，一向以仁政自居。

先生喟然歎曰：「某要見復中原，今老矣，不及見矣！」或者説：「葛王在位，專行仁政，中原之人呼他爲『小堯舜』。」曰：「他能尊行堯舜之道，要做大堯舜也由他。」又曰：「他豈變夷狄之風？恐只是天資高，偶合仁政耳。」友仁。

南渡之後，説復讎者，惟胡氏父子説得無病，其餘並是半上落下説。雖魏公要用兵，其實亦不能明大義，所以高宗只以區區成敗進退之。（列）〔到〕[一]秦檜主和，虜歸河南，上下欣然，便只説得地之美，更不説大義。若無范伯達如圭，則陵寢一向（委）〔忘〕[二]之矣！魏公時謫永州，亦入文字，只説莫與之和，如何感動！魏公傾五路兵爲富平之敗，又潰於淮上。若無氣力，也是做不得事。韓魏公煞是箇人物，然亦適是人事恰做得。若更向上，且怕難擔當。賀孫。論恢復。

〔一〕據陳本改。
〔二〕據陳本改。

檜死，上即位，正大有爲之大機會！揚。

邵弘取泗州，胡昉取海州。邵公人（時）〔脚〕〔一〕家。（明）〔胡〕角（揚采）〔場牙〕〔二〕人。唐、鄧、汝三州，皆官軍取之，王師駸駸到南京矣，而諸將虜掠婦女之類不可言。吴玠更要人錢，虜騎來，走歸矣！虜人一番圍泗洲，弘力扼之，後（林）〔救〕〔三〕兵至，方解。揚。

泗、海、唐、鄧四州，皆可取西京中原之地。逆亮來時用兵，僅取得此四州，而湯思退無故與之，惜哉！揚。

晉人下吴，却是已得蜀。從蜀一造船，直抵南岸。周世宗只圖江南，是時襄、漢、蜀中別有主，所以屯淮上，開河抵江。今蜀中出兵，可以入武關；從襄、漢、樊、鄧可以擣汝、洛；由淮上可以取徐州。辛巳間，官軍已奪宿州。國家若大舉，只用十五萬精兵。德明。

江州皇甫將名倜。曾領兵守信陽，作山寨三年。云：「由其山接金、房諸山而出，取西京中原。」云：「國家用事，某願當此一路。」云：「都不用國家兵糧，沿路人皆自願爲兵，且

〔一〕據陳本改。
〔二〕據陳本改。
〔三〕據陳本改。

與糧。」其人忠醇，能同甘苦，得士心，不附內貴，然亦未必能以律御兵而戰也。揚。

陳問：「復讎之義，禮記疏云：『穀梁春秋許百世復讎。』又某書，庶人許五世復讎。又云：『國君許九世復讎。』又，某人引魯桓公爲齊襄公所殺，其子莊公與齊桓公會盟，春秋不譏。自桓至定公九世，孔子相定公，會齊侯於夾谷，是九世不復讎也。此説如何？」曰：「謂復百世之讎者是亂説。許五世復讎者，謂親親之恩欲至五世而斬也。春秋許九世復讎，與春秋不譏、春秋美之之事，皆是解春秋者亂説。春秋何嘗説不譏與美他來！聖人作春秋，不過直書其事，美惡人自見。後世言春秋者，動引譏、美爲言，不知他何從見聖人譏、美之意。」又曰：「事也多樣。國君復讎之事又不同。」僩云：「如本朝夷狄之禍，雖百世復之可也。」曰：「這事難説。」久之，曰：「凡事貴謀始，也要及早乘勢做。才放冷了，便做不得。如魯莊公之事，他親見齊襄公殺其父，既不能復；又親與之宴會，又與之主婚，築王姬之館於東門之外，使周天子之女去嫁他。所爲如此，豈特不能復而已？既親與讎人如此，如何更責他報齊桓公！況更欲責定公夾谷之會，爭那裏去？見讎在面前，不曾報得，更欲報之於其子若孫，非惟事有所不可，也自没氣勢，無意思了。又況齊桓公率諸侯尊周室以義而舉，莊公雖欲不赴其盟會，豈可得哉！事又當權箇時勢義理輕重。若桓公不是尊王室，無事自來召諸侯，如此，則莊公不赴可也。今桓公名爲尊王室，若莊公不赴，非是叛齊，乃叛周也。又況桓公做得氣勢如此盛大，自家如何便復得讐？若欲復讐，則襄公殺其父之時，莊公當以不共戴天之故，告之天子、方伯、連率，必以復讐爲事，殺得襄公而後已，如此方快。今既不能然，又親與之同會，與之主婚，於其正當底讐人尚如此，則其子何罪？又況其子承其被殺後而入國，又做得國來自好，莊公之所不如，宜其不能復而俛首事之也。」陳問：「若莊公能殺襄公了，復與桓公爲會，可否？」曰：「既殺襄公，則兩家之事已了，兩邊方平，自與桓公爲會亦何妨？但莊公若能殺襄公，則『九合諸侯，一正天下』之功，將在莊公而不在齊桓矣。惟其不能，所以只得屈服事之也。只要乘氣勢方急時便做了，方好。才到一世二世後，事便冷了。假使自家欲如此做，也自鼓氣不振。又況復讐，須復得親殺吾父祖之讐方好。若復其子孫，有甚意思？漢武帝引春秋『九世復讐』之說，遂征胡狄，欲爲高祖報讐，春秋何處如此說？諸公讀此還信否？他自好大喜功，欲攘伐夷狄，姑托此以自詭耳！如本朝靖康虜人之禍，看來只是高宗初年，乘兀朮、粘罕、斡離不及阿骨打未死之時，人心憤怒之日，以父兄不共戴天之讐，就此便打疊了他，方快人意。孝宗即位，鋭意雪恥，然事已經隔，與吾敵者，非親殺吾父祖之人，自是鼓作人心不上。所以當時號爲端人正士者，又以復讐爲非，和議爲是。而乘時喜功名輕薄巧言之士，則欲復讐。彼端人正士，豈故欲忘此虜？蓋度其時之不可，而不足以激士心也。如王公明炎、虞斌父之徒，百方勸用兵，孝宗盡被他説動。其實無能，用著輒敗，只志在脱賺富貴而已。所以孝宗盡被這樣底欺，做事不成，蓋以此耳。」僩云：「但不能殺虜主耳。若而今捉得虜人來殺之，少報父祖之怨，豈不快意？」曰：「固是好，只是已不干他事，自是他祖父事。你若捉得他父祖來殺，豈不快人意！而今是他子孫，干他甚事？」又問：「疏中又引君以無辜殺其父，其子當報父之讐，如此則是報君，豈有此理？」曰：「疏家胡説，豈有此理！」又引伍子胥事，説聖人是之。曰：「聖人何嘗有明文是子胥來！今之爲春秋者都是如此。」胡問：「疏又引子思曰：『今之君子，退人若將墜諸淵。毋爲戎首，不亦善乎！』言當執之，但勿爲兵首，從人以殺之可也。」曰：「盡是胡解！子思之意，蓋爲或人問『禮爲舊君有服』，禮歟？子思因云，人君退人無禮如此，他不爲戎首來殺你，已自好了，何況更望其爲你服？此乃自人君而言，蓋甚之之辭；非言人臣不見禮於其君，便可以如此也。讀書不可窒塞，須看他大意。」僩。

恢復之計，須是自家喫得些辛苦，少做十年或二十年，多做三十年。豈有安坐無事，而大功自致之理哉！道夫。

今朝廷之議，不是戰，便是和；不和，便戰。不知古人不戰不和之間，亦有箇且硬相守底道理，却一面自作措置，亦如何便侵軼得我！今五六十年間，只以和爲可靠，兵又不曾練得，財又不曾蓄得，說恢復底，都是亂說耳。𠱃。

某嘗謂恢復之計不難，惟移浮靡不急之費以爲養兵之資，則虜首可梟矣。道夫。

近見吳公濟會中朋友讀時文策，其間有問道德功術者二篇：一篇以功術爲不好；一篇以爲有道德，則功術乃道德之功術，無道德則功術不好。前篇不如後篇。某常〔一〕見一宰相說，上甚有愛人之心，不合被近日諸公愛說恢復。某應之曰：「公便說得不是，公何不曰愛人乃所以爲恢復，恢復非愛人不能？」因說爲政篇道、德、政、刑與此一般。有道德，則刑政乃在其中，不可道刑政不好，但不得專用政刑耳。

本朝禦戎，始終爲「和」字壞。後來人見景德之和無恙，遂只管守之。殊不知當時本朝全盛，抵得住。後來與女真，彼此之勢如何了！揚。和戎。

問：「不能自强，則聽天所命；修德行仁，則天命在我。」因說靖康之禍云云，「終始爲講和所誤。虜人至城下，攻城，猶〔二〕說講和。及高宗渡江，亦只欲講和。」問：「秦檜之所以力欲講和者，亦以高宗之意自欲和也。」曰：「然。是他知得虜人之意是欲厭用兵。他

〔一〕「常」，各本同。似當作「嘗」。

〔二〕據陳本補。

當初自虜中來時，已知得虜人厭兵，故這裏迎合高宗之意，那箇又投合虜人之意。虜人是時子女玉帛已自充滿厭足，非復曩時長驅中原之鋭矣，又被這邊殺一兩陣怕了。兼虜之創業之主已死，他那邊兄弟自相屠戮，這邊兵勢亦稍稍强，所以他亦欲和。」卓。

秦檜自虜中歸，見虜人溺於聲色宴安，得之中國者日夜爛熳，亦有厭兵意。秦得此意，遂歸來主和。其初亦是矣，然猶已奉之，蕩不爲一毫計。使其和中自治有策，後當逆亮之亂，一掃而復中原，一大機會也，惜哉！揚。

秦檜講和時，歲幣絹二萬五千匹，銀二萬五千兩。今歲絹減五千匹，銀減五千兩，此定數。每常往來人事禮數，皆用金銀器盛腦子貴藥物之類，所費不貲。大約等絹三千五百文一匹，銀二千五百文一兩，大數一百二十萬緡。彼來時，只是些羊巴匹段之類，甚微。揚。

朱子語類卷第一百三十四

歷代一

司馬遷才高，識亦高，但粗率。閎祖。以下歷代史。

太史公書疏爽，班固書密塞。振。

司馬子長動以孔子爲證，不知是見得，亦且是如此説。所以伯恭每發明得非細，只恐子長不敢承領耳。

史記亦疑當時不曾得删改脱藁。高祖紀記迎太公處，稱「高祖」。此樣處甚多。高祖未崩，安得「高祖」之號？漢書盡改之矣。左傳只有一處云：「陳桓公有寵於王。」曹器遠説伯夷傳「得孔子而名益彰」云云。先生曰：「伯夷當初何嘗指望孔子出來發揮他！」又云：「『黄屋左纛，朝以十月，葬長陵。』此是大事，所以書在後。」先生曰：「某嘗謂史記恐是箇未成底文字，故記載無次序，有疏闊不接續處，如此等是也。」閎祖。

因言：「班固作漢書，不合要添改史記字，行文亦有不識當時意思處。如七國之反，史記所載甚疏略，却都是漢道理；班固所載雖詳，便却不見此意思。吕東萊甚不取班固。如載文帝建儲詔云：『楚王，季父也，春秋高，閲天下之義理多矣，明於國家之大體。吴王於朕，兄也，惠仁以好德。淮南王，弟也，秉德以陪朕。豈不爲豫哉！』固遂節了吴王一段，只於『淮南王』下添『皆』字云：『皆秉德以陪朕。』蓋『陪』字訓『貳』，以此言弟則可，言兄可乎！今史記中却載全文。」又曰：「屏山却云：『固作漢紀，有學春秋之意。其叙傳云：「爲春秋攷紀。」』」又曰：「遷史所載，皆是隨所得者載入，正如今人草藁。如酈食其踞洗前面已載一段，末後又載，與前説不同。蓋是兩處説，已寫入了，又據所得寫入一段耳。」營。

顔師古注前漢書如此詳，猶有不可曉者，况其他史無注者。漢宣渭上詔令「單于毋謁」，范升劾周黨「伏而不謁」，謁不知是何禮數，無注〔一〕。疑是君臣之禮，見而自通其名，然不可考矣。方子。必大録云：「想謁禮必又重。」

漢書有秀才做底文章，有婦人做底文字，亦有載當時獄辭者。秀才文章便易曉。當時文字多碎句，難讀。尚書便有如此底。周官只如今文字，太齊整了。

〔一〕宣帝紀「詔單于毋謁」下，師古注云：「不拜見也。」

漢書言：「幾者動之微，吉凶之先見者也。」又如「豈若匹夫匹婦之爲諒，自經於溝瀆而人莫之知也」，添一箇「人」字，甚分曉。道夫。

「解雜亂紛糾者不控拳。」拳，音絭，攘臂繩，今之骨袖手圈也。言解鬬者當善解之，不可牽引絭繩也。「批亢擣虚。」亢，音剛，喉嚨也。言與人鬬者，不扼其喉，拊其背，未見其能勝也。僩。

沈存中以班固律曆志定言數處爲脛説是小説中「脛廟」之意，蓋不曉算法而言爾。人傑。

漢書「引繩排根音痕。不附己者」，今人誤讀「根」爲「根」。注云：「猶今言『根格』音户谷反。之類。」蓋關中俗語如此。「根格」，猶云「抵拒搪閣」也。「引繩排根」，如以繩扞拒然。僩。

劉昭補志於冠幘車服尤詳，前史所無。方子。

晉書皆爲許敬宗胡寫入小説，又多改壞了。東坡言，孟嘉傳，陶淵明之自然，今蓋云「使然」。更有一二處。饒何氏録作「此類甚多」。東坡此文亦不曾見。揚因問：「晉書説得晉人風流處好。」先生云云。又云：「世説所載，説得較好，今皆改之矣。」揚。

載記所紀夷狄祖先之類，特甚，此恐其故臣追記而過譽之。

舊唐書一傳載乞加恩相王事，其文曰：「恩加四海。」宋景文爲改作「恩加骨肉」。

五代史略假借太原，以劉知遠之後非僭竊，辭較直也。揚。

五代舊史，温公通鑑用之。歐公蓋以此作文，因有失實處。如宦者張居翰當時但言緩取一日則一日固，二日則二日固。歐公直將作大忠，説得太好了。

問：「班史、通鑑二氏之學如何？」曰：「讀其書自可見。」又曰：「温公不取孟子，取揚子，至謂王伯無異道。夫王伯之不侔，猶碔砆之於美玉。故荀卿謂粹而王，駁而伯。孟子爲齊梁之君力判其是非者，以其有異也。又，温公不喜權謀，至修書時頗删之，柰當時有此事何？只得與他存在。若每處删去數行，只讀著都無血脈意思，何如存之，却別做論説以斷之？」驤。

通鑑文字有自改易者，仍皆不用漢書上古字，皆以今字代之。南北史除了通鑑所取者，其餘只是一部好笑底小説。

明仲看節通鑑。文定問：「當是温公節否？」明仲云：「豫讓好處，是不以死生二其心，故簡子云：『真義士也！』今節去之，是無見識，必非温公節也。」方。

温公無自節通鑑。今所有者乃僞本，序亦僞作。

通鑑例，每一年或數次改年號者，只取後一號。故石晉冬始簒，而以此年繫之。曾問呂丈。呂丈曰：「到此亦須悔。然多了不能改得。某只以甲子繫年，下面注所改年號。」

通鑑：「告姦者與斬敵首同賞，不告姦者與降敵同罰。」史記商君議更法，首便有斬敵首、降敵兩條賞罰，後面方有此兩句比類之法。其實秦人上戰功，故以此二條爲更法之首。温公却節去之，只存後兩句比類之法，遂使讀之者不見來歷。温公修書，凡與己意不合者，即節去之，不知他人之意不如此。通鑑此類多矣。僩。

通鑑：「事末利及怠而貧者，舉以爲收孥。」謂收之爲奴婢，不得比良民。有罪，則民得以告之官而自殺之。僩。

温公論才、德處未盡。如此，則才都是不好底物矣！僩。

或問温公才、德之辨。曰：「温公之言非不是，但語脈有病耳。才如何全做不好？人有剛明果決之才，此自是好。德，亦有所謂『昏德』。若塊然無能爲，亦何取於德！德是得諸己，才是所能爲。若以才、德兼全爲聖人，却是聖人又夾雜箇好不好也。」銖。

才有好底，有不好底；德有好底，有不好底。德者，得之於己；才者，能有所爲。如温公所言，才是不好底。既才是不好底，又言「才德兼全謂之聖人」，則聖人一半是不好底！温公之言多説得偏，謂之不是則不可。節。

問：「温公言：『聰明强毅之謂才。』聰明恐只是才，不是德。」曰：「温公之言便是有病。堯舜皆曰『聰明』，又曰『欽明』，又曰『文明』，豈可只謂之才！如今人不聰明，便將何者唤作德也？」銖。

温公以正直中和爲德，聰明强毅爲才。先生曰：「皆是德也。聖人以仁智勇爲德。聰明便是智，强毅便是勇。」賜。

陳仲亨問諸儒才、德之説。曰：「合下語自不同。如説『才難』，須是那有德底才。高陽氏才子八人，這須是有德而有才底。若是將才對德説，則如『周公之才之美』様，便有是才更要德。這箇合下説得自不同。」又問智伯五賢。曰：「如説射御足力之類，也可謂之才。」義剛。

温公通鑑不信「四皓」輔太子事，謂只是叔孫通諫得行。意謂子房如此，則是脅其父。曰：「子房平生之術，只是如此。唐太宗從諫，亦只是識利害，非誠實。高祖只是識事機，明利害。故見『四皓』者輔太子，便知是得人心，可以爲之矣。叔孫通嫡庶之説如何動得他！又謂高祖平生立大功業過人，只是不殺人。温公乃謂高祖殺四人，甚異。事見考異。其後一處所在，又却載四人。又不信劇孟事，意謂劇孟何以爲輕重！然又載周丘，其人極無行，自請於吴，云去呼召得數萬人助吴。如子房、劇孟，皆温公好惡所在。然著其事而立論以明之可也，豈可以有無其事爲褒貶？温公此様處議論極純。」因論章惇言温公義理不透曰：「温公大處占得多。章小黠，何足以知大處！」揚。

温公謂魏爲正統。使當三國時，便去仕魏矣。升卿。

胡致堂云：「通鑑久未成書。或言温公利餐錢，故遲遲。温公遂急結束了。故唐五代多繁冗。」見管見後唐莊宗「六月甲午」條下。方。

温公之言如桑麻穀粟。且如稽古録，極好看，常思量教太子諸王。恐通鑑難看，且看一部稽古録。人家子弟若先看得此，便是一部古今在肚裏了。學蒙。

稽古録有不備者，當以通鑑補之。温公作此書，想在忙裏做成，元無義例。閎祖。

稽古録一書，可備講筵官僚進讀。小兒讀六經了，令接續讀去，亦好。末後一表，其言如蓍龜，一一皆驗。宋莒公歷年通譜與此書相似，但不如温公之有法也。高氏小史亦一好書，但難得本子。高峻，唐人。通鑑中亦多取之。方子。

匡衡傳、司馬公史論、稽古録、范唐鑑，不可不讀。賀孫。

致堂管見方是議論。唐鑑議論弱，又有不相應處。前面説一項事，末又説别處去。

唐鑑欠處多，看底辨得出時好。

唐鑑多説得散開無收殺。如姚崇論擇十道使患未得人，它自説得意好，不知范氏何故却貶其説。㽦。

范唐鑑第一段論守臣節處不圓。要做一書補之，不曾做得。范此文草草之甚。其人資質渾厚，説得都如此平正。只是疏，多不入理。終守臣節處，於此亦須有些處置，豈可便如此休了！如此議論，豈不爲英雄所笑！揚録云：「程門此人最好。然今看，都只是氣質。呂與叔緊。」

「范唐鑑首一段專是論太宗本原，然亦未盡。太宗後來做處儘好，只爲本領不是，與三代便别。」問：「歐陽以『除隋之亂，比迹湯武；致治之美，庶幾成康』贊之，無乃太過？」曰：「只爲歐公一輩人尋常亦不曾理會本領處，故其言如此。」端蒙。

范氏以武王釋箕子，封比干事，比太宗誅高德儒。此亦據他眼前好處恁地比並，也未論到他本原處。似此樣，且寬看。若一一責以全，則後世之君不復有一事可言。端蒙。

唐鑑白馬之禍，歐公論不及此。

唐鑑議論，覺似迂緩不切。考其意，蓋王介甫秉政，造新法，神考專意信之，以爲真可以振起國勢，一新其舊，故范氏之論每以爲此惟在人主身心之間而不在法。如言，豐財在於節用，神考曰：「豈有著破皁襖、破皮鞋，即能致國富邪！」公謹。

唐鑑意正有疏處。孫之翰唐論精練，説利害如身處親歷之，但理不及唐鑑耳。閎祖。

伯恭晚年謂人曰：「孫之翰唐論勝唐鑑。」要之，也是切於事情，只是大綱却不正了。

唐鑑也有緩而不精確處，如言租、庸、調及楊炎二税之法，説得都無收殺。只云在於得人，不在乎法，有這般苟且處。審如是，則古之聖賢徒善云爾。他也是見熙寧間詳於制度，故有激而言。要之，只那有激，便不平正。道夫。

或説「二氣五行，錯揉萬變」。曰：「物久自有弊壞。秦漢而下，二氣五行自是較昏濁，不如太古之清明純粹。且如中星自堯時至今已自差五十度了。秦漢而下，自是弊壞。得箇光武起，整得略略地，後又不好了。又得箇唐太宗起來，整得略略地，後又不好了。終不能如太古。」或云：「本然底亦不壞。」曰：「固是。」夔孫。論歷代。

周自東遷之後，王室益弱，畿内疆土皆爲世臣據襲，莫可誰何。而畿外土地亦皆爲諸侯爭據，天子雖欲分封而不可得。如封鄭桓公，都是先用計，指射鄶地，罔而取之，亦是無討土地處。此後王室子孫，豈復有疆土分封！某常以爲郡縣之事已萌於此矣。至秦時，是事勢窮極，去不得了，必須如此做也。僩。以下春秋。

權重處便有弊：宗室權重，則宗室作亂，漢初及晉是也；外戚權重，則外戚作亂，兩漢是也。春秋之君多逐宗族。晉惠公得國，便不納羣公子。文公之入，即殺懷公。此乃異日六卿分晉之兆。必大。

問：「春秋時，良法美意尚有存者。」曰：「去古愈近，便古意愈多。」升卿。

成周之時，卿士甚小。到後來鄭武公們爲王卿士，便是宰相，恰如後世侍中、中書令一般。

論周稱「卿士」不同：「在周官六卿之屬言之，則卿士乃是六卿之士也。徒幾人，士幾人。如『皇父卿士，番爲司徒』，如『周人將畀虢公政』，亦卿士。『卿士惟月』，衞武公爲平王卿士之類，則這般之職，不知如何。」子蒙。

封建世臣，賢者無頓身處，初間亦未甚。至春秋時，孔子事如何〔一〕？可學。

楚地最廣，今之襄漢皆是，儘是强大。齊晉若不更伯，楚必吞周而有天下。緣他極强大，所以齊威、晉文責之，皆是没緊要底事。威公豈不欲將僭王猾夏之事責之？但恐無收殺，故只得如此。至如晉文城濮之戰，依舊委曲還他許多禮數，亦如威公之意。然此處亦足以見先王不忍戕民之意未泯也。設使威文所以責之者不少假借，他定不肯服。兵連禍結，何時而已！到得戰國，斬首動是數萬，無復先王之意矣！僩。

問揚：「管仲、子産如何？」揚謂：「管仲全是功利心，不好。子産較近道理。聖人稱子産『有君子之道四』，然只就得如此，如何？是本原頭有病否？」曰：「是本原雜。」問：

〔一〕此條賀疑有脱文。

「傅全美謂范文正所爲似子產，謂細膩。是否？」曰：「文正疏，決不相似。」「亦粗。」曰：「只是雜。」揚。

管仲內政士卿十五，乃戰士也。所以教之孝悌忠信，尊君親上之義。夫子曰：「以不教民戰，是謂棄之。」故雖霸者之道，亦必如此。人傑。

問：「晉伐原以示信，大蒐以示禮，此是信禮否？」曰：「此是假禮信之名以欺人，欲舉而用之，非誠心也。如湯之於葛，葛云『無以供粢盛』，『湯使亳衆往爲之耕』；葛云『無以供犧牲』，『湯使人遺之牛羊』。至於不得已而後征之，非是以此餌之，而圖以殺之也。」又云：「司馬遷云，文王之治岐，『耕者九一，仕者世祿』，皆是降陰德以分紂之天下。不知文王之心誠於爲民者若此。」又云：「漢高祖取天下所謂仁義者，豈有誠心哉！其意本謂項羽背約。及到新城，遇三老董公遮道之言，方假此之名，以正彼之罪。所謂縞素發喪之舉，其意何在？似此之謀，看當時未必不是欲項羽殺之而後罪之也。」卓。

因論甯武子，義剛言：「春秋時識義理者多。」曰：「也是那時多世臣，君臣之分密，其情自不能相舍，非是皆曉義理。古時君臣都易得相親，天下有天下之君臣，淳錄云：「大處有大君臣，小處有小君臣。」一國有一國之君臣，一家有一家之君臣。自秦漢以來，便都遼絕。今世如士人，猶略知有君臣之分。若是田夫，去京師動數千里，它曉得甚麽君臣！本朝但制兵却有古意。太祖軍法曰：『一階一級，皆歸服事之儀。』故軍中階級却嚴，有定分。」義剛。淳録略。

鬻拳只是箇粗豪人，其意則忠，而其事皆非理，不足言也。僩。

子升問伍子胥。曰：「『父不受誅，子復讎，可也。』謂之亂臣賊子，亦未可。」又問：「還是以其出亡在外而言，亦可以爲通論否？」曰：「古人自有這般事，如不爲舊君服之義可見。後世天下一家，事體又別。然亦以其出亡之故。若曾臣事之，亦不可也。」又問：「父死非其罪，子亦可仕否？」曰：「不可。」「孫曾如何？」曰：「世數漸遠，終是漸輕，亦有可仕之理。但不仕者正也，可仕者權也。」木之。

越棲會稽，本在平江。楚破越，其種散，史記。故後號爲「百越」。此間處處有之，山上多有小小城郭故壘，皆是諸越舊都邑也。春秋末，楚地最廣，蓋自初間并吞諸蠻而有其地。如淮南之舒，宿亳之蓼，皆是。初間若不得齊威、管仲，看他氣勢定是吞周室。以此觀之，孔子稱管仲之功，豈溢美哉？吳之所以得破楚，也是楚平以後日就衰削，又恰限使得伍子胥如此。先又有申公巫臣往吳，教之射御戰陣。這兩人所以不向齊晉那邊去，也是見得齊晉都破壞了。兼那時如闔閭、夫差、勾踐幾人，皆是蠻夷中之豪傑。今浙間是南越，地平廣，閩廣是東越，地狹多阻。南豐送李柳州，誤謂柳爲南越。賀孫。

越都會稽，今東門外所在。土地只如今闊狹。後并吴了，却移都平江，亦名會稽。秦後於平江立會稽郡。吴越國勢人物亦不争多，越尚著許多氣力。今虜何止於吴！所以圖之者，又不及越，如何濟事？今做時，亦須著喫些艱辛，如越始得范蠡、文種，未是難。二人皆在越籠絡中，此是難。某在紹興，想像越當時事，亦自快人。越止一小國，當時亦未甚大段富貴。在越自克如此，亦未是難事。然自越之後，後來不曾見更有一人似之，信立事之難也！揚。

「范蠡載西子以往。王銍性之言，歷攷文書無此事。其原出杜牧之詩云：『西子下吴會，一舸隨鴟夷。』王解此意又不然。」曰：「王性之不成器。如這般發事，渠讀書多，攷究得甚精且多也。」揚。

義剛論田子方「貧賤驕人」之説，雖能折子擊，却非知道者之言。不成我貧賤便可凌人，此豈忘乎貧賤富貴者哉？陳仲亨不以爲然，次日請問。先生曰：「他是爲子擊語意而發，但子方却别有箇意思。它後面説『言不用，行不合，則納履而去』，此是説我只是貧賤，不肯自詘。『説大人則藐之』，孟子也如此説。雖曰聖人『無小大，無敢慢』，不肯如此説，但視那爲富貴權勢所移者有間矣。聖人氣象固不如此，若大賢以下，則未免如是。」以下戰國。

趙武靈王也是有英氣，所以做得恁地。也緣是他肚裏事，會恁地做得，但他不合只倚這些子。如後來立後一乖，也是心不正後，感召得這般事來。義剛。

問：「樂毅伐齊，文中子以爲善藏其用，東坡則責其不合妄效王者事業以取敗。二説孰是？」曰：「這是他們愛去立説，後都不去攷教子細。這只是那田單會守後，不柰他何。當時樂毅自是兼秦魏之師，又因人怨湣王之暴，故一旦下齊七十餘城。及既殺了湣王，則人心自是休了。它又怕那三國來分他底，連忙發遣了它。以燕之力量，也只做得恁地。更是那田單也忠義，盡死節守那二城。樂毅不是不要取它，也煞費氣力，被它善守，後不柰他何。樂毅也只是戰國之士，又何嘗是王者之師？它當時也恣意去鹵掠，正如孟子所謂『毁其宗廟，遷其重器』，不過如此舉措。它當時那鼎也去扛得來，他豈是不要他底？但是田單與他皆會。兩箇相遇，智勇相角，至相持三年。便是樂毅也煞費氣力，但取不得。及用騎劫則是大段無能，後被田單使一箇小術數子，便乘勢殺將去。便是國不可以無人，如齊但有一田單，盡死節恁地守，便不柰他何。」義剛。

常先難而後易，不然，則難將至矣。如樂毅用事，始常懼難，乃心謹畏，不敢忽易，故戰則雖大國堅城，無有不破者。及至勝，則自驕，膽大而恃兵强，因去攻二城，亦攻不下。壽昌。

樂毅莒即墨之圍，乃用師之道當如此，用速不得。又齊湣王，人多叛之；及死而其子立於莒，則人復惜之，不忍盡亡其國。即墨又有田單，故下之難。使毅得盡其策，必不失之。光武下一城不得。明帝謂下之太速。揚。

義剛曰：「藺相如其始能勇於制秦，其終能和以待廉頗，可謂賢矣。但以義剛觀之，使相如能以待廉之術待秦，乃爲善謀。蓋柔乃能制剛，弱乃能勝强。今乃欲以匹夫之勇，恃區區之趙而鬭强秦。若秦奮其虎狼之威，將何以處之？今能使秦不加兵者，特幸而成事耳。」先生曰：「子由有一段說，大故取它。說它不是戰國之士，此說也太過。其實它只是戰國之士。龜山亦有一說，大概與公說相似，說相如不合要與秦爭那璧。要之恁地說也不得。和氏璧也是趙國相傳以此爲寶，若當時驟然被人將去，則國勢也解不振。古人傳國皆以寶玉之屬爲重，若子孫不能謹守，便是不孝。當時秦也是强，但相如也是料得秦不敢殺他後，方恁地做。若其它人，則是怕秦殺了，便不敢去。如藺相如豈是孟浪恁地做？它須是料度得那秦過了。戰國時如此等也多。黃歇取楚太子，也是如此。當時被他取了，秦也不曾做聲，只恁休了。」義剛。

春秋時相殺，甚者若相罵然。長平坑殺四十萬人，史遷言不足信。敗則有之，若謂之盡坑四十萬人，將幾多所在！又趙卒都是百戰之士，豈有四十萬人肯束手受死？決不可信。又謂秦十五年不敢出兵窺山東之類，何嘗有等事？皆史之溢言。常疑四十萬人死，恐只司馬遷作文如此，未必能盡坑得許多人。德明。

「常思孫臏料龐涓暮當至馬陵，如何料得如此好？」僩曰：「使其不燭火看白書，則如之何？」曰：「臏料龐涓是箇絮底人，必看無疑。此有三樣：上智底人，他曉得必不看；下智獃底人，亦不必看；中智底人必看，看則墮其機矣。嘗思古今智士之謀略詭譎，固不可及。然記之者能如此曲折書之而不失其意，則其智亦不可及矣。」

燕丹知燕必亡，故爲荆軻之舉。德明。

術至韓非說難，精密至矣。蘇、張亦尚疏。

陳仲亨問：「合從便不便？」曰：「温公是說合從爲六國之便。觀當時合從時，秦也是懼。蓋天下盡合爲一，而秦獨守關中一片子地，也未是長策。但它幾箇心難一，如何有人兜攬得他，也是難。這箇却須是如孟子之說方得。『如有不嗜殺人者，則天下之人皆引領而望之。』『師文王，大國五年，小國七年，必爲政於天下。』孟子只是責辦于己。設使當時有仁政，則如大旱之望雲霓，民自歸之。秦雖强，亦無如我何。」義剛問：「蘇秦激怒張儀，如秦人皆說它術高，竊以爲正是失策處。」曰：「某謂未必有此事。所謂『激怒』者，只是蘇秦當時做得稱意，後去欺那張儀。而今若說是蘇秦怕秦來敗從，所以激張儀入秦，庶秦不來敗從，那張儀與你有甚人情？這只是蘇秦之徒見他做倒了這一著後，粧點出此事來謾人。」義剛。夔孫録云：「因説蘇秦激張儀入秦事，曰：『某嘗疑不恁地做得拙。蘇秦豈不知張儀入秦，會翻了他？想是蘇秦輸了這一籌，其徒遂裝撰此等説話。』」人傑録云：「常疑蘇秦資送張儀入秦事，恐無此理。當時范雎、蔡澤之徒，多是乘人間隙而奪之位，何嘗立得事功！吴起務在富國强兵，破遊説之言。縱横者若是立脚務實，自不容此輩紛紜撓亂也。」

問：「關中形勝，周用以興，到得後來，秦又用以興。」曰：「此亦在人做。當春秋時，秦亦爲齊晉所軋，不得伸。到戰國時，六國又皆以夷狄擯之，使不得與中國會盟。及孝公因此發憤，致得商鞅而用之，遂以强大。後來又得惠文、武、昭襄，皆是會做底，故相繼做起來。若其間有一二君昏庸，則依舊做壞了。以此見得形勝也須是要人相副。」因言：「昭王因范雎傾穰侯之故，却盡收得許多權柄，秦遂益强，豈不是會？」廣。以下秦。

陳仲亨以義剛所疑問云：「商鞅説孝公帝王道不從，乃説以伯道。鞅亦不曉帝王道，但是先將此説在前者，渠知孝公決不能從，且恁地説，庶可以堅後面伯道之説耳。」先生曰：「鞅又如何理會得帝王之道！但是大拍頭去揮那孝公耳。他知孝公是行不得，他恁地説，只是欲人知道我無所不曉。」義剛問：「不知温公削去前一截，是如何？」曰：「他説無此事，不肯信。」又問：「如子房招『四皓』，伊川取之，以爲得『納約自牖』之義，而温公亦削之，如何？」曰：「是他意裏不愛，不合他意底，則削去。某常説，陳平説高祖曰，項王能敬人，故多得廉節之士。大王慢侮人，故廉節之士多不爲用，然廉節士終不可得。臣願得數萬斤金以間疏楚君臣。這便是商鞅説孝公底一般。他知得高祖決不能不嫚侮以求廉節之士。但直説他，則恐未必便從，故且將去嚇他一嚇。等他不從後，却説之，此政與商鞅之術同。而温公也削去。若是有此一段時，見得他説得有意思；今削去了，則都無情意。他平白無事，教把許多金來用，問高祖便肯。如此等類，被他削去底多，如何恁地得？善善惡惡，是是非非，皆著存得在那裏。其間自有許多事，若是不好底便不載時，孔子一部春秋便都不是了。那裏面何所不有！」義剛。元本云：「商鞅先以帝王説孝公，此只是大拍頭揮他底。它知孝公必不能用得這説話，且説這大話了，却放出那本色底來。通鑑削去前一節，温公之意謂鞅無那帝王底道理，遂除去了。温公便是不曉這般底人。如條侯擊吴楚，到洛陽，得劇孟，隱若一敵國，亦不信。他説道，如何得一箇俠士，便隱若一敵國！不知這般人得之未必能成事，若爲盜所得，煞會撓人。蓋是他自有這般賓客，那一般人都信向他。若被他一下鼓動得去，直是能生事。又如陳平説高帝，謂項王下人，能得廉節之士。大王慢侮人，故嗜利無恥者歸之。大王誠能去(而)〔兩〕〔一〕短，集兩長，則云云。然大王恣侮慢，必不得廉節之士。故勸捐數萬斤金以間楚君臣。這也是度得高祖必不能下士，故先説許多話，教高祖亦自知做不得了，方説他本謀來，故能使人聽信。某説此正與商鞅之

〔一〕據史記改。

術同，而温公亦削了。」夔孫録同。但云：「温公性朴直，便是不曉這般底人。得劇孟事也不信，謂世間都無這般底人。」

以今觀之，秦取六國當甚易，而秦甚難之。以古來無此樣，不敢輕易。因説，後世篡奪難。大凡事前未有樣者，不易做。揚。

仲亨問開阡陌。曰：「阡陌便是井田。陌，百也；阡，千也。東西曰阡，南北曰陌。或謂南北曰阡，東西曰陌。未知孰是。但却是一箇横，一箇直耳。如百夫有遂，遂上有涂，這便是陌；若是十箇涂，恁地直在横頭，又作一大溝，謂之洫，洫上有路，這便是阡。阡陌只是疆界。自阡陌之外有空地，則只恁地閑在那裏。所以先王要如此者，也只是要正其疆界，怕人相侵互。而今商鞅却開破了，遇可做田處，便墾作田，更不要恁地齊整。這『開』字非開創之『開』，乃開闢之『開』。蔡澤傳曰：『破壞井田，決裂阡陌。』觀此可見。這兩句自是合掌説，後人皆不曉。唐時却説寬鄉爲井田，狹鄉爲阡陌。東萊論井田引蔡澤傳兩句，然又却多方回互，説從那開阡陌之意上去。」義剛。

問井田阡陌。曰：「已前人都錯看了。某嘗攷來，蓋陌者，百也；阡者，千也。井田一夫百畝，則爲遂，遂上有徑，此是縱，爲陌；十夫千畝，則爲溝，溝上有畛，此是横，爲阡。積此而往，百夫萬畝，則爲洫，洫上有涂，涂縱，又爲陌；千夫十萬畝，則爲澮，澮上有道，道横，又爲阡。商鞅開之，乃是當時井田既不存，便以此物爲無用，一切破蕩了。蔡澤傳云「商君決裂阡陌」，乃是如此，非謂變井田爲阡陌也。」夔孫。僩録云「人皆謂廢古井田，開今阡陌」云云。

阡陌是井田路，其路甚大。廢田，遂一齊開小了作田，故謂之「破井田，開阡陌」。揚。

「伯恭言，秦變法，後世雖屢更數易，終不出秦。如何？」曰：「此意好。但使伯恭爲相，果能盡用三代法度否？」問：「後有聖賢者出，如何？」曰：「必須别有規模，不用前人硬本子。」升卿。

黄仁卿問：「自秦始皇變法之後，後世人君皆不能易之，何也？」曰：「秦之法，盡是尊君卑臣之事，所以後世不肯變。且如三皇稱『皇』，五帝稱『帝』，三王稱『王』，秦則兼『皇帝』之號。只此一事，後世如何肯變！」又問：「賈生『仁義攻守』之説，恐秦如此，亦難以仁義守之。」曰：「它若延得數十年，亦可扶持整頓。只是犯衆怒多，下面逼得來緊，所以不旋踵而亡。如三皇、五帝、三王以來，皆以封建治天下。秦一切掃除，不留種子。秦視六國之君，如坑嬰兒。今年捉一人，明年捉兩人，絶滅都盡，所以犯天下衆怒。當時但聞『秦』字，不問智愚男女，盡要起而亡之！陳涉便做陳王，張耳便做趙王，更阻遏它不住。漢高祖自小路入秦，由今襄陽、金、商、藍田入關，節録作「從長安角上入關」。項羽自河北大路入關。及項羽盡殺秦人，想得秦人亦悔不且留取子嬰在也。」銖。

秦以水德王，故數用六爲紀。振。

五德相承，古人所説皆不定。謂周爲木德，後秦以鄒衍之説推之，乃以爲火德。故秦以所不勝者承周，號水德。漢又承周不承秦。後又有謂漢非火德者。王莽又有云云。三代而上，未有此論。則東坡謂「威侮五行，怠棄三正」者，又未必是。揚。

咸陽在渭北，漢在渭南。秦建十月已久，通鑑不曾契勘。揚。

朱子語類卷第一百三十五

歷代二

大亂之後易治，戰國、嬴秦、漢初是也。揚。

周太繁密，秦人盡掃了，所以賈誼謂秦「專用苛簡自恣」之行。秦又太苛簡自恣，不曾竭其心思。太史公、董仲舒論漢事，皆欲用夏之忠。不知漢初承秦，掃去許多繁文，已是質了。至。學蒙録：「漢承焚滅之後，却有忠質底意。」

漢高祖私意分數少。唐太宗一切假仁借義以行其私。若海。

漢興之初，人未甚繁，氣象勦地較好。到武宣極盛時，便有衰底意思。人家亦然。義剛。

或問：「高祖爲義帝發喪是詐，後如何却成事？」曰：「只緣當時人和詐也無。如五伯假之，亦是諸侯皆不能假故也。」祖道。

伯謨問：「汪公史評説酈食其，説得好。」曰：「高祖那時也謾教他去，未必便道使得著。」又問：「聖人處太公事如何？」曰：「聖人須是外放教寬，一面自進，必不解如高祖突出這般說話。然高祖也只是寬他。劉項之際，直是紛紛可畏。度那時節有百十人，有千來人，皆成部落，無處無之。那時也無以爲糧，只是劫奪。」賀孫。

廣武之會，太公既已爲項羽所執。高祖若去求告他，定殺了。只得以兵攻之，他却不敢殺。時高祖亦自知漢兵已强，羽亦知殺得無益，不若留之，庶可結漢之懽心。人傑録云：「使高祖屈意事楚，則有俱斃而已，惟其急於攻楚，所以致太公之歸也。」問：「舜棄天下猶敝屣。」曰：「如此，則父子俱就戮爾，亦救太公不得。若『分羹』之語，自是高祖說得不是。」㽦。人傑録云：「『分羹』之說，則大不可。然豈宜以此責高祖？若以此責之，全無是處也。」方子録却云：「『杯羹』之語，只得如此。」

問：「『養虎自遺患』事，張良當時若放過，恐大事去矣。如何？」曰：「若只計利害，即無事可言者。當時若放過未取，亦不出三年耳。」問：「機會之來，間不容髮。況沛公素無以繫豪傑之心，放過即事未可知。」曰：「若要做此事，先來便莫與項羽講解。既已約和，即不可爲矣。大底張良多陰謀，如入關之初，賂秦將之爲賈人者，此類甚多。」問：「伊川却許以有儒者氣象，豈以出處之際可觀邪？」曰：「爲韓報仇事，亦是。是爲君父報仇。」德明。

或問：「太史公書項籍垓下之敗，實被韓信布得陣好，是以一敗而竟斃。」曰：「不特此耳。自韓信左取燕齊趙魏，右取九江英布，收大司馬周殷，而羽漸困於中，而手足日翦。則不待垓下之敗，而其大勢蓋已不勝漢矣。」壯祖。

伯豐因問善家令言，尊太公事。曰：「此等處，高祖自是理會不得。但它見太公擁篲，心却不安。然如尊太公事，亦古所未有耳。」𥅾。

高祖斬丁公，赦季布，非誠心欲伸大義，特私意耳。季布所以生，蓋欲示天下功臣。是時功臣多，故不敢殺季布。既是明大義，陳平、信、布皆項羽之臣，信、布何待反而誅之？壽昌。

義剛説賜姓劉氏，云：「古人族系不亂，只緣姓氏分明。自高祖賜姓，而譜系遂無稽考，姓氏遂紊亂。但是族系紊亂，也未害於治體。但一有同姓異姓之私，則非以天下爲公之意。今觀所謂『劉氏冠』、『非劉氏不王』，往往皆此一私意。使天下後世有親疏之間，而相戕相黨，皆由此起。」先生曰：「古人是未有姓，故賜他姓，教他各自分别。後來既有姓了，又何用賜？但一時欲以恩結之，使之親附於己，故賜之。如高祖猶少。如唐，夷狄來附者皆賜姓，道理也是不是，但不要似公樣恁地起風作浪説。」義剛。

太史公三代本紀皆著孔子所損益四代之説。高祖紀又言「色尚黄，朝以十月」，此固有深意。且以孔顔而行夏時，乘商輅，服周冕，用韶舞，則好；以劉季爲之，亦未濟事在。

方子。

高祖、子房英，項羽雄。道夫。

嘗欲寫出蕭何、韓信初見高祖時一段，鄧禹初見光武時一段，武侯初見先主時一段，將這數段語及王朴平邊策編爲一卷。雉。

程先生謂何追韓信，高祖通知，亦有此理。無垢謂申屠嘉責鄧通，文帝亦通知，恐未必然。嘉乃高祖時蹘弩之卒，想亦一樸直人。文帝教做宰相，便爲他做，有事當行便行。大事記解題謂自嘉薨，宰相權便輕了，爲以御史大夫副之也。揚。

論三代以下人品皆稱子房、孔明。子房今日説了脱空，明日更無愧色，畢竟只是黄老之學。及後疑戮功臣時，更尋討他不著。𥃃。

「唐子西云：『自漢而下，惟有子房、孔明爾，而子房尚黄老，孔明喜申韓。』也説得好。子房分明是得老子之術，其處己、謀人皆是。孔明手寫申韓之書以授後主，而治國以嚴，皆此意也。」問：「邵子云：『智哉留侯！善藏其用。』如何？」曰：「只燒絶棧道，其意自在韓而不在漢。及韓滅無所歸，乃始歸漢，則其事可見矣。」道夫。

問子房、孔明人品。曰：「子房全是黄老，皆自黄石一編中來。」又問：「一編非今之三略乎？」曰：「又有黄石公素書，然大率是這樣説話。」廣云：「觀他博浪沙中事也甚奇偉。」

曰：「此又忒煞不黄老。爲君報仇，此是他資質好處。後來事業則都是黄老了，凡事放退一步。若不得那些清高之意來緣飾遮蓋，則其從衡詭譎，殆與陳平輩一律耳。孔明學術亦甚雜。」廣云：「他雖嘗學申韓，却覺意思頗正大。」曰：「唐子西嘗説子房與孔明皆是好人才。但其所學，一則從黄老中來，一則從申韓中來。」又問：「崔浩如何？」曰：「也是箇博洽底人。他雖自比子房，然却學得子房歇了。子房之辟穀，姑以免禍耳，他却真箇要做。」廣。

子房多計數，堪下處下。揚。

張良一生在荆棘林中過，只是殺他不得。任他流血成川，横屍萬里，他都不知。椿。

叔孫通爲綿蕝之儀，其效至於羣臣震恐，無敢喧嘩失禮者。比之三代燕享羣臣氣象，便大不同，蓋只是秦人尊君卑臣之法。人傑。必大録云：「叔孫通制漢儀，一時上下肅然震恐，無敢喧嘩，時以爲善。然不過尊君卑臣，如秦人之意而已，都無三代燕饗底意思了。」

齊魯二生之不至，亦是見得如此，未必能傳孔孟之道。只是它深知叔孫通之爲人，不肯從它耳。僩。

漢之「四皓」，元稹嘗有詩譏之。意謂楚漢紛争却不出；只爲吕氏以幣招之，便出來，只定得一箇惠帝，結裹小了。然觀「四皓」，恐不是儒者，只是智謀之士。僩。

伯豐問：「『四皓』是如何人品？」曰：「是時人才都没理會，學術權謀，混爲一區。如安期生、蒯通、蓋公之徒，皆合做一處。『四皓』想只是箇權謀之士。觀其對高祖言語重，如『願爲太子死』，亦脅之之意。」又問：「高祖欲易太子，想亦是知惠帝人才不能負荷。」曰：「固是。然便立如意，亦了不得。蓋題目不正，諸將大臣不心服。到後來吕氏横做了八年，人心方憤悶不平，故大臣誅諸吕之際，因得以誅少帝。少帝但非張后子，或是後宮所出，亦不可知。史謂大臣陰謀以少帝非惠帝子，意亦可見。少帝畢竟是吕氏黨，不容不誅耳。杜牧之詩云：『南軍不袒左邊袖，四老安劉是滅劉！』如唐中宗事，致堂、南軒皆謂五王合併廢中宗，因誅武氏，别立宗英。然當時事勢，中宗却未有過，正緣無罪被廢，又是太宗孫，高宗子，天下之心思之，爲它不憤，五王亦因此易於成功耳。中宗後來所爲固謬，然當時便廢他不得。」㽦。

「召平高於『四皓』，但不知高后時，此四人在甚處。」蔡丈云：「康節謂事定後，四人便自去了。」曰：「也不見得。恐其老死，亦不可知。」廣。

韓信反，無證見。閎祖。

問：「南軒嘗對上論韓信、諸葛之兵異。」曰：「韓都是詭詐無狀。」揚。

三代以下，漢之文帝，可謂恭儉之主。道夫。

文帝曉事，景帝不曉事。文蔚。

文帝學申韓刑名，黄老清静，亦甚雜。但是天資素高，故所爲多近厚。至景帝以刻薄之資，又輔以慘刻之學，故所爲不如文帝。班固謂漢言文、景帝者，亦只是養民一節略同；亦如周云「成康」，康亦無大好處。或者説關雎之詩，正謂康后淫亂，故作以譏之。子蒙。

文帝不欲天下居三年喪，不欲以此勤民，所爲大綱類墨子。賀孫。

或問：「文帝欲短喪。或者要爲文帝遮護，謂非文帝短喪，乃景帝之過。」曰：「恐不是恁地。文帝當時遺詔教大功十五日，小功七日，服纖三日。或人以爲當時當服大功者只服十五日，當服小功者只服七日，當服纖者只三日，恐亦不解恁地。臣爲君服，不服則已，服之必斬衰三年，豈有此等級！或者又説，古者只是臣爲君服三年服，如諸侯爲天子，大夫爲諸侯，及畿内之民服之。於天下吏民無三年服，道理必不可行。此制必是秦人尊君卑臣，却行這三年，至文帝反而復之耳。」子蒙。

問：「文帝問陳平錢穀刑獄之數，而平不對，乃述所謂宰相之職。或以爲錢穀刑獄一得其理，則陰陽和，萬物遂，而斯民得其所矣。宰相之職，莫大於是，惜乎平之不知此也。」曰：「平之所言，乃宰相之體。此之所論，亦是一説。但欲執此以廢彼，則非也。要之，相得人，則百官各得其職。擇一户部尚書，則錢穀何患不治？而刑部得人，則獄事亦清平矣。昔魏文侯與田子方飲。文侯曰：『鐘聲不比乎左高。』田子方笑。文侯曰：『何笑？』子方曰：『臣聞之，君明樂官，不明樂音。今君審於音，臣恐其聾於官也。』陳平之意，亦猶是爾。蓋知音而不知人，則瞽者之職爾。知人，則音雖不知，而所謂樂者固無失也。本朝韓魏公爲相。或謂公之德業無愧古人，但文章有所不逮。公曰：『某爲相，歐陽永叔爲翰林學士，天下之文章，莫大於是！』自今觀之，要説他自不識，安能知歐陽永叔，也得。但他偶然自知，亦柰他何？」道夫。

問：「周亞夫『軍中聞將軍令，不聞天子詔』，不知是否？」曰：「此軍法。」又問：「大凡爲將之道，首當使軍中尊君親上。若徒知有將，而不知有君，則將皆亞夫，固無害也。設有姦將一萌非意，則軍中之人，豈容不知有君？」曰：「若説到反時，更無説。凡天子命將，既付以一軍，只當守法。且如朝廷下州縣取一件公事，亦須知州知縣肯放，方可發去。不然，豈可輒易也！」自修。

賈誼説教太子，方説那承師問道等事，却忽然説帝入太學之類。後面又説太子，文勢都不相干涉。不知怎地，賈誼文章大抵恁地無頭腦。如後面説「春朝朝日，秋莫夕月」，亦然。他方説太子，又便從天子身上去。某嘗疑「三代之禮」一句，合當作「及其爲天子」字。

蓋詳他意，是謂爲太子時教得如此，及爲天子則能如此。它皆是引禮經全文以爲證，非是他自説如此。義剛。

問：「賈誼新書云：『太子處位不端，受業不敬，言語不序，聲音不應律。』聲音應律，恐是以歌詠而言。」曰：「不是如此。太子新生，太師吹律以驗其啼。所謂應律，只是要看他聲音高下。如大射禮『舉旌以宫，偃旌以商』，便是此類。」文蔚。

問：「賈誼新書『立容言早立』，何謂『早立』？」曰：「不可曉。如儀禮云『疑立』，疑却焉。」方子。

問賈誼新書。曰：「此誼平日記録藁草也。其中細碎俱有，治安策中所言亦多在（肯）〔音〕[一]屹，屹然而立也。」節。

賈誼新書除了漢書中所載，餘亦難得粹者。看來只是賈誼一雜記藁耳，中間事事有些。廣。

問：「賈誼『五餌』之説如何？」曰：「伊川嘗言，本朝正用此術。契丹分明是被金帛買住了。今日金虜亦是如此。」昌父曰：「交鄰國，待夷狄，固自有道。『五餌』之説，恐非仁

〔一〕據陳本改。

人之用心。」曰：「固是。但虜人分明是遭餌。但恐金帛盡則復來，不爲則已，爲則五餌須並用。然以宗室之女妻之，則大不可。如烏孫公主之類，令人傷痛。然何必夷狄？『齊人歸女樂』，便是如此了。如阿骨打初破遼國，勇鋭無敵。及既下遼，席卷其子女而北，肆意蠱惑，行未至其國而死。」因笑謂趙曰：「頃年於呂季克處見一畫卷，畫虜酋與一胡女並轡而語。季克苦求詩，某勉爲之賦，末兩句云：『却是燕姬解迎敵，不教行到殺胡林。』正用骨打事也。」僩。

文帝便是善人，武帝却有狂底氣象。陸子静省試策説武帝强文帝。其論雖偏，亦有此理。文帝資質雖美，然安於此而已。其曰「卑之無甚高論，令今可行」，題目只如此。先王之道，情願不要去做，只循循自守。武帝病痛固多，然天資高，志向大，足以有爲。使合下便得箇真儒輔佐，豈不大有可觀？惜乎無真儒輔佐，不能勝其多欲之私，做從那邊去了！欲討匈奴，便把呂后嫚書做題目，要來揜蓋其失。他若知得此，豈無「修文德以來」道理？又如討西域，初一番去不透，又再去，只是要得一馬，此是甚氣力！若移來就這邊做，豈不可？末年海内虚耗，去秦始皇無幾。若不得霍光收拾，成甚麽！輪臺之悔，亦是天資高，方如此。嘗因人言，太子仁柔不能用武，答以「正欲其守成。若朕所爲，是襲亡秦之迹」！可見他當時已自知其罪。向若能以仲舒爲相，汲黯爲御史大夫，豈不善！

先生歸後，再有取答問目云：「狂者志高，可以有爲；狷者志索，有所不爲，而可以有守。漢武狂，然又不純一，不足言也。」淳。寓録見「狂狷」章。

「漢守高祖無功不侯之法甚嚴。武帝欲侯李廣利，亦作計，終破之。法制之不足恃，除得人方好。」因論子静取武帝，曰：「其英雄，乃其不好處，看人不可如此。」又謂：「文帝雖只此，然亦不是胸中無底。觀與賈誼夜半前席之事，則其論說甚多。誼蓋皆與帝背者，帝只是應將去。誼雖說得如『厝火薪下』之類，如此之急，帝觀之亦未見如此。」又云：「彼自見得，當時之治，亦且得安静，不可撓。」揚。

武帝做事，好揀好名目。如欲逞兵立威，必曰：「高皇帝遺我平城之憂！」若果以此爲恥，則須「修文德以來之」，何用窮兵黷武，驅中國生民於沙漠之外，以償鋒鏑之慘！道夫。

武帝征匈奴，非爲祖宗雪積年之忿，但假此名而用兵耳。壽昌。

王允云：「武帝不殺司馬遷，使作謗書。」如封禪書所載祠祀事。樂書載得神馬爲太一歌，汲黯進曰：「先帝百姓豈能知其音邪？」公孫弘曰：「黯誹謗聖制，當族。」下面却忽然寫許多禮記。又如律書說律，又說兵，又說文帝不用兵，贊歎一場。全是箇醉人東撞西撞！觀此等處，恐是此意。閎祖。

漢儒董仲舒較穩。劉向雖博洽而淺，然皆不見聖人大道。賈誼、司馬遷皆駁雜，大意是説權謀功利。説得深了，覺見不是，又説一兩句仁義。然權謀已多了，救不轉。蘇子由古史前數卷好，後亦合雜權謀了。

漢儒初不要窮究義理，但是會讀，記得多，便是學。揚。

漢儒注書，只注難曉處，不全注盡本文，其辭甚簡。揚。

問：「君臣之變，不可不講。且如霍光廢昌邑，正與伊尹同。然尹能使太甲『自怨自艾』，而卒復辟。光當時被昌邑説『天子有争臣七人』兩句後，他更無轉側。萬一被他更咆勃時，也惡模樣。」曰：「到這裏也不解恤得惡模樣了。」義剛曰：「光畢竟是做得未宛轉。」曰：「做到這裏，也不解得宛轉了。」良久，又曰：「人臣也莫願有此。萬一有此時，也十分使那宛轉不得。」義剛。

問：「霍光廢昌邑，是否？」曰：「是。」「使太甲終不明，伊尹如之何？」曰：「亦有道理。」可學。

或問：「霍光不負社稷，而終有許后之事；馬援以口過戒子孫，而他日有裹屍之禍。」先生曰：「『采葑采菲，無以下體。』取人之善，爲己師法，不當如此論也。」若海。

問宣帝雜王、伯之説。曰：「須曉得如何是王，如何是伯，方可論此。宣帝也不識王、伯，只是把寬慈底便喚做王，嚴酷底便喚做伯。明道王伯劄子説得後，自古論王、伯，至此無餘藴矣。」義剛。

叔器問：「宣帝言漢雜王、伯，此説也似是。」曰：「這箇先須辨别得王、伯分明，方可去論它是與不是。」叔器云：「如約法三章，爲義帝發喪之類，做得也似好。」曰：「這箇是它有意無意？」叔器曰：「有意。」曰：「既是有意，便不是王。」義剛。

韓延壽傳云：「以期會爲大事。」某舊讀漢書，合下便喜他這一句。直卿曰：「『敬事而信』，也是這意。」曰：「然。」道夫。

問不疑誣金事。徐節孝以金還人。曰：「初也須與他至誠説是無，看如何。他人解，便休；若是硬執，只得還他。若皆不與之解説，人才誣便還，則是以不善與人而自爲善，其心有病矣。」揚。

楊惲坐上書怨謗，要斬。此法古無之，亦是後人增添。今觀其書，謂之怨則有之，何謗之有？淳。

正淳論二疏不合徒享爵位而去，又不合不薦引剛直之士代己輔導太子。先生曰：「疏廣父子亦不必苛責之。雖未盡出處之正，然在當時親見元帝懦弱，不可輔導，它只得去，亦是避禍而已。觀渠自云：『不去，懼貽後悔。』亦自是省事恬退底。世間自有此等人。它性自恬退，又見得如此，只得去。若不去，蕭望之便是樣子。望之即剛直之士。」又問：「元帝是時年十二，如何便逆知其後來事？」曰：「若是狡者，便難知。如南北時，有一王當面做好人，背後即爲非，此等却難知。若庸謬底人，自是易見。」又問：「如何不以告宣帝，或思所以救之？」曰：「若是恁地，越不能得去。便做告與宣帝，教宣帝待如何？」僩。

先生因言：「嘗見一人云，匡衡做得相業全然不是，只是所上疏議論甚好，恐是收得好懷挾。」又云：「如答淮陽王求史遷書，其辭甚好。」又曰：「如宣元間詔令，及戒諸侯王詔令，皆好，不知是何人做。漢初時却無此議論，漢初却未曾講貫得恁地。」又曰：「匡衡說詩，關雎等處甚好，亦是有所師授，講究得到。」僩。

事無有自做得成者。光武要小小自做家活子，亦是鄧禹先尋得許多人。太宗便是房、杜爲尋得許多人。今只要自做。揚。

古人年三十時，都理會得了，便受用行將去。今人都如此費力。只如鄧禹十三歲學於京師，已識光武爲非常人。後來杖策謁軍門，只以數言定天下大計。德明。

古之名將能立功名者，皆是謹重周密，乃能有成。如吴漢、朱然終日欽欽，常如對陳。須學這樣底，方可。如劉琨恃才傲物，驕恣奢侈，卒至父母妻子皆爲人所屠。今人率以才自負，自待以英雄，以至恃氣傲物，不能謹嚴。以此臨事，卒至於敗而已。要做大功名底人，越要謹密，未聞粗魯闊略而能有成者。僩。

漢儒專以災異、讖緯，與夫風角、鳥占之類爲内學。如徐孺子之徒多能此，反以義理之學爲外學。且如鍾離意傳所載修孔子廟事，説夫子若會覆射者然，甚怪！義剛。

徐孺子以綿漬酒，藏之雞中，去弔喪，便以水浸綿爲酒以奠之，便歸。所以如此者，是要用他自家酒，不用别處底。所以綿漬者，蓋路遠，難以器皿盛故也。燾。

或問：「黄憲不得似顔子。」曰：「畢竟是資禀好。」又問：「若得聖人爲之依歸，想是煞好。」曰：「又不知他志向如何。顔子不是一箇衰善底人。看他是多少聰明！便敢問爲邦。孔子便告以四代禮樂。」因説至「伯夷聖之清，伊尹聖之任，柳下惠聖之和」，都是箇有病痛底聖人。又問：「伊尹似無病痛？」曰：「『五就湯，五就桀』，孔孟必不肯恁地，只爲他任得過。」又問：「伊尹莫是『枉尺直尋』？」曰：「伊尹不是恁地，只學之者便至枉尺直尋。」賀孫。

亂世保身之難，申屠蟠事可見。郭林宗彰而獲免，以稱人之美而不稱惡，人不惡之。陳仲弓分太守謗，送宦者葬，其爲皆如此。不送其葬亦得，爲之詭遇。揚。

後漢魏桓不肯仕，鄉人勉之。曰：「干禄求進，以行志也。方今後宫千數，其可損乎？廄馬萬匹，其可減乎？左右權豪，其可去乎？」慨然歎曰：「使桓生行而死還，於諸子何有哉！」賀孫。

問器遠：「君舉説漢黨錮如何？」曰：「也只説當初所以致此，止緣將許多達官要位付之宦官，將許多儒生付之閑散無用之地，所以激起得如此。」曰：「這時許多好官尚書，也不是付宦官，也是儒生，只是不得人。許多節義之士，固是非其位之所當言，宜足以致禍。某常説，只是上面欠一箇人。若上有一箇好人，用這一邊節義，剔去那一邊小人，大故成一箇好世界。只是一轉關子。」賀孫。

説東漢誅宦官事，云：「欽夫所説，只是翻謄好看，做文字則劇，其實不曾説著當時事體。到得那時節，是甚麽時節！雖倉公、扁鵲所不能療。如天下有必死之病，喫熱藥也不得，喫涼藥也不得。有一人下一服熱藥，便道他用藥錯了。天下有必亡之勢，這如何慢得！若許多宦者未誅，更恁地保養過幾年，更乖。這只是胡説。那時節是甚麽時節！都無主了。立箇渤海王之子纘，纔七八歲，方説梁冀跋扈，便被弒了！立蠡吾侯，爲（相）〔桓〕〔一〕帝，方十五歲，外戚宦官手裏養得大，你道他要誅他不要誅他！東漢外戚宦官從

〔一〕據陳本改。

來盤踞，軌轍相銜，未有若此之可畏。養箇女子，便頓放在宮中，十餘年後便窮極富貴。到得有些蹶跌，便闔族誅滅無遺類，欲爲孤豚而不可得！必亡之易，未有若東漢末年。」

伯謨問：「唐宦官與東漢末如何？」曰：「某嘗説，唐時天下尚可爲。唐時猶有餘策，東漢末直是無著手處，且是無主了。如唐昭宗、文宗，直要除許多宦官。那時若有人，似尚可爲。那時只宣宗便度得事勢不能諫，便一向不問他，也是老練了如此。如伊川易解，也失契勘。説『屯其膏』云：『又非恬然不爲，若唐之僖昭也。』這兩人全不同，一人是要做事，一人是不要做，與小黄門蹈果食度日，呼田令孜爲『阿父』。不知東漢時，若一向盡引得忠賢布列在内，不知如何。只那都無主可立。天下大勢，如人衰老之極，百病交作，略有些小變動，便成大病。如乳母也聒噪一場；如單超、徐璜也作怪一場；如張讓、趙忠之徒，纔有些小權柄，便作怪一場。這是甚麽時節！」伯謨云：「從那時直到唐太宗，天下大勢方定疊。」曰：「這許多時節，直是無著手處。然亦有幸而不亡者，東晉是也。汪莘作詩史，以爲竇武、陳蕃誅宦者，不合前收鄭颯，而未收曹節、王甫、侯覽。若一時便收却四箇，便了。陽球誅宦者，不合前誅王甫、段熲，而未誅曹節、朱瑀。若一時便誅却四箇，亦自定矣。此説是。」賀孫。

荀文若爲宦官唐衡女婿，見殺得士大夫厭了，爲免禍計耳。升卿。

漢時宿衞皆是子弟，不似而今用軍卒。義剛。

漢有十三州，一州建一刺史，刺舉一路，則諸侯郡守雜建，諸侯甚大。如齊七十餘城，大率置官法度之類，與天子等。七國變後方漸削奪。主父偃用賈誼策，分王諸侯子孫，方漸小了。後漢亦雜建。魏陵逼諸侯甚，每令人監之，不得朝覲并親知往來。曹丕待宗室如此。晉大封同姓，八王之亂以此，元帝中興亦以此。齊梁間削奪諸侯尤甚。唐亦尚有之，然只是遥領。揚。

漢律康成注，今和正文皆亡矣。淳。

漢人斷獄辭，亦如今之欵情一般，具某罪，引某法爲斷。淳。

今法中有「保辜」二字。自後漢有此語，想此二字是自古相傳。淳。

朱子語類卷第一百三十六

歷代三

因論三國形勢，曰：「曹操合下便知據河北可以爲取天下之資。既被袁紹先説了，他又不成出他下，故爲大言以誑之。胡致堂説史臣後來代爲文辭以欺後世，看來只是一時無説了，大言耳。此著被袁紹先下了，後來崎嶇萬狀，尋得箇獻帝來，爲挾天子令諸侯之舉，此亦是第二大著。若孫權據江南，劉備據蜀，皆非取天下之勢，僅足自保耳。」雉。

曹操用兵，煞有那幸而不敗處，却極能料。如征烏桓，便能料得劉表不從其後來。端蒙。

問：「先主爲曹操所敗，請救於吳。若非孫權用周瑜以敵操，亦殆矣。」曰：「孔明之請救，知其不得不救。孫權之救備，須著救他，必大録云：「孫權與劉備同禦曹操，亦是其勢不得不合。」不如此，便當迎操矣。此亦非好相識，勢使然也。及至先主得荆州，權遂遣吕蒙擒關羽。才到利害所在，便不相顧。」人傑。必大録小異。

劉備之敗於陸遜，雖言不合輕敵，亦是自不合連營七百餘里，先自做了敗形。是時孔明在成都督運餉，後云：「法孝直若在，不使主上有此行。」孔明先不知曾諫止與否，今皆不可考。但孔明雖正，然盆。去聲。法孝直輕快，必有術以止之。必大。

諸葛孔明大綱資質好，但病於粗疏。孟子以後人物，只有子房與孔明。子房之學出於黃老；孔明出於申韓，如授後主以六韜等書與用法嚴處，可見。若以比王仲淹，則不似其細密。他却事事理會過來。當時若出來施設一番，亦須可觀。木之。

或問孔明。曰：「南軒言其體正大，問學未至。此語也好。但孔明本不知學，全是駁雜了。然却有儒者氣象，後世誠無他比。」升卿。

問：「孔明興禮樂如何？」曰：「也不見得孔明都是禮樂中人，也只是粗底禮樂。」寓。淳録云：「孔明也粗。若興禮樂，也是粗禮樂。」砥録云：「孔明是禮樂中人，但做時也粗疏。」

忠武侯天資高，所爲一出於公。若其規模，并寫申子之類，則其學只是伯。程先生云：「孔明有王佐之心，然其道則未盡。」其論極當。魏延請從間道出關中，侯不聽。侯意中原已是我底物事，何必如此？故不從。不知先主當時只從孔明，不知孔明如何取荆取蜀。若更從魏延間道出，關中所守者只是庸人。從此一出，是甚聲勢！如拉朽然。侯竟不肯爲之！揚。

致道問孔明出處。曰：「當時只有蜀先主可與有爲耳。如劉表、劉璋之徒，皆了不得。曹操自是賊，既不可從。孫權又是兩間底人。只有先主名分正，故只得從之。」時可問：「王猛從苻堅如何？」曰：「苻堅事自難看。觀其殺苻生與東海公陽，分明是特地殺了，而史中歷數苻生酷惡之罪。東海公之死，云是太后在甚樓子上，見它門前車馬甚盛，欲害苻堅，故令人殺之。此皆不近人情。蓋皆是己子，不應便專愛堅而特使人殺東海公也。此皆是史家要出脱苻堅殺兄之罪，故裝點許多，此史所以難看也。」時舉。

諸葛亮之事，其於荆蜀亦合取。當日草廬亦是商量準擬在此，但此時不當恁地。若是恁地取時，全不成舉措。如二人視魏而不伐，自合當取。兼在是時捨此無以爲資。若能聲其罪，用兵而取之，却正。但當時劉焉父子亦得人情，恐亦未易取。伯豐問：「聖人處此，合如何？」曰：「亦須別有箇道理。若似如此，寧可事不成。只爲後世事欲苟成功，欲苟就，便有許多事。亮大綱却好，只爲如此，便有斑駁處。」㽦。方子録云：「『孔明執劉璋，蓋緣事求可，功求成，故如此。』曰：『然則寧事之不成？』曰：『然。』」

器遠問：「諸葛武侯殺劉璋是如何？」曰：「這只是不是。初間教先主殺劉璋，先主不從。到後來先主見事勢迫，也打不過，便從他計。要知不當恁地行計殺了他。若明大義，聲罪致討，不患不服。看劉璋欲從先主之招，傾城人民願留之。那時郡國久長，能得人心如此。」賀孫。

毅然問：「孔明誘奪劉璋，似不義。」曰：「便是後世聖賢難做，動著便粘手惹脚。」淳。

諸葛孔明天資甚美，氣象宏大。但所學不盡純正，故亦不能盡善。取劉璋一事，或以爲先主之謀，未必是孔明之意。然在當時多有不可盡曉處。如先主東征之類，不見孔明一語議論。後來壞事，却追恨法孝直若在，則能制主上東行。孔明得君如此，猶有不能盡言者乎？先主不忍取荆州，不得已而爲劉璋之圖。若取荆州，雖不爲當，然劉表之後，君弱勢孤，必爲他人所取；較之取劉璋，不若得荆州之爲愈也。學者皆知曹氏爲漢賊，而不知孫權之爲漢賊也。若孫權有意興復漢室，自當與先主協力并謀，同正曹氏之罪。如何先主纔整頓得起時，便與壞倒！如襲取關羽之類是也。權自知與操同是竊據漢土之人。若先主事成，必滅曹氏，且復滅吴矣。權之姦謀，蓋不可掩。平時所與先主交通，姑爲自全計爾。或曰：「孔明與先主俱留益州，獨令關羽在外，遂爲陸遜所襲。當時只先主在内、孔明在外如何？」曰：「正當經理西向宛洛，孔明如何可出？此特關羽恃才疏鹵，自取其敗。據當時處置如此，若無意外齟齬，曹氏不足平。兩路進兵，何可當也！此亦漢室不可復興，天命不可再續而已，深可惜哉！」謨。

直卿問：「孔明出師每乏糧。古人做事，須有道理，須先立些根本。」曰：「孔明是殺賊，不得不急。如人有箇大家，被賊來占了，趕出在外墻下住，殺之豈可緩？一纔緩，人便一切都忘了。孔明亦自言一年死了幾多人，不得不急爲之意。司馬懿甚畏孔明，便使得辛毗來遏令不出兵，其實是不敢出也。國家只管與〔一〕講和，聘使往來，賀正賀節，稱叔稱侄，只是見鄰國，不知是讐了！」又問：「勾踐謀吴二十年，又如何？」曰：「事體不同。諸侯各有國，未便伐吴，則越亦自在，如此謀乃是。」揚。

孔明出師表，文選與三國志所載，字多不同，互有得失。「五月渡瀘」是説前事。如孟獲之七縱七擒，正其時也。渡瀘是先理會南方許多去處。若不先理會許多去處，到向北去，終是被他在後乘間作撓。既理會得了，非惟不被他來撓，又却得他兵衆來使。賀孫。

誦武侯之言曰：「治世以大德，不以小惠。」從周。

問武侯「寧静致遠」之説。曰：「静，便養得根本深固，自可致遠。」揚。

孔明治蜀，不曾立史官。陳壽險甚揚録作「檢拾」。而爲蜀志，故甚略。孔明極是子細者。亦恐是當時經理王業之急，有不暇及此。

諸葛亮臨陣對敵，意思安閑，如不欲戰。而苻堅踴躍不寐而行師，此其敗，不待至淝

〔一〕「與」下似脱「虜」字。

水而決矣。方。

看史策，自有該載不盡處。如後人多説武侯不過子午谷路。往往那時節必有重兵守這處，不可過。今只見子午谷易過，而武侯自不過。史只載魏延之計，以爲夏侯楙是曹操婿，怯而無謀，守長安，甚不足畏。這般所在，只是該載不盡。亮以爲此危計，不如安從坦道。又揚聲由斜谷，又使人據箕谷，此可見未易過。賀孫。

先生説八陣圖法。人傑因云：「尋常人説戰陣事多用變詐，恐王者之師不如此。」曰：「王者勢嚮大，自不須用變詐。譬如孟賁與童子相搏，自然勝他孟賁不得。且如諸葛武侯七縱七擒事，令孟獲觀其營壘，分明教你看見，只是不可犯。若用變詐，已是其力不敵，須假些意智勝之。又，今之戰者，只靠前列，後面人更著力不得。前列勝則勝，前列敗則敗。如八陣之法，每軍皆有用處。天衝、地軸、龍飛、虎翼、蛇、鳥、風、雲之類，各爲一陣。有專於戰鬭者，有專於衝突者，又有纏繞之者，然未知如何用之。」又問垓下之戰。曰：「此却分曉。」又問：「淮陰多多益辦，程子謂『分數明』，如何？」曰：「此御衆以寡之法。且如十萬人分作十軍，則每軍有一萬人，大將之所轄者，十將而已。一萬又分爲十軍，一軍分作十卒，則一將所管者，十卒而已。卒正自管二十五人，則所管者，三卒正耳。推而下之，兩司馬雖管二十五人，然所自將者五人，又管四伍長，伍長所管，四人而已。至於大將之權，專在旗鼓。大將把小旗，撥發官執大旗，三軍視之以爲進退。若李光弼旗麾至地，令諸軍死生以之，是也。若八陣圖，自古有之。周官所謂『如戰之陳』，蓋是此法。握幾文雖未必風后所作，然由來須遠。武侯立石於江邊，乃是水之回洑處，所以水不能漂蕩。其擇地之善，立基之堅如此，此其所以爲善用兵也。」又問：「陰符經有『絶利一源，用師十倍；三反晝夜，用師萬倍』之説，如何？」曰：「絶利者，絶其二三；一源者，一其源本。三反晝夜者，更加詳審，豈惟用兵？凡事莫不皆然。倍，如『事半古之人，功必倍之』之謂。上文言『瞽者善聽，聾者善視』，則其專一可知。注陰符者分爲三章：上言神仙抱一之道，中言富國安民之法，下言强兵戰勝之術。又有人每章作三事解釋。後來一書吏竊而獻之高宗。高宗大喜，賜號『渾成』。其人後以强横害物，爲知饒州汪某斷配。」人傑。

或問：「季通八陣圖説，其間所著陳法是否？」曰：「皆是元來有底。但季通分開許多方圓陳法，不相混雜，稍好。」又問：「史記所書高祖垓下之戰，季通以爲正合八陳之法。」曰：「此亦後人好奇之論。大凡有兵須有陳，不成有許多兵馬相戰鬭，只衮作一團，又只排作一行。必須左右前後，步伍行陣，各有條理，方得。今且以數人相撲言之，亦須擺布得所而後相角。今人但見史記所書甚詳，漢書則略之，便以司馬遷爲曉兵法，班固爲不曉，此皆好奇之論。不知班固以爲行陣乃用兵之常，故略之，從省文爾。看古來許多陳法，遇征戰亦未必用得。所以張巡用兵，未嘗倣古兵法，不過使兵識將意，將識士情。蓋未論臨機應變，方略不同；只如地圓則須布圓陣，地方則須布方陣，亦豈容概論也？」又曰：「常見老將説，大要臨陣，又在番休遞上，分一軍爲數替，將戰則食。第一替人既飽，遣之入陣，便食第二替人。覺第一替人力將困，即調發第二替人往代。第三替亦如之。只管如此更番，則士常飽健，而不至於困乏。鄉來張柔直守南劍，戰退范汝爲，只用此法。方汝爲之來寇也，柔直起鄉兵與之戰。令城中殺羊牛豕作肉串，仍作飯，分鄉兵爲數替，以入陣之先後更迭食之。士卒力皆有餘，遂勝汝爲。」又云：「劉信叔順昌之勝，鄉見張仲隆云，親得之信叔，大概亦是如此。時極暑，探報人至云：『虜騎至矣！』信叔令一卒擐甲，立之烈日中。少頃，問：『甲熱乎？』曰：『熱矣。』『可著手乎？』則曰：『熱甚，不可著手矣。』時城中軍亦不甚多。信叔嘗有宿戒，遇戰則分爲數替。如是下令軍中：『可依此飲食，士卒更番而上。』又多合暑藥，往者歸者皆飲之，人情胥快，元城劉師閔向張魏公督軍，暑藥以薑麪爲之，與今冰壺散方大概相似。故能大敗虜人。蓋方我之甲士甲熱不堪著手，則虜騎被甲來者其熱可知，又未免有困餒之患。於此時而擊之，是以勝也。」或曰：「是戰也，信叔戒甲士，人帶一竹筒，其中實以煮豆。入陣，則割棄竹筒，狼籍其豆於下。虜馬饑，聞豆香，低頭食之，又多爲竹筒所滚，脚下不得地，以故士馬俱斃。」曰：「此則不得而知。但聞多遺輕鋭之卒，以大刀斫馬足，每折馬一足，則和人皆仆，又有相蹂踐者。大率一馬仆，則從旁而斃不下十數人。」儒用。

「八陣圖，敵國若有一二萬人，自家止有兩三千人，雖有法，何所用之？」蔡云：「勢不敵，則不與鬬。」先生笑曰：「只辦著走便了！」蔡云：「這是箇道理。譬如一箇十分雄壯底人，與一箇四五分底人廝打。雄壯底只有力，四五分底却識相打法，對副雄壯底便不費力，只指點將去。這見得八陣之法，有以寡敵衆之理。」先生曰：「也須是多寡强弱相侔，可也。又須是人雖少，須勇力齊一，始得。」蔡云：「終不是使病人與壯人鬬也。」賀孫。

陣者，定也。八陣圖中有奇正。前面雖未整，猝然遇敵，次列便已成正軍矣。季通語。方。

用之問：「諸葛武侯不死，與司馬仲達相持，終如何？」曰：「少間只管算來算去，看那箇錯了便輸。輸贏處也不在多，只是争些子。」季通云：「看諸葛亮不解輸。」曰：「若諸葛亮輸時，輸得少；司馬懿輸時，便狼狽。」賀孫。

諸葛公是忠義底司馬懿，司馬懿是無狀底諸葛公，劉禪備位而已。道夫。

羊陸相遺問，只是敵國相傾之謀，欲以氣相勝，非是好意思。人傑録云：「觀陸抗『正是彰其德於祜』之言，斯可見矣。」如漢文修尉佗祖墓，及石勒修祖逖母墓，事皆相近。必大。

王儀爲司馬昭軍師，昭殺之雖無辜，裒仕晉猶有可說。而裒不仕，乃過於厚者。嵇康魏臣，而晉殺之，紹不當仕晉明矣。蕩陰之忠固可取，亦不相贖。事讐之過，自不相掩。司馬公云：「使無蕩陰之忠，殆不免君子之譏。」不知君子之譏，初不可免也。畣。人傑録云「儀嘗仕昭，而昭誅之」云云。

晉元帝無意復中原，却託言糧運不繼，誅督運令史淳于伯而還。行刑者以血拭柱，血爲之逆流。天人幽顯，不隔絲毫！閎祖。

「湯執中，立賢無方。」東晉時所用人才，皆中州浮誕者之後。惟顧榮、賀循有人望，不得已而用之。人傑。

王導爲相，只周旋人過一生。嘗有坐客二十餘人，逐一稱讚，獨不及一胡僧，并一臨海人。二人皆不悦。導徐顧臨海人曰：「自公之來，臨海不復有人矣。」又謂胡僧曰：「蘭奢。」蘭奢，乃胡語之褒譽者也。於是二人亦悦。人傑。

問：「老子之道，曹參、文帝用之皆有效，何故以王謝之力量，反做不成？」曰：「王導、謝安又何曾得老子妙處？淳録云：「人常以王導比謝安。」然謝安又勝王導。石林説，王導只是隨波逐流底人，謝安却較有建立，也煞有心於中原。王導自渡江來，只是恁地，都無取中原之意，此説也是。但謝安也被這清虛絆了，都做不得。」又問：「孔子惡鄉原，如老子可謂鄉原否？」曰：「老子不似鄉原。鄉原却尚在倫理中行，那老子却是出倫理之外。它自處得雖甚卑，不好聲，不好色，又不要官做，然其心却是出於倫理之外，其說煞害事。如鄉原，便却只是箇無見識底好人，未害倫理在。」義剛。

「謝安之待桓温，本無策。温之來，廢了一君。幸而要討九錫，要理資序，未至太甚，猶是半和秀才。若它便做箇二十分賊，如朱全忠之類，更進一步，安亦無如之何。王儉平日自比謝安。王儉是已敗闕底謝安，謝安特幸未疏脱底王儉耳。安比王儉只是有些英氣。苻堅之來，亦無措置。前輩云，非晉人之善，乃苻堅之不善耳。然堅只不合擁衆來，謝安必有以料之。兼秦人國内自亂，晉亦必知之，故安得以鎮静待之。堅之來，在安亦只得發兵去迎敵當來。苻堅若不以大衆來，只以輕兵時擾晉邊，便坐見狼狽。」因問正淳曰：「桓温移晉祚時，安能死節否？」曰：「必不能，却須逃去。」曰：「逃將安往？若非死節，即北面事賊耳。到這裏是築底處，中間更無空地。」因説：「韋孝寬智略如此，當楊堅簒周時，尉遲迥等皆死，孝寬乃獻金熨斗。始嘗疑之：既不與它爲異，亦何必如此附結之？元來到這地位，便不與辨，亦不免死。既不能死，便只得失節耳。」又曰：「謝安之（與）〔於〕〔一〕苻堅，如

〔一〕據文義改。

近世陳魯公之於完顏亮，幸而捱得它死耳。」伯豐問：「寇萊公澶淵事如何？」曰：「當來它却有錯處。然到此，只得向前，不可退後也。」㽦。

「温太真處王敦事難。」先生云：「亦不佳，某做不得。」揚。

王祥孝感，只是誠發於此，物感於彼。或以爲内感，或以爲自誠中來，皆不然。王祥自是王祥，魚自是魚。今人論理，只要包合一箇渾淪底意思，雖是直截兩物，亦强衮合説，正不必如此。世間事雖千頭萬緒，其實只一箇道理，「理一分殊」之謂也。到感通處，自然首尾相應。或自此發出而感於外，或自外來而感於我，皆一理也。謨。

淵明所説者莊老，然辭却簡古；堯夫辭極卑，道理却密。升卿。

陶淵明，古之逸民。若海。

問：「苻堅立國之勢亦堅牢，治平許多年，百姓愛戴。何故一敗塗地，更不可救？」曰：「他是掃土而來，所以一敗更救不得。」又問：「他若欲滅晉，遣一良將提數萬之兵以臨之，有何不可？何必掃境而來？」曰：「他是急要做正統，恐後世以其非正統，故急欲亡晉。此人性也急躁，初令王猛滅燕，猛曰：『既委臣，陛下不必親臨。』及猛入燕，忽然堅至，蓋其心又恐猛之功大，故親來分其功也。便是他器量小，所以後來如此。」僩。

王猛事苻堅，煞有事節。苻堅之兄，乃其謀殺之。賀孫。

桓温入三秦，王猛來見。眼中不識人，却謂三秦豪傑未有至，何也？三秦豪傑，非猛而誰？可笑！揚。

晉任宗室，以八王之亂，自宋而後，皆殺兄弟宗室。以至召去知其不好，途中見人哭。問：「如何死？」曰：「病死。」曰：「病死何哭？」至有臨刑時，平日念佛者，皆合掌，願後世莫生王侯家！揚。

蘇綽立租、庸等法，亦是天下人殺得少了，故行得易。

「三代而下，以義爲之，只有一箇諸葛孔明。若魏鄭公全只是利。李密起，有一道士説密即東都縛煬帝獨夫，天下必應。」揚謂：「密不足道。漢唐之興，皆是爲利。須是有湯武之心始做得。太宗亦只是爲利，亦做不得。」先生曰：「漢高祖見始皇出，謂：『丈夫當如此耳！』項羽謂：『彼可取而代也！』其利心一也。郭汾陽功名愈大而心愈小，意思好。易傳及諸葛，次及郭汾陽。」揚。

漢高祖取天下却正當，爲他直截恁地做去，無許多委曲。唐初，隋大亂如此，高祖、太宗因羣盜之起，直截如此做去，只是誅獨夫。爲他心中打不過，又立恭帝，假援回護委曲如此，亦何必爾？所以不及漢之創業也。端蒙。

高祖辭得九錫，却是。端蒙。

高祖與裴寂最昵。宮人私侍之説，未必非高祖自爲之，而史家反以此文飾之也。端蒙。

因論唐事，先生曰：「唐待諸國降王不合道理。竇建德所行亦合理，忽然而亡，不可曉。王世充却不殺。當初高祖起太原，入關，立代王，遂即位。世充於東都亦立越王。二人一樣，故且赦之。至殺蕭銑，則大無理。他自是梁子孫，元非叛臣。」某問：「唐史臣論高祖殺蕭銑，不成議論。」曰：「然。」通老問：「以宮人侍高祖，在太宗不當爲。」曰：「它在當時，只要得事成，本無救世之心，何暇顧此？唐有天下三百年。唐宗室最少，屢經大盜殺之。又多不出閤，只消磨盡了。」可學。

「唐太宗以晉陽宮人侍高祖，是致其父於必死之地，便無君臣父子夫婦之義。漢高祖亦自粗疏。惟光武差細密，却曾讀書來。」問：「晉元帝所以不能中興者，其病安在？」曰：「元帝與王導元不曾有中原志。收拾吴中人情，惟欲宴安江沱耳。」問：「祖逖摧鋒越河，所向震動，使其不死，當有可觀。」曰：「當是時，王導已不愛其如此，使戴若思輩監其軍，可見，如何得事成？」問：「紹興初，岳軍已向汴都，秦相從中制之，其事頗相類。」曰：「建炎初，宗澤留守東京，招徠羣盗數百萬，使一舉而取河北數郡，即當時事便可整頓。乃爲汪黄所制，怏怏而死，京師之人莫不號慟！於是羣盗分散四出，爲山東、淮南劇賊。」德。

唐源流出於夷狄，故閨門失禮之事，不以爲異。祖道。

太宗奏建成、元吉，高祖云：「明當鞫問，汝宜早參。」及次早建成入朝，兄弟相遇，遂相殺。尉遲敬德著甲持刃見高祖。高祖在一處泛舟。程可久謂：「既許明早理會，又却去泛舟，此處有闕文，或爲隱諱。」先生曰：「此定是添入此一段，與前後無情理。太宗決不曾奏。既奏了，高祖見三兒要相殺，如何尚去泛舟！此定是加建成、元吉之罪處。又謂太宗先奏了，不是前不說。」

太宗誅建成，比於周公誅管蔡，只消以公私斷之。周公全是以周家天下爲心，太宗則假公義以濟私欲者也。端蒙。

「太宗殺建成、元吉，比周公誅管蔡，如何比得！太宗無周公之心，只是顧身。然當時亦不合爲官屬所迫，兼太宗亦自心不穩。温公此處亦看不破，乃云待其先發而應之，亦只便是鄭伯克段于鄢。須是有周公之心，則可。」問曰：「范太史云，是高祖處得不是。」曰：「今論太宗，且責太宗；論高祖，又自責高祖。不成只責高祖，太宗全無可責！」又問：「不知太宗當時要處得是，合如何？」曰：「爲太宗孝友從來無了，却只要來此一事上使，亦如何使得？」先生又曰：「高祖不數日，軍國事便付與太宗，亦只是不得已。唐世内禪者三。如肅宗分明不是。只如睿宗之於玄宗，亦只爲其誅韋氏有功了，事亦不得已爾。」端。

又論太宗事，云：「太宗功高，天下所係屬，亦自無安頓處，只高祖不善處置了。又，建成乃欲立功蓋之。如玄宗誅韋氏有功，睿宗欲立宋王成器，宋王成器便理會得事，堅不受。」端蒙。

因及王魏事，問：「論後世人，不當盡繩以古人禮法。畢竟高祖不當立建成。」曰：「建成既如此，王魏何故不見得？又何故不知太宗如此，便須莫事建成？亦只是望僥倖。」

因問太宗殺建成事，及王魏教太子立功結君，後又不能死難，曰：「只爲祗見得功利，全不知以義理處之。」端蒙。

問：「二人如此機敏，何故不見得？」曰：「王魏亦只是直。」揚。

太宗納巢刺王妃，魏鄭公不能深諫，范純夫論亦不盡。純夫議論，大率皆只從門前過。資質極平正，點化得，甚次第，不知伊川當時如何不曾點化他。先生嘗語呂丈云：「范純夫平生於書册皆只從忙中攝過了。」所以諷呂丈也。

太宗從魏鄭公「仁義」之説，只是利心，意謂如此便可以安居民上。漢文帝資質較好，然皆老氏術也。揚。

或謂史贊太宗，止言其功烈之盛，至於功德兼隆，則傷夫自古未知有。曰：「恐不然。

史臣正贊其功德之美，無貶他意。其意亦謂除隋之亂是功，致治之美是德。自道學不明，故曰功德者如此分別。以聖門言之，則此兩事不過是功，未可謂之德。」驤。

問：「胡氏管見斷武后於高宗非有婦道。合稱高祖、太宗之命，數其九罪，廢爲庶人而賜之死。竊恐立其子而殺其母，未爲穩否？」曰：「這般處便是難理會處。在唐室言之，則武后當殺；在中宗言之，乃其子也。宰相大臣今日殺其母，明日何以相見？」問：「南軒欲別立宗室，如何？」曰：「以後來言之，則中宗不了；以當時言之，中宗亦未有可廢之事。天下之心皆矚望中宗，高宗又別無子，不立中宗，又恐失天下之望，此最是難處。不知孟子當此時作如何處？今生在數百年之後，只據史傳所載，不見得當時事情，亦難如此斷定。須身在當時，親看那時節及事情如何。若人心在中宗，只得立中宗；若人心不在中宗，方別立宗室。是時承乾亦有子在。若率然妄舉，失人心，做不行。又事多，看道理未須便將此樣難處來斷了。須要通其他，更有好理會處多。且看別處事事通透後，此樣處亦易。」義剛。

先生問人傑：「姚崇擇十道使，患未得人，如何？」曰：「只姚崇說患未得人，便見它真能精擇。」曰：「固是。然唐鑑却貶之。唐鑑議論大綱好，欠商量處亦多。」又云：「范文正、富文忠當仁宗時，條天下事，亦只說擇監司爲治，只此是要矣。」人傑。

退之云：「凡此蔡功，惟斷乃成。」今須要知他斷得是與不是，古今煞有以斷而敗者。如唐德宗非不斷，却生出事來。要之，只是任私意。帝剛愎不明理，不納人言。惟憲宗知蔡之不可不討，知裴度之不可不任。若使他理自不明，胸中無所見，則何以知裴公之可任？若只就「斷」字上看，而遺其左右前後，殊不濟事。道夫。

周莊仲曰：「憲宗當時表也看。如退之潮州表上，一見便憐之，有復用之意。」曰：「憲宗聰明，事事都看。近世如孝宗，也事事看。」義剛。

李白見永王璘反，便從臾之，文人之没頭腦乃爾！後來流夜郎，是被人捉著罪過了，剗地作詩自辨被迫脅。李白詩中説王説霸，當時人必謂其果有智略。不知其莽蕩，立見疏脱。必大。

顔魯公只是有忠義而無意智底人。當時去那裏，見使者來，不知是賊，便下兩拜。後來知得，方罵。義剛。

史以陸宣公比賈誼。誼才高似宣公，宣公諳練多，學便純粹。大抵漢去戰國近，故人才多是不粹。道夫。

陸宣公奏議極好看。這人極會議論，事理委曲説盡，更無滲漏。雖至小底事，被他處置得亦無不盡。如後面所説二税之弊，極佳。人言陸宣公口説不出，只是寫得出。今觀奏議中多云「今日早面奉聖旨」云云，「臣退而思之」云云，疑或然也。問：「陸宣公比諸葛武侯如何？」曰：「武侯氣象較大，恐宣公不及。武侯當面便説得，如説孫權一段，雖辨士不及其細密處，不知比宣公如何。只是武侯也密。如橋梁道路，井竈圊溷，無不修繕，市無醉人，更是密。只是武侯密得來嚴，其氣象剛大嚴毅。」僩。

陸宣公奏議末數卷論税事，極盡纖悉。是他都理會來，此便是經濟之學。淳。

問：「陸宣公既貶，避謗，闔户不著書，祇爲古今集驗方。」曰：「此亦未是。豈無聖經賢傳可以玩索，可以討論？終不成和這箇也不得理會！」人傑。

或問：「維州事，温公以德裕所言爲利，僧孺所言爲義，如何？」曰：「德裕所言雖以利害言，然意却全在爲國；僧孺所言雖義，然意却全濟其己私。且德裕既受其降矣，雖義有未安，也須别做置處。乃縛送悉怛謀，使之恣其殺戮，果何爲也！」升卿。

牛僧孺何緣去結得箇杜牧之，後爲渠作墓志。今通鑑所載維州等，有些事好底皆是。揚。

説者謂陽城居諫職，與屠沽出没。果然，則豈能使其君聽其言哉！若楊綰用，而大臣損音樂，減騶御，則人豈可不有以養素自重耶？銖。

方伯謨云：「使甘露之禍成，唐必亡無疑。」壽昌。

唐租、庸、調，大抵改新法度。是世界一齊更新之初，方做得。如漢衰魏代，只是漢舊物事。晉代魏，亦只用這箇。以至六朝相代，亦是遞相祖述，弊法卒亦變更不得。直到得元魏、北齊、後周居中原時，中原生靈死於兵寇幾盡，所以宇文泰、蘇綽出來，便做得租、庸、調，故隋唐因之。賀孫。

唐六典載唐官制甚詳。古禮自秦漢已失。北周宇文秦及蘇綽有意復古，官制頗詳盡。如租、庸、調、府兵之類，皆是蘇綽之制，唐遂因之。唐之東宮官甚詳。某以前上封事，亦言欲復太子官屬，如唐之舊。

因論唐府兵之制，曰：「永嘉諸公以爲兵、農之分，反自唐府兵始，却是如此。蓋府兵家出一人，以戰以戍，并分番入衛，則此一人便不復爲農矣。」僩。

唐口分是八分，世業是二分。有口則有口分，有家則有世業。古人想亦(是)〔似〕[一]此樣。淳。義剛録云「唐口分是二分，世業是八分。有口則有口分，寡〔婦〕[二]皆無過十二」云云。

唐節度使收税，皆入其家，所以節度富。淳。

〔一〕據陳本改。
〔二〕據陳本補。

「杜佑可謂有意於世務者。」問理道要訣。曰：「是一箇非古是今之書。」理道要訣亦是杜佑書，是一箇通典節要。方子。

朱梁不久而滅，無人爲他藏掩得，故諸惡一切發見。若更稍久，必掩得一半。揚。

後唐莊宗善音律，好寵伶優。其卒也，得鷹坊人善友，斂樂器而焚之。所謂「君以此始，必以此終」，豈欺我哉！壽昌。

周世宗天資高，於人才中尋得箇王朴來用，不數年間，做了許多事業。且如禮、樂、律、曆等事，想他見都會得，故能用其說，成其事。又如本朝太祖，直是明達。故當時創法立度，其節拍一一都是，蓋緣都曉得許多道理故也。一本此下云：「所謂神聖，其臣莫及。趙普輩皆不及之。」廣。

問：「世宗果賢主否？」曰：「看來也是好。」問：「當時也曾制禮作樂。」曰：「只是四年之間，煞做了事。」問：「今刑統亦是他所作？」曰：「開寶通禮當時做不曾成，後來太祖足成了。而今一邊征伐，一邊制禮作樂，自無害事，自是有人來與他做。今人鄉一邊，便不對那一邊；才理會征伐，便將禮樂做閑慢了。世宗胸懷又較大。」胡泳。

五代時甚麼樣！周世宗一出便振。收三關，是王朴死後事。模樣世宗未死時，須先取了燕冀，則雲中、河東皆在其內矣。本朝收河東，契丹常以重兵援其後。契丹嫌劉氏不援，始取之。揚。

周世宗亦可謂有天下之量，纔見元稹均田圖，便慨然有意。周世宗大均天下之田。元稹均田圖世未之見。德明。

周世宗規模雖大，然性迫，無甚寬大氣象。做好事亦做教顯顯地，都無些含洪之意，亦是數短而然。揚。

晉悼公幼年聰慧似周世宗。只是世宗却得太祖接續他做將去。雖不是一家人，以公天下言之，畢竟是得人接續，所做許多規模不枉却。且如周武帝一時也自做得好，只是後嗣便如此弱了。後來雖得一箇隋文帝，終是甚不濟事。文蔚。

朱子語類卷第一百三十七

戰國漢唐諸子

家語雖記得不純，却是當時書。孔叢子是後來白撰出。道夫。

家語只是王肅編古録雜記。其書雖多疵，然非肅所作。孔叢子乃其所注之人僞作。讀其首幾章，皆法左傳句，已疑之。及讀其後序，乃謂渠好左傳，便可見。

孔叢子鄙陋之甚，理既無足取，而詞亦不足觀。有一處載「其君曰必然」云云，是何言語！揚。

管子之書雜。管子以功業著者，恐未必曾著書。如弟子職之爲，全似曲禮。它篇有似莊老。又有説得也卑，直是小意智處，不應管仲如此之陋。其内政分鄉之制，國語載之却詳。畚。

管子非仲所著。仲當時任齊國之政，事甚多。稍閑時，又有三歸之溺，決不是閑功夫著書底人。著書者是不見用之人也。其書老莊説話亦有之。想只是戰國時人收拾仲當時行事言語之類著之，并附以它書。

問：「管子中說辟雍，言（亦）〔不〕[一]是學，只是『君和』也。」先生曰：「既（亦）〔不〕[二]是學，『君和』又是箇甚物事？而今不必論。禮記所謂『疑事毋質』，蓋無所考據，不必恁地辨析耳。如辟雍之義，古不可考，或以爲學名，或以爲樂名，無由辨證。某初解詩，亦疑放那裏。但今說作學，亦說得好了。亦有人說，辟雍是天子之書院，大學又別。」子蒙。

國語文字多有重疊無義理處。蓋當時只要作文章，說得來多爾。故柳子厚論爲文，有曰：「參之國語以博其趣。」廣。

國語中多要說人有不可教則勿教之之意。廣。

問：「史記云：『申子卑卑，施於名實。韓子引繩墨，切事情，明是非，其極慘覈少恩，皆原於道德之意。』」曰：「張文潛之說得之。」宋齊丘作書序中所論也。道夫曰：「東坡謂商鞅、韓非得老子所以輕天下者，是以敢爲殘忍而無疑。」曰：「也是這意。要之，只是孟子所謂『楊氏爲我，是無君也』。老子是箇占便宜、不肯擔當做事底人，自守在裏，看你外面天翻

〔一〕據陳本改。
〔二〕據陳本、呂本、院本改。

地覆，都不管，此豈不是少恩？」道夫曰：「若柳下惠之不恭，莫亦至然否？」曰：「下惠其流必至於此。」又曰：「老子著書立言，皆有這箇底意思。」道夫。

「諸子百家書，亦有説得好處。如荀子曰：『君子大心則天而道，小心則畏義而節。』此二句説得好。」曰：「看得荀子資質，也是箇剛明底人。」曰：「只是粗。他那物事皆未成箇模樣，便將來説。」曰：「揚子工夫比之荀子，恐却細膩。」曰：「揚子説到深處，止是走入老莊窠窟裏去，如清静寂寞之説皆是也。又如玄中所説「靈根」之説。云云，亦只是莊老意思，止是説那養生底工夫爾。至於佛徒，其初亦只是以老莊之言駕説爾。如遠法師文字與肇論之類，皆成片用老莊之意。然他只是説，都不行。至達磨來，方始教人自去做，所以後來有禪，其傳亦如是遠。」問：「晉宋時人多説莊老，然恐其亦未足以盡莊老之實説。」曰：「當時諸公只是借他言語來，蓋覆那滅棄禮法之行爾。據其心下汙濁紛擾如此，如何理會得莊老底意思！」廣。荀、揚。

荀子儘有好處，勝似揚子，然亦難看。賀孫。

不要看揚子，他説話無好處，議論亦無的實處。荀子雖然是有錯，到説得處也自實，不如他説得恁地虚胖。賀孫。

問：「東坡言三子言性，孟子已道性善，荀子不得不言性惡，固不是。然人之一性，無自而見。荀子乃言其惡，它莫只是要人修身，故立此説？」先生曰：「不須理會荀卿，且理會孟子性善。渠分明不識道理。如天下之物，有黑有白，此是黑，彼是白，又何須辨？荀、揚不惟説性不是，從頭到底皆不識。當時未有明道之士，被他説用於世千餘年。韓退之謂荀、揚『大醇而小疵』。伊川曰：『韓子責人甚恕。』自今觀之，他不是責人恕，乃是看人不破。今且於自己上作工夫，立得本。本立則條理分明，不待辨。」可學。

或言性，謂荀卿亦是教人踐履。先生曰：「須是有是物而後可踐履。今於頭段處既錯，又如何踐履？天下事從其是。曰同，須求其真箇同；曰異，須求其真箇異。今則不然，只欲立異，道何由明？陳君舉作夷門歌，説荊公、東坡不相合，須當和同，不知如何和得！」可學。荀子。

荀子説「能定而後能應」，此是荀子好話。賀孫。

「入乎耳而著乎心。」著，音直略切。

問荀、揚、王、韓四子。曰：「凡人著書，須自有箇規模，自有箇作用處。或流於申韓，或歸於黄老，或有體而無用，或有用而無體，不可一律觀。且如王通這人，於世務變故、人情物態，施爲作用處，極見得分曉，只是於這作用曉得處却有病。韓退之則於大體處見得，而於作用施爲處却不曉。如原道一篇，自孟子後無人，似它見得。『郊焉而天神格，廟焉而人鬼享。以之爲人，則愛而公；以之爲心，則和而平；以之爲天下國家，無所處而不當』，說得極無疵。只是空見得箇本原如此，下面工夫都空疏，更無物事撐住襯簟，所以於用處不甚可人意。緣他費工夫去作文，所以讀書者只爲作文用。自朝至暮，自少至老，只是火急去弄文章；而於經綸實務不曾究心，所以作用不得。每日只是招引得幾箇詩酒秀才和尚度日。有些工夫，只了得去磨煉文章，所以無工夫來做這邊事。兼他說，我這箇便是聖賢事業了，自不知其非。如論文章云：『自屈原、荀卿、孟軻、司馬遷、相如、揚雄之徒』，却把孟軻與數子同論，可見無見識，都不成議論。荀卿則全是申韓，觀成相一篇可見。他見當時庸君暗主戰鬭不息，憤悶惻怛，深欲提耳而誨之，故作此篇。然其要，卒歸於明法制、執賞罰而已。他那做處粗，如何望得王通！揚雄則全是黄老。某嘗說，揚雄最無用，真是一腐儒。他到急處，只是投黄老。如反離騷并『老子道德』之言，可見這人更無說，自身命也奈何不下，如何理會得別事？如法言一卷，議論不明快，不了決，如其爲人。他見識全低，語言極獃，甚好笑！荀、揚二人自不可與王、韓二人同日語。」問：「王通病痛如何？」曰：「這人於作用都曉得，急欲見之於用，故便要做周公底事業，便去上書要興太平。及知時勢之不可爲，做周公事業不得，則急退而續詩書，續玄經，又要做孔子底事業。殊不知孔子之時接乎三代，有許多典謨訓誥之文，有許多禮樂法度、名物度數，數聖人之典章皆在於是，取而纘述，方做得這箇家具成。王通之時，有甚麽典謨訓誥？有甚麽禮樂法度？乃欲取漢魏以下者爲之書，則欲以七制、命、議之屬爲續書，「七制」之説亦起於通。有高、文、武、宣、光武、明、章制，蓋以比二典也。詩則欲取曹、劉、沈、謝者爲續詩。續得這般詩書，發明得箇甚麽道理？自漢以來，詔令之稍可觀者，不過數箇。如高帝求賢詔雖好，又自不純。文帝勸農，武帝薦賢、制策、輪臺之悔，只有此數詔略好，此外盡無那壹篇比得典謨訓誥。便求一篇如君牙、冏命、秦誓也無。曹、劉、沈、謝之詩，又那得一篇如鹿鳴、四牡、大明、文王、關雎、鵲巢？亦有學爲四句古詩者，但多稱頌之詞，言皆過實，不足取信。樂如何有雲、英、咸、韶、濩、武之樂？禮又如何有伯夷、周公制作之禮，它只是急要做箇孔子，又無佐證，故裝點幾箇人來做堯、舜、湯、武，皆經我删述，便顯得我是聖人。如中説一書，都是要學孔子。論語説泰伯『三以天下讓』，它便説陳思王善讓；論語説『殷有三仁』，它便説荀氏有二仁。又提幾箇公卿大夫來相答問，便比當時門人弟子。正如梅聖俞説：『歐陽永叔它自要做韓退之，却將我來比孟郊！』王通便是如此。它自要做孔夫子，便胡亂捉别人來爲聖爲賢。殊不知秦漢以下君臣人物，斤兩已定，你如何能加重！中説一書，固是後人假託，非王通自著。然畢竟是王通平生好自誇大，續詩續書，紛紛述作，所以起後人假託之故。後世子孫見它學周公、孔子學不成，都冷淡了，故又取一時公卿大夫之顯者，纘緝附會以成之。畢竟是王通有這樣意思在。雖非它之過，亦它有以啓之也。如世人說坑焚之禍起於荀卿。荀卿著書立言，何嘗教人焚書坑儒？只是觀它無所顧藉，敢爲異論，則其末流便有坑焚之理。然王通比荀揚又夐别。王通極開爽，説得廣闊。緣它於事上講究得精，故於世變興亡，人情物態，更革沿襲，施爲作用，先後次第，都曉得；識得箇仁義禮樂都有用處。若用於世，必有可觀。只可惜不曾向上透一著，於大體處有所欠闕，所以如此！若更曉得高處一著，那裏得來！只細看它書，便見他極有好處，非特荀揚道不到，雖韓退之也道不到。韓退之只曉得箇大綱，下面工夫都空虚，要做更無下手處，其作用處全疏，如何敢望王通！然王通所以如此者，其病亦只在於不曾子細讀書。他只見聖人有箇六經，便欲别做一本六經，將聖人腔子填滿裏面。若是子細讀書，知聖人所説義理之無窮，自然無工夫閑做。他死時極後生，只得三十餘歲。它却火急要做許多事。」或云：「若少假之年，必有可觀。」曰：「不然，它氣象局促，只如此了。他做許多書時，方只二十餘歲。孔子七十歲方繫易，作春秋，而王通未三十皆做了，聖人許多事業氣象去不得了，宜其死也。」又曰：「中説一書，如子弟記它言行，也煞有好處。雖云其書是後人假託，不會假得許多，須真有箇人坯模如此，方裝點得成。假使懸空白撰得一人如此，則能撰之人亦自大有見識，非凡人矣。」僩。以下論荀、揚、王、韓及諸子。

賈誼之學雜。他本是戰國縱横之學，只是較近道理，不至如儀、秦、蔡、范之甚爾。他於這邊道理見得分數稍多，所以説得較好。然終是有縱横之習，緣他根脚只是從戰國中來故也。漢儒惟董仲舒純粹，其學甚正，非諸人比。只是困苦無精彩，極好處也只有『正誼』、『明道』兩句。下此諸子皆無足道。如張良、諸葛亮固正，只是太粗。王通也有好處，只是也無本原工夫，却要將秦漢以下文飾做箇三代，他便自要比孔子，不知如何比得！他那斤兩輕重自定，你如何文飾得！如續詩、續書、玄經之作，盡要學箇孔子，重做一箇三代，如何做得！如續書要載漢以來詔令，他那詔令便載得，發明得甚麽義理？發明得甚麽政事？只有高帝時三詔令稍好，然已不純。如曰『肯從吾游者，吾能尊顯之』，此豈所以待天下之士哉？都不足録。三代之書誥詔令，皆是根源學問，發明義理，所以燦然可爲後世法。如秦漢以下詔令濟得甚事？緣他都不曾將心子細去讀聖人之書，只是要依他箇模子。見聖人作六經，我也學他作六經。只是將前人腔子，自做言語填放他腔中，便説我這箇可以比並聖人。聖人做箇論語，我便做中説。如揚雄太玄、法言亦然，不知怎生比並！某嘗説，自孔孟滅後，諸儒不子細讀得聖人之書，曉得聖人之旨，只是自説他一副當道理。説得却也好看，只是非聖人之意，硬將聖人經旨説從他道理上來。孟子説『以意逆志』者，以自家之意，逆聖人之志。如人去路頭迎接那人相似，或今日接著不定，明日接著不定；或那人來也不定，不來也不定；或更遲數日來也不定，如此方謂之『以意逆志』。今人讀書，却不去等候迎接那人，只認硬趕捉那人來，更不由他情願；又教它莫要做聲，待我與你説道理。聖賢已死，它看你如何説，他又不會出來與你争，只是非聖賢之意。他本要自説他一様道理，又恐不見信於人。偶然窺見聖人説處與己意合，便從頭如此解將去，更不子細虚心，看聖人所説是如何。正如人販私鹽，擔私貨，恐人捉他，須用求得官員一兩封書，并掩頭行引，方敢過場、務，偷免税錢。今之學者正是如此，只是將聖人經書拖帶印證己之所説而已，何常真實得聖人之意？却是説得新奇巧妙，可以欺惑人，只是非聖人之意。此無他，患在於不子細讀聖人之書。人若能虚心下意，自莫生意見，只將聖人書玩味讀誦，少間意思自從正文中迸出來，不待安排，不待杜撰。如此，方謂之善讀書。且屈原一書，近偶閲之，從頭被人錯解了。自古至今，訛謬相傳，更無一人能破之者，而又爲説以增飾之。看來屈原本是一箇忠誠惻怛愛君底人。觀他所作離騷數篇，盡是歸依愛慕，不忍捨去懷王之意。所以拳拳反復，不能自已，何嘗有一句是駡懷王。亦不見他有偏躁之心，後來没出氣處，不奈何，方投河殞命。而今人句句盡解做駡懷王，枉屈説了屈原。只是不曾平心看他語意，所以如此。」僩。

問揚雄。曰：「雄之學似出於老子。如太玄曰：『潛心於淵，美厥靈根。』測曰：『「潛心於淵」，神不昧也。』乃老氏說話。」問：「太玄分贊於三百六十六日下，不足者乃益以『踦嬴』，固不是。如易中卦氣如何？」曰：「此出於京房，亦難曉。如太玄中推之，蓋有氣而無朔矣。」問：「伊川亦取雄太玄中說，如何？」曰：「不是取他言，他地位至此耳。」又問：「賈誼與仲舒如何？」曰：「誼有戰國縱横之氣；仲舒儒者，但見得不透。」曰：「伊川於漢儒取大毛公，如何？」曰：「今亦難考。但詩注頗簡易，不甚泥章句。」問：「文中子如何？」曰：「渠極識世變，有好處，但太淺，決非當時全書。如說家世數人，史中並無名。又，關朗事，與通年紀甚懸絶。」可學謂：「可惜續經已失，不見渠所作如何！」曰：「亦何必見？只如續書有桓榮之命。明帝如此，則榮可知。使榮果有帝王之學，則當有以開導明帝，必不至爲異教所惑。如秋風之詩，乃是末年不得已之辭，又何足取？渠識見不遠，却要把兩漢事與三代比隆！近來此等說話極勝，須是於天理人欲處分別得明。如唐太宗分明是殺兄劫父代位，又何必爲之分别說！沙隨云，史記高祖泛舟於池中，則『明當早參』之語，皆是史之潤飾。看得極好，此豈小事！高祖既許之明早入辨，而又却泛舟，則知此事經史臣文飾多矣。」問：「禪位亦出於不得已。」曰：「固是。它既殺元良，又何處去？明皇殺太平公主亦如此，可畏！」可學。

子升問仲舒、文中子。曰：「仲舒本領純正。如說『正心以正朝廷』，與『命者天之令也』以下諸語，皆善。班固所謂『純儒』，極是。至於天下國家事業，恐施展未必得。王通見識高明，如説治體處極高，但於本領處欠。如古人『明德、新民、至善』等處，皆不理會，却要鬭合漢魏以下之事整頓爲法，這便是低處。要之，文中論治體處，高似仲舒，而本領不及；爽似仲舒，而純不及。」因言：「魏徵作隋史，更無一語及文中，自不可曉。嘗考文中世系，并看阮逸、龔鼎臣注，及南史、劉夢得集，次日因考文中世系，四書不同，殊不可曉。」又檢李泰伯集，先生因言：「文中有志於天下，亦識得三代制度，較之房、魏諸公文，稍有些本領，只本原上工夫都不曾理會。若究其議論本原處，亦只自老、莊中來。」木之。

先生令學者評董仲舒、揚子雲、王仲淹、韓退之四子優劣。或取仲舒，或取退之。曰：「董仲舒自是好人，揚子雲不足道，這兩人不須説。只有文中子、韓退之這兩人疑似，試更評看。」學者亦多主退之。曰：「看來文中子根脚淺，然却是以天下爲心，分明是要見諸事業。天下事，它都一齊入思慮來。雖是卑淺，然却是循規蹈矩，要做事業底人，其心却公。如韓退之，雖是見得箇道之大用是如此，然却無實用功處。它當初本只是要討官職做，始終只是這心。他只是要做得言語似六經，便以爲傳道。至其每日功夫，只是做詩、博弈、酣飲取樂而已。觀其詩便可見，都襯貼那原道不起。至其做官臨政，也不是要爲國做事，也無甚可稱，其實只是要討官職而已。」僩。

立之問："揚子與韓文公優劣如何？"曰："各自有長處。文公見得大意已分明，但不曾去子細理會。如原道之類，不易得也。揚子雲爲人深沈，會去思索。如陰陽消長之妙，他直是去推求。然而如太玄之類，亦是拙底工夫，道理不是如此。蓋天地間只有箇奇耦，奇是陽，耦是陰。春是少陽，夏是太陽，秋是少陰，冬是太陰。自二而四，自四而八，只恁推去，都走不得。而揚子却添兩作三，謂之天地人，事事要分作三截。又且有氣而無朔，有日星而無月，恐不是道理。亦如孟子既說『性善』，荀子既說『性惡』，他無可得說，只得說箇『善惡混』。若有箇三底道理，聖人想自說了，不待後人說矣。看他裏面推得辛苦，却就上面說些道理，亦不透徹。看來其學似本於老氏。如『惟清惟静，惟淵惟默』之語，皆是老子意思。韓文公於仁義道德上看得分明，其剛領已正，却無他這箇近於老子底說話。"

又問："文中子如何？"曰："文中子之書，恐多是後人添入，真僞難見，然好處甚多。但一一似聖人，恐不應恰限有許多事相凑得好。如見甚荷蕢隱者之類，不知如何得恰限有這人。若道他都是粧點來，又恐粧點不得許多。然就其中惟是論世變因革處，說得極好。"

又問："程子謂『揚子之學實，韓子之學華』，是如何？"曰："只緣韓子做閑雜言語多，故謂之華。若揚子雖亦有之，不如韓子之多。"時舉。

揚子雲、韓退之二人也難說優劣。但子雲所見處，多得之老氏，在漢末年難得人似它。亦如荀子言語亦多病，但就彼時亦難得一人如此。子雲所見多老氏者。往往蜀人有嚴君平源流。且如太玄就三數起，便不是。易中只有陰陽奇耦，便有四象，如春爲少陽，夏爲老陽，秋爲少陰，冬爲老陰。揚子雲見一二四都被聖人説了，却杜撰，就三上起數。」㬊問：「温公最喜太玄。」曰：「温公全無見處。若作太玄，何似作曆？老泉嘗非太玄之數，亦説得是。」又問：「與康節如何？」曰：「子雲何敢望康節！康節見得高，又超然自得。退之却見得大綱，有七八分見識。如原道中説得仁義道德煞好，但是他不去踐履玩味，故見得不精微細密。伊川謂其學華者，只謂愛作文章。如作詩説許多閑言語，皆是華也。看得來退之勝似子雲。」南升。

問：「先生王氏續經説云云，荀卿固不足以望之。若房、杜輩，觀其書，則固嘗往來於王氏之門。其後來相業，還亦有得於王氏道否？」曰：「房、杜如何敢望文中子之萬一！其規模事業，無文中子髣髴。某嘗説，房、杜只是箇村宰相。文中子不干事，他那制度規模，誠有非後人之所及者。」又問：「仲舒比之如何？」曰：「仲舒却純正，然亦有偏，又是一般病。韓退之却見得又較活，然亦只是見得下面一層，上面一層都不曾見得。大概此諸子之病皆是如此，都只是見得下面一層，源頭處都不曉。所以伊川説『西銘是原道之宗祖』，蓋謂此也。」僩。

只有董仲舒資質純良，摸索道得數句著，如「正誼不謀利」之類。然亦非它真見得這道理。恪。董子。

問：「性者，生之質。」曰：「不然。性者，生之理；氣者，生之質，已有形狀。」

問：「仲舒云：『性者，生之質。』」「也不是。只當云，性者，生之理也；氣者，生之質也。」璘謂：「『性者，生之質』，本莊子之言。」曰：「『莊子有云：「形體保神，各有儀則，謂之性。」』前輩謂此說頗好，如『有物有則』之意。」璘。

問：「仲舒以情爲人之欲，如何？」曰：「也未害。蓋欲爲善，欲爲惡，皆人之情也。」道夫。

童問董仲舒見道不分明處。曰：「也見得鶻突。如『命者，天之令；性者，生之質；情者，人之欲。命非聖人不行，性非教化不成，情非制度不節』等語，似不識性善模樣。又云，『明於天性，知自貴於物；知自貴於物，然後知仁義；知仁義，然後重禮節；重禮節，然後安處善；安處善，然後樂循理』，又似見得性善模樣。終是說得騎墻，不分明端的。」淳。

「仲舒言：『命者，天之令；性者，生之質。』如此說，固未害。下云『命非聖人不行』，便牽於對句，說開去了。如『正誼明道』之言，却自是好。」道夫問：「或謂此語是有是非，無利害，如何？」曰：「是不論利害，只論是非。理固然也，要亦當權其輕重方盡善，無此亦不得。只被今人只知計利害，於是非全輕了。」道夫。

建寧出「正誼明道如何論」。先生曰：「『正其誼不謀其利，明其道不計其功。』誼必正，非是有意要正；道必明，非是有意要明，功利自是所不論。仁人於此有不能自已者。『師出無名，事故不成；明其爲賊，敵乃可服』，此便是有意立名以正其誼。」

在浙中見諸葛誠之千能云：「『仁人正其義不謀其利，明其道不計其功』，仲舒說得不是。只怕不是義，是義必有利；只怕不是道，是道必有功。」先生謂：「才如此，人必求功利而爲之，非所以爲訓也。固是得道義則功利自至；然而有得道義而功利不至者，人將於功利之徇，而不顧道義矣。」璘。

仲舒所立甚高。後世之所以不如古人者，以道義功利關不透耳。其議匈奴一節，婁敬、賈誼智謀之士爲之，亦不如此。

劉淳叟問：「漢儒何以溺心訓詁而不及理？」曰：「漢初諸儒專治訓詁，如教人亦只言某字訓某字，自尋義理而已。至西漢末年，儒者漸有求得稍親者，終是不曾見全體。」問：「何以謂之全體？」曰：「全體須徹頭徹尾見得方是。且如匡衡問時政，亦及治性情之説；及到得他入手做時，又却只修得些小宗廟禮而已。翼奉言『見道知王治之象，見經知人道之務』，亦自好了；又却只教人主以陰陽日辰貪狠廉貞之類辨君子小人。以此觀之，他只時復窺見得些子，終不曾見大體也。唯董仲舒三篇説得稍親切，終是不脱漢儒氣味。只對江都易王云『仁人正其義不謀其利，明其道不計其功』，方無病，又是儒者語。」

董仲舒才不及陸宣公而學問過之。張子房近黄老，而隱晦不露。諸葛孔明近申韓。節。

揚子雲出處非是。當時善去，亦何不可？揚。揚子。

問：「揚子『避礙通諸理』之説是否？」曰：「大概也似，只是言語有病。」問：「莫不是『避』字有病否？」曰：「然。少間處事不看道理當如何，便先有箇依違閃避之心矣。」僩。

「『學之爲王者事』，不與上文屬。只是言人君不可不學底道理，所以下文云：『堯、舜、禹、湯、文、武汲汲，仲尼皇皇。以數聖人之盛德，猶且如此。』」問：「『仲尼皇皇』如何？」曰：「夫子雖無王者之位，而有王者之德，故作一處稱揚。」道夫。

揚子雲謂南北爲經，東西爲緯，故南北爲縱，東西爲横。六國之勢，南北相連則合縱；秦據東西，以横破縱也。蓋南北長，東西短，南北直，東西横，錯綜於其間也。敬仲。

「德隆則晷星，星隆則晷德。」晷，影也，猶影之隨形也。蓋德隆則星隨德而見，星隆則人事反隨星而應。僩。

揚子雲云：「月未望，則載魄於西；既望，則終魄於東，其遡於日乎！」先生舉此，問學者是如何。衆人引諸家注語，古注解「載」作「始」，「魄」作「光」。温公改「魄」作「朏」。先生云，皆非是。皆不合。久之，乃曰：「只曉得箇『載』字，便都曉得。載者，如加載之『載』。如老子云『載營魄』，左氏云『從之載』，正是這箇『載』字。諸家都亂説，只有古注解云：『月未望，則光始生於西面，以漸東滿；既望，則光消虧於西面，以漸東盡。』此兩句略通而未盡。此兩句盡在『其遡於日乎』一句上。蓋以日爲主，月之光也，日載之；光之終也，日終之。『載』，猶加載之『載』。又訓上，如今人上光、上采色之「上」。蓋初一二間，時日落於酉，月是時同在彼；至初八九日落在酉，則月已在午；至十五日相對，日落於酉而月在卯，此未望而載魄於西。蓋月在東，日則在西，日載之光也。及日與月相去愈遠，則光漸消而魄生。少間月與日相蹉過，日却在東，月却在西，故光漸至東盡，則魄漸復也。當改古注云：『日加魄於西面，以漸東滿；日復魄於西面，以漸東盡。其載也，日載之；其終也，日終之，皆繫於日。』又説秦周之士，貴賤拘肆，皆繫於上之人，猶月之載魄終魄皆繫於日也，故曰『其遡於日乎』！其載其終，皆向日也。温公云：『當改「載魄」之「魄」作「朏」。』都是曉揚子雲説不得，故欲如此改。老子所謂『載營魄』，便是如此。『載營魄，抱一，能無離乎？』一便是魄，抱便是載，蓋以火養水也。魄是水，以火載之。『營』字，恐是『熒』字，光也。古字或通用不可知。或人解作經營之『營』，亦得。」次日又云：「昨夜説終魄於東『終』字，亦未是。昨夜解「終」作

「復」，言光漸消而復其魄也。蓋終魄亦是日光加魄於東而終之也。始者日光加魄之西，以漸東滿，及既望，則日光旋而東，以終盡月之魄，則魄之西漸復，而光漸消於魄之西矣。」因又説老子「載營魄」。「昨日見温公解得揚子『載魄』没理會，因疑其解老子，亦必曉不得。及看，果然。但注云：『「載營魄」闕。』只有此四字而已。潁濱解云：『神載魄而行。』言魄是箇沈滯之物，須以神去載他，令他外舉。其説云：『聖人則以魄隨神而動，衆人則神役於魄。』據他只於此間如此强解得，若以解揚子，則解不得矣。又解魄做物，只此一句便錯。耳目之精明者爲魄，如何解做物得！又以一爲神，亦非。一正指魄言，神抱魄，火抱水也。温公全不理會修養之學，所以不曉。潁濱一生去理會修養之術，以今觀之，全曉不得，都説錯了。河上公固是胡説，如王弼也全解錯了。王弼解載作處，魄作所居，言常處於所居也，更是胡説！據潁濱解老子，全不曉得老子大意。他解神載魄而行，便是箇剛强外舉底意思。老子之意正不如此，只是要柔伏退步耳。觀他這一章盡説柔底意思，云：『載營魄，抱一，能無離乎？專氣致柔，能如嬰兒乎？天門開闔，能爲雌乎？』老子一書意思都是如此。它只要退步不與你争。如一箇人叫哮跳躑，我這裏只是不做聲，只管退步。少間叫哮跳躑者自然而屈，而我之柔伏應自有餘。老子心最毒，其所以不與人争者，乃所以深争之也，其設心措意都是如此。閑時他只是如此柔伏，遇著那剛强底人，它便是如此待你。張子房亦是如此。如云『推天下之至柔，馳騁天下之至堅』，又云『以無爲取天下』，這裏便是它無狀處。據此，便是它柔之發用功效處。又，楚詞也用『載營魄』字，其實與潁濱〔與〕〔解〕〔一〕老子同。若楚詞恐或可如此説。以此説老子，便都差了。」

張毅然漕試回。先生問曰：「今歲出何論題？」曰：「論題云云，出文中子。」曰：「如何做？」張曰：「大率是駡他者多。」先生笑曰：「他雖有不好處，也須有好處。故程先生言：『他雖則附會成書，其間極有格言，荀揚道不到處。』豈可一向駡他！」友仁請曰：「願聞先生之見。」曰：「文中子他當時要爲伊周事業；見道不行，急急地要做孔子。他要學伊周，其志甚不卑。但不能勝其好高自大欲速之心，反有所累。二帝、三王却不去學，却要學兩漢，此是他亂道處。亦要作一篇文字説這意思。」友仁。文中子。

徐問文中子好處與不好處。曰：「見得道理透後，從高視下，一目瞭然。今要去揣摩，不得。」淳。

文中子其間有見處，也即是老氏。又其間被人夾雜，今也難分別。但不合有許多事全似孔子。孔子有荷蕢等人，它也有許多人，便是裝點出來。其間論文史及時事世變，煞

〔一〕據陳本改。

好，今浙間英邁之士皆宗之。南升。

「文中子中説被人亂了。説治亂處與其他好處極多，但向上事只是老釋。如言非老、莊、釋迦之罪，并説若云云處，可見。」揚曰：「過法言。」曰：「大過之。」揚。

文中子論時事及文史處儘有可觀。於文取陸機，史取陳壽。曾將陸機文來看，也是平正。升卿。

房、杜於河汾之學後來多有議論。且如中説，只是王氏子孫自記。亦不應當時開國文武大臣盡其學者，何故盡無一語言及其師兼所記其家世事？攷之傳記，無一合者。㽦。

文中子，看其書忒裝點，所以使人難信。如説諸名卿大臣，多是隋末所未見有者。兼是他言論大綱雜霸，凡事都要硬做。如説禮樂治體之類，都不消得從正心誠意做出。又如説「安我所以安天下，存我所以厚蒼生」，都是爲自張本，做雜霸鎡基。黄德柄問：「續書：『天子之義：制、詔、志、策，有四；大臣之義：命、訓、對、讚、議、誡、諫，有七。』如何？」曰：「這般所在極膚淺。中間説話大綱如此。但看世俗所稱道，便唤做好，都不識。如云晁、董、公孫之對，據道理看，只有董仲舒爲得。如公孫已是不好，晁錯是説箇甚麽！又如自叙許多説話，盡是夸張。考其年數，與唐煞遠，如何唐初諸名卿皆與説話？若果與諸名卿相處，一箇人恁地自標致，史傳中如何都不見説？」因説：「史傳儘有不可信處。

嘗記五峰說，看太宗殺建成、元吉事，尚有不可憑處。如云，先一日，太宗密以其事奏高祖，高祖省表愕然，報曰：『明當鞫問，汝宜早參。』只將這幾句看，高祖且教來日鞫問，如何太宗明日便擁兵入内？又云，上已召裴寂、蕭瑀、陳叔達欲按其事，又云：『上方泛舟海池。』豈有一件事恁麽大，兄弟搆禍如此之極，爲父者何故恁地恬然無事！此必有不足信者。只左傳是有多難信處。如趙盾一事，後人費萬千說話與出脱，其實此事甚分明。如司馬昭之弑高貴鄉公，他終不成親自下手！必有抽戈用命，如賈充、成濟之徒，如曰『司馬公畜養汝等，正爲今日。今日之事，無所問也』。看左傳載靈公欲殺趙盾，今日要殺，殺不得；明日要殺，殺不得。只是一箇人君要殺一臣，最易爲力。恁地殺不得，也是他大段强了。今來許多說話，自是後來三晉既得政，撰造掩覆，反有不可得而掩者矣。物來若不能明，事至若不能辨，是吾心大段昏在。」賀孫。

「文中子議論，多是中間暗了一段，無分明。其間弟子問答姓名，多是唐輔相，恐亦不然，蓋諸人更無一語及其師。人以爲王通與長孫無忌不足，故諸人懼無忌而不敢言，亦無此理，如鄭公豈畏人者哉！『七制之主』，亦不知其何故以『七制』名之。此必因其續書中曾採七君事迹以爲書，而名之曰『七制』。如二典體例今無可考，大率多是依倣而作。如以董常如顔子，則是以孔子自居。謂諸公可爲輔相之類，皆是撰成，要安排七制之君爲它之堯舜。考其事迹，亦多不合。劉禹錫作歙池江州觀察王公墓碑，乃仲淹四代祖，碑中載祖諱多不同。及阮逸所注并載關朗等事，亦多不實。王通大業中死，自不同時。如推説十七代祖，亦不應遼遠如此。唐李翺已自論中説可比太公家教，則其書之出亦已久矣。伊川謂文中子有些格言，被後人添入壞了。看來必是阮逸諸公增益張大，復借顯者以爲重耳。今之僞書甚多，如鎮江府印關子明易并麻衣道者易，皆是僞書。麻衣易正是南康戴紹韓所作。昨在南康，觀其言論，皆本於此。及一訪之，見其著述大率多類麻衣文體。其言險側輕佻，不合道理。又嘗見一書名曰子華子，説天地陰陽，亦説義理、人事，皆支離妄作。至如世傳繁露、玉杯等書，皆非其實。大抵古今文字皆可考驗。古文自是莊重，至如孔安國書序并注中語，多非安國所作。蓋西漢文章，雖粗亦勁。今書序只是六朝軟慢文體。」因舉史記所載湯誥并武王伐紂言詞不典，不知是甚底齊東野人之語也。謨。

問文中子之學。曰：「它有箇意思，以爲堯舜三代，也只與後世一般，也只是偶然做得著。」問：「它續詩、續書，意只如此。」因舉答賈瓊數處説，曰：「近日陳同父便是這般説話。它便忌程先生説『帝王以道治天下，後世只是以智力把持天下』。正緣這話説得它病處，它便忌。」問：「玄經尤可疑。只緣獻帝奔北，便以爲天命已歸之，遂帝魏。」曰：「今之注，本是阮逸注，龔鼎臣便有一本注，後面叙他祖，都與文中子所説不同。説他先已仕魏，不是後來方奔去。」明日尋看，又問：「它説『權義舉而皇極立』，如何？」曰：「如皇極，某曾有辨，今説權義也不是。蓋義是活物，權是稱錘。義是稱星，義所以用權。今似它説，却是以權爲『嫂溺援之』之『義』，以義爲『授受不親』之『禮』，但不如此。」問：「義便有隨時底意思。」曰：「固是。」問：「它只緣以玄經帝魏，生此説。」曰：「便是它大本領處不曾理會，縱有一二言語可取，但偶然耳。」問：「他以心、迹分看了，便是錯處。」曰：「它説『何憂何疑』，也只是外面恁地，裏面却不恁地了。」又問：「『動静見天地之心』，説得似不然。」曰：「它意思以方員爲形，動静爲理，然亦無意思。而今自家若見箇道理了，見它這説話，都似不曾説一般。」夔孫。

文中子續經，猶小兒豎瓦屋然。世儒既無高明廣大之見，因遂尊崇其書。方子。

「天下皆憂，吾獨得不憂；天下皆疑，吾獨得不疑。」又曰：「樂天知命吾何憂？窮理盡性吾何疑？」蓋有當憂疑者，有不當憂疑者，然皆心也。文中子以爲有心、迹之判，故伊川非之。又曰：「惟其無一己之憂疑，故能憂疑以天下；惟其憂以天下，疑以天下，故無一己之憂疑。」道夫。

大抵觀聖人之出處，須看他至誠懇切處及洒然無累處。文中子説：「天下皆憂，吾獨得不憂；天下皆疑，吾獨得不疑。」又曰：「窮理盡性吾何疑？樂天知命吾何憂？」此説是。

或問：「文中子僭擬古人，是如何？」曰：「這也是他志大，要學古人。如退之則全無要學古人底意思。柳子厚雖無狀，却又占便宜，如致君澤民事，也説要做。退之則只要做官，如末年潮州上表，此更不足説了。退之文字儘好，末年尤好。」燾。

韓退之却有些本領，非歐公比。原道，其言雖不精，然皆實，大綱是。韓子。

器之問「博愛之謂仁」。曰：「程先生之説最分明，只是不子細看。要之，仁便是愛之體，愛便是仁之用。」

蔣明之問：「原道起頭四句，恐説得差。且如『博愛之謂仁』，愛如何便盡得仁？」曰：「只爲他説得用，又遺了體。」明之又問：「四字先後當如何？」曰：「公去思量，久後自有著落。」震。

或問「由是而之焉之謂道」。曰：「此是説行底，非是説道體。」問「足乎己無待於外之謂德」。曰：「此是説行道而有得於身者，非是説自然得之於天者。」節。

子耕問「定名、虛位」。曰：「恁地説亦得。仁義是實有的，道德却是總名，凡本末小大無所不該。如下文説『道有君子，有小人，德有凶，有吉』，是也。」人傑。礐録詳。

問：「『仁與義爲定名，道與德爲虛位』，虛位之義如何？」曰：「亦説得通。蓋仁義禮智是實，此『道德』字是通上下説，却虛。如有仁之道，義之道，仁之德，義之德，此道德只隨仁義上説，是虛位。他又自説『道有君子小人，德有凶有吉』，謂吉人則爲吉德，凶人則爲凶德；君子行之爲君子之道，小人行之爲小人之道，如『道二：仁與不仁』；『君子道長，小人道消』之類。若是『志於道，據於德』，方是好底，方是道德之正。」僩。

問：「原道上數句如何？」曰：「首句極不是。『定名、虛位』却不妨。有仁之道，義之道，仁之德，義之德，故曰『虛位』。大要未説到頂上頭，故伊川云：『西銘，原道之宗祖。』」可學。

「坐井觀天」，謂天只如此大小，是他見得如此。須出井來看，方得。必大。

退之謂：「以之爲人，則愛而公。」「愛」、「公」二字甚有意義。

原道中舉大學，却不説「致知在格物」一句。蘇子由古史論舉中庸「不獲乎上」後，却不説「不明乎善，不誠乎身」二句。這兩箇好做對。司馬温公説儀、秦處，説「立天下之正位，行天下之大道」，却不説「居天下之廣居」。看得這樣底，都是箇無頭學問。夔孫。

「韓子原性曰，人之性有五，最識得性分明。」蔣兄因問：「『博愛之謂仁』四句如何？」曰：「説得却差，仁義兩句皆將用做體看。事之合宜者爲義，仁者愛之理。若曰『博愛』，曰『行而宜之』，則皆用矣。」蓋卿。

韓文原性人多忽之，却不見他好處。如言「所以爲性者五，曰仁義禮智信」，此語甚實。方子。

問：「韓文公説，人之『所以爲性者五』，是他實見得到後如此説耶？惟復是偶然説得著？」曰：「看它文集中説，多是閑過日月，初不見他做工夫處。想只是才高，偶然見得如此。及至説到精微處，又却差了。」因言：「惟是孟子説義理，説得來精細明白，活潑潑地。如荀子空説許多，使人看著，如喫糙米飯相似。」廣。

問：「退之原性『三品』之説是否？」曰：「退之説性，只將仁義禮智來説，便是識見高處。如論三品亦是。但以某觀，人之性豈獨三品，須有百千萬品。退之所論却少了一『氣』字。程子曰：『論性不論氣，不備；論氣不論性，不明。』此皆前所未發。如夫子言『性相近』，若無『習相遠』一句，便説不行。如『人生而静』，静固是性，只著一『生』字，便是帶著氣質言了，但未嘗明説著『氣』字。惟周子太極圖却有氣質底意思。程子之論，又自太極圖中見出來也。」

韓文公原鬼，不知鬼神之本只是在外説箇影子。

至問：「韓子稱『孟子醇乎醇，荀與揚大醇而小疵』。程子謂：『韓子稱孟子甚善，非見得孟子意，亦道不到；其論荀揚則非也。荀子極偏駁，只一句「性惡」，大本已失。揚子雖少過，然亦不識性，更説甚道？』至謂韓子既以失大本不識性者爲大醇，則其稱孟子『醇乎醇』，亦只是説得到，未必真見得到。」先生曰：「如何見得韓子稱荀揚大醇處，便是就論性處説？」至云：「但據程子有此議論，故至因問及此。」先生曰：「韓子説荀揚大醇是泛説。與田駢、慎到、申不害、韓非之徒觀之，則荀揚爲大醇。韓子只説那一邊，湊不著這一邊。若是會説底，説那一邊，亦自湊著這一邊。程子説『荀子極偏駁，揚子雖少過』，此等語，皆是就分金秤上説下來。今若不曾看荀子、揚子，則所謂『偏駁』、『雖少過』等處，亦見不得。」

至問：「孟子謂『楊墨之道不息，孔子之道不著』。韓文公推尊孟氏闢楊墨之功，以爲『不在禹下』，而讀墨一篇，却謂『孔子必用墨子，墨子必用孔子』者，何也？」曰：「韓文公第一義是去學文字，第二義方去窮究道理，所以看得不親切。如云：『其行己不敢有愧於道。』他本只是學文，其行己但不敢有愧於道爾。把這箇做第二義，似此様處甚多。」

先生考訂韓文公與大顛書。堯卿問曰：「觀其與孟簡書，是當時已有議論，而與之分解，不審有崇信之意否？」曰：「真箇是有崇信之意。他是貶從那潮州去，無聊後，被他説轉了。」義剛曰：「韓公雖有心學問，但於利禄之念甚重。」曰：「他也是不曾去做工夫。他於外面皮殼子上都見得，安排位次是恁地。於原道中所謂『寒而後爲之衣，飢然後爲之食，爲宫室，爲城郭』等，皆説得好。只是不曾向裏面省察，不曾就身上細密做工夫。只從粗處去，不見得原頭來處。如一港水，他只見得是水，却不見那原頭來處是如何。把那道别做一件事。道是可以行於世，我今只是恁地去行。故立朝議論風采，亦有可觀，却不是從裏面流出。平日只以做文吟詩、飲酒博戲爲事。及貶潮州，寂寥，無人共吟詩，無人共飲酒，又無人共博戲，見一箇僧説道理，便爲之動。如云『所示廣大深迴，非造次可喻』，不知大顛與他説箇什麽，得恁地傾心信向。韓公所説底，大顛未必曉得；大顛所説底，韓公亦見不破。但是它説得恁地好後，便被它動了。」安卿曰：「『博愛之謂仁』等説，亦可見其無原頭處。」曰：「以博愛爲仁，則未有博愛以前，不成是無仁！」義剛曰：「他説『明明德』，却不及『致知、格物』。緣其不格物，所以恁地。」先生曰：「他也不曉那『明明德』。若能明明德，便是識原頭來處了。」又曰：「孟子後，荀揚淺，不濟得事。只有箇王通、韓愈好，又不全。」安卿曰：「他也只是見不得十分，不能止於至善。」曰：「也是。」又曰：淳録云：「問：『禪學從何起？』曰云云。」「佛學自前也只是外面粗説，到梁達磨來，方説那心性。然士大夫未甚理會淳録作「信向」。做工夫。及唐中宗時有六祖禪學，專就身上做工夫，直要求心見性。士大夫才有向裏者，無不歸他去。韓公當初若早有向裏底工夫，亦早落在中去了。」又曰：「亦有一般人已做得工夫，道理上已有所見，只它些小近似處。不知只是近似，便把做一般。這裏才一失脚，便陷他裏面去了！此等不盡然，亦間有然者。」義剛。

退之與大顛書，歐公云實退之語，東坡却駡以爲退之家奴隸亦不肯如此説，但是陋儒爲之，復假托歐公語以自蓋。然觀集古録，歐公自有一跋，説此書甚詳，東坡應是未見集古録耳。看得來只是錯字多。歐公是見它好處，其中一兩段不可曉底都略過了，東坡是只將他不好處來説。義剛。

退之晚來覺没頓身己處，如招聚許多人博塞去聲。爲戲，所與交如靈師、惠師之徒，皆飲酒無賴。及至海上見大顛壁立萬仞，自是心服。「其言實能外形骸，以理自勝，不爲事物侵亂」，此是退之死款。樂天莫年賣馬遣妾，後亦落莫，其事可見。歐公好事，金石碑刻，都是没著身己處，却不似參禪修養人，猶是貼著自家身心理會也。宋子飛言：「張魏公謫永州時，居僧寺。每夜與子弟賓客盤膝環坐於長連榻上，有時説得數語，有時不發一語，默坐至更盡而寢，率以爲常。」李德之言：「東坡晚年却不衰。」先生曰：「東坡蓋是夾雜些佛老，添得又鬧熱也。」方子。

韓退之云：「磨礲去圭角，浸潤著光精。」又曰：「沈浸醲郁。」又曰：「沈潛乎訓義，反復乎句讀。」杜元凱云：「優而游之，使自求之；饜而飫之，使自趨之。若江海之浸，膏澤之潤，涣然冰釋，怡然理順，然後爲得也。」而今學者都不見這般意思。又曰：「『磨礲去圭角』，易曉；『浸潤著光精』，此句最好，人多不知。」又曰：「只是將聖人言語只管浸灌，少間自是生光精，氣象自別。」僩。

包顯道曰：「新史做得韓退之傳較不甚實。」先生曰：「新史最在後，收拾得事須備。但是它要去做文章，剗地説得不條達。據某意，只將那事説得條達，便是文章。而今要去做言語，剗地説得不分明。」義剛。

韓文公似只重皇甫湜，以墓誌付之，李翺只令作行狀。翺作得行狀絮，但湜所作墓誌又顛蹶。李翺却有些本領，如復性書有許多思量。歐陽公也只稱韓李。義剛。又一條云：「退之却喜皇甫湜，却不甚喜李翺。後來湜爲退之作墓誌，却説得無緊要，不如李翺行狀較著實。蓋李翺爲人較朴實，皇甫湜較落魄。」

浩曰：「唐時，莫是李翺最識道理否？」曰：「也只是從佛中來。」浩曰：「渠有去佛齋文，闢佛甚堅。」曰：「只是粗迹。至説道理，却類佛。」問：「退之見得不甚分明。」曰：「他於大節目處又却不錯，亦未易議。」浩云：「莫是説傳道是否？」曰：「亦不止此，他氣象大抵大。又歐陽只説『韓李』，不曾説『韓柳』。」浩。

韓退之，歐陽永叔所謂扶持正學，不雜釋老者也。然到得緊要處，更處置不行，更説不去。便説得來也拙，不分曉。緣他不曾去窮理，只是學作文，所以如此。東坡則雜以佛老，到急處便添入佛老，相和去聲。傾户孔切。瞞人。如裝鬼戲、放烟火相似，且遮人眼。如諸公平日擔當正道，自視如何！及才議學校，便説不行，臨了又却只是詞賦好，是甚麽議論！如王介甫用三經義取士。及元祐間議廢之，復詞賦，争辨一上，臨了又却只是説經義難考，詞賦可以見人之工拙易考。所争者只此而已，大可笑也！僩。

韓退之及歐、蘇諸公議論，不過是主於文詞，少間却是邊頭帶説得些道理，其本意終自可見。木之。

朱子語類卷第一百三十八

雜類

「禹入聖域而不優」，優，裕也。言入聖域恰好，更不優裕。優裕，謂有餘剩。漢儒見得此意思好。賀孫。

爾雅是取傳注以作，後人却以爾雅證傳注。文蔚。

爾雅非是，只是據諸處訓釋所作。趙岐說孟子、爾雅皆置博士，在漢書亦無可考。泳。

陳仲亨問：「周書云：『將欲敗之，必姑輔之；將欲取之，必姑與之。』今周書何緣無之？」曰：「此便是那老子裏教句。是周時有這般書，老子爲柱下史，故多見之。孔子所以適周問禮之屬，也緣是他知得。古人以竹簡寫書，民間不能盡有，惟官司有之。如秦焚書，也只是教天下焚之，他朝廷依舊留得。如說：『非秦記及博士所掌者，盡焚之。』到六經之類，他依舊留得，但天下人無有。」義剛。

汲冢古書，堯憂囚，舜野死，尹篡太甲，太甲殺尹之類，皆其所出。

誠之常袖吕不韋春秋，云其中甚有好處。及舉起，皆小小術數耳！璘。

書坊印得六經，前面纂圖子，也略可觀。如車圖雖不甚詳，然大概也是。義剛。

七書所載唐太宗李衛公問答，乃阮逸僞書。逸，建陽人。文中子玄經，關子明易，皆逸所作。揚。

問山海經。曰：「一卷説山川者好。如説禽獸之形，往往是記録漢家宫室中所畫者，説南向北向，可知其爲畫本也。」方子。

素問語言深，靈樞淺，較易。振。

柳文後龍城雜記，王銍性之所爲也。子厚叙事文字，多少筆力！此記衰弱之甚，皆寓古人詩文中不可曉知底於其中，似暗影出。僞書皆然。

杜牧之燕將録，文甚雄壯。

省心録乃沈道原作，非林和靖也。

程泰之演繁露，其零碎小小議論，亦多可取，如辨「罘罳」之類是也。某頃因看筆談中辨某人誤以屏爲反坫。後看説文「坫」字下，乃注云「屏也」，因疑存中所辨未審。後舉以問泰之，泰之曰：「存中辨是。然不是某人誤，乃説文誤耳。」洪景盧隨筆中辨得數種僞書皆是，但首卷載歐帖事，却恐非實。世間僞書如西京雜記，顔師古已辨之矣。柳子厚龍城録乃王性之輩所作。必大。

金人亡遼録、女真請盟背盟録，汪端明撰。僩。

洛陽志説道最好，文字最簡嚴，惜乎不曾見！義剛。

指掌圖非東坡所爲。

砥柱銘上説禹「掛冠莫顧，過門不入」。掛冠，是有箇文字上説禹治水時冠掛著樹，急於治水，今記不得是甚文字。世間文字甚多，只後漢書注内有無限事。

警世、競辰二圖僞。道夫。

邵公濟墓誌好。方子。

吴才老叶韻一部，每字下注某處使作某音，亦只載得有證據底，只是一例子。泉州有板本。淳。

近世考訂訓釋之學，唯吴才老、洪慶善爲善。僩。

稱平。者，自他人稱平。之；稱去。者，人之本號。道夫。

周貴卿問「折衷」之義。曰：「衷，只是中。左傳説『始』、『中』、『終』，亦用此『衷』字。衷是三摺而處其中者。」義剛。

問「折衷」之「衷」。曰：「是無過些子，無不及些子，正中間。」又曰：「是恰好底。」節。

「折衷」者，折轉來取中。衷，只是箇中。節。

中，如字，即其中也。中，音衆，則是當之義，謂適當其中也。如「六藝折衷音衆。於夫子」，亦謂折當(世)〔使〕[一]歸於中之義。中與[二]所以謂之中，音衆。以適當其中如字。而(易)〔異〕[三]也。振。

「淳」、「醇」皆訓厚。「純」是不雜。

先生曰：「期，極也。古人用期字，多作極字。周昌云：『心期期知其不可。』言極知其不可。口吃，故重一字也。」銖。

謂之，名之也；之謂，直爲也。方子。

復復，指其上「復」字，扶又反，再復也。方子。

尚衣、尚書、尚食，乃主守之意。秦語作平音。淳。

「魏，大名也。」「魏」、「巍」字通。「魏」字，篆文亦有山字在其中，是有大義。因是名爲

〔一〕據陳本改。

〔二〕「與」下似脱「衷」字。

〔三〕據陳本改。

「大名府」。揚。

舅子謂之內兄弟，姑子謂之外兄弟。揚。

因說：「外甥似舅，以其似母故也。」致道問：「形似母，情性須別。」曰：「情性也似。大抵形是箇重濁底，占得地步較闊；情性是箇輕清底，易得走作。」賜。

古者姓、氏，大概姓只是女子之別，故字從「女」。男則從氏，如「季孫氏」之類，春秋可見。後世賜姓，殊無義理。端蒙。

氏，如孟孫、叔孫、季孫是也。姓則同姓，後世子孫或以氏爲姓。今人皆稱張氏、李氏，謂從上下來，只是氏了。只有三代而上經賜姓者爲姓，如姚、如姒、如姬之類，是正姓。唐時尚有氏不同而同出者，不得爲婚姻。揚。

沈莊仲問：「姓、氏如何分別？」曰：「姓是大總腦處，氏是後來次第分別處。如魯本姬姓，其後有孟氏、季氏，同爲姬姓，而氏有不同。某嘗言：『天子因生以賜姓，諸侯以字爲謚，因以爲族。』竊恐『謚』本『氏』字，先儒隨他錯處解將去，義理不通。且如舜生於嬀汭，武王遂賜陳胡公滿爲嬀姓，即因生賜姓。如鄭之國氏，本子國之後，駟氏本子駟之後。如此之類，所謂『以字爲氏，因以爲族』。」文蔚。

姓與氏之分：姓是本原所生，氏是子孫下各分。如商姓子，其後有宋，宋又有華氏、魚氏、孔氏之類。周自黄帝以來姓姬，其後魯、衞、毛、聃、晉、鄭之屬，各自以國爲氏，而其國之子孫又皆以字爲氏。如魯國子展之後爲展氏，展禽是也。如三家孟、仲、季爲氏。或因所居爲氏，如東門氏之類。左氏曰：「天子因生以賜姓，諸侯以字爲謚，因以爲族。」天子自因生以賜姓，爲推其所自出而賜之姓。如舜居嬀汭，及武王即位，封舜之後於陳，因賜姓爲嬀，此所謂「因地以賜姓」也。「諸侯以字爲謚」，只是「氏」字傳寫之訛，遂以「氏」字爲「謚」，無義理；只是「以字爲氏」，如上文展氏、孟氏之類也。杜預點「諸侯以字」四字爲句斷，而「爲謚因以爲族」爲一句，此亦是强解。看來只是錯了「謚」字。至孫，方以王父之字爲氏，上兩世爲承公之姓也。卓。

自秦漢以來，奴僕主姓。今有一大姓所在，四邊有人同姓，不知所來者皆是奴僕之類。揚。

同異之理，如同姓本親，以下去漸疏；異姓本疏，他日婚姻却又親。○陰陽，相涵之理也。○萬物，聚散之理也。方。

適母與所生封贈恩例一同，不便。看來嫡、庶之別，須略有等降，乃爲合理。砥。

因説諱字，曰：「漢宣帝舊名，何曾諱『病己』？平帝舊名亦不諱。虜中法，偏旁字皆諱。如『敬』字和『儆』字皆諱。」淳。

「見人名諱同，不可遽改，只半真半草寫之。」揚曰：「只是寫時莫與太真，說時莫太分明。」揚。

因說四方聲音多訛，曰：「却是廣中人說得聲音尚好，蓋彼中地尚中正。自洛中脊來，只是太邊南去，故有些熱。若閩浙則皆邊東角矣，閩浙聲音尤不正。」揚。

先生因說詩中關洛風土習俗不同，曰：「某觀諸處習俗不同，見得山川之氣甚牢。且如建州七縣，縣縣人物各自是一般，一州又是一般。生得長短大小清濁皆不同，都改變不得，豈不是山川之氣甚牢？」燾。

因論南方人易得病，曰：「北方地氣厚，人皆不病。叔祖奉使在北方十五年已上，生冷無所不食，全不害。歸來纔半年，一切發來，遂死。更有一武臣，代州人，嘗至（玉）〔五〕臺山〔一〕，有一佛殿上皆青石，暑月每於石上徹日睡，全無病。如來南方睡，如何了得！」揚。

諸生入問候，先生曰：「寒後却剗地氣痞。西川人怕寒。嘗有人入裏面作守，召客後，令人打扇。坐客皆起白云，若使人打扇，少間有某疾。生冷果子亦不可吃，才吃便有某疾，便是西川之人大故怕寒。如那有雪處，直是四五月後雪不融，這便是所謂『景朝多

〔一〕據陳本改。

風』處。便是日到那裏時，過午時陽氣不甚厚，所以如此。所謂『漏天』處，皆在那裏。恁地便是天也不甚闊，只那裏已如此了，這是西南尚如此。若西北，想是寒。過那秦鳳之間，想見寒。如峨眉山，趙子直嘗登上面，煮粥更不熟，有箇核子。時有李某者，凍得悶絶了。」莊仲云：「不知佛國如何？」曰：「佛國却暖。他靠得崑崙山後，那裏却暖，便是那些子也差異。四方蠻夷都不曉人事，那裏人却理會得般道理恁地！便是那裏人也大故嶢崎，不知是怎生後恁地！」義剛。

攤場中有文字賣，説中原所在山川地理州縣邸店甚詳，中亦雜以虜人官制。某以爲是中原有忠義之人做出來，欲朝廷知其要害處也。

關中，秦時在渭水之北居，但作離宮之類於渭南。漢時宮闕在渭水之南，終南之北，背渭面終南。隋時此處水皆鹹，文帝遂移居西北，稍遠漢之都。唐都在隋一偏，西北角。唐宮殿制度正當甚好。官街皆用墻，居民在墻内，民出入處皆有坊門，坊中甚窄。故武元衡出坊門了，始遇害。本朝宮殿街巷，京城制度，皆仍五代，因陋就簡，所以不佳。唐田兵官制，承宇文周有些制度，故較好。舊東京、關中漢唐宮闕街巷之類圖，今衢州有碑本。揚。

行在舊時行宮之門，虜使來有語。後虜作二牌來，前曰「麗正」，後曰「和寧」，遂報去，謂太小。今自作牌，依其名題。揚。

古之王城有三途：左男行，右女行，中車行。天下路中有車軌道。揚。

漳州州學中從祀，是神霄宮神改塑。紹興府禹廟重塑禹像，王仲行將舊禹與一道士去，改塑天齊仁聖帝。此是一類子。德明。

汪端明説朝廷塑一顯仁皇后御容，三年不成，却是一行人要希逐日食錢，所費不貲。端明爲禮部尚書，奏過太上，得旨催促，又却十日便了！朝廷事多如此。浩。

王拱辰作高樓，温公作土室，時人語云：「一人鑽天，一人入地！」康節謂富公云：「比有怪事：一人巢居，一人穴處！」方。

蕪湖舊有一富家曰韋居士，字深道，喜延知名士。如黄太史、陳了翁遷謫，每歲餽餉不下千緡。今人纔見遷謫者，便以爲懼，安得有此等人！人傑。

陸務觀説，漢中之民當春月，男女行哭，首戴白楮幣，上諸葛公墓，其哭皆甚哀云。先生親筆於南軒所撰武侯傳後。道夫。

齊蕭子良死，不用棺，寘於石床之上。唐時子良幾世孫蕭隱士過一洲，見數人云：「此人似蕭王。」隱士訝之。到一郡，遂見解幾人劫墓賊來，乃洲上之人。隱士説與官令勘之，乃曾開蕭王塜來。云：「王卧石床上，儼然如生。」揚。

廬山有淵明古迹處曰上京。淵明集作京師之「京」。今土人以爲荆楚之「荆」。江中有一盤石，石上有痕云，淵明醉卧於其石上，名「淵明醉石」。某爲守時，架小亭，下瞰此石，榜「歸去來館」。又取西山劉凝之菴用魯直詩名曰「清静退菴」，與此相對。夔孫。

「晝則聽金鼓，夜戰看火候。」嘗疑夜間不解戰，蓋只是設火候防備敵來劫寨之屬。古人屯營，其中盡如井形，於巷道十字處置火候。如有間諜，一處舉火，則盡舉，更走不得。義剛。

「馳車千駟，革車千乘。」馳車即兵車，蓋輕車也。革車駕以牛，蓋輜重之車。每輕車七十二人，三人在車上，一御，一持矛，一持弓。此三人，乃七十五人中之將。蓋五伍爲兩，兩有長故也。輕車甚疾。義剛。

豫凶事，亦恐有之。龔勝傳，昭帝賜韓福策曰：「不幸死者，賜複衾一，祠以中牢。」古人此等事自多，難以懸斷。閎祖。

「三元」是道家之説。上元燒燈，却見於隋煬帝，未知始於何時。賀孫。

問：「真元外氣如何？」曰：「真元是生氣在身上。」曰：「外氣入真元氣否？」曰：「雖吸入，又散出，自有界限。但論其理，則相通。」可學。

物造時亦遇氣候，故皆有數。揚。

時氣，初只是氣，疑其氣盛，便有物以主之，氣散又無了。揚。

元善每相見，便說氣數讖緯，此不足憑。只是它由天命，然亦由人事。才有此事，得人去理會，便了。德明。

龍氣盛，虎魄盛，故龍能致雲，虎能嘯風也。許氏必用方，首論「虎睛定魄，龍齒安魂」，亦有理。廣。

「醫家言：『心藏神，脾藏意，肝藏魂，肺藏魄，腎藏精與志。』與康節所說不同。」曰：「此不可曉。」德明。

嘗見徐侍郎敦立。書三字帖於主位前云「磨兜堅」，竟不曉所謂。後竟得來，乃是古人有銘，如「三緘口」之類。此書於腹曰：「磨兜堅，謹勿言！」畏秦禍也。敬仲。

問：「人有震死者，如何？」曰：「有偶然者，有爲惡而感召之者。如人欲操刀殺人，而遇之者或遭其傷刺而死之類是也。」僩。

東坡云：「月未望而魚腦實，既望則虛。」蓋出淮南子，則食膾宜及未望也。揚。

論說物理，因問：「東坡說，人不怕虎者，虎不柰得其人何，是有此理。東坡說小兒不怕者是一證。傳燈録載歸宗南泉三人曾遇虎，皆不以爲事。季清言，有一鄉人賣文字，遇虎。其人無走處了，曾聞人言，虎識字，遂鋪開文字與虎看，自去。此數事皆其驗也。」先生曰：「曾見一僧，名亨，黄龍清會下人，言僧入山遇虎，只是常事。初見時，虎亦作威。

近前來，見人不怕他，漸漸去了。後常常見人慣了，都如常。」揚曰：「只是初見不怕難。」先生曰：「人心能堅忍得此時好。」揚。

翟公遜說鬼星渡河，最亂道。鬼星是經星，如何解渡河！泳。

野雉知雷。起于起處。可學。

罘罳，或云，乃門屏上刻作形。漢注未是。可學。

古人作甲用皮，每用必漆。後世用鐵，不知自何時起。泳。

古人問籌者，要說得這事分明，歷歷落落。這一事了，便盡斷，又要得界分分明。泳。

宮，即墻也。僩。

太王畫像，頭上有一片皮，直裹至頸上，此便是鈎領。義剛。

王彥輔麈史載幞頭之說甚詳。方子。

衞朴善算，作蓮花漏，其形如稱。東坡詆之。文蔚。

漢祭河用御龍、御馬，皆以木爲之，此已是紙錢之漸。義剛。

紙錢起於玄宗時王璵。蓋古人以玉幣，後來易以錢。至玄宗惑於王璵之說，而鬼神事繁，無許多錢來埋得，璵作紙錢易之。文字便是難理會。且如唐禮書載范傳正言，唯顏魯公、張司業家祭不用紙錢，故衣冠效之。而國初言禮者錯看，遂作紙衣冠，而不用紙錢，不知紙錢衣冠有何間別？義剛。

古之木，今有無者多。如楷木，只孔子墓上，當時諸弟子各以其方之木來栽，後有此木。今天下皆無此木。其木亦如槐，可作簡，文皆横生，然亦只是文促後似横様。義剛。

臨安鐵箭，只是錢王將此摇動人心，使神之。義剛。

瑞金新鑄印。蓋嘗失一印，重鑄之，恐作弊，故加「新鑄」之文。國初有一奉使印，亦如此。義剛。

祕書省畫大樹下數人，只古衣而無名。君舉以爲恐是孔子在宋木下習禮，被伐木時。義剛。

祕書省畫得唐五王及黄番綽明皇之類，恐是吴道子畫。李某跋之，有云：「畫當如蓴菜。」某初曉不得，不知它如何説得數句恁地好。後乃知他是李伯時外甥。蓋畫須如蓴菜様滑方好，須是圓滑時方妙。義剛。

雪裏芭蕉，他是會畫雪，只是雪中無芭蕉，他自不合畫了芭蕉。人却道他會畫芭蕉，不知他是誤畫了芭蕉。

問：「春牛事未見出處。但月令載『出土牛以送寒氣』，不知其原果出於此否？或又云，以示勸耕之意。未詳孰是？」「某嘗見□□云，處士立於縣庭土牛之南。恐古者每歲爲一牛，至春日别以新易舊而送之也。」

王丈云：「昔有道人云，笋生可以觀夜氣。嘗插竿以記之，自早至暮，長不分寸，曉而視之，已數寸矣。」次日問：「夜氣莫未説到發生處？」曰：「然。然彼説亦一驗也。」後在玉山僧舍驗之，則日夜俱長，良不如道人之説。閎祖。

問：「廬山光怪，恐其下有寶，故光氣發見如此。」「嘗見邵武張鑄説，曾官岳陽，見江上有光氣，其後漁人於其處網得銅鐘一枚。又一小説云，某郡某處嘗有光處，令人掘得銅印一顆。」先生又自云：「向送葬開善，望見兩山之間有光如野燒，從地而發，高而復下。問云，其山舊有銅坑也。」德明。

德粹語〔一〕婺源有一人，其子見鬼。先生曰：「昔薛士龍之子亦然。」可學因説薛常州之子甚怯弱。曰：「只是精神不全，便如此。向見邪法者呪人，小兒稍靈利者便呪不倒。」可學云：「薛氏之兒所謂『九聖奇鬼』。」先生曰：「渠平生亦好説鬼。」可學云：「薛常州平日亦講學，何故信此？」曰：「不知其所講如何。」可學。

獸中，狐最易爲精怪。淳。

〔一〕「語」，三本同，似當作「説」。

狐性多疑，每渡河，須冰盡合，乃渡。若聞冰下猶有水聲，則終不敢渡，恐冰解也。故黄河邊人每視冰上有狐跡，乃敢渡河。又狐每走數步，則必起而人立，四望，立行數步，迺復走。走數步，復人立四望而行。故人性之多疑慮者，謂之狐疑。狼性不能平行，每行，首尾一俯一仰。首至地，則尾舉向上；胡舉向上，則尾疐至地，故曰：「狼跋其胡，載疐其尾。」僩。

因論張天師，先生曰：「本朝有南劍太守林積，送張天師於獄中，而奏云：『其祖乃漢賊，不宜使子孫襲封。』一時人皆信之，而彼獨能明其爲賊，其所奏必有可觀者。林積者，秦相時嘗爲侍郎。」義剛。

郭天錫因算徽宗當爲天子，遂得幸，官至承宣使，其人亦鯁直敢説。天覺每要占問時，不尚自去見它，多是使覺範去。後來發覺，蔡元長遂以爲天錫有幻術，令人監繫，日置猪狗血於其側，後來只被血薰殺了。義剛。

覺範因張天覺事下大獄。自供云：「本是醫人，因入醫張相公府養娘有效，遂與度牒令某作僧。」義剛。

神殺之類，亦只是五行旺衰之氣，推亦有此理。但是後人推得小了，太拘忌耳。曉得了，見得破底好。如上蔡言「我要有便有，我要無便無」，方好。然難。不曉底人，只是孟浪不信。吕丈都不曉風水之類，故不信。今世俗人信便有，不信便無，亦只是此心疑與不疑耳。揚。

因及談命課靈者，曰：「是他精力强，精力到處便自驗。」淳。

因説都下士夫愛看命，曰：「士夫功名心切，且得他差除一番，亦好。」曰：「若命中有官，便是天與我。若就人論，便是朝廷與我。今不感戴天與朝廷，却感戴他們，終身不忘，甚可怪！」淳。

陶安國事真武。先生曰：「真武非是有一箇神披髮，只是玄武。所謂青龍、朱雀、白虎、玄武，亦非是有四箇恁地物事。以角星爲角，心星爲心，尾星爲尾，是爲青龍。虚危星如龜。騰蛇在虚危度之下，故爲玄武。真宗時諱『玄』字，改『玄』字爲『真』字，故曰『真武』。參星有四隻脚如虎，故爲白虎。翼星如翼，軫如項下嗉，井爲冠，故爲朱雀。盧仝詩曰：『頭戴井冠。』揚子雲言『龍、虎、鳥、龜』，正是如此。」節。

先生問四明龍現事。璘答云：「頃歲鄞縣趙公萬禱雨於天井山之龍井，曾有龍現。張左藏良臣作記云：『俄有光發波間，如叢炬。復紅焰飛動，下見龍之首甚大，不違顔咫尺。大復現小。復現全體，鱗甲爚爚有光，久不没。陰氣颮然，見者魄喪神動！』」曰：「見王嘉叟云，見龍初出水，先有物如蓮花之狀而後水湧。異物出，兩眼光如銅盤，與趙尉所見頗合。」璘。

或言某人之死，人有夢見之者，甚恐，遂辭位而去。先生曰：「唐令狐綯亦嘗夢見李德裕。明日，語人曰：『衛公精爽可畏！』頃時劉丞相莘老死於貶所。後來得昭雪復官，其子斯立有啓謝時宰一聯云：『晚歲離騷，徑招魂於異域；平生精爽，或見夢於故人！』世傳以爲佳。」

陳易和叔將赴試，韓魏公戒之曰：「離場屋久，更宜子細！」陳曰：「三十年做老娘，不解倒綳了孩兒！」既而「王」字押作賦韻，「率土之濱莫非王」，遂見黜。魏公聞之笑曰：「果然倒綳了孩兒矣！」

往年見徐端立侍郎云，葉石林嘗問某：「或謂司馬溫公、范蜀公議鍾律不合，又某與某爭某事，蓋故爲此議，以表見其非朋比之爲者。如何？」徐曰：「此事有無不可知。然爲此論者，亦可謂不占便宜矣。」石林爲之笑，便罷。僩。

汪玉山童穉時，喻玉泉令他對七字對云：「馬蹄踏破青青草。」玉山應口對云：「龍爪拏開黯黯雲。」

先生說：「沈持要知衢州日，都下早間事，晚已得報。」閎祖云：「要知得如此急做甚？」先生云：「公說得是。」閎祖。

或言某人輕財好義。先生曰：「以何道理之而義乎？」升卿。

因李將爲郭帥閣倖，曰：「凡是名利之地，自家退以待之，便自安穩。纔要，只管向前，便危險。事勢定是如此。如一椀飯在這裏，纔去爭，也有爭得不被人打底，也有爭得被人打底，也有爭不得空被人打底。」賀孫。

或論及欲圖押綱厚賞者。先生曰：「譬如一盤珍饌，五人在坐，我愛吃，那四人亦都愛吃。我伸手去拏，那四人亦伸手去拏，未必果誰得之。能恁地思量，便可備知來物。如古者横議權謀之士，雖千萬人所欲得底，他也有計術去必得。」淳。

財，猶膩也，近則污人，豪傑之士恥言之。僩。

人言仁不可主兵，義不可主財。某謂，惟仁可以主兵，義可以主財。道夫。

賢者順理而安行，智者知機而固守。丁未耳聽。至。

鄭叔友謂：「敗不可懲，勝不可狃。」此言殊有味。振。

王宣子説：「甘卞言，士大夫以面折廷爭爲職，以此而出，人亦高之。宦官以承順爲事，忽犯顏而出，誰將你當事！如此之乖！後漢吕强，後世無不賢之。」〔一〕

詠古詩：「丈夫棄甲冑，長揖別上官！」爲楊元禮發也。問：「元禮事如何？」曰：「緣

〔一〕已見卷一三二。「卞」，彼作「抃」。

一二監司相知者已去，後人不應副賑濟，此事已做不得。若取之百姓又不可，所以乞祠。」問：「當時合如何處置方善？」曰：「只得告監司理會賑濟。不從，則力爭；又不從，則投劾而去，事方分曉。」語畢，遂諷誦此詩云。德明。

沈季文於小學，則有莊敬敦篤而不從事於禮樂射御書數；於大學，則不由格物、致知而遽欲誠意、正心。閎祖。

黎紹先好箇人，可謂「聽其言也厲」！義剛。

周顯祖不事外飾，天資簡樸。若海。

諸葛誠之守立過人。升卿。

劉季高也豪爽，只是也無腦頭。義剛。

林擇之曰：「上四州人輕揚，不似下四州人。」先生曰：「下四州人較厚。潮陽士人亦厚，然亦陋。莆人多詐，淳朴無僞者，陳魏公而已。」義剛。

或傳連江鎮寇作，燒千餘家。時張子直通判云：「此處人煙極盛。」曰：「某嘗疑此地如何承載得許多人？」力行退而思之，此所謂知小圖大、力小任重之意。力行。

前年鄭瀛上書得罪，杖八十，下臨安贖。臨安一吏人憫之，見其無錢，爲代出錢贖之。揚。

王侍郎普之弟某，經兵火，其乳母抱之走，爲一將官所得。乳母自思，爲王氏乳母而失其子，其罪大矣！遂潛謀歸計，將此將官家兵器皆去其刃，弓則斷其弦。自求一好馬，抱兒以逃。追兵踵至，匿於麥中，如此者三四。僅全兒，達王家。常見一僧説之，僧今亦忘矣。欲爲之傳，未果。可學。義剛録云：「常見一老僧云，李伯時家遭寇，伯時尚小，被賊并妳子劫去。賊將遂以妳子爲妻。一日上元，其夫出看，妳子以計遣諸婢，皆往看。遂將弓箭刀刃之屬，盡投於井，馬亦解放，但自乘一馬而去。少頃，聞前面有人馬聲，恐是來趕他，乃下馬走入麥中藏。其賊尚以鎗入麥中捞攪，幸而小底不曾啼，遂無事。未幾，得聞那賊説：『這賊婢，知他那裏去！』渠知無事，遂又走。夜行晝伏，數日方到，尋見他家人。某嘗欲記此事。後來被那僧死了，遂無問處，竟休了。」

陳光澤二子求字。先生字萃曰「仲亨」，云：「萃便亨，凡物積之厚而施之也廣，如水積得科子滿，便流。」又字華曰「仲蔚」，云：「『君子豹變，其文蔚也。』變謂變其態。若裏面變得是虎，外面便有虎之文；變得是豹，外面便有豹之文。」義剛。

有言士大夫家文字散失者。先生蹙然曰：「魏元履、宋子飛兩家文籍散亂，皆某不勇決之過。當時若是聚衆與之抄劄封鎖，則庶幾無今日之患！」道夫。

德粹問：「十年前屢失子，亦曾寫書問先生。先生答皆云，子之有無皆命，不必祈禱。後又以弟爲子，更有甚礙理處。舍弟之子年乃大於此，則是叔拜侄。」曰：「以弟爲子，昭穆不順。」方伯謨曰：「便是弟之子小亦不可。」曰：「然。」可學。

問：「唐誥勑如何都是自寫？」曰：「不知如何。想只是自寫了，却去計會印。如蔡君謨封贈，亦是自寫。看來只是自有字名，故如此。」義剛。

「張以道向在黃巖見顏魯公的派孫因事到官。其人持魯公誥勑五七道來庭下，稱有蔭。細看其誥勑，皆魯公親書其字，而其誥乃是黃紙書之。此義如何？」先生曰：「魯公以能書名，當時因自書之，而只用印。又亦不足據。本朝蔡君謨封贈其祖誥勑，亦自寫之。蓋其以字名，人亦樂令其自寫也。」魯公誥，後爲劉會之所藏。義剛。

一日請食荔子，因論：「興化軍陳紫，自蔡端明迄今又二百來年，此種猶在，而甘美絶勝，獨無它本。天地間有不可曉處率如此。所謂『及其至也，聖人有所不能知』。要之，它自有箇絲脈相通，但人自不知耳。聖人也只知得大綱，到不可知處，亦無可奈何。但此等瑣碎，不知亦無害爾。」道夫。

先生因吃茶罷，曰：「物之甘者，吃過必酸；苦者，吃過却甘。茶本苦物，吃過却甘。」問：「此理如何？」曰：「也是一箇道理。如始於憂勤，終於逸樂，理而後和。蓋禮本天下之至嚴，行之各得其分，則至和。又如『家人嗃嗃，悔厲吉；婦子嘻嘻，終吝』，都是此理。」夔孫。

建茶如「中庸之爲德」，江茶如伯夷叔齊。又曰：「南軒集云：『草茶如草澤高人，臘茶如臺閣勝士。』似他之說，則俗了建茶，却不如適間之說兩全也。」道夫。

侍先生過水南，谷中見一種蒿，柔嫩香氣，温潤可愛，因采一二莖把玩。先生曰：「此即古人所謂蘭是也。」又云：「蕙亦非今之蕙，乃零陵香是也。」炎。

今福州紅糟，即古之所謂醴酒也，用匙挑吃。義剛。

古升，十六寸二分爲升，容一百六十二寸爲斗。僩。

今之一升，即古之三升；今之一兩，即古之三兩。僩。

古錢有「貨泉」字，「貨布」字，是王莽錢。於古尺正徑一寸。雖久有損，大概亦是。淳。

先生見正甫所衣之衫只用白練圓領，領用皂。問：「此衣甚制度？」曰：「是唐衫。」先生不復說，後遂易之。過。

「布一簆四十眼，著八十絲爲一升。今興化人能爲之」云云。「十升布已難做。至如三十升，不知古人如何做也。若三升布，則極疏矣。古人不諱白，皮弁乃以白鹿皮爲之，但加飾焉。如冠之白，但用疏細爲吉凶耳。」方。

或云：「俗語：『夜飯減一口，活得九十九。』」曰：「此出古樂府三叟詩。」

墨翟與工輸巧争辯云云。論到下梢一著勝一著，没了期。一曰：「吾知其所以拒子矣，吾不言。」一曰：「吾知所以攻子矣，吾不言。」燾。

莽何羅本姓馬，乃後漢馬后之祖，班固爲澤而改之。方子。

步（隲）〔隲〕[一]不去，爲（爪）〔瓜〕[二]耳。（爪）〔瓜〕[三]可無，身不可無。升卿。

陶隱居注本草，不識那物，後説得差背底多。緣他是箇南人，那時南北隔絶，他不識北方物事，他居建康。義剛。

仙游有蔡溪，見説甚好。裏面有一片大石，有一石門，入去沿溪到那石上。有陳理常，居太學。聞此地好，齎少餅，徑入去石上坐。飢甚，則吃少許餅。久後吃盡了，飢不奈何。欲出，則當初入門已發了誓，遂且忍餓。遇樵者，見他在坐，亦異之。問得些物事來吃。久後報得外面道人都來，遂起得箇菴，自此却好。病翁嘗至其菴。時陳居士方死，尚在坐，未曾斂。見面前一石頭，似箇香山子。子細看，又不是石，恰似乳香滴成樣，都通明。身旁一道人云：「是陳先生臨死時滴出鼻涕。」又一道人來禮拜，歎息云：「可惜陳先生鍊得成後却不成！」僩。

崇觀間，李定之子某，有文字乞毁通鑑板。建炎間坐此貶竄，後放歸復官。詞云：「下喬木而入幽谷，朕姑示於寬恩；以鴟鴞而笑鳳凰，爾無沉於述識！」

〔一〕〔二〕〔三〕並據陳本改。

朱子語類卷第一百三十九

論文上

有治世之文，有衰世之文，有亂世之文。六經，治世之文也。如國語委靡繁絮，真衰世之文耳。是時語言議論如此，宜乎周之不能振起也。至於亂世之文，則戰國是也。然有英偉氣，非衰世國語之文之比也。饒録云：「國語説得絮，只是氣衰。又不如戰國文字，更有些精彩。」楚漢間文字真是奇偉，豈易及也！又曰：「國語文字極困苦，振作不起。戰國文字豪傑，便見事情。非你殺我，則我殺你。」黄云：「觀一時氣象如此，如何遏捺得住！所以啓漢家之治也。」僩。

楚詞不甚怨君。今被諸家解得都成怨君，不成模樣。九歌是托神以爲君，言人間隔，不可企及，如己不得親近於君之意。以此觀之，他便不是怨君。至山鬼篇，不可以君爲山鬼，又倒説山鬼欲親人而不可得之意。今人解文字不看大意，只逐句解，意却不貫。楚詞。

問離騷卜居篇内字。曰：「字義從來曉不得，但以意看可見。如『突梯滑稽』，只是軟熟迎逢，隨人倒，隨人起底意思。如這般文字，更無些小窒礙。想只是信口恁地説，皆自成文。

林艾軒嘗云：『班固、揚雄以下，皆是做文字。已前如司馬遷、司馬相如等，只是恁地說出。』今看來是如此。古人有取於『登高能賦』，這也須是敏，須是會說得通暢。如古者或以言揚，說得也是一件事，後世只就紙上做。如就紙上做，則班揚便不如已前文字。當時如蘇秦、張儀，都是會說。史記所載，想皆是當時說出。」又云：「漢末以後，只做屬對文字，直至後來，只管弱。如蘇頲著力要變，變不得。直至韓文公出來，盡掃去了，方做成古文。然亦止做得未屬對合偶以前體格，然當時亦無人信他。故其文亦變不盡，纔有一二大儒略相效，以下並只依舊。到得陸宣公奏議，只是雙關做去。又如子厚亦自有雙關之文，向來道是他初年文字。後將年譜看，乃是晚年文字，蓋是他效世間模樣做則劇耳。文氣衰弱，直至五代，竟無能變。到尹師魯、歐公幾人出來，一向變了。其間亦有欲變而不能者，然大概都要變。所以做古文自是古文，四六自是四六，却不滾雜。」賀孫。

楚些，沈存中以「些」爲咒語，如今釋子念「娑婆訶」三合聲，而巫人之禱亦有此聲。此却說得好。蓋今人只求之於雅，而不求之於俗，故下一半都曉不得。道夫。離騷叶韻到篇終，前面只發兩例。後人不曉，却謂只此兩韻如此。至。

楚詞注下事，皆無這事。是他曉不得後，却就這語意撰一件事爲證，都失了他那正意。如淮南子、山海經，皆是如此。義剛。

高斗南解楚詞引瑞應圖。周子充説館閣中有此書，引得好。他更不問義理之是非，但有出處便説好。且如天問云：「啟棘賓商。」山海經以爲啟上三嬪於天，因得九歎、九辨以歸。如此，是天亦好色也！柳子厚天對，以爲胸嬪，説天以此樂相博换得。某以爲「棘」字是「夢」字，「商」字是古文篆「天」字。如鄭康成解記「衣衰」作「齊衰」，云是壞字也，此亦是擦壞了。蓋啓夢賓天，如趙簡子夢上帝之類。賓天是爲之賓，天與之以是樂也。今人不曾讀古書，如這般等處，一向恁地過了。陶淵明詩：「形夭無千歲。」曾氏攷山海經云：「當作『形天舞干戚』。」看來是如此。周子充不以爲然，言只是説精衞也，此又不用出處了。夔孫。

古人文章，大率只是平説而意自長。後人文章務意多而酸澀。如離騷初無奇字，只恁説將去，自是好。後來如魯直恁地著力做，却自是不好。方子。道夫録云：「古今擬騷之作，惟魯直爲無謂。」

古賦雖熟，看屈、宋、韓、柳所作，乃有進步處。入本朝來，騷學殆絶，秦、黄、晁、張之徒不足學也。雉。

荀卿諸賦縝密，盛得水住。歐公蟬賦：「其名曰蟬。」這數句也無味。雉。

楚詞平易。後人學做者反艱深了，都不可曉。

漢初賈誼之文質實。晁錯説利害處好，答制策便亂道。董仲舒之文緩弱，其答賢良策，不答所問切處；至無緊要處，又累數百言。東漢文章尤更不如，漸漸趨於對偶。如楊震輩皆尚讖緯，張平子非之。然平子之意，又却理會風角、鳥占，何愈於讖緯！陵夷至於三國、兩晉，則文氣日卑矣。古人作文作詩，多是模倣前人而作之。蓋學之既久，自然純熟。如相如封禪書，模倣極多。柳子厚見其如此，却作貞符以反之，然其文體亦不免乎蹈襲也。人傑。漢文。

司馬遷文雄健，意思不帖帖，有戰國文氣象。賈誼文亦然。老蘇文亦雄健。似此皆有不帖帖意。仲舒文實。劉向文又較實，亦好，無些虛氣象；比之仲舒，仲舒較滋潤發揮。大抵武帝以前文雄健，武帝以後更實。到杜欽、谷永書，又太弱，無歸宿了。匡衡書多有好處，漢明經中皆不似此。淳。

仲舒文大概好，然也無精彩。淳。

林艾軒云：「司馬相如，賦之聖者。揚子雲、班孟堅只填得他腔子，佐録作「腔子滿」。如何得似他自在流出！左太冲、張平子竭盡氣力又更不及。」可學。

問：「吕舍人言，古文衰自谷永。」曰：「何止谷永？鄒陽獄中書已自皆作對子了。」又問：「司馬相如賦似作之甚易。」曰：「然。」又問：「高適焚舟決勝賦甚淺陋。」曰：「文選齊梁間江總之徒，賦皆不好了。」因説：「神宗修汴城成，甚喜。曰：『前代有所作時，皆有賦。』周美成聞之，遂撰汴都賦進。上大喜，因朝降出，宰相每有文字降出時，即合誦一遍。宰相不知是誰，知古賦中必有難字，遂傳與第二人，以次傳至尚書右丞王和甫，下無人矣。和甫即展開琅然誦一遍。上喜。既退，同列問如何識許多字，和甫曰：『某也只是讀傍文。』揚録作「二邊」。呂編文鑑，要尋一篇賦冠其首，又以美成賦不甚好，遂以梁周翰五鳳樓賦爲首，美成賦亦在其後。」

賓戲、解嘲、劇秦、貞符諸文字，皆祖宋玉之文，進學解亦此類。陽春白雪云云者，不記其名，皆非佳文。揚。

夜來鄭文振問：「西漢文章與韓退之諸公文章如何？」某說：「而今難說。便與公說某人優，某人劣，公亦未必信得及。須是自看得這一人文字某處好，某處有病，識得破了，却看那一人文字，便見優劣如何。若看這一人文字未破，如何定得優劣！便說與公優劣，公亦如何便見其優劣處！但子細自看，自識得破。而今人所以識古人文字不破，只是不曾子細看。又兼是先將自家意思橫在胸次，所以見從那偏處去，說出來也都是橫說。」又曰：「人做文章，若是子細看得一般文字熟，少間做出文字，意思語脈自是相似。讀得韓文熟，便做出韓文底文字；讀得蘇文熟，便做出蘇文底文字。若不曾子細看，少間却不得用。向來初見擬古詩，將謂只是學古人之詩。元來却是如古人說『灼灼園中花』，自家也做一句如此；『遲遲澗畔松』，自家也做一句如此；『磊磊澗中石』，自家也做一句如此；『人生天地間』，自家也做一句如此。意思語脈，皆要似他底，只換却字。某後來依如此做得二三十首詩，便覺得長進。蓋意思句語血脈勢向，皆效它底。大率古人文章皆是行正路，後來杜撰底皆是行狹隘邪路去了。而今只是依正底路脈做將去，少間文章自會高人。」又云：「蘇子由有一段論人做文章自有合用底字，只是下不著。又如鄭齊叔云，做文字自有穩底字，只是人思量不著。橫渠云：『發明道理，惟命字難。』要之，做文字下字實是難，不知聖人說出來底，也只是這幾字，如何鋪排得恁地安穩！或曰：「子瞻云：『都來這幾字，只要會鋪排。』」然而人之文章，也只是三十歲以前氣格都定，但有精與未精耳。然而掉了底便荒疏，只管用功底又較精。向見韓無咎說，它晚年做底文字，與他二十歲以前做底文字不甚相遠，此是它自驗得如此。人到五十歲，不是理會文章時節。前面事多，日子少了。若後生時，每日便偷一兩時閑做這般工夫。若晚年，如何有工夫及此！」或曰：「人之晚年，知識却會長進。」曰：「也是後生時都定，便長進也不會多。然而能用心於學問底，便會長進。若不學問，只縱其客氣底，亦如何會長進？日見昏了。有人後生氣盛時，說盡萬千道理，晚年只恁地闒靸底。」或引程先生曰：「人不學，便老而衰。」曰：「只這一句說盡了。」又云：「某人晚年日夜去讀書。某人戲之曰：『吾丈老年讀書，也須還讀得入。不知得入如何得出？』謂其不能發揮出來爲做文章之用也。」其説雖粗，似有理。又云：「人晚年做文章，如禿筆寫字，全無鋒鋭可觀。」又云：「某四十以前，尚要學人做文章，後來亦不暇及此矣。然而後來做底文字，便只是二十左右歲做底文字。」又云：「劉季章近有書云，他近來看文字，覺得心平正。某答他，令更掉了這箇，虚心看文字。蓋他向來便是硬自執他説，而今又是將這一説來罩正身，未理會得在。大率江西人都是硬執他底横説，如王介甫、陸子静都只是横説。且如陸子静説文帝不如武帝，豈不是横説！」又云：「介甫諸公取人，如資質淳厚底，他便不取；看文字穩底，他便不取。如那決裂底，他便取，説他轉時易。大率都是硬執他底。」燾。

張以道曰：「『(盼)〔眄〕[一]庭柯以怡顔』，(盼)〔眄〕，讀如俛，讀作盼者非。」義剛。

韓文力量不如漢文，漢文不如先秦、戰國。揚。

大率文章盛，則國家却衰。如唐貞觀、開元都無文章，及韓昌黎、柳河東以文顯，而唐之治已不如前矣。汪聖錫云：「國初制詔雖粗，却甚好。」又如漢高八年詔與文帝即位詔，只三數句，今人敷衍許多，無過只是此箇柱子。若海。韓柳。

先生方修韓文考異，而學者至。因曰：「韓退之議論正，規模闊大，然不如柳子厚較精

〔一〕「盼」，據陶集改，下同。

密，如辨鶡冠子及説列子在莊子前及非國語之類，辨得皆是。」黄達才言：「柳文較古。」曰：「柳文是較古，但却易學，學便似他，不似韓文規模闊。學柳文也得，但會衰了人文字。」義剛。夔孫録云：「韓文大綱好，柳文論事却較精覈，如辨鶡冠子之類。非國語中儘有好處。但韓難學，柳易學。」

揚因論韓文公，謂：「如何用功了，方能辨古書之真僞？」曰：「鶡冠子亦不曾辨得。柳子厚謂其書乃寫賈誼鵩賦之類，故只有此處好，其他皆不好。柳子厚看得文字精，以其人刻深，故如此。韓較有些王道意思，每事較含洪，便不能如此。」揚。

退之要説道理，又要則劇，有平易處極平易，有險奇處極險奇。且教他在潮州時好，止住得一年。柳子厚却得永州力也。

柳學人處便絶似。平淮西雅之類甚似詩，詩學陶者便似陶。韓亦不必如此，自有好處，如平淮西碑好。揚。

陳仲蔚問：「韓文禘義，説懿、獻二廟之事當否？」曰：「説得好。其中所謂『興聖廟』者，乃是凉武昭王之廟，乃唐之始祖。然唐又封皋陶爲帝，又尊老子爲祖，更無理會。」又問：「韓、柳二家文體孰正？」曰：「柳文亦自高古，但不甚醇正。」又問：「子厚論封建是否？」曰：「子厚説『封建非聖人意也，勢也』，亦是。但説到後面有偏處，後人辨之者亦失之太過。如廖氏所論封建，排子厚太過。且封建自古便有，聖人但因自然之理勢而封之，乃見聖人之公心。且如周封康叔之類，亦是古有此制。因其有功、有德、有親，當封而封之，却不是聖人有不得已處。若如子厚所説，乃是聖人欲吞之而不可得，乃無可奈何而爲此！不知所謂勢者，乃自然之理勢，非不得已之勢也。且如射王中肩之事，乃是周末征伐自諸侯出，故有此等事。使征伐自天子出，安得有是事？然封建諸侯，却大故難制御。且如今日蠻洞，能有幾大！若不循理，朝廷亦無如之何。若古時有許多國，自是難制。如隱公時原之一邑，乃周王不奈他何，賜與鄭，鄭不能制；到晉文公時，周人將與晉，而原又不服，故晉文公伐原。且原之爲邑甚小，又在東周王城之側，而周王與晉鄭俱不能制。蓋渠自有兵，不似今日太守有不法處，便可以降官放罷。古者大率動便是征伐，所以孟子曰：『三不朝，則六師移之。』在周官時已是如此了。便是古今事勢不同，便是難説。」因言：「孟子所謂五等之地，與周禮不同。孟子蓋説夏以前之制，周禮乃是成周之制。如當時封周公於魯，乃七百里。於齊尤闊，如所謂『東至於海，西至於河，南至於穆陵，北至於無棣』。以地理考之，大段闊。所以禹在塗山，萬國來朝。至周初，但千八百國。」又曰：「譬如一樹，枝葉太繁時，本根自是衰枯。如秦始皇則欲削去枝葉而自留一榦，亦自不可。」義剛。

有一等人專於爲文，不去讀聖賢書。又有一等人知讀聖賢書，亦自會作文，到得説聖賢書，却别做一箇詫異模樣説。不知古人爲文，大抵只如此，那得許多詫異！韓文公詩文冠當時，後世未易及。到他上宰相書，用「菁菁者莪」，詩注一齊都寫在裏面。若是他自作文，豈肯如此作？最是說「載沉載浮」，「沉浮皆載也」，可笑！「載」是助語，分明彼如此說了，他又如此用。賀孫。韓文。

退之除崔羣侍郎制最好。但只有此制，別更無，不知如何。義剛。

或問：「伯夷頌『萬世標準』與『特立獨行』，雖足以明君臣之大義，適權通變，又當循夫理之當然者也。」先生曰：「說開了，當云雖武王、周公爲萬世標準，然伯夷、叔齊惟自特立不顧。」又曰：「古本云：『一凡人沮之譽之。』與彼夫聖人是一對，其文意尤有力。」椿。

退之送陳彤秀才序多一「不」字，舊嘗疑之，只看過了。後見謝子暢家本，乃後山傳歐陽本，圈了此「不」字。

韓退之墓誌有怪者了。

先生喜韓文宴喜亭記及韓弘碑。碑，老年筆。方。

「唐僧多從士大夫之有名者討詩文以自華，如退之送文暢序中所說，又如劉禹錫自有一卷送僧詩。」或云：「退之雖闢佛，也多要引接僧徒。」曰：「固是。他所引者，又却都是那破賴底僧，如靈師、惠師之徒。及晚年見大顛於海上，說得來闊大勝妙，自然不得不服。人多要出脱退之，也不消得，恐亦有此理也。」廣。

先輩好做詩與僧，僧多是求人詩序送行。劉禹錫文集自有一册送僧詩，韓文公亦多與僧交涉，又不曾見好僧，都破落户。然各家亦被韓文公説得也狼狽。文公多只見這般僧，後却撞著一箇大顛，也是異事。人多説道被大顛説下了，亦有此理。是文公不曾理會他病痛，彼他纔説得高，便道是好了，所以有「頗聰明，識道理，實能外形骸以理自勝」之語。賀孫。

才卿問：「韓文李漢序頭一句甚好。」曰：「公道好，某看來有病。」陳曰：「『文者，貫道之器。』且如六經是文，其中所道皆是這道理，如何有病？」曰：「不然。這文皆是從道中流出，豈有文反能貫道之理？文是文，道是道，文只如喫飯時下飯耳。若以文貫道，却是把本爲末。以末爲本，可乎？其後作文者皆是如此。」因説：「蘇文害正道，甚於老佛，且如易所謂『利者義之和』，却解爲義無利則不和，故必以利濟義，然後合於人情。若如此，非惟失聖言之本指，又且陷溺其心。」先生正色曰：「某在當時，必與他辯。」却笑曰：「必被他無禮。」友仁。

柳文局促，有許多物事，却要就些子處安排，簡而不古，更説些也不妨。封建論并數長書是其好文，合尖氣短。如人火忙火急來説不及，又便了了。揚。柳文。

柳子厚文有所模倣者極精，如自解諸書，是倣司馬遷與任安書。劉原父作文便有所倣。

「宫沉羽振，錦心繡口」，柳子厚語。璘。

韓千變萬化，無心變；歐有心變。杜祈公墓誌説一件未了，又説一件。韓董晉行狀尚稍長。權德輿作宰相神道碑，只一板許，歐、蘇便長了。蘇體只是一類。柳伐原議極局促，不好，東萊不知如何喜之。陳後山文如仁宗飛白書記大段好，曲折亦好，墓誌亦好。有典有則，方是文章。其他文亦有大局促不好者，如題太白像、高軒過古詩，是晚年做到平易處，高軒過恐是絶筆。又一條云：「後山仁宗飛白書記，其文曲折甚多，過得自在，不如柳之局促。」總論韓、柳、歐、蘇諸公。

東坡文字明快。老蘇文雄渾，儘有好處。如歐公、曾南豐、韓昌黎之文，豈可不看？柳文雖不全好，亦當擇。合數家之文擇之，無二百篇。下此則不須看，恐低了人手段。但採他好處以爲議論，足矣。若班、馬、孟子，則是大底文字。道夫。

韓文高。歐陽文可學。曾文一字挨一字，謹嚴，然太迫。又云：「今人學文者，何曾作得一篇！枉費了許多氣力。大意主乎學問以明理，則自然發爲好文章。詩亦然。」

國初文章，皆嚴重老成。嘗觀嘉祐以前誥詞等，言語有甚拙者，而其人才皆是當世有名之士。蓋其文雖拙，而其辭謹重，有欲工而不能之意，所以風俗渾厚。至歐公文字，好底便十分好，然猶有甚拙底，未散得他和氣。到東坡文字便已馳騁，忒巧了。及宣政間，則窮極華麗，都散了和氣。所以聖人取「先進於禮樂」，意思自是如此。國朝文。

劉子澄言：「本朝只有四篇文字好：太極圖、西銘、易傳序、春秋傳序。」因言，杜詩亦何用？曰：「是無意思。大部小部無萬數，益得人甚事？」因傷時文之弊，謂：「張才叔書義好。自靖人自獻於先王義，胡明仲醉後每誦之。」又謂：「劉棠舜不窮其民論好，歐公甚喜之。其後姚孝寧易義亦好。」壽昌録云：「或問太極、西銘。」曰：「自孟子以後，方見有此兩篇文章」。

李泰伯文實得之經中，雖淺，然皆自大處起議論。首卷潛書民言好，如古潛夫論之類。周禮論好，如宰相掌人主飲食男女事，某意如此。今其論皆然，文字氣象大段好，甚使人愛之，亦可見其時節方興如此好。老蘇父子自史中戰國策得之，故皆自小處起議論，歐公喜之。李不軟貼，不爲所喜。范文正公好處，歐不及。李晚年須參道，有一記説達磨宗派甚詳，須是大段去參究來。又曰：「以李視今日之文，如三日新婦然。某人輩文字，乃蛇鼠之見。」

先生讀宋景文張巡贊，曰：「其文自成一家。景文亦服人，嘗見其寫六一瀧岡阡表二句云：『求其生而不得，則死者與我皆無恨也。』」

温公文字中多取荀卿助語。

六一文一倡三歎，今人是如何作文！

「六一文有斷續不接處，如少了字模樣。如秘演詩集序『喜爲歌詩以自娱』，『十年間』，兩節不接。六一居士傳意凡文弱。仁宗飛白書記文不佳。制誥首尾四六皆治平間所作，非其得意者。恐當時亦被人催促，加以文思緩，不及子細，不知如何。然有紆餘曲折，辭少意多，玩味不能已者，又非辭意一直者比。黃夢升墓誌極好。」問先生所喜者。云：「豐樂亭記。」揚。

陳同父好讀六一文，嘗編百十篇作一集。今刊行豐樂亭記是六一文之最佳者，却編在拾遺。

歐公文字鋒刃利，文字好，議論亦好。嘗有詩云：「玉顏自古爲身累，肉食何人爲國謀！」以詩言之，是第一等好詩！以議論言之，是第一等議論！拱壽。

「欽夫文字不甚改，改後往往反不好。」亞夫曰：「歐公文字愈改愈好。」曰：「亦有改不盡處，如五代史宦者傳末句云：『然不可不戒。』當時必有載張承業等事在此，故曰：『然不可不戒。』後既不欲載之於此，而移之於後，則此句當改，偶忘削去故也。」方子。

因改謝表，曰：「作文自有穩字。古之能文者，纔用便用著這樣字，如今不免去搜索修改。」又言：「歐公爲蔣穎叔輩所誣，既得辨明，謝表中自叙一段，只是自胸中流出，更無些窒礙，此文章之妙也。」又曰：「歐公文亦多是修改到妙處。頃有人買饒録作「見」。得他醉翁亭記藁，初說滁州四面有山，凡數十字，末後改定，只曰：『環滁皆山也』五字而已。饒録云：「有數十字序滁州之山。忽大圈了，一邊注『環滁皆山也』一句。」如尋常不經思慮，信意所作言語，亦有絕不成文理者，不知如何。」廣。

前輩見人，皆通文字。先生在同安，嘗見六一見人文字三卷子，是以平日所作詩文之類楷書以獻之。振。

歐公文章及三蘇文好，説只是平易説道理，初不曾使差異底字換却那尋常底字。儒用。

文字到歐、曾、蘇，道理到二程，方是暢。荆公文暗。

「歐公文字敷腴温潤。曾南豐文字又更峻潔，雖議論有淺近處，然却平正好。到得東坡，便傷於巧，議論有不正當處。後來到中原，見歐公諸人了，文字方稍平。老蘇尤甚。大抵已前文字都平正，人亦不會大段巧説。自三蘇文出，學者始日趨於巧。如李泰伯文尚平正明白，然亦已自有些巧了。」廣問：「荆公之文如何？」曰：「他却似南豐文，但比南豐文亦巧。荆公曾作許氏世譜，寫與歐公看。歐公一日因曝書見了，將看，不記是誰作，意中以爲荆公作。」又曰：「介甫不解做得恁地，恐是曾子固所作。」廣又問：「後山文如何？」曰：「後山煞有好文字，如黄樓銘、館職策皆好。」又舉數句説人不怨暗君怨明君處，以爲説得好。廣又問：「後山是宗南豐文否？」曰：「他自説曾見南豐於襄漢間。後見一文字，説南豐過荆襄，後山攜所作以謁之。南豐一見愛之，因留欵語。適欲作一文字，事多，因托後山爲之，且授以意。後山文思亦澀，窮日之力方成，僅數百言。明日，以呈南豐，南豐云：『大略也好，只是冗字多，不知可爲略删動否？』後山因請改竄。但見南豐就坐，取筆抹數處，每抹處連一兩行，便以授後山。凡削去一二百字。後山讀之，則其意尤完，因歎服，遂以爲法。所以後山文字簡潔如此。」廣因舉秦丞相教其子孫作文説，中説後山處。曰：「他都記錯了。南豐入史館時，止爲檢討官。是時後山尚未有官。後來入史館，嘗薦邢和叔。雖亦有意薦後山，以其未有官而止。」廣。揚録云：「秦作後山叙，謂南豐辟陳爲史官。陳元祐間始得官，秦説誤。」

因言文士之失，曰：「今曉得義理底人，少間被物慾激搏，猶自一强一弱，一勝一負。如文章之士，下梢頭都靠不得。且如歐陽公初間做本論，其説已自大段拙了，然猶是一片好文章，有頭尾。它不過欲封建、井田，與冠、婚、喪、祭、蒐田、燕饗之禮，使民朝夕從事於此，少間無工夫被佛氏引去，自然可變。其計可謂拙矣，然猶是正當議論也。到得晚年，自做六一居士傳，宜其所得如何，却只説有書一千卷，集古録一千卷，琴一張，酒一壺，碁一局，與一老人爲六，更不成説話，分明是自納敗闕！如東坡一生讀盡天下書，説無限道理。到得晚年過海，做過化峻靈王廟碑，引唐肅宗時一尼恍惚升天，見上帝，以寶玉十三枚賜之云，中國有大災，以此鎮之。今此山如此，意其必有寶云云，更不成議論，似喪心人説話！其他人無知，如此説尚不妨，你平日自視爲如何？説盡道理，却説出這般話，是可怪否？『觀於海者難爲水，游於聖人之門者難爲言』，分明是如此了，便看他們這般文字不入。」僩。

問：「坡文不可以道理並全篇看，但當看其大者。」曰：「東坡文説得透，南豐亦説得透，如人會相論底，一齊指摘説盡了。歐公不盡説，含蓄無盡，意又好。」因謂張定夫言，南豐祕閣諸序好。曰：「那文字正是好。峻靈王廟碑無見識，伏波廟碑亦無意思。伏波當時蹤跡在廣西，不在彼中，記中全無發明。」揚曰：「不可以道理看他。然二碑筆〔後〕〔健〕〔一〕。」曰：「然。」又問：「潛真閣銘好？」曰：「這般閑戲文字便好，雅正底文字便不好。如韓文公廟碑之類，初看甚好讀，子細點檢，疏漏甚多。」又曰：「東坡令其姪學渠兄弟蚤年應舉時文字。」揚。

人老氣衰，文亦衰。歐陽公作古文，力變舊習。老來照管不到，爲某詩序，又四六對偶，依舊是五代文習。東坡晚年文雖健，不衰，然亦疏魯，如南安軍學記，海外歸作，而有「弟子揚觶序點者三」之語！「序點」是人姓名，其疏如此！淳。

六一記菱谿石，東坡記六菩薩，皆寓意，防人取去，然氣象不類如此。

老蘇之文高，只議論乖角。燾。

老蘇文字初亦喜看，後覺得自家意思都不正當。以此知人不可看此等文字，固宜以歐、曾文字爲正。東坡、子由晚年文字不然，然又皆議論衰了。東坡初進策時，只是老蘇

〔一〕據陳本改。

議論。

坡文雄健有餘，只下字亦有不貼實處。道夫。

坡文只是大勢好，不可逐一字去點檢。義剛。

東坡墨君堂記，只起頭不合說破「竹」字。不然，便似毛穎傳。必大。

東坡歐陽公文集叙只恁地文章儘好。但要說道理，便看不得，首尾皆不相應。起頭甚麽樣大，末後却說詩賦似李白，記事似司馬相如〔一〕。賀孫。

統領商榮以温公神道碑爲餉。先生命吏約道夫同視，且曰：「坡公此文，說得來恰似山摧石裂。」道夫問：「不知既說『誠』，何故又說『一』？」曰：「這便是他看道理不破處。」頃之，直卿至，復問：「若說『誠之』，則說『一』亦不妨否？」曰：「不用恁地說，蓋誠則自能一。」問：「大凡作這般文字，不知還有布置否？」曰：「看他也只是據他一直恁地說將去，初無布置。如此等文字，方其說起頭時，自未知後面說甚麽在。」以手指中間曰：「到這裏，自說盡，無可說了，却忽然說起來。如退之、南豐之文，却是布置。某舊看二家之文，復看坡文，覺得一段中欠了句，一句中欠了字。」又曰：「向嘗聞東坡作韓文公廟碑，一日

〔一〕據東坡集，「相如」當作「遷」。

思得頗久。饒録云：「不能得一起頭，起行百十遭。」忽得兩句云：『匹夫而爲百世師，一言而爲天下法。』遂掃將去。」道夫問：「看老蘇文，似勝坡公。黄門之文，又不及東坡。」曰：「黄門之文衰，遠不及，也只有黄樓賦一篇爾。」道夫因言歐陽公文平淡。曰：「雖平淡，其中却自美麗，有好處，有不可及處，却不是闒茸無意思。」又曰：「歐文如賓主相見，平心定氣，説好話相似。坡公文如説不辦後，對人鬧相似，都無恁地安詳。」蜚卿問范太史文。曰：「他只是據見定説將去，也無甚做作。如唐鑑雖是好文字，然多照管不及，評論總意不盡。只是文字本體好，然無精神，所以有照管不到處；無氣力，到後面多脱了。」道夫因問黄門古史一書。曰：「此書儘有好處。」道夫曰：「如他論西門豹投巫事，以爲他本循良之吏，馬遷列之於滑稽，不當。似此議論，甚合人情。」曰：「然。古史中多有好處。如論莊子三四篇譏議夫子處，以爲決非莊子之書，乃是後人截斷莊子本文攙入，此其考據甚精密。由今觀之，莊子此數篇亦甚鄙俚。」道夫。

或問：「蘇子由之文，比東坡稍近理否？」曰：「亦有甚道理？但其説利害處，東坡文字較明白，子由文字不甚分曉。要之，學術只一般。」因言：「東坡所薦引之人多輕儇之士。若使東坡爲相，則此等人定皆布滿要路，國家如何得安静！」賀孫。

諸公祭温公文，只有子由文好。

歐公大段推許梅聖俞所注孫子，看得來如何得似杜牧注底好？以此見歐公有不公處。或曰：「聖俞長於詩。」曰：「詩亦不得謂之好。」或曰：「其詩亦平淡。」曰：「他不是平淡，乃是枯槁。」拱壽。

范淳夫文字純粹，下一箇字，便是合當下一箇字，東坡所以伏他。東坡輕文字，不將爲事。若做文字時，只是胡亂寫去，如後面恰似少後添。節。

「後來如汪聖錫制誥，有温潤之氣。」曾問某人，前輩四六語孰佳？答云：「莫如范淳夫。」因舉作某王加恩制云：『周尊公旦，地居四輔之先；漢重王蒼，位列三公之上。』若昔仁祖，尊事荊王；顧予冲人，敢後兹典！』自然平正典重，彼工於四六者却不能及。」德明。

劉原父才思極多，湧將出來，每作文，多法古，絶相似。有幾件文字學禮記，春秋説學公、穀，文勝貢父。振。

劉貢父文字工於摹倣。學公羊、儀禮。若海。

蘇子容文慢。義剛。

南豐文字確實。道夫。

問：「南豐文如何？」曰：「南豐文却近質。他初亦只是學爲文，却因學文，漸見些子道理。故文字依傍道理做，不爲空言。只是關鍵緊要處，也説得寬緩不分明。緣他見處不徹，本無根本工夫，所以如此。但比之東坡，則較質而近理。東坡則華豔處多。」或言：「某人如搏謎子，更不可曉。」曰：「然。尾頭都不説破，頭邊做作掃一片去也好。只到尾頭，便没合殺，只恁休了。篇篇如此，不知是甚意思。」或曰：「此好奇之過。」曰：「此安足爲奇！觀前輩文章如賈誼、董仲舒、韓愈諸人，還有一篇如此否？夫所貴乎文之足以傳遠，以其議論明白，血脈指意曉然可知耳。文之最難曉者，無如柳子厚。然細觀之，亦莫不自有指意可見，何嘗如此不説破？其所以不説破者，只是吝惜，欲我獨會而他人不能，其病在此。大概是不肯蹈襲前人議論，而務爲新奇。惟其好爲新奇，而又恐人皆知之也，所以吝惜。」僩。

曾所以不及歐處，是紆徐揚録作「餘」。曲折處。曾喜模擬人文字，擬峴臺記，是倣醉翁亭記，不甚似。

南豐擬制内有數篇，雖雜之三代誥命中亦無愧。必大。

南豐作宜黄、筠州二學記好，説得古人教學意出。義剛。

南豐列女傳序説二南處好。

南豐范貫之奏議序氣脈渾厚，説得仁宗好。東坡趙清獻神道碑説仁宗處，其文氣象不好。「第一流人」等句，南豐不説。子由挽南豐詩，甚服之。

兩次舉南豐集中范貫之奏議序末文之備盡曲折處。方。

南豐有作郡守時榜之類爲一集，不曾出。先生舊喜南豐文，爲作年譜。

問：「嘗聞南豐令後山一年看伯夷傳，後悟文法，如何？」曰：「只是令他看一年，則自然有自得處。」

江西歐陽永叔、王介甫、曾子固文章如此好。至黄魯直一向求巧，反累正氣。必大。

「陳後山之文有法度，如黄樓銘，當時諸公都斂衽。」佐録云：「便是今人文字都無他抑揚頓挫。」

因論當世人物，有以文章記問爲能，而好點檢它人，不自點檢者。曰：「所以聖人説：『益者三樂：樂節禮樂，樂道人之善，樂多賢友。』」至。

館職策，陳無己底好。

李清臣文飽滿，雜説甚有好議論。

李清臣文比東坡較實。李舜舉永樂敗死，墓誌説得不分不明，看來是不敢説。

桐陰舊話載王銍云，李邦直作韓太保惟忠墓誌，乃孫巨源文也。先生曰：「巨源文温潤，韓碑徑，只是邦直文也。」〔一〕揚。

〔一〕此條賀疑有誤。

論胡文定公文字字皆實，但奏議每件引春秋，亦有無其事而遷就之者。大抵朝廷文字，且要論事情利害是非令分曉。今人多先引故事，如論青苗，只是東坡兄弟說得有精神，他人皆說從別處去。德明。

胡侍郎萬言書，好令後生讀，先生舊親寫一册。又曰：「上殿劄子論元老好，無逸解好，請行三年喪劄子極好。諸奏議、外制皆好。」

陳幾道存誠齋銘，某初得之，見其都是好義理堆積，更看不辨。後子細誦之，却見得都是湊合，與聖賢說底全不相似。其云：「又如月影散落萬川，定相不分，處處皆圓。」這物事不是如此。若是如此，孔孟却隱藏著不以布施，是何心哉！乃知此物事不當恁地說。僩。

張子韶文字，沛然猶有氣，開口見心，索性說出，使人皆知。近來文字，開了又闔，闔了又開，開闔七八番，到結末處又不說，只恁地休了。至。

文章輕重，可見人壽夭，不在美惡上。白鹿洞記力輕。韓元吉雖只是胡說，然有力。吳逵文字亦然。揚。

韓無咎文做著儘和平，有中原之舊，無南方啁哳之音。佐。

王龜齡奏議氣象大。

曾司直大，故會做文字；大，故馳騁有法度。裘父大不及他。裘父文字澀，説不去。義剛。

陳君舉西掖制詞殊未得體。王言温潤，不尚如此。胡明仲文字却好。義剛。

或言：「陳蕃叟武不喜坡文，戴肖望溪不喜南豐文。」先生曰：「二家之文雖不同，使二公相見，曾公須道坡公底好，坡公須道曾公底是。」道夫。

德粹語某人文章。先生曰：「紹興間文章大抵粗，成段時文。然今日太細膩，流於委靡。」問賢良。先生曰：「賢良不成科目。天下安得許多議論！」可學。以下論近世之文。

「諸公文章馳騁好異。止緣好異，所以見異端新奇之説從而好之。這也只是見不分曉，所以如此。看仁宗時制詔之文極朴，固是不好看，只是它意思氣象自恁地深厚久長；固是拙，只是他所見皆實。看他下字都不甚恰好，有合當下底字，却不下，也不是他識不下，只是他當初自思量不到。然氣象儘好，非（惟）〔如〕[一]後來之文一味纖巧不實。且如進卷，方是二蘇做出恁地壯偉發越，已前不曾如此。看張方平進策，更不作文，只如説鹽鐵一事，他便從鹽鐵原頭直説到如今，中間却載著甚麽年，甚麽月，後面更不説措置。

〔一〕據陳本改。

如今只是將虚文漫演，前面説了，後面又將這一段翻轉，這只是不曾見得。所以不曾見得，只是不曾虚心看聖賢之書。固有不曾虚心看聖賢書底人，到得要去看聖賢書底，又先把他自一副當排在這裏，不曾見得聖人意。待做出，又只是自底。某如今看來，惟是聰明底人難讀書，難理會道理。蓋緣他先自有許多一副當，聖賢意思自是難入。」因説：「陳叔向是白撰一箇道理。某嘗説，教他據自底所見恁地説，也無害，只是又把那説來壓在這裏文字上。他也自見得自底虚了行不得，故如此。然如何將兩箇要捏做一箇得？一箇自方，一箇自圓，如何總合得？這箇不是他要如此，止緣他合下見得如此。如楊墨，楊氏終不成自要爲我，墨氏終不成自要兼愛，只緣他合下見得錯了。若不是見得如此，定不解常如此做。楊氏壁立萬仞，毫髮不容，較之墨氏又難。若不是他見得如此，如何心肯意肯？陳叔向所見咤異，它説『目視己色，耳聽己聲，口言己事，足循己行』。有目固當視天下之色，有耳固當聽天下之聲，有口固能言天下之事，有足固當循天下之行，他却如此説！看他意思是如此，只要默然静坐，是不看眼前物事，不聽別人説話，不説別人是非，不管別人事。又如説『言忠信，行篤敬』一章，便説道緊要只在『立則見其參於前，在輿則見其倚於衡』。問道：『見是見箇甚麽物事？』他便説：『見是見自家身己。』某與説，『立』是自家身己立在這裏了，『參於前』又是自家身己；『在輿』是自家身己坐在這裏了，『倚於衡』又是自家身己，却是有兩箇身己！又説格物做心，云：『格住這心，方會知得到。』未嘗見人把物做心，與他恁地説，他只是自底是。以此知，人最是知見爲急。聖人尚説：『學之不講，是吾憂也！』若只恁地死守得這箇心便了，聖人又須要人講學何故？若只守這心，據自家所見做將去，少間錯處都不知。」賀孫。

今人作文，皆不足爲文。大抵專務節字，更易新好生面辭語。至説義理處，又不肯分曉。觀前輩歐、蘇諸公作文，何嘗如此？聖人之言坦易明白，因言以明道，正欲使天下後世由此求之。使聖人立言要教人難曉，聖人之經定不作矣。若其義理精奥處，人所未曉，自是其所見未到耳。學者須玩味深思，久之自可見。何嘗如今人欲説又不敢分曉説！不知是甚所見。畢竟是自家所見不明，所以不敢深言，且鶻突説在裏。寓。

前輩文字有氣骨，故其文壯浪。歐公、東坡亦皆於經術本領上用功。今人只是於枝葉上粉澤爾，如舞訝鼓然，其間男子、婦人、僧、道、雜色，無所不有，但都是假底。舊見徐端立言，石林嘗云：「今世安得文章！只有箇減字换字法爾。如言『湖州』，必須去『州』字，只稱『湖』，此減字法也；不然，則稱『霅上』，此换字法也。」方子。蓋卿録云：「今人做文字，却是胭脂膩粉粧成，自是不壯浪，無骨氣。如舞訝鼓相似，也有男兒，也有婦女，也有僧、道、秀才，但都是假底。嘗見徐端立言，石林嘗云：『今世文章只是用换字、減字法。如説「湖州」，只説「湖」，此減字法；不然，則稱「霅上」，此换字法。嘗見張安道進卷，其文皆有直氣。』」謙録云：「『今來文字，至無氣骨。向來前輩雖是作時文，亦是朴實頭鋪事實，朴實頭引援，朴實頭道理。看著雖不入眼，却有骨氣。今人文字全無骨氣，便似舞訝鼓者，塗眉畫眼，僧也有，道也有，婦人也有，村人也有，俗人也有，官人也有，士人也有，只不是本樣人。然皆足以惑衆，真好笑也！』或云：『此是禁懷挾所致。』曰：『不然。自是時節所尚如此。只是人不知學，全無本柄，被人引動，尤而效之。正如而今作件物事，一箇做起，一人學起，有不崇朝而徧天下者。本來合當理會底事，全不理會，直是可惜！』」

貫穿百氏及經史，乃所以辨驗是非，明此義理，豈特欲使文詞不陋而已？義理既明，又能力行不倦，則其存諸中者，必也光明四達，何施不可！發而爲言，以宣其心志，當自發越不凡，可愛可傳矣。今執筆以習研鑽華采之文，務悦人者，外而已，可恥也矣！人傑。

以下論作文。

道者，文之根本；文者，道之枝葉。惟其根本乎道，所以發之於文，皆道也。三代聖賢文章，皆從此心寫出，文便是道。今東坡之言曰：「吾所謂文，必與道俱。」則是文自文而道自道，待作文時，旋去討箇道來入放裏面，此是它大病處。只是它每常文字華妙，包籠將去，到此不覺漏逗。説出他本根病痛所以然處，緣他都是因作文，却漸漸説上道理來；不是先理會得道理了，方作文，所以大本都差。歐公之文則稍近於道，不爲空言。如唐禮樂志云：「三代而上，治出於一；三代而下，治出於二。」此等議論極好，蓋猶知得只是一本。如東坡之説，則是二本，非一本矣。僩。

才要作文章，便是枝葉，害著學問，反兩失也。壽昌。

詩律雜文，不須理會。科舉是無可柰何，一以門户，一以父兄在上責望。科舉却有了時，詩文之類看無出時節。芝。

一日説作文，曰：「不必著意學如此文章，但須明理。理精後，文字自典實。伊川晚年文字，如易傳，直是盛得水住！蘇子瞻雖氣豪善作文，終不免疏漏處。」大雅。

問：「要看文以資筆勢言語，須要助發義理。」曰：「可看孟子、韓文。韓不用科段，直便説起去至終篇，自然純粹成體，無破綻。如歐、曾却各有一箇科段。却曾學曾，爲其節次定了。今覺得要説一意，須待節次了了，方説得到。及這一路定了，左右更去不得。」又云：「方之文有澀處。」因言：「陳阜卿教人看柳文了，却看韓文。不知看了柳文，便自壞了，如何更看韓文！」方。

因論文，曰：「作文字須是靠實，説得有條理乃好，不可架空細巧。大率要七分實，只二三分文。如歐公文字好者，只是靠實而有條理。如張承業及宦者等傳自然好。東坡如靈壁張氏園亭記最好，亦是靠實。秦少游龍井記之類，全是架空説去，殊不起發人意思。」時舉。

文章要理會本領。謂理。前輩作者多讀書，亦隨所見理會，今皆做賢良進卷胡作。

每論著述文章，皆要有綱領。文定文字有綱領，龜山無綱領，如字說、三經辨之類。方。

前輩做文字，只依定格依本分做，所以做得甚好。後來人却厭其常格，則變一般新格做。本是要好，然未好時先差去聲。異了。又云：「前輩用言語，古人有説底固是用，如世俗常説底亦用。後來人都要别撰一般新奇言語，下梢與文章都差異了，却將差異底説話換了那尋常底説話。」燾。

問「舍弟序子文字如何進工夫」云云。曰：「看得韓文熟。」饒録云：「看一學者文字，曰：『好好讀得韓文熟。』」又曰：「要做好文字，須是理會道理。更可以去韓文上一截，如西漢文字用工。」問：「史記如何？」曰：「史記不可學，學不成，却顛了，不如且理會法度文字。」問後山學史記。曰：「後山文字極法度，幾於太法度了。然做許多碎句子，是學史記。」又曰：「後世人資禀與古人不同。今人去學左傳、國語，皆一切踏踏地説去，没收煞。」揚。

文字奇而穩方好。不奇而穩，只是闒靸。燾。

作文何必苦留意？又不可太頽塌，只略教整齊足矣。文蔚。

前輩作文者，古人有名文字，皆模擬作一篇。故後有所作時，左右逢原。

因論詩，曰：「嘗見傅安道説爲文字之法，有所謂『筆力』，有所謂『筆路』。筆力到二十歲許便定了，便後來長進，也只就上面添得些子。筆路則常拈弄時，轉開拓；不拈弄，便荒廢。此説本出於李漢老，看來作詩亦然。」雉。

因説伯恭所批文，曰：「文章流轉變化無窮，豈可限以如此？」某因説：「陸教授謂伯恭有箇文字腔子，才作文字時，便將來入箇腔子做，文字氣脈不長。」先生曰：「他便是眼高，見得破。」

至之以所業呈先生，先生因言：「東萊教人作文，當看獲麟解，也是其間多曲折。」又曰：「某舊最愛看陳無己文，他文字也多曲折。」謂諸生曰：「韓、柳文好者不可不看。」道夫。

人要會作文章，須取一本西漢文，與韓文、歐陽文、南豐文。燾。

因論今日舉業不佳，曰：「今日要做好文者，但讀史、漢、韓、柳而不能，便請斫取老僧頭去！」

嘗與後生説：「若會將漢書及韓、柳文熟讀，不到不會做文章。舊見某人作馬政策云：『觀戰，奇也；觀戰勝，又奇也；觀騎戰勝，又大奇也！』這雖是粗，中間却有好意思。如今時文，一兩行便做萬千屈曲，若一句題也要立兩脚，三句題也要立兩脚，這是多少衰氣！」賀孫。

後人專做文字，亦做得衰，不似古人。前輩云：「言衆人之所未嘗，任大臣之所不敢！」多少氣魄！今成甚麼文字！節。

人有才性者，不可令讀東坡等文。有才性人，便須取入規矩；不然，蕩將去。因論今人作文，好用字子。如讀漢書之類，便去收拾三兩箇字。洪邁又較過人，亦但逐三兩行文字筆勢之類好者讀看。因論南豐尚解使一二字，歐、蘇全不使一箇難字，而文章如此好！揚。

凡人做文字，不可太長，照管不到，寧可說不盡。歐、蘇文皆說不曾盡。東坡雖是宏闊瀾翻，成大片滾將去，他裏面自有法。今人不見得他裏面藏得法，但只管學他一滾做將去。

文字或作「做事」。無大綱領，拈掇不起。某平生不會做補接底文字，補凑得不濟事。方子。

前輩云：「文字自有穩當底字，只是始者思之不精。」又曰：「文字自有一箇天生成腔子，古人文字自貼這天生成腔子。」節。

因論今世士大夫好作文字，論古今利害，比並爲說，曰：「不必如此，只要明義理。義理明，則利害自明。古今天下只是此理。所以今人做事多暗與古人合者，只爲理一故也。」大雅。

人做文字不著，只是説不著，説不到，説自家意思不盡。燾。

看陳蕃叟同合録序，文字艱澀。曰：「文章須正大，須教天下後世見之，明白無疑。」揚。

因説作應用之文，「此等苛禮，無用亦可。但人所共用，亦不可廢」。曹宰問云：「尋常人徇人情做事，莫有牽制否？」曰：「孔子自有條法，『從衆』、『從下』，惟其當爾。」謙。

大率諸義皆傷淺短，鋪陳略盡，便無可説。不見反覆辨論節次發明工夫，讀之未終，已無餘味矣，此學不講之過也。抄漳浦課簿。道夫。

顯道云：「李德遠侍郎在建昌作解元，做本强則精神折衝賦，其中一聯云：『虎在山而藜藿不採，威令風行；金鑄鼎而魑魅不逢，姦邪影滅！』試官大喜之。乃是全用汪玉谿相黄潛善麻制中語，後來士人經禮部訟之。時樊茂實爲侍郎，乃云：『此一對，當初汪内翰用時却未甚好，今被李解元用此賦中，見得工。』訟者遂無語而退。德遠緣此見知於樊先生。」因舉舊有人作仁人之安宅賦一聯云：「智者反之，若去國念田園之樂；衆人自棄，如病狂昧宫室之安。」

朱子語類卷第一百四十

論文下詩

或言今人作詩，多要有出處。曰：「『關關雎鳩』，出在何處？」文蔚。

因説詩，曰：「曹操作詩必説周公，如云：『山不厭高，水不厭深；周公吐哺，天下歸心！』又，苦寒行云：『悲彼東山詩。』他也是做得箇賊起，不惟竊國之柄，和聖人之法也竊了！」夔孫。

詩見得人。如曹操雖作酒令，亦説從周公上去，可見是賊。若曹丕詩，但説飲酒。古詩須看西晉以前，如樂府諸作皆佳。杜甫夔州以前詩佳；夔州以後自出規模，不可學。蘇黄只是今人詩。蘇才豪，然一滚説盡，無餘意；黄費安排。德明。

選中劉琨詩高。東晉詩已不逮前人，齊梁益浮薄。鮑明遠才健，其詩乃選之變體，李太白專學之。如「腰鐮刈葵藿，倚杖牧鷄豚」，分明説出箇倔强不肯甘心之意。如「疾風衝塞起，砂礫自飄揚；馬尾縮如蝟，角弓不可張」，分明説出邊塞之狀，語又俊健。方子。

淵明詩平淡出於自然。後人學他平淡，便相去遠矣。某後生見人做得詩好，鋭意要學。遂將淵明詩平側用字，一一依他做。到一月後便解自做，不要他本子，方得作詩之法。

或問：「『形夭無千歲』，改作『形天舞干戚』，如何？」曰：「山海經分明如此説，惟周丞相不信改本。向薌林家藏邵康節親寫陶詩一册，乃作『形夭無千歲』。周丞相遂跋尾，以康節手書爲據，以爲後人妄改也。向家子弟攜來求跋，某細看，亦不是康節親筆，疑熙豐以後人寫，蓋贋本也。蓋康節之死在熙寧二三年間，而詩中避『畜』諱，則當是熙寧以後書。然筆畫嫩弱，非老人筆也。又不欲破其前説，遂還之。」雉。

蘇子由愛選詩「亭皋木葉下，隴首秋雲飛」，此正是子由慢底句法。某却愛「寒城一以眺，平楚正蒼然」，十字却有力！雉。

齊梁間之詩，讀之使人四肢皆懶慢不收拾。

晉人詩惟謝靈運用古韻，如「祐」字協「燭」字之類。唐人惟韓退之、柳子厚、白居易用古韻，如毛穎傳「牙」字、「資」字、「毛」字皆協「魚」字韻是也。人傑。

唐明皇資禀英邁，只看他做詩出來，是甚麽氣魄！今唐百家詩首載明皇一篇早渡蒲津關，多少飄逸氣概！便有帝王底氣燄。越州有石刻唐朝臣送賀知章詩，亦只有明皇一首好，有曰：「豈不惜賢達，其如高尚何！」雉。

李太白詩不專是豪放，亦有雍容和緩底，如首篇「大雅久不作」，多少和緩！陶淵明詩人皆説是平淡。據某看，他自豪放，但豪放得來不覺耳。其露出本相者是詠荆軻一篇，平淡底人如何説得這樣言語出來！雉。

張以道問：「太白五十篇古風不似他詩，如何？」曰：「太白五十篇古風是學陳子昂感遇詩，其間多有全用他句處。」義剛。

杜詩初年甚精細，晚年橫逆不可當，只意到處便押一箇韻。如自秦州入蜀諸詩，分明如畫，乃其少作也。李太白詩非無法度，乃從容於法度之中，蓋聖於詩者也。古風兩卷多效陳子昂，亦有全用其句處。太白去子昂不遠，其尊慕之如此。然多爲人所亂，有一篇分爲三篇者，有三篇合爲一篇者。方子。佐同。

李太白終始學選詩，所以好。杜子美詩好者亦多是效選詩，漸放手，夔州諸詩則不然也。雉。

或問：「李白：『清水出芙蓉，天然去雕飾。』前輩多稱此語，如何？」曰：「自然之好，又不如『芙蓉露下落，楊柳月中疏』，則尤佳。」雉。

「人多説杜子美夔州詩好，此不可曉。夔州詩却説得鄭重煩絮，不如他中前有一節詩好。魯直一時固自有所見。今人只見魯直説好，便却説好，如矮人看戲耳！」問：「韓退之潮州詩，東坡海外詩，如何？」曰：「却好。東坡晚年詩固好。只文字也多是信筆胡説，全不看道理。」雉。

杜子美晚年詩都不可曉。吕居仁嘗言，詩字字要響。其晚年詩都啞了，不知是如何，以爲好否？

杜詩：「萬里戎王子，何年別月支？」後説花云云，今人只説道戎王子自月支帶得花來。此中嘗有一人在都下，見一蜀人遍鋪買戎王子，皆無。曰：「是蜀中一藥，爲本草不曾收，今遂無人蓄。」方曉杜詩所言。

文字好用經語，亦一病。老杜詩：「致思遠恐泥。」東坡寫此詩到此句云：「此詩不足爲法。」璘。

杜詩最多誤字。蔡興宗正異固好而未盡。某嘗欲廣之，作杜詩考異，竟未暇也。如「風吹蒼江樹，雨洒石壁來」，「樹」字無意思，當作「去」字無疑，「去」字對「來」字。又如蜀有「漏天」，以其西北陰盛，常雨，如天之漏也，故杜詩云：「鼓角漏天東。」後人不曉其義，遂改「漏」字爲「滿」，似此類極多。雉。

「天[illegible]象緯逼」，蔡興宗作「天闚」，近是。蔡云：「古本作『闚』。」史：「以管窺天。」佐。

杜子美「暗飛螢自照」，語只是巧。韋蘇州云：「寒雨暗深更，流螢度高閣。」此景色可想，但則是自在説了。因言：「國史補稱韋『爲人高潔，鮮食寡欲。所至之處，掃地焚香，閉閤而坐』。其詩無一字做作，直是自在。其氣象近道，意常愛之。」問：「比陶如何？」曰：「陶却是有力，但語健而意閑。隱者多是帶氣負性之人爲之。陶欲有爲而不能者也，又好名。韋則自在，其詩直有做不著處便倒塌了底。晉宋間詩多閑淡。杜工部等詩常忙了。陶云『身有餘勞，心有常閑』，乃禮記『身勞而心閑則爲之也』。」方。

韋蘇州詩高於王維、孟浩然諸人，以其無聲色臭味也。方。

韓詩平易。孟郊喫了飽飯，思量到人不到處。聯句中被他牽得，亦著如此做。

人不可無戒慎恐懼底心。莊子説，庖丁解牛神妙，然才到那族，必心怵然爲之一動，然後解去。心動便是懼處。韓文鬭雞聯句云：「一噴一醒然，再接再礪乃！」謂雖困了，一以水噴之便醒。「一噴一醒」，即所謂懼也。此是孟郊語，也説得好。又曰：「争觀雲填道，助叫波翻海！」此乃退之之豪；「一噴一醒然，再接再礪乃」，此是東野之工。雉。

韓退之詩：「强懷張不滿，弱力闕易盈。」上句是助長，下句是歉。雉。

退之木鵝詩末句云：「直割蒼龍左耳來！」事見龍川志，正是木鵝事。

李賀較怪得些子，不如太白自在。又曰：「賀詩巧。」義剛。

劉叉詩：「斗柄寒垂地，河流凍徹天。」介甫詩：「柳樹鳴蜩緑暗，荷花落日紅酣。」王建田家留客云：「丁寧回語屋中妻，有客莫令兒夜啼！」方子。

詩須是平易不費力，句法混成。如唐人玉川子輩句語雖險怪，意思亦自有混成氣象。因舉陸務觀詩：「春寒催喚客嘗酒，夜静卧聽兒讀書。」不費力，好。賜。

「行年三十九，歲莫日斜時。孟子心不動，吾今其庶幾！」此樂天以文滑稽也。然猶雅馴，非若今之作者村裏雜劇也！方子。佐同。

白樂天琵琶行云「嘈嘈切切錯雜彈，大珠小珠落玉盤」云云，這是和而淫；至「凄凄不似向前聲，滿坐重聞皆淹泣」，這是淡而傷。道夫。

唐文人皆不可曉。如劉禹錫作詩説張曲江無後，及武元衡被刺，亦作詩快之。白樂天亦有一詩暢快李德裕。樂天，人多説其清高，其實愛官職。詩中凡及富貴處，皆説得口津津地涎出。杜子美以稷契自許，未知做得與否？然子美却高，其救房琯，亦正。必大。

木蘭詩只似唐人作。其間「可汗」「可汗」，前此未有。方子。

黄巢入京師，其夜有人作詩貼三省門罵之。次日盡搜京師，識字者一切殺之。詩莫盛於唐，亦莫慘於唐也！揚。

先生偶誦寒山數詩，其一云：「城中娥眉女，珠佩何珊珊！鸚鵡花間弄，琵琶月下彈。長歌三日響，短舞萬人看。未必長如此，芙蓉不奈寒！」云：「如此類，煞有好處，詩人未易到此。公曾看否？」壽昌對：「亦嘗看來。近日送浩來此洒掃時，亦嘗書寒山一詩送行云：『養子未經師，不及都亭鼠。何曾見好人？豈聞長者語？爲染在薰蕕，應須擇朋侶。五月敗鮮魚，勿令他笑汝！』」壽昌。

因舉石曼卿詩極有好處，如「仁者雖無敵，王師固有征；無私乃時雨，不殺是天聲」長篇。某舊於某人處見曼卿親書此詩大字，氣象方嚴遒勁，極可寶愛，真所謂「顏筋柳骨」！今人喜蘇子美字，以曼卿字比之，子美遠不及矣！某嘗勸其人刻之，不知今安在。曼卿詩極雄豪，而縝密方嚴，極好。如籌筆驛詩：「意中流水遠，愁外舊山青。」又「樂意相關禽對語，生香不斷樹交花」之句極佳，可惜不見其全集，多於小說詩話中略見一二爾。曼卿胸次極高，非諸公所及。其爲人豪放，而詩詞乃方嚴縝密，此便是他好處，可惜不曾得用！雉。子蒙同。

東坡作詩譏一昏闇之人，有句云：「煙雨塞九竅！」黎矇子詩。璘。

蜚卿問山谷詩，曰：「精絶！知他是用多少工夫。今人卒乍如何及得！可謂巧好無餘，自成一家矣。但只是古詩較自在，山谷則刻意爲之。」又曰：「山谷詩忒好了。」道夫。

陳後山初見東坡時，詩不甚好。到得爲正字時，筆力高玅。如題趙大年所畫高軒過圖云：「晚知畫書真有益，却悔歲月來無多！」極有筆力。其中云「八二」者，乃大年行次也。雉。

「閉門覓句陳無己，對客揮毫秦少游。」無己平時出行，覺有詩思，便急歸，擁被臥而思之，呻吟如病者，或累日而後成，真是「閉門覓句」。如秦少游詩甚巧，亦謂之「對客揮毫」者，想他合下得句便巧。張文潛詩只一筆寫去，重意重字皆不問，然好處亦是絕好。淳。

陳博士在坡公之門，遠不及諸公。未説如秦、黃之流，只如劉景文詩云：「四海共知霜滿鬢，重陽曾插菊花無？」陳詩無此句矣。其雜文亦自不及備論。道夫。

山谷集中贈覺範詩乃覺範自作。又曰：「山谷詩乃洪駒父輩刪集。」剛。

覺範詩如何及得參寥！義剛。

張文潛詩有好底多，但頗率爾，多重用字。如梁甫吟一篇，筆力極健。如云「永安受命堪垂涕，手挈庸兒是天意」等處，説得好，但結末差弱耳。又曰：「張文潛大詩好，崔德符小詩好。」又曰：「蘇子由詩有數篇，誤收在文潛集中。」雉。

崔德符魚詩云：「小魚喜親人，可鈎亦可扛；大魚自有神，出没不可量。」如此等作甚好，文鑑上却不收。不知如何正道理不取，只要巧！

潘邠老有一詩，一句説一事，更成甚詩！必大。

古人詩中有句，今人詩更無句，只是一直説將去。這般詩，一日作百首也得。如陳簡齋詩：「亂雲交翠壁，細雨濕青松」；「暖日薰楊柳，濃陰醉海棠」，他是什麽句法！雉。

「高宗最愛簡齋：『客子光陰詩卷裏，杏花消息雨聲中。』」又問坐間云：「簡齋墨梅詩，何者最勝？」或以「皋」字韻一首對。先生曰：「不如『相逢京洛渾依舊，惟恨緇塵染素衣』！」雉。

劉叔通屢舉簡齋：「六經在天如日月，萬事隨時更故新。江南丞相浮雲壞，洛下先生宰木春！」前謂荆公，後謂伊川。先生曰：「此詩固好，然也須與他分一箇是非始得。天下之理，那有兩箇都是？必有一箇非。」雉。

有人過昭陵題絶句云：「桑麻不擾歲豐登，邊將無功吏不能。四十二年那忍説，西風吹淚過昭陵！」後來人説是劉信叔詩也。廣。

「政爾雪峰千百衆，澹然雲水一孤僧。」曾文清詩。璘。

舉南軒詩云：「卧聽急雨打芭蕉。」先生曰：「此句不響。」曰：「不若作『卧聞急雨到芭蕉』。」又言：「南軒文字極易成。嘗見其就腿上起草，頃刻便就！」至。

劉叔通、江文卿三〔一〕人皆能詩：叔通放體不拘束底詩好，文卿有格律入規矩底詩好。游開子蒙嘗和劉叔通詩：「昨夜劉郎叩角歌，朔雲寒雪滿山阿。文章無用乃如此，富貴不來争柰何！」雉録又四句云：「邴鄭鄉嘗依北海，晁張今復事東坡。吹噓合有飛騰便，未用溪頭買釣簑。」此詩若遇蘇、黄，須提掇他。文蔚。雉録云：「先生屢稱之曰：『詩須不費力方好。此等使蘇、黄見之，當賞音。人固有遇耳。』」

方伯謨詩不及其父錢監公豪壯。黄子厚詩却老硬，只是太枯淡。徐思遠玉山人。與汝談，比諸人較好。思遠乃程克俊之甥，亦是有源流。雉。

或問趙昌父、徐斯遠、韓仲止。曰：「昌父較懇惻。」又問三兄詩文。曰：「斯遠詩文雖小，畢竟清。」文蔚。

「力推獰龍借水飲，手却猛虎奪石坐。」劉淳叟詩。雲谷有虎挨石，淳叟作此，自以爲好，不可曉。璘。

谷簾水所以好處，某向欲作一首形容之，然極難言。大概到口便空又滑，然此兩字亦説未出。必大。

〔一〕「三」，似當作「二」。

「龍衮新天子，羊裘老故人！」意味。道夫。

「羣趨浴沂水，遥集舞雩風。」同安日試風乎舞雩詩。

蔡京父子在京城之西兩坊對賜甲第四區，極天下土木之工。一曰太師第，乃京之自居也；二曰樞密第，乃攸之居也；三曰駙馬第，乃鞗之居也；四曰殿監第，乃攸子之居也。攸妻劉，乃明達、明節之族，有寵，而二劉不能容，乃出嫁攸，權寵之盛亞之。京、攸四第對開，金碧相照。嘗見上官仲恭詩一篇，其間有城西曲，言蔡氏奢侈敗亡之事，最爲豪健。末云：「君不見，喬木參天獨樂園，至今猶是温公宅！」仲恭乃上官彦衡之子也，惜乎其詩不行於世！雉。

本朝婦人能文，只有李易安與魏夫人。李有詩，大略云「兩漢本繼紹，新室如贅疣」云云。「所以嵇中散，至死薄殷周。」中散非湯武得國，引之以比王莽。如此等語，豈女子所能！

有鬼詩云：「鶯聲不逐春光老，花影長隨日脚流。」庚。

有僧月夜看海潮，得句云「沙邊月趁潮回」，而無對。因看風飄木葉，乃云「木末風隨葉下」，雖對不過，亦且如此。

問曾慥所編百家詩。曰：「只是他所見如此。他要無不會，詩詞文章字畫外，更編道書八十卷。又别有一書甚少，名八段錦，看了便真以爲是神仙不死底人。」古樂府只是詩，中間却添許多泛聲。後來人怕失了那泛聲，逐一聲添箇實字，遂成長短句，今曲子便是。胡泳。

作詩間以數句適懷亦不妨。但不用多作，蓋便是陷溺爾。當其不應事時，平淡自攝，豈不勝如思量詩句？至如真味發溢，又却與尋常好吟者不同。

近世諸公作詩費工夫，要何用？元祐時有無限事合理會，諸公却盡日唱和而已。今言詩不必作，且道恐分了爲學工夫。然到極處，當自知作詩果無益。必大。

今人所以事事做得不好者，緣不識之故。只如箇詩，舉世之人盡命去奔去聲。做，只是無一箇人做得成詩。他是不識，好底將做不好底，不好底將做好底。這箇只是心裏鬧，不虚静之故。不虚不静故不明，不明故不識。若虚静而明，便識好物事。雖百工技藝做得精者，也是他心虚理明，所以做得來精。心裏鬧，如何見得！僩。

詩社中人言，詩皆原於賡歌。今觀其詩，如何有此意？

作詩先用看李杜，如士人治本經，本既立，次第方可看蘇黄以次諸家詩。廣。敬仲同。

因林擇之論趙昌父詩，曰：「今人不去講義理，只去學詩文，已落第二義。况又不去學好底，却只學去做那不好底。作詩不學六朝，又不學李杜，只學那嶢崎底。今便學得十分好後，把作甚麽用？莫道更不好。如近時人學山谷詩，然又不學山谷好底，只學得那山谷不好處。」擇之云：「後山詩恁地深，他資質儘高，不知如何肯去學山谷？」曰：「後山雅健强似山谷，然氣力不似山谷較大，但却無山谷許多輕浮底意思。然若論叙事，又却不及山谷。山谷善叙事情，叙得盡，後山叙得較有疏處。若散文，則山谷大不及後山。」淳録云：「後山詩雅健勝山谷，無山谷瀟洒輕揚之態。然山谷氣力又較大，叙事詠物，頗盡事情。其散文又不及後山。」擇之云：「歐公好梅聖俞詩，然聖俞詩也多有未成就處。」曰：「聖俞詩不好底多。如河豚詩，當時諸公説道恁地好，據某看來，只似箇上門罵人底詩；只似脱了衣裳，上人門罵人父一般，初無深遠底意思。後山、山谷好説文章，臨作文時，又氣餒了。老蘇不曾説，到下筆時做得却雄健。」義剛。淳略。

今江西學者有兩種：有臨川來者，則漸染得陸子静之學；又一種自楊謝來者，又不好。子静門猶有所謂「學」。不知窮年窮月做得那詩，要作何用？江西之詩，自山谷一變至楊廷秀，又再變，遂至於此。本朝楊大年雖巧，然巧之中猶有混成底意思，便巧得來不覺。及至歐公，早漸漸要説出來。然歐公詩自好，所以他喜梅聖俞詩，蓋枯淡中有意思。歐公最喜一人送别詩兩句云：「曉日都門道，微凉草樹秋。」又喜王建詩：「曲徑通幽處，禪房花木深。」歐公自言平生要道此語不得。今人都不識這意思，只要嵌字，使難字，便云好。雉。

先生因說：「古人做詩，不十分著題，却好；今人做詩，愈著題，愈不好。」或舉某人會做詩。曰：「他是某人外甥，他家都會做詩，自有文種。」又云：「某嘗謂氣類近，風土遠；氣類才絕，便從風土去。且如北人居婺州，後來皆做出〔一〕婺州文章，間有婺州鄉談在裏面者，如呂子約輩是也。」燾。

或問：「倉頡作字，亦非細人。」曰：「此亦非自撰出，自是理如此。如『心』、『性』等字，未有時，如何撰得？只是有此理，自流出。」可學。字附。

大凡字，只聲形二者而已。如「楊」字，「木」是形，「昜」是聲，其餘多有只從聲者。按：六書中，形聲其一。㽦。

凡字，如「楊」、「柳」字，「木」是文，「昜」、「卯」是字；如「江」、「河」字，「水」是文，「工」、「可」是字。字者，滋也，謂滋添者是也。揚。

因說叶韻，先生曰：「此謂有文有字。文是形，字是聲。文如從『水』從『金』從『木』從『日』從『月』之類；字是『皮』、『可』、『工』、『奚』之類。故鄭漁仲云：『文，眼學也；字，耳學

〔一〕「做出」，原作「出做」，據陳本改。

也。』蓋以形、聲别也。」時舉。

「壹」、「貳」、「叁」、「肆」，皆是借同聲字。「柒」字本無此字，唯有「漆沮」之「漆」。「漆」字草書頗似「柒」，遂誤以爲真。洪氏隸釋辨不及此。閎祖。

「世」字與「太」字，古多互用，如太子爲世子、太室爲世室之類。廣。

黄直卿云：「如傭僱之『傭』，也只訓『用』。以其我用他，故將僱以還其力。由此取義，此皆是兩通底字。」義剛。

「夷」、「狄」字，皆從禽獸旁。「苗」本有「反犬」。古人字通用，無亦得。義剛。

古人相形造字，自是動不得。如「轡」字，後面一箇「車」，兩邊從「糸」，即纏繩也，前面口字，即馬口也，馬口中銜著纏繩也。子蒙。

秦篆今皆無此本，而今只是摹本，自宋莒公已不見此本了。義剛。

説文亦有誤解者，亦有解不行者。音是徐鉉作，許氏本無。必大。

玉篇偏傍多誤收者，如「者」、「考」、「老」是也。畬。

韻書難理會。如昨日檢「抑」字，玉篇、説文中檢「扌」及「邑」附，皆不見。後來在集韻中尋出，乃云「反印也」，却在「印」部尋得。元來無挑「扌」，如此寫「㧞」。義剛。

字之反切，其字母同者，便可互用，如「戎」、「汝」是也。「逝」字從「折」，故可與「害」字叶韻。必大。

五方之民，言語不通，却有暗合處。蓋是風氣之中有自然之理，便有自然之字，非人力所能安排，如「福」與「備」通。

洪州有一部洪韻。太平州亦有部韻家文字。義剛。

二王書，某曉不得，看著只見俗了。今有箇人書得如此好俗。法帖上王帖中亦有寫唐人文字底，亦有一釋名底，此皆僞者。揚。

字説自不須辯。只看説文字類，便見王字無意思。字類有六，會意居其一。方。

字被蘇黄胡亂寫壞了。近見蔡君謨一帖，字字有法度，如端人正士，方是字。揚。

論書，因及東坡少壯老字之異。南康有人有一卷如此。因説：「南軒喜字，然不甚〔能〕〔一〕辨。因有一僞書東坡題字，不好，南軒以「端莊」顯之。因論麻衣易不難辨，南軒以快之故。嘗（難）（歡）〔勸〕〔二〕其改一文，曰：「改亦只如是，不解更好了。」揚。

子瞻單勾把筆，錢穆父見之，曰：「尚未能把筆邪？」方。

〔一〕據陳本改。
〔二〕據陳本改。

山谷不甚理會得字，故所論皆虛；米老理會得，故所論皆實。嘉祐前前輩如此厚重。胡安定於義理不分明，然是甚氣象！

魯直論字學，只好於印册子上看。若看碑本，恐自未能如其所言。必大。

字法直〔一〕黑内，黄魯直論得玄甚，然其字却且如此。揚。

筆力到，則字皆好。不曰有筆力。如胸中別樣，即動容周旋中禮。方。

寫字不要好時，却好。文蔚。

「南海諸番書，煞有好者，字畫遒勁，如古鍾鼎欵識。諸國各不同，風氣初開時，此等事到處皆有開其先者，不獨中國也。」或問古今字畫多寡之異。曰：「古人篆刻筆畫雖多，然無一筆可減。今字如此簡約，然亦不可多添一筆。便是世變自然如此。」僩。

「鄒德父楷書大學，今人寫得如此，亦是難得。只是黄魯直書自謂人所莫及，自今觀之，亦是有好處；但自家既是寫得如此好，何不教他方正？須要得恁欹斜則甚？又他也非不知端楷爲是，但自要如此寫；亦非不知做人誠實端慤爲是，但自要恁地放縱。」道夫。

夫問：「何謂書窮八法？」曰：「只一點一畫，皆有法度，人言『永』字體具八法。」行夫。

〔一〕「直」，陳本作「在」。

「張于湖字，何故人皆重之？」曰：「也是好，但是不把持，愛放縱。本朝如蔡忠惠以前，皆有典則。及至米元章、黄魯直諸人出來，便不肯恁地。要之，這便是世態衰下，其爲人亦然。」道夫言：「尋嘗見魯直亦説好話，意謂他與少游諸人不同。」曰：「他也却説道理。但到做處，亦與少游不争多。他一輩行皆是恁地。」道夫曰：「也是坡公做頭，故他們從而和之。」曰：「然。某昨日看他與李方叔一詩，説他起屋，有甚明窗净几，眼前景致，末梢又只歸做好吟詩上去。若是要只粗説，也且説讀書窮究古今成敗之類亦可，如何却專要吟詩便了？」道夫曰：「看他也是將這箇來做一箇緊要處。」曰：「他是將來做箇大事看了，如唐韓、柳皆是恁地。」道夫云：「嘗愛歐公詩云：『至哉天下樂！終日在書案。』這般意思甚好。」曰：「他也是説要讀書。只歐公却於文章似説不做亦無緊要。如送徐無黨序所謂『無異草木榮華之飄風，鳥獸好音之過耳』，皆是這意思。」道夫曰：「前輩皆有一病。如歐公又却疑繫辭非孔子作。」曰：「這也是他一時所見。如繫辭、文言若是〔一〕孔子做，如何又却有『子曰』字？某嘗疑此等處，如五峰刻通書相似，去了本來所有篇名，却於每篇之首加一『周子曰』字。通書去了篇名，有篇内無本篇字，如『理性命』章者，煞不可理會。蓋

〔一〕「是」字誤，當作「非」。

『厥彰厥微，匪靈弗瑩』，是說理；『剛善剛惡，柔亦如之，中焉止矣』，是説性，自此以下却説命。章内全無此三字，及所加『周子曰』三字又却是本所無者。次第易繫、文言亦是門人弟子所勦入爾。」道夫問：「五峰於通書何故輒以己意加損？」曰：「他病痛多，又寄居湖湘間，士人希疏。兼他自立得門庭又高，人既未必信他；被他門庭高，人亦一向不來。來到他處箇，又是不如他底，不能問難，故絶無人與之講究，故有許多事。」道夫曰：「如他説孟子道性善，似乎好奇，全不平帖。」曰：「他不是好奇，只是看不破，須著如此説。又如疑孟辨別自做出一樣文字，温公疑得固自不是，但他箇更無理會。某嘗謂，今只將前輩與聖賢説話來看，便見自家不及他處。今孟子説得平易如此，温公所疑又見明白，自家却説得恁地聱牙，如何辨得他倒！」道夫曰：「如此則是他只見那一邊，不知有這一邊了。」曰：「他都不知了。只如楊氏爲我，只知爲我，都不知聖賢以天地萬物爲一體，公其心而無所私底意思了。又如老氏之虚無清净，他只知箇虚無清净。今人多言釋氏本自見得這箇分明，只是見人如何，遂又别爲一説。某謂豈有此理！只認自家説他不知，便得。」先生以手指其下月曰：「他若知之，則白處便須還是白，黑處便須還是黑，豈有知之而不言者？此孟子所謂『詖辭知其所蔽，淫辭知其所陷，邪辭知其所離，遁辭知其所窮』。辭之不平，便是他蔽了，蔽了便陷，陷了便離，離了便窮。且如五峰疑孟辨忽出甚『感物而動者，衆人也；感物而節者，賢人也；感物而通者，聖人也』。劈頭便駡了箇動。他之意，是聖人之心雖感物，只静在這裏，感物而動便不好。中間胡廣仲只管支離蔓衍説將去，更説不回。某一日讀文定春秋，有『何況聖人之心感物而動』一語。某執以問之曰：『若以爲感物而動是不好底心，則文定當時何故有此説？』廣仲遂語塞。」先生復笑而言曰：「蓋他只管守著五峰之説不肯放，某却又討得箇大似五峰者與他説，只是以他家人自與之辨極好。道理只是見不破，彼便有許多病痛。」道夫。

拾遺 編成而又有遺者，萃此。

志氣清明，思慮精一，炯然不昧，而常有以察於幾微之間，則精矣；立心之剛，用力之篤，毅然自守，而常有以謹於毫釐之失，則一矣。

人心之動，變態不一。所謂「五分天理，五分人欲」者，特以其善惡交戰而言爾。有先發於天理者，有先發於人欲者，蓋不可以一端盡也。

人心但以形氣所感者而言爾。具形氣謂之人，合義理謂之道，有知覺謂之心。便以動者爲危，亦未當。若動於義理，則豈得謂之危乎？

「允執」，有常久不變之意者得之。此建别録所載。廣録五條疑是答學書語。今入此。

寤寐者，心之動静也；有思無思者，又動中之動静也；思有善惡，又動中動，陽明陰濁也。有夢無夢者，又静中之動静也。夢有邪正，又静中動，陽明陰濁也。但寤陽而寐陰，寤清而寐濁，寤有主而寐無主，故寂然感通之妙，必於寤而言之。寤則虚靈知覺之體燀然呈露，如一陽復而萬物生意皆可見；寐則虚靈知覺之體隱然潛伏，如純坤月而萬物生性不可窺。此答陳淳書，而詳。

問遺書

「忠信進德終日」以下，是説此一理，後言形氣。今古人我皆一統，「神如在上，在左右」，是道體偏滿。「誠」字是實理如此。

「射中鵠，舞中節，御中度。」無誠心則不中。言多不記。

「理義悦心是愜當。玩理養心則兩進。」一是知而悦，一是養而悦。

「當知用心緩急。」如大經大體，是要先知用心，以此乃可緩緩進。

「曲能有誠」，有誠則不曲矣。蓋誠者，圓成無欠闕者也。

「萬物無一物失所」，是使之各得其分恰好處。

「人心活則周流」，無偏係即活。憂患樂好，皆偏係也。方謂，無私意則循天之理，自然周流。

「事君有犯無隱，事親有隱無犯」，有時而可分。言事君親之心本同也。

「只歸之自然，則更無可觀，更無可玩索。」上句謂不求其所以然，只説箇自然，是顢頇也，謂不可如此爾。○龜山答人問赤子入井令求所以然一段，好。

「仁則固一，一所以爲仁」，言所以一者是仁也。

「仁在事。」若不於事上看，如何見仁？

「退藏於密」，密是主静處，萬化出焉者。動中之静，固是静；又有大静，萬化森然者。

「斷置」，言倒斷措置也。

言四德，云：「不有其功，常久而已者也。」不有其功，言化育之無迹處爲貞。因言：「貞於五常爲智。孟子曰：『知斯二者弗去是也。』既知，又曰『弗去』，有兩義。又，文言訓『正固』，又於四時爲冬，冬有始終之義。王氏亦云，腎有兩，有龜有蛇，所以朔易亦猶貞也。又傳曰：『貞各稱其事。』」問：「咸傳之九四説虚心貞一處，全似敬。」答云：「蓋嘗有語曰：『敬，心之貞也。』」

孔子既知桓魋不能害己，又却微服過宋一段，有盡人事回造化立命之意。方。止此。

「知性善以忠信爲本。」須是的然識得這箇物事，然後從忠信做將去。若不識得這箇，不知是做甚麽，故曰：「先立乎其大者。」

問「敬先於知，然知至則敬愈分明」。曰：「此正如『配義與道』。」

問「心無私主，有感皆通」。曰：「無私主也不是悻悻没理會，只是公。善則好之，惡則惡之；善則賞之，惡則刑之。此是聖人至公至神之化。心無私主，如天地一般，寒則遍天下皆寒，熱則遍天下皆熱，便是有感皆通。」曰：「心無私主最難。」曰：「亦是克去己私，心便無私主。心有私主，只是相契者便應，不相契者便不應。如好讀書人，見書便愛；不好讀書人，見書便不愛。」寓。

問：「『應務不煩』是如何？」曰：「閑時不曾理會得，臨時旋理會，則煩。若豫先理會得，則臨時事來，便從自家理會得處理會將去。如理會得禮，則禮到面前便理會得；如理會得樂，則樂到面前便理會得，更不煩也。」燾。

天機有不器於物者，在方爲方，在圓爲圓。方。

先生曰：「自家理會得這道理，使天下之人皆理會得這道理，豈不是樂！」

嘗言坐即靠倚，後來捱三四日便坐得。先生云：「氣不從志處，乃是天理人欲交戰處也。」季通。方。

神乃氣之精明者耳。

「有翼其臨。」翼，敬也。

「僂句成欺，黄裳亦誤」，事見左傳。

問：「范氏言宋襄公出母事，有『生則致孝，死則盡禮』之説。然出母既義不可迎之以歸，則所謂致孝盡禮者，恐只是遣使命往來遺問否？」曰：「恐只是如此。如定省之類，自是都做不得了。」因言：「宣姜全不成人，却有賢女，許穆夫人、宋襄公母是也。春秋時，魯最號禮義之國，然其間成甚風俗！」必大。

康節説形而上者不能出莊老，形而下者則盡之矣。因誦皇極書第一篇。二先生説下者不盡，亦不甚説。關子明説形而上者，亦莊老。季通。方。